2026

브랜드 만족 1위

1 수석합격 연속 배출 산출근거 후권표기

개정 2판

박문각
공무원

어 휘 집

New Trend 단기합격 길라잡이

객관적 적중률로 검증된 공무원 전용 어휘집

필수·핵심·실무 어휘까지 한번에 총정리

앱과 강의, 미니 단어장으로 어휘 학습 효율 극대화

진가영 편저

동영상 강의 www.pmg.co.kr

진가영 영어
단기합격 VOCA

수험생들에게 최고의 어휘 학습서가 될
진가영 영어 **단기합격 VOCA⁺** 교재를 펴내며...

안녕하세요. 여러분들의 단기합격 길라잡이 진가영입니다.

2025년 출제 기조 전환에 따른 공무원 시험에서 영어 시험이 평이해졌다고 하지만 영어 어휘 영역은 아마 많은 분께 가장 큰 고민거리이자 부담일 것입니다. 즉, 방대하게 느껴지는 영어 어휘의 범위로 인해서 선택과 집중이 힘들고 어휘를 막상 시작한다고 해도 정말 많아 보이는 단어의 양에 압도되어 끝을 보기가 힘드셨을 것입니다.

이번 시험 출제 기조 전환에 따라 빠르고 정확하게 문제를 풀기 위해서는 **인사혁신처에서 이번 기조 전환에서 중요하게 언급하고 있는 활용도가 높은 어휘들과 공무원 실무에 관련된 어휘를 체계적이고 효율적으로 학습할 필요성**이 있습니다.

여러분들의 단기합격 길라잡이로서 여러분들이 현명하게 영어 시험에서 가장 기본이 되고 필수적인 어휘 실력을 향상하는 데 도움을 드리기 위해서 **진가영 영어 단기합격 VOCA⁺**를 출간하게 되었습니다.

이번 교재에는 **교육부에서 지정하고 있는 필수 어휘들과 공무원 시험에서 자주 출제되는 어휘들을 우선순위로 암기할 수 있도록 기출 빅데이터를 기반으로 어휘가 정리되어있으며 인사혁신처에서 강조하고 있는 실무 어휘들도 체계적으로 정리**가 되어있습니다.

더하여, 진가영 영어 **단기합격 VOCA⁺**는 이미 출간된 이후 꾸준히 최고의 어휘 적중률을 자랑하고 있기 때문에 안전한 교재입니다. 또한 공무원 기본 및 고난도 어휘를 부록으로 제공함으로써 여러분들이 책 한 권으로 공무원 시험에 필요한 어휘를 체계적으로 학습해 나갈 수 있도록 한 교재 입니다.

결국, 공무원 시험에서는 막연한 어휘 공부가 아닌 시험에 정해진 범위 내에서의 체계적인 어휘 학습이 중요하고, 이런 체계적인 어휘 공부를 할 수 있도록 어휘 학습 날개를 달아 줄 교재가 바로 진가영 영어 **단기합격 VOCA⁺**입니다.

이 교재가 여러분들의 영어 학습을 완성시켜 주는 자양분이 될 수 있다고 자부합니다.

여러분들의 영어 점수를 토대를 다지는 데 기본적이고 필수적인 역할을 하고 어휘 영역을 정복하게 돕는 **진가영 영어 단기합격 VOCA⁺**의 장점은 다음과 같습니다.

✦ **출제 기조 전환 완벽 반영!**
출제 기조 전환에 따른 활용도가 높은 어휘들을 중심으로 총 3개의 파트로 구분하여 변화되는 시험을 제대로 대비할 수 있다.

✦ **쉽고 간결한 예문을 통한 어휘 학습 가능!**
쉽고 간결한 예문에서 맥락을 통해 어휘 뜻을 익힐 수 있도록 양질의 예문들을 포함하고 있다.

✦ **진가영 공무원 영어 앱 & 핸드북 〈미니 VOCA〉 제공!**
진가영 공무원 영어 앱과 핸드북 〈미니 VOCA〉를 통해 언제 어디서든 어휘 암기가 가능하다.

✦ **저자 직강으로 효율적인 어휘 암기 가능!**
어휘 교재에 관련된 모든 어휘를 저자 강의를 통해 수월한 어휘 학습이 가능하다.

✦ **스케줄 관리를 통한 꾸준한 학습 가능!**
학습계획표를 통해 가시적으로 학습을 관리하여 꾸준한 어휘 학습이 가능하다.

진가영 영어 **단기합격 VOCA⁺** 교재를 통해 꼭 빠른 합격을 이루시길 항상 응원합니다.

여러분들의 노력이 반드시 합격으로 이어지도록 현명한 길라잡이로서
더 좋은 수업을 통해 뵙도록 하겠습니다. ✿

Dreams come true!
꿈은 반드시 이루어진다!

진심을 다해 가르치는 영어, 진가영

최신 출제 경향

전반적인 최신 출제 경향

★ 2025 국가직 9급 영어 시험은 전 영역에 걸쳐 인사혁신처가 제시한 출제기조 전환 예시 문제의 틀을 유지하여 출제되었습니다.

★ 공무원 시험에서 중요하게 다뤄지는 내용들을 학습하고 출제기조 전환 예시 문제를 기준으로 출제 가능한 요소들을 충분히 숙지한 수험생이라면 대부분의 문제를 무리 없이 풀 수 있었을 것입니다.

★ 전반적인 난이도는 무난한 편이었으며, 크게 어렵다고 느껴질 문제는 많지 않았습니다. 다만, 수험생 간의 점수 차이를 만들어내는 변별력 문제들도 출제되었습니다.

★ 특히 문법 영역에서는 문맥을 바탕으로 문장의 구조를 정확히 분석해야 하는 문제가 눈에 띄었습니다. 단순 암기보다 실제 문장 속에서 문법 이론들을 적용할 수 있는 능력이 중요한 시험이었습니다.

영역별 최신 출제 경향

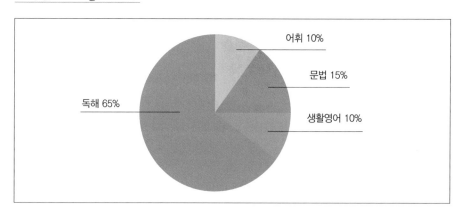

어휘 10%
문법 15%
독해 65%
생활영어 10%

01 어휘 [2문항 출제]

★ 기존 9급 공무원 시험에서 기출된 어려운 어휘들보다는 실제 활용도가 높은 어휘를 물어보는 문제가 출제되었습니다.

★ 고등학교 수준의 익숙한 단어이 포함되어 있어 전반적인 체감 난이도는 높지 않았습니다.

★ 막연하게 어휘 문제를 푸는 것이 아닌 정답을 유추할 수 있는 분명한 단서를 통해 빈칸에 들어갈 어휘를 고를 수 있는 능력이 요구되었습니다.

02 문법 [3문항 출제]

★ 기존 9급 시험에서 자주 출제된 중요 문법 포인트를 기반으로 문제가 출제되었습니다.

★ 문장은 비교적 길고, 주어 · 동사 · 수식어구 등이 복합적으로 얽힌 구조로 구성되었습니다.

★ 단순한 해석에 의존하기보다, 문장을 정확히 분석해 구조를 파악하는 능력이 요구되었습니다.

★ 단순 암기보다 실제 문장 속에서 문법 이론들을 적용할 수 있는 능력이 요구되었습니다.

03 생활영어 [2문항 출제]

★ 실제 업무 현장에서 자주 접할 수 있는 상황을 바탕으로 대화가 구성되었습니다.

★ 실제 업무 수행에 꼭 필요한 실용적인 표현을 알고 있는지를 묻는 문제가 출제되었습니다.

04 독해 [13문항 출제]

★ 문제의 유형 및 지문의 길이는 기출 및 출제 기조 전환 예시 문제에서 반복적으로 사용된 구조와 매우 유사하게 출제되었습니다.

★ 난도는 중간 수준이었으나, 일부 지문이 기존보다 길어진 경우도 있었기 때문에 처음부터 끝까지 모두 해석하려 할 경우 시간 부족이 생길 수 있었습니다.

★ 핵심 정보를 중심으로 효율적으로 읽는 능력이 요구되었으며, 감에 의존하지 않고 구문독해 훈련을 통해 문장을 빠르고 정확하게 해석하는 능력이 요구되었습니다.

★ 특히 빈칸 추론, 문장 삽입, 주제 파악, 연결사 찾기 등의 유형은 전략적 접근과 풀이 방식 숙지가 중요했습니다.

★ 정답은 대부분 지문 속 명확한 단서에 근거해 도출할 수 있었기 때문에 핵심 문장을 정확히 파악하는 전략이 필요합니다.

최신 출제 경향

✧ 2025년 국가직 9급 기출 내용 분석

01 어휘 영역 [총 2문항]

[1번] 빈칸	① currency 통화 ② identification 신원 확인 서류	③ insurance 보험 ④ luggage 수하물
[2번] 빈칸	① depriving 빼앗다(deprive) ② informing 통지하다(inform)	③ accusing 비난하다(accuse) ④ curing 치료하다(cure)

02 문법 영역 [총 3문항] (단판승 적중 포인트100 교재 기준)

[3번] 빈칸	적중 포인트 067 주의해야 할 조동사와 조동사 관용 표현 & 적중 포인트 034 완료시제와 잘 쓰이는 시간 부사
[12번] 밑줄	① 적중 포인트 078 등위접속사와 병치 구조 ② 적중 포인트 055 감정 분사와 분사형 형용사 ③ 적중 포인트 039 현재시제 동사와 be동사의 수 일치 ④ 적중 포인트 078 등위접속사와 병치 구조
[13번] 밑줄	① 적중 포인트 089 주의해야 할 전치사 ② 적중 포인트 060 to부정사의 명사적 역할 & 적중 포인트 078 등위접속사와 병치 구조 ③ 적중 포인트 078 등위접속사와 병치 구조 ④ 적중 포인트 054 분사 판별법[현재분사 VS 과거분사]

03 생활영어 영역 [총 2문항]

[4번] 빈칸	① Yes, it's an online meeting 네, 온라인 회의예요 ② Yes, be sure to reply to the email 네, 이메일에 꼭 답장하세요 ③ No, I didn't receive your text message 아니요, 문자 메시지를 받지 못했어요 ④ No, I don't have another meeting today 아니요, 오늘 다른 회의는 없어요
[5번] 빈칸	① I have already read it 나 이미 그거 읽었어 ② Lin Lee is the author Lin Lee가 저자야 ③ It originally belongs to me 그건 원래 내 거야 ④ She is one of my relatives in Korea 그녀는 한국에 있는 내 친척 중 한 명이야

04 독해 영역 [총 13문항]

	지문	유형		지문	유형
신유형 (7)	세트형 문항 (홈페이지 게시글)	제목 내용 불일치	기존 유형 (6)	대의 파악	주제
	세트형 문항 (안내문)	유의어 목적		일관성	문장 삽입
	단일형 문항 (전자메일)	목적		일관성	문장 제거
	단일형 문항 (안내문)	내용 불일치		일관성	순서 배열
	단일형 문항 (안내문)	내용 일치		빈칸 추론	빈칸

✧ 9급 출제기조 전환 2차 예시문제

01 어휘 영역 [총 2문항]

[1번] 빈칸	① cozy 편한, 아늑한 ② stuffy 답답한, 통풍이 되지 않는	③ ample 충분한, 풍만한 ④ cramped 비좁은
[2번] 빈칸	① secret 비밀, 기밀 ② priority 우선 사항, 우선(권)	③ solution 해결책, 해법 ④ opportunity 기회

02 문법 영역 [총 3문항] (단판승 적중 포인트100 교재 기준)

[3번] 빈칸	적중 포인트 034 완료시제와 잘 쓰이는 시간 부사 & 적중 포인트 045 능동태와 수동태의 차이
[4번] 밑줄	① 적중 포인트 054 분사 판별법[현재분사 VS 과거분사] ② 적중 포인트 078 등위접속사와 병치 구조 ③ 적중 포인트 029 명사나 형용사를 목적격 보어로 취하는 5형식 동사 ④ 적중 포인트 086 관계부사의 선행사와 완전 구조
[5번] 밑줄	① 적중 포인트 019 주어만 있으면 완전한 1형식 자동사 ② 적중 포인트 045 능동태와 수동태의 차이 ③ 적중 포인트 045 능동태와 수동태의 차이 ④ 적중 포인트 045 능동태와 수동태의 차이 & 054 분사 판별법[현재분사 VS 과거분사]

03 생활영어 영역 [총 2문항]

[6번] 빈칸	① Could I have your contact information? 연락처를 알 수 있을까요? ② Can you tell me the exact date of your meeting? 회의가 정확히 언제인지 알려주실 수 있나요? ③ Do you need a beam projector or a copy machine? 빔프로젝터나 복사기가 필요하신가요? ④ How many people are going to attend the meeting? 회의에 참석할 사람은 몇 명인가요?
[7번] 빈칸	① You can save energy because it's electric 전기식이라 에너지를 절약할 수 있어요 ② Just apply for a permit to park your own bike 자전거를 주차하려면 허가증만 신청하세요 ③ Just download the bike sharing app and pay online 공유 자전거 앱을 다운로드하고 온라인으로 결제하면 됩니다 ④ You must wear a helmet at all times for your safety 안전을 위해 항상 헬멧을 착용해야 합니다

04 독해 영역 [총 10문항]

	지문	유형		지문	유형
신유형 (6)	세트형 문항 (홈페이지 게시글)	내용 일치 유의어	기존 유형 (7)	대의 파악	주제
	세트형 문항 (안내문)	제목 내용 불일치		대의 파악	요지
	단일형 문항 (전자메일)	목적		일관성	문장 제거
	단일형 문항 (안내문)	내용 불일치		일관성	문장 삽입
				일관성	순서 배열
				빈칸 추론	빈칸

최신 출제 경향

✧ 9급 출제기조 전환 1차 예시문제

01 어휘 영역 [총 2문항]

[1번] 빈칸	① irregular 불규칙한, 고르지 못한 ② consistent 한결같은, 일관된	③ predictable 예측[예견]할 수 있는 ④ ineffective 효과[효력] 없는
[2번] 빈칸	① temporary 일시적인, 임시의 ② rational 이성[합리]적인	③ voluntary 자발적인, 임의적인 ④ commercial 상업의, 상업적인

02 문법 영역 [총 3문항] (단판승 적중 포인트100 교재 기준)

[3번] 빈칸	적중 포인트 038 시제 관련 표현
[4번] 밑줄	① 적중 포인트 039 현재시제 동사와 be동사의 수 일치 ② 적중 포인트 032 의미와 구조에 주의해야 할 타동사 ③ 적중 포인트 014 형용사와 부사의 차이 ④ 적중 포인트 053 암기해야 할 동명사 표현
[5번] 밑줄	① 적중 포인트 053 암기해야 할 동명사 표현 ② 적중 포인트 082 관계대명사의 선행사와 문장 구조 ③ 적중 포인트 054 분사 판별법[현재분사 VS 과거분사] ④ 적중 포인트 015 주의해야 할 형용사

03 생활영어 영역 [총 2문항]

[6번] 빈칸	① Yes. I'd like to upgrade to business class. 네, 비즈니스 클래스로 업그레이드하고 싶어요. ② No. I'd like to buy a one-way ticket. 아니요, 편도 티켓을 사고 싶어요. ③ No. I don't have any luggage. 아니요, 짐은 없습니다. ④ Yes. I want an aisle seat. 네, 복도 쪽 좌석을 원해요.
[7번] 빈칸	① You need to bring your own laptop. 개인 노트북을 직접 가져와야 합니다. ② I already have a reservation. 저는 이미 예약했어요. ③ Follow the instructions on the bulletin board. 게시판의 안내를 따르세요. ④ You should call the doctor's office for an appointment. 진료 예약을 하시려면 병원에 전화하셔야 해요.

04 독해 영역 [총 13문항]

	지문	유형		지문	유형
신유형 (6)	세트형 문항 (전자메일)	목적 유의어	기존 유형 (7)	대의 파악	주제
				대의 파악	요지
	세트형 문항 (안내문)	제목 내용 불일치		일관성	문장 제거
	단일형 문항 (홈페이지 게시글)	내용 불일치		일관성	문장 삽입
				일관성	순서 배열
	단일형 문항 (홈페이지 게시글)	내용 일치		빈칸 추론	빈칸

New Trend 커리큘럼

단계	강의명	내용 및 특징
[0단계] 입문	기초탄탄 입문 이론 ★ 단기합격 필수 과정	기초부터 탄탄하게, 차근차근 시작! · 공무원 영어의 기초를 쉽게 이해하고, 탄탄하게 다질 수 있는 입문 강의 · 영어 공부가 처음인 분들도 기초부터 확실히 잡고, 영어에 대한 장벽을 한 걸음씩 낮춰보세요!
[1단계] 이론 완성	단기합격 All In One (문법/독해/어휘)	흔들리지 않는 실력을 위한 공무원 영어의 뼈대를 세우는 과정! · 공무원 영어의 전반적인 이론 및 내용을 한 번에 배우고, 중요한 내용은 집중적으로 학습할 수 있는 강의 · 시험장에서 흔들리지 않는 토대를 만드는 필수 이론 과정을 시작하세요!
[2단계] 기출 분석	반한다 기출 분석 시리즈 (독해/ 문법·어휘&생활영어)	출제 경향 및 알고리즘 분석으로 문제를 보는 안목을 키우는 과정! · 출제 경향과 알고리즘 분석을 통해 시험의 흐름을 완벽히 이해하고 배운 내용을 문제 풀이 실력으로 만드는 강의 · 자주 출제되는 문제 유형을 철저히 분석하며 실력을 쌓아 시험을 꿰뚫어 보세요!
[3단계] 문제 풀이	끝판왕 문제 풀이 N제 시리즈 (어휘/문법/독해)	배운 것들을 문제에 빠르고 정확하게 적용하는 과정! · 영역별 문제 풀이로 각 부분을 체계적으로 점검하고 약점을 보완해 점수 상승을 이끄는 강의 · 출제 예상 문제를 집중적으로 풀면서 빠르고 정확하게 문제를 풀 수 있는 기술을 익히세요!
[4단계] 파이널	만점으로 가는 실전 동형 모의고사	100% 실력 발휘를 위한 실전 모의고사 과정! · 실제 시험과 유사한 구성의 고퀄리티 모의고사로 전 범위를 점검하고, 실력을 최종 완성하는 강의 · 다양한 난이도의 실전 동형 모의고사로 어떤 시험 상황에서도 굳건한 점수를 얻어 합격에 도달하세요!
	'진족보' 마무리 합격 특강	합격의 열쇠, 단 한 권으로 마지막 준비 완료! · 시험 직전, 전 영역 핵심 내용을 완벽하게 총정리하며 부족한 부분까지 확실히 채우는 합격 특강 · 시험의 마지막 순간까지, 쌓아 온 실력을 이 강의와 함께 끝까지 믿고 밀어붙이세요!

데일리 학습

단기합격 VOCA
· 객관적 적중률로 검증된 공무원 전용 어휘 학습
· 필수 · 핵심 · 실무 어휘까지 한번에 총정리!

굿모닝 '기출 문장' 구문독해
· 양질의 기출 문장으로 꾸준한 30분 트레이닝
· 감이 아닌 구조로 읽어, 빠르고 정확한 해석 실력 완성!

스파르타 일일 모의고사
· 하루 10문제로 가볍게 시작하는 영어 루틴
· 영어가 익숙해지고 실력이 쌓이는 가장 확실한 방법!

올타임 레전드 하프 모의고사
· 수업 시간에 배운 핵심 개념을 문제로 복습
· 중간 실력 점검으로 부족한 부분을 파악하고 보완!

★★★★★ 1강만 들어도 왜 이 강의를 수강해야 하는지 압니다!　　이*빈

솔직히 영어 공부의 기초는 어휘라는 것을 모두 인정할 겁니다. 그러나 가장 하기 싫은 공부가 어휘 공부죠. 가영쌤은 이런 우리의 마음을 너무 잘 아시고 준비해 주신 강의입니다. 틀어놓고 가벼운 마음으로 듣기만 해도 어휘의 어원을 설명해 주신다거나 암기팁을 많이 말씀해 주셔서 자동으로 80%는 머리에 남게 됩니다. 이 과정을 거친 나음에는 계속 어휘 테스트를 보면서 출력의 속도를 높였어요. 그래서 지금은 제가 제일 자신이 없던 어휘 두 문제 때문에 걱정할 필요는 없어졌고요, 독해할 때도 어휘 때문에 막히는 일은 생기지 않게 되었습니다.
이 강의는 처음 영어 공부를 시작하는 분들부터 필수 강의라고 생각해요! 모두 이 강의 놓치지 마세요!!

★★★★★ 진가영 선생님의 영단어 암기는 진짜 너무 강추 드립니다.　　박*준

진짜로 너무 재미있게 강의를 해주시고 시험에 나올 것들만 강의를 해주셔서 이게 나올 까라는 다른 생각이 들지 않고 단어 공부에 집중할 수 있어서 정말 재미있게 걱정 없이 공부할 수 있었습니다. 수업 중간중간에 공부 방향을 제시해 주셔서 제가 가고 있는 방향이 맞는지 아닌지 확인할 수 있어서 정말 좋았습니다. 저는 단어강의를 3회독정도 하였는데 이번 2025시험에서는 단어 때문에 문제가 되지 않아서 정말 기분 좋았습니다. 단어강의는 우주에서 제일 좋은 강의라고 생각되고 다른 분들도 많이 들으셔서 더욱 유명해졌으면 좋겠습니다.

★★★★★ 귀에 쏙쏙 들어오는 강의!　　이*하

진가영쌤 발음이 명확한 편이어서 길가면서 들으며 갈 수 있어요! 단어 외우는 팁도 알려주시고 연계해서 헷갈리는 단어도 말해서 너무 좋아요! 또, 영상 길이가 긴 편은 아니어서 뒤로갈수록 편하게 들을 수 있습니다.

★★★★★ **약은 약사에게! 영어는 진가영쌤♥** 김*지

단어도 강의가 있다는 걸 처음 알았어요! **선생님과 함께하지 않았다면 매일 단어 못 외웠을 거예요..** 단어의 어원도 같이 설명해 주셔서 더 쉽게 이해할 수 있어요. 그리고 어느 순간 선생님과 함께.. 컴플쏘리, 맨댄토리, 오블리가터리 오리오리!! 외치고 있어요ㅎㅎ!! **수강하다 보면 스며드는 가영 선생님의 암기법!** 처음에 이게 뭐지 싶다가도 입에 달라붙어 절대 헷갈리지 않아서 좋아요. 수업이 진행되면서 찍고 넘기거나 몰라서 못 풀었던 문제들이 조금씩 풀리는게 신기해요. 이 강의를 통해 외계어였던 영어에 조금 자신감을 얻었어요!
저처럼 영어 기초가 부실한 공시생분들에게 가영쌤의 강의를! 추천합니다!

★★★★★ **진가영 교수님의 단기합격 Voca 강의는 신이다.** 최*석

그동안 다양한 강의를 들어봤지만, **진가영 교수님의 2025 진가영 영어 [정규커리] New Trend 단기합격 Voca 강의만큼 좋은 어휘강의가 없어서** 이를 수강한 후기를 공유하려고 합니다. 영어에서 가장 중요한 것은 단연 어휘입니다. **이 강의는 어휘를 반복하고 기억할 수 있도록 돕는 과정이 잘 구성되어 있어서, 어휘 실력을 빠르게 쌓을 수 있었습니다.** 특히 꾸준한 회독을 통해 어휘가 자연스럽게 내 것이 되며, 다른 영역의 학습에도 큰 도움이 되었습니다. 어휘가 탄탄하게 쌓이면 영어 실력이 전반적으로 향상되기 때문에, 이 강의에서 제공하는 어휘 학습법은 정말 중요하고 유익했습니다.

★★★★★ **단기합격 VOCA 수강 후기!** 유*보

이 강의를 반복해서 잘 들으면 따로 어휘를 암기하는 시간을 굳이 내지 않고도 충분히 어휘 정복을 할 수 있다고 생각합니다. **때마침 단기합격 VOCA 교재도 휴대 가능한 크기로 새로 출간한 덕분에 쉬는 시간이나 외출을 오갈 때마다 들고 다니며 어휘를 볼 수가 있습니다.** 우리가 할 수 있는 건 하루 최소 5-10분 Day1를 차례대로 보는 것, 즉 부지런함입니다. 그게 축적되면 어느새 어휘 10회독, 20회독 그 이상을 보게 될 거라 확신합니다.

구성 및 특징

1 출제 기조 전환 완벽 반영

출제 기조 전환에 따른 활용도가 높은 어휘들을 중심으로 총 3개의 파트로 구분하여 변화되는 시험을 제대로 대비할 수 있다.

2 쉽고 간결한 예문을 통한 어휘 학습 가능

쉽고 간결한 예문에서 맥락을 통해 어휘 뜻을 익힐 수 있도록 양질의 예문들을 포함하고 있다.

3 Preview Test / Review & Level up Test

어휘 학습 전후 수록되어 있는 Test를 통해 어휘 실력을 점검하고 향상시킬 수 있다.

4 진가영 공무원 영어 앱 & 단어장 〈미니 VOCA〉 제공

진가영 공무원 영어 앱과 단어장 〈미니 VOCA〉를 통해 언제 어디서든 어휘 암기가 가능하다.

5 스케줄 관리를 통한 꾸준한 학습 가능

학습계획표를 통해 가시적으로 학습을 관리하여 꾸준한 어휘 학습이 가능하다.

SCHEDULE **학습계획표**

PART 01 필수 어휘	1회독	2회독	3회독	4회독	5회독
DAY 01					
DAY 02					
DAY 03					
DAY 04					
DAY 05					
DAY 06					
DAY 07					
DAY 08					
DAY 09					
DAY 10					
DAY 11					
DAY 12					
DAY 13					
DAY 14					
DAY 15					
DAY 16					
DAY 17					
DAY 18					
DAY 19					
DAY 20					
PART 02 핵심 어휘	1회독	2회독	3회독	4회독	5회독
DAY 21					
DAY 22					
DAY 23					
DAY 24					
DAY 25					
DAY 26					
DAY 27					
DAY 28					
DAY 29					
DAY 30					
DAY 31					
DAY 32					
DAY 33					
DAY 34					
DAY 35					
DAY 36					
DAY 37					
DAY 38					
DAY 39					
DAY 40					
PART 03 실무 어휘	1회독	2회독	3회독	4회독	5회독
DAY 41					
DAY 42					
DAY 43					
DAY 44					
DAY 45					
DAY 46					
DAY 47					
DAY 48					
DAY 49					
DAY 50					

차례

PART 03   공무원 실무 어휘

부록

New Trend
단기합격 길라잡이

진가영 영어
단기합격 VOCA

공무원 필수 어휘

DAY 01　PREVIEW & DIAGNOSIS TEST

제한시간 5분

01	acid		26	attitude	
02	acquisition		27	audience	
03	addict		28	avenue	
04	adolescent		29	barrier	
05	advantage		30	basis	
06	affair		31	biography	
07	affection		32	blank	
08	agenda		33	boundary	
09	agent		34	budget	
10	agriculture		35	candidate	
11	aircraft		36	capital	
12	ambition		37	career	
13	anchor		38	category	
14	anniversary		39	celebrity	
15	anxiety		40	certificate	
16	apology		41	chairman	
17	architect		42	chaos	
18	archive		43	character	
19	article		44	charity	
20	aspect		45	choir	
21	asset		46	circumstance	
22	athlete		47	climate	
23	atmosphere		48	code	
24	atom		49	colleague	
25	attention		50	colony	

DAY 01 PREVIEW & DIAGNOSIS TEST ANSWER

01	acid	산, 산성(酸性)의
02	acquisition	습득, 취득(한 것)
03	addict	중독자, 중독되게 하다
04	adolescent	청소년, 청소년(기)의
05	advantage	장점, 유리한 점
06	affair	일, 사건
07	affection	애착, 애정
08	agenda	안건, 의제
09	agent	대리인, 행위자
10	agriculture	농업
11	aircraft	항공기
12	ambition	야망, 포부
13	anchor	닻, 앵커, 정박하다, 고정시키다
14	anniversary	기념일
15	anxiety	염려, 불안
16	apology	사과
17	architect	건축가
18	archive	기록 보관소, 기록(pl.)
19	article	글, 기사, 물건, (문법) 관사
20	aspect	측면, 관점
21	asset	자산, 재산, 이점
22	athlete	(운동) 선수
23	atmosphere	대기, 분위기
24	atom	원자, 극히 작은 것
25	attention	주의, 주목, 관심, 흥미

26	attitude	태도
27	audience	관중, 청중
28	avenue	길, 거리
29	barrier	장벽, 장애물
30	basis	근거, 기초, 기반
31	biography	전기, 일대기
32	blank	공백, 여백, 빈
33	boundary	경계
34	budget	예산
35	candidate	지원자, 후보자
36	capital	자본, 수도, 대문자, 주요한, 사형의
37	career	경력, 직업
38	category	카테고리, 범주
39	celebrity	유명 인사
40	certificate	증명서, 자격증
41	chairman	의장, 회장
42	chaos	혼돈, 혼란
43	character	성격, 특징, 인물
44	charity	자선단체, 자애, 자비
45	choir	성가대, 합창단
46	circumstance	상황, 환경
47	climate	기후
48	code	암호, 부호, 코드, 법전
49	colleague	동료
50	colony	식민지, 집단(거주지), 군집

0001 **acid** [ǽsid]	📗 산 📘 산성(酸性)의 The acid corroded the pipes. 산이 파이프를 부식시켰다.
0002 **acquisition** [ækwizíʃən]	📗 습득, 취득(한 것) The acquisition of new skills is vital for career growth. 새로운 기술의 습득은 경력 발전에 필수적이다.
0003 **addict** [ǽdikt]	📗 중독자 📙 중독되게 하다 She became an addict after years of drug abuse. 그녀는 여러 해 동안의 약물 남용 후 중독자가 되었다.
0004 **adolescent** [ædəlésnt]	📗 청소년 📘 청소년(기)의 The adolescent struggled with identity issues. 그 청소년은 정체성 문제로 고군분투했다.
0005 **advantage** [ædvǽntidʒ]	📗 장점, 유리한 점 There is a clear advantage to starting early. 일찍 시작하는 데에는 분명한 유리한 점이 있다. 🔄 disadvantage 단점
0006 **affair** [əfέ:ər]	📗 일, 사건 She was busy with her personal affairs. 그녀는 개인적인 일로 바빴다.
0007 **affection** [əfékʃən]	📗 애착, 애정 She showed great affection for her pet cat. 그녀는 자신의 반려 고양이에 대한 큰 애정을 보였다.
0008 **agenda** [ədʒéndə]	📗 안건, 의제 The man added a new item to the agenda. 그 남자는 의제에 새로운 항목을 추가했다.
0009 **agent** [éidʒənt]	📗 대리인, 행위자 The old man appointed a new agent. 그 나이든 남자는 새로운 대리인을 임명했다.
0010 **agriculture** [ǽgrəkʌltʃər]	📗 농업 Agriculture is vital for ensuring food security and economic stability. 농업은 식량 안보와 경제 안정을 보장하는 데 중요하다.

aircraft
[éːrkræˌft]
(명) 항공기
New safety measures were introduced to enhance aircraft security.
항공기 안전을 강화하기 위해 새로운 안전 조치가 도입되었다.

ambition
[æmbíʃən]
(명) 야망, 포부
His ambition is to become a successful entrepreneur.
그의 야망은 성공적인 기업가가 되는 것이다.

anchor
[ǽŋkər]
(명) 닻, 앵커 (동) 정박하다, 고정시키다
The anchor symbolizes stability and strength.
닻은 안정과 힘을 상징한다.

anniversary
[ænəvə́ːrsəri]
(명) 기념일
The company is planning a big event for its anniversary.
그 회사는 창립 기념일을 위해 큰 행사를 계획하고 있다.

anxiety
[æŋzáiəti]
(명) 염려, 불안
His anxiety about the exam was palpable.
그의 시험에 대한 불안은 뚜렷하게 느껴졌다.

apology
[əpάlədʒi]
(명) 사과
He gave a sincere apology to his friend.
그는 친구에게 진심으로 사과했다.

architect
[άːrkətèkt]
(명) 건축가
The city hired an architect to redesign the downtown area.
그 도시는 시내 지역을 재설계하기 위해 건축가를 고용했다.

archive
[άːrkaiv]
(명) 기록 보관소, 기록(pl.)
The historian found valuable documents in the archive.
역사학자는 기록 보관소에서 귀중한 문서를 찾았다.

article
[άːrtikl]
(명) 글, 기사, 물건, (문법) 관사
She wrote an article about climate change for the magazine.
그녀는 그 잡지에 기후 변화에 대한 기사를 썼다.

aspect
[ǽspekt]
(명) 측면, 관점
The most important aspect of the job is teamwork.
그 일의 가장 중요한 측면은 팀워크이다.

0021 asset
[ǽset]

⑲ 자산, 재산, 이점
The company's most valuable asset is its employees.
회사의 가장 귀중한 자산은 직원들이다.

0022 athlete
[ǽθliːt]

⑲ (운동) 선수
Athletes train rigorously to improve their performance.
선수들은 성능을 향상시키기 위해 엄격히 훈련한다.

0023 atmosphere
[ǽtməsfiər]

⑲ 대기, 분위기
Air pollution can affect the atmosphere and climate.
대기 오염은 대기와 기후에 영향을 미칠 수 있다.

0024 atom
[ǽtəm]

⑲ 원자, 극히 작은 것
Atoms consist of protons, neutrons, and electrons.
원자는 양성자, 중성자, 전자로 구성되어 있다.

0025 attention
[əténʃən]

⑲ 주의, 주목, 관심, 흥미
She caught everyone's attention with her speech.
그녀는 자신의 연설로 모든 이의 주목을 이끌었다.

0026 attitude
[ǽtitjùːd]

⑲ 태도
My positive attitude made everyone feel better.
나의 긍정적인 태도가 모두를 더 기분 좋게 만들었다.

0027 audience
[ɔ́ːdiəns]

⑲ 관중, 청중
The concert drew a large audience to the park.
그 콘서트는 공원에 많은 관중을 끌어들였다.

0028 avenue
[ǽvənjùː]

⑲ 길, 거리
They walked down the bustling avenue.
그들은 붐비는 거리를 걸었다.

0029 barrier
[bǽriər]

⑲ 장벽, 장애물
Language can be a barrier to effective communication.
언어는 효과적인 의사소통의 장벽이 될 수 있다.

0030 basis
[béisis]

⑲ 근거, 기초, 기반
The center is run on a non-profit basis.
그 센터는 비영리를 기반으로 운영된다.

0031 biography
[baiάɡrəfi]

(명) 전기, 일대기

She wrote a biography of the famous scientist
그녀는 그 유명한 과학자의 전기를 썼다.

0032 blank
[blæŋk]

(명) 공백, 여백 (형) 빈

I stared at the blank page, unsure of what to write.
나는 무엇을 써야 할지 모르고 빈 종이를 응시했다.

0033 boundary
[báundəri]

(명) 경계

The fence marks the boundary of the property.
울타리가 그 토지의 경계를 표시한다.

0034 budget
[bΛdʒit]

(명) 예산

We need to stick to our budget for the project.
우리는 프로젝트 예산을 지켜야 한다.

0035 candidate
[kǽndidèit]

(명) 지원자, 후보자

Several candidates are running for the city council seat.
여러 후보자가 시의회 의석을 위해 출마하고 있다.

0036 capital
[kǽpətl]

(명) 자본, 수도, 대문자 (형) 주요한, 사형의

The company is going to invest more capital in technology.
그 회사는 기술에 더 많은 자본을 투자할 예정이다.

0037 career
[kəríər]

(명) 경력, 직업

He has built a successful career in finance.
그는 금융 분야에서 성공적인 경력을 쌓았다.

0038 category
[kǽtəɡɔ̀ːri]

(명) 카테고리, 범주

This event falls into the category of outdoor activities.
이 행사는 야외 활동 범주에 속한다.

0039 celebrity
[səlébrəti]

(명) 유명 인사

The celebrity was mobbed by fans at the airport.
그 유명 인사는 공항에서 팬들에게 둘러싸였다.

0040 certificate
[sərtífikeit]

(명) 증명서, 자격증

He earned a certificate in digital marketing.
그는 디지털 마케팅에서 자격증을 취득했다.

0041 chairman
[ʧɛ́ərmən]

몡 의장, 회장
The new chairman was elected unanimously by the board.
신임 회장은 이사회에 의해 만장일치로 선출되었다.

0042 chaos
[kéias]

몡 혼돈, 혼란
The city was in chaos after the sudden storm.
갑작스러운 폭풍 후 도시가 혼란에 빠졌다.

0043 character
[kǽriktər]

몡 성격, 특징, 인물
He is known for his kind character and generosity.
그는 친절한 성격과 관대함으로 알려져 있다.

0044 charity
[ʧǽrəti]

몡 자선단체, 자애, 자비
The charity helps provide food and shelter to the homeless.
그 자선단체는 노숙자들에게 음식과 쉼터를 제공하는 네 도움을 준디.

0045 choir
[kwaiər]

몡 성가대, 합창단
The choir rehearsed for the upcoming concert.
합창단은 다가오는 콘서트를 위해 연습했다.

0046 circumstance
[sə́ːrkəmstæns]

몡 상황, 환경
In certain circumstances, exceptions can be made.
특정 상황에서는 예외가 허용될 수 있다.

0047 climate
[kláimit]

몡 기후
The climate in this region is typically mild and temperate.
이 지역의 기후는 보통 온화하고 온난하다.

0048 code
[koud]

몡 암호, 부호, 코드, 법전
The programmer tested the code for any errors.
프로그래머는 코드에 오류가 없는지 테스트했다.

0049 colleague
[káliːg]

몡 동료
His colleague praised his innovative ideas.
그의 동료는 그의 혁신적인 아이디어를 칭찬했다.

0050 colony
[káləni]

몡 식민지, 집단(거주지), 군집
The country was once a British colony.
그 나라는 한때 영국의 식민지였다.

DAY 01 | REVIEW & LEVEL-UP TEST

⏱ 제한시간 7분

◉ 괄호 안에 알맞은 단어를 고르시오.

01 He is a coffee [addict / adolescent] and always has a cup in hand.

02 He has the [anchor / ambition] to start his own business.

03 The company's valuable [asset / audience] is its intellectual property.

◉ 다음 빈칸에 문맥상 적절한 단어를 고르시오.

• architect	• anxiety	• agriculture

04 Advancements in _____ have increased food production.

05 His _____ about the future often keeps him awake at night.

06 As an _____, she has worked on many famous buildings.

◉ 다음 빈칸에 적절한 뜻을 쓰시오.

07 We need to add the budget review to the <u>agenda</u> for the meeting.
우리는 내일 회의의 _____에 예산 검토를 추가해야 한다.

08 The <u>biography</u> was so well-written that it became a bestseller.
그 _____는 너무 잘 쓰여져서 베스트셀러가 되었다.

09 The tropical <u>climate</u> of the region makes it a popular destination.
그 지역의 열대 _____는 그것을 인기 있는 목적지로 만든다.

[해석 ☞ 네이버 카페 '진가영 영어 연구소'에서 확인]

DAY 02 | PREVIEW & DIAGNOSIS TEST

01	commerce		26	criterion	
02	committee		27	critic	
03	commodity		28	currency	
04	community		29	custody	
05	component		30	custom	
06	compound		31	defense	
07	concept		32	deficiency	
08	congress		33	deficit	
09	conscience		34	degree	
10	consensus		35	democracy	
11	content		36	department	
12	context		37	departure	
13	controversy		38	dependence	
14	convention		39	description	
15	conversation		40	destination	
16	copyright		41	destruction	
17	council		42	device	
18	counterpart		43	dictionary	
19	county		44	dignity	
20	courage		45	dimension	
21	craft		46	disaster	
22	creature		47	discipline	
23	credit		48	discourse	
24	crime		49	disease	
25	crisis		50	disgust	

DAY 02 | PREVIEW & DIAGNOSIS TEST ANSWER

01	commerce	상업, 통상, 무역
02	committee	위원회
03	commodity	상품, 물품
04	community	지역 사회, 공동체
05	component	부품, (구성) 요소
06	compound	화합물, 복합체, 합성의, 혼합하다
07	concept	개념
08	congress	의회
09	conscience	양심, 의식
10	consensus	합의, (의견) 일치
11	content	내용물, 목차(pl.), 만족, 만족한, 만족시키다
12	context	문맥, 맥락
13	controversy	논란, 논쟁
14	convention	관습, 관례, 대회
15	conversation	대화, 회화
16	copyright	저작권
17	cuncil	의회, 협의회
18	counterpart	상대, 대응 관계에 있는 사람[것]
19	county	군(郡), 주(州)
20	courage	용기
21	craft	공예, 기술, 공들여 만들다
22	creature	생물
23	credit	신뢰, 신용, 신용하다, 믿다, 공로를 돌리다
24	crime	범죄, 범행
25	crisis	위기, 고비

26	criterion	기준, 표준
27	critic	평론가, 비평가
28	currency	통화, 화폐
29	custody	보관, 보호, 구금, 감금
30	custom	관습, 풍습, 관세(pl.), 세관(pl.)
31	defense	방어, 수비
32	deficiency	결핍, 결함
33	deficit	적자, 결손
34	degree	정도, 학위, (온도, 각도, 경도의) 도
35	democracy	민주주의
36	department	부서, 학과, 분야
37	departure	출발, 떠남
38	dependence	의지, 의존
39	description	묘사
40	destination	목적지
41	destruction	파괴
42	device	장치
43	dictionary	사전
44	dignity	위엄, 존엄, 품위
45	dimension	치수, 크기, 차원
46	disaster	재난, 재앙, 참사
47	discipline	규율, 훈육, 학과
48	discourse	담론, 담화
49	disease	질병
50	disgust	역겨움, 혐오감

0051 commerce
[kάməːrs]

명 상업, 통상, 무역
The city is a major hub of international commerce.
그 도시는 국제 상업의 주요 중심지이다.
cf commercial 상업의, 광고 (방송)

0052 committee
[kəmíti]

명 위원회
The committee reached a unanimous decision on the matter.
위원회는 그 문제에 대해 만장일치로 결정을 내렸다.

0053 commodity
[kəmάdəti]

명 상품, 물품
Oil is a valuable commodity in the global market.
석유는 세계 시장에서 귀중한 상품이다.

0054 community
[kəmjúːnəti]

명 지역 사회, 공동체
The new park will benefit the entire community.
새 공원은 전체 지역 사회에 혜택을 줄 것이다.

0055 component
[kəmpóunənt]

명 부품, (구성) 요소
Teamwork is a critical component of our success.
팀워크는 우리 성공의 중요한 구성 요소이다.

0056 compound
[kάmpaund]

명 화합물, 복합체 형 합성의 동 혼합하다
The scientist discovered a new compound.
과학자는 새로운 화합물을 발견했다.

0057 concept
[kάnsept]

명 개념
She explained the concept of gravity to the students.
그녀는 학생들에게 중력의 개념을 설명했다.
유 notion 개념

0058 congress
['kɑːŋgrəs]

명 의회
The congress passed a new bill to improve healthcare.
의회는 의료 개선을 위한 새 법안을 통과시켰다.

0059 conscience
[kάnʃəns]

명 양심, 의식
She couldn't ignore her conscience and decided to help.
그녀는 자신의 양심을 무시할 수 없어 돕기로 결정했다.

0060 consensus
[kənsénsəs]

명 합의, (의견) 일치
They worked hard to build a consensus on the issue.
그들은 그 문제에 대해 합의를 이루기 위해 열심히 노력했다.

0061
content
[kántent]

(명) 내용물, 목차(pl.), 만족 (형) 만족한 (동) 만족시키다

The book's content was both informative and entertaining.
그 책의 내용은 유익하면서도 재미있었다.

0062
context
[kántekst]

(명) 문맥, 맥락

The meaning of the word can change depending on its context.
그 단어의 의미는 그것의 맥락에 따라 달라질 수 있다.

0063
controversy
[kántrəvə̀:rsi]

(명) 논란, 논쟁

The new policy caused a lot of controversy.
새로운 정책은 많은 논란을 일으켰다.

0064
convention
[kənvénʃən]

(명) 관습, 관례, 대회

Wearing black at funerals is a common convention in many cultures.
장례식에서 검은색 옷을 입는 것은 많은 문화에서 흔한 관습이다.

0065
conversation
[kànvərséiʃən]

(명) 대화, 회화

We had an interesting conversation about travel destinations.
우리는 여행지에 대한 흥미로운 대화를 나눴다.

0066
copyright
[ka'pirai̯t]

(명) 저작권

The author's work is protected by copyright law.
그 작가의 작품은 저작권 법에 의해 보호받고 있다.

0067
council
['kaʊnsl]

(명) 의회, 협의회

He was elected to the city council last year.
그는 작년에 시의회에 선출되었다.

0068
counterpart
[káuntərpà:rt]

(명) 상대, 대응 관계에 있는 사람[것]

She met with her counterpart from the neighboring city.
그녀는 인접 도시에서 온 그녀의 상대와 만났다.

0069
county
[káunti]

(명) 군(郡), 주(州)

The author grew up in Orange County and loves the community.
그 작가는 오렌지 주에서 자랐으며 지역 사회를 사랑한다.

0070
courage
[kə́:ridʒ]

(명) 용기

It takes a lot of courage to speak in public.
대중 앞에서 말하는 것은 많은 용기가 필요하다.

0071 craft
[kræft]

영 공예, 기술 동 공들여 만들다
Learning crafts is a rewarding hobby.
공예를 배우는 것은 보람 있는 취미이다.

0072 creature
[kríːʧər]

영 생물
The creature emerged from the shadows of the cave.
그 생물이 동굴의 그림자에서 나타났다.

0073 credit
[krédit]

영 신뢰, 신용 동 신용하다, 믿다, 공로를 돌리다
You can use your credit card to make purchases online.
온라인에서 구매할 때 신용카드를 사용할 수 있다.

0074 crime
[kraim]

영 범죄, 범행
Crime does not pay.
범죄는 득이 되지 않는다.

0075 crisis
[kráisis]

영 위기, 고비
The financial crisis resulted in widespread unemployment.
금융 위기는 대규모 실업을 초래했다.

0076 criterion
[kraitíəriən]

영 기준, 표준
Quality is the primary criterion when we assess these products.
우리가 이 제품들을 평가할 때 품질이 주요한 기준이다.

0077 critic
[krítik]

영 평론가, 비평가
The literary critic analyzed the symbolism in the novel.
문학 비평가가 소설의 상징주의를 분석했다.

0078 currency
[kə́ːrənsi]

영 통화, 화폐
International trade involves transactions in multiple currencies.
국제 무역은 여러 통화로 거래되는 것을 포함한다.

0079 custody
[kʌ́stədi]

영 보관, 보호, 구금, 감금
The suspect was taken into custody by the authorities.
용의자가 그 당국에 의해 구금되었다.

0080 custom
[kʌ́stəm]

영 관습, 풍습, 관세(pl.), 세관(pl.)
Exchanging gifts is a local custom.
선물을 교환하는 것이 지역적인 관습이다.

0081 defense
[diféns]

(명) 방어, 수비

Vaccination is a crucial defense against infectious diseases.
예방접종은 감염성 질환에 대한 중요한 방어 수단이다.

0082 deficiency
[difíʃənsi]

(명) 결핍, 결함

Iron deficiency can cause fatigue and weakness.
철분 결핍은 피로와 약화를 일으킬 수 있다.

0083 deficit
[défəsit]

(명) 적자, 결손

The country is facing a significant budget deficit this year.
그 나라는 올해 중요한 예산 적자에 직면하고 있다.

0084 degree
[digríː]

(명) 정도, 학위, (온도, 각도, 경도의) 도

My son received his bachelor's degree in computer science last year.
나의 아들은 작년에 컴퓨터 공학 학사 학위를 받았다.

0085 democracy
[dimάkrəsi]

(명) 민주주의

Freedom of speech is a fundamental principle of democracy.
언론의 자유는 민주주의의 기본 원칙이다.

0086 department
[dipάːrtmənt]

(명) 부서, 학과, 분야

She works in the marketing department of a multinational corporation.
그녀는 다국적 기업의 마케팅 부서에서 일한다.

0087 departure
[dipάːrtʃər]

(명) 출발, 떠남

The departure of the train was delayed due to the accident.
그 사고 때문에 기차의 출발이 30분 지연되었다.

0088 dependence
[dipéndəns]

(명) 의지, 의존

The country's economy has a heavy dependence on tourism.
그 나라의 경제는 관광업에 많이 의존하고 있다.

0089 description
[diskrípʃən]

(명) 묘사

His description of the event was different from hers.
사건에 대한 그의 묘사는 그녀의 것과는 달랐다.

0090 destination
[dèstənéiʃən]

(명) 목적지

After a long journey, they reached our destination.
긴 여행 끝에 그들은 목적지에 도착했다.
cf destiny 운명

0091 destruction
[distrʌ́kʃən]

(명) 파괴

Pollution contributes to the destruction of marine ecosystems.
오염은 해양 생태계의 파괴에 기여한다.

0092 device
[diváis]

(명) 장치

The security system includes motion-sensing devices.
그 보안 시스템에는 움직임 감지 장치가 포함되어 있다.

0093 dictionary
[díkʃənèri]

(명) 사전

He searched the dictionary to find the definition of the word.
그는 단어의 정의를 찾기 위해 사전을 찾았다.

0094 dignity
[dígnəti]

(명) 위엄, 존엄, 품위

He handled the difficult situation with dignity.
그는 어려운 상황을 품위 있게 처리했다.

0095 dimension
[diménʃən]

(명) 치수, 크기, 차원

Time is a dimension we cannot see.
시간은 우리가 볼 수 없는 차원이다.

0096 disaster
[dizǽstər]

(명) 재난, 재앙, 참사

Failing to prepare for the storm could lead to a disaster.
폭풍을 대비하지 않는 것은 재난으로 이어질 수 있다.

0097 discipline
[dísəplin]

(명) 규율, 훈육, 학과

The teacher emphasized discipline and hard work.
그 선생님은 규율과 열심히 일하는 것을 강조했다.

0098 discourse
[dískɔːrs]

(명) 담론, 담화

The professor led a discourse on the impact of technology on society.
교수는 기술이 사회에 미치는 영향에 대한 담론을 이끌었다.

0099 disease
[dizíːz]

(명) 질병

Early diagnosis is crucial for the treatment of most diseases.
대부분의 질병의 치료를 위해서는 조기 진단이 중요하다.
(유) illness, sickness, ailment, disorder

0100 disgust
[disgʌ́st]

(명) 역겨움, 혐오감

She felt a sense of disgust when she saw the dirty kitchen.
그녀는 더러운 주방을 보고 혐오감을 느꼈다.

DAY 02   REVIEW & LEVEL-UP TEST   ⏱ 제한시간 7분

DAY
02

◉ 괄호 안에 알맞은 단어를 고르시오.

01 She followed her [congress / conscience] and returned the extra money that was given to her by mistake.

02 The economic [crisis / creature] led to widespread layoffs and financial hardship for many families.

03 The company is working to reduce its operational [democracy / deficit] by cutting costs and improving efficiency.

◉ 다음 빈칸에 문맥상 적절한 단어를 고르시오.

• dictionary	• courage	• currency

04 The firefighter's _____ saved lives amid the raging blaze.

05 He exchanged his dollars for local _____ before traveling abroad.

06 I always keep a _____ on my desk to look up unfamiliar words.

◉ 다음 빈칸에 적절한 뜻을 쓰시오.

07 International <u>commerce</u> relies heavily on efficient logistics and supply chains.

국제 _____은 효율적인 물류와 공급망에 크게 의존한다.

08 After much discussion, the committee reached a <u>consensus</u> on the new policy proposal.

많은 논의 끝에 위원회는 새로운 정책 제안에 대해 _____에 도달했다.

09 The detective provided a precise <u>description</u> of the suspect to aid in the investigation.

형사는 수사를 돕기 위해 용의자에 대한 정확한 _____를 제공했다.

[해석 ☞ 네이버 카페 '진가영 영어 연구소'에서 확인]

DAY 03 PREVIEW & DIAGNOSIS TEST

01	disorder		26	fault
02	district		27	fellow
03	domain		28	figure
04	economy		29	flaw
05	edge		30	fluid
06	effect		31	formation
07	element		32	formula
08	emergency		33	fortune
09	emphasis		34	foundation
10	enemy		35	fraction
11	enterprise		36	framework
12	entry		37	fright
13	environment		38	funeral
14	equipment		39	gender
15	estate		40	gene
16	evolution		41	generation
17	executive		42	genius
18	expense		43	glimpse
19	expertise		44	glory
20	extent		45	goods
21	facility		46	grace
22	factor		47	grade
23	faculty		48	greed
24	faith		49	grief
25	fame		50	guideline

DAY 03 · PREVIEW & DIAGNOSIS TEST ANSWER

01	disorder	엉망, 무질서, 장애
02	district	지역, 지방
03	domain	영토, 분야, 영역, 구역
04	economy	경제
05	edge	가장자리, 모서리, 우세, 강점
06	effect	효과, 영향, 초래하다
07	element	요소, 성분
08	emergency	비상, 응급 상황
09	emphasis	강조, 주안점
10	enemy	적
11	enterprise	기업, 회사
12	entry	입장, 출입, 들어감, 참가
13	environment	환경
14	equipment	장비, 용품
15	estate	사유지, 토지, 재산
16	evolution	진화, 발전, 진전
17	executive	경영진, 조직 간부, 임원
18	expense	(어떤 일에 드는) 돈, 비용
19	expertise	전문 지식
20	extent	정도, 크기, 규모
21	facility	시설
22	factor	요인, 요소
23	faculty	능력, 재능, 학부, 교수진
24	faith	믿음, 신앙
25	fame	명성, 유명하게 하다
26	fault	잘못, 책임
27	fellow	동료, 녀석

28	figure	숫자, 계산, 인물, 중요하다, 생각하다, 계산하다
29	flaw	결함, 결점
30	fluid	유체, 유동체, 유동성의, 변하기 쉬운
31	formation	형성
32	formula	공식
33	fortune	행운, 재산
34	foundation	토대, 기초, 창설, 설립
35	fraction	부분, 일부, 분수
36	framework	뼈대, 틀, 체계
37	fright	놀람, 두려움
38	funeral	장례식, 장례식의
39	gender	성, 성별
40	gene	유전자
41	generation	세대
42	genius	천재, 특별한 재능
43	glimpse	힐끗[언뜻] 봄, 힐끗 보다
44	glory	영광, 영예
45	goods	상품, 재산
46	grace	우아함, 품위
47	grade	등급, 학년, 성적, 등급을 나누다
48	greed	탐욕, 욕심
49	grief	큰 슬픔, 비통
50	guideline	지침, 가이드라인

| 0101 | **disorder**
[disɔ́ːrdər] | 몡 엉망, 무질서, 장애
His room was a complete disorder.
그의 방은 완전히 엉망이었다. |

| 0102 | **district**
[dístrikt] | 몡 지역, 지방
There are many libraries in this district.
이 지역에는 많은 도서관이 있다. |

| 0103 | **domain**
[douméin] | 몡 영토, 분야, 영역, 구역
The researcher's work is in the domain of artificial intelligence.
그 연구자의 작업은 인공지능 분야에 속한다. |

| 0104 | **economy**
[ikánəmi] | 몡 경제
A strong economy creates jobs.
강한 경제는 일자리를 만든다. |

| 0105 | **edge**
[edʒ] | 몡 가장자리, 모서리, 우세, 강점
She placed the book on the edge of the table.
그녀는 책을 테이블 가장자리 위에 놓았다. |

| 0106 | **effect**
[ifékt] | 몡 효과, 영향 동 초래하다
The medication had a positive effect on her symptoms.
그 약물은 그녀의 증상에 긍정적인 영향을 미쳤다. |

| 0107 | **element**
[éləmənt] | 몡 요소, 성분
Trust is an essential element of any successful relationship.
신뢰는 성공적인 관계의 필수 요소이다. |

| 0108 | **emergency**
[imɔ́ːrdʒənsi] | 몡 비상, 응급 상황
In case of emergency, please call 911.
응급 상황의 경우, 911에 전화하세요. |

| 0109 | **emphasis**
[émfəsis] | 몡 강조, 주안점
The new policy places emphasis on sustainable practices.
새로운 정책은 지속가능한 실천에 주안점을 두고 있다. |

| 0110 | **enemy**
[énəmi] | 몡 적
The enemy's strategy was unexpected.
적의 전략은 예상치 못했다. |

DAY
03

0111 enterprise
[éntərpràiz]

명 기업, 회사

The enterprise's profits have been steadily increasing.
그 기업의 수익은 꾸준히 증가하고 있다.

0112 entry
[éntri]

명 입장, 출입, 들어감, 참가

The entry fee for the concert was quite expensive.
그 콘서트의 입장료는 상당히 비쌌다.

0113 environment
[inváiərənmənt]

명 환경

The factory's emissions are harmful to the environment.
그 공장의 배출물은 환경에 해롭다.

0114 equipment
[ikwípmənt]

명 장비, 용품

He bought new fishing equipment for his weekend trip.
그는 주말여행을 위해 새로운 낚시 장비를 샀다.

0115 estate
[istéit]

명 사유지, 토지, 재산

He plans to sell the estate next year.
그는 내년에 토지를 팔 계획이다.

0116 evolution
[èvəlúːʃən]

명 진화, 발전, 진전

Human evolution is a complex process.
인간의 진화는 복잡한 과정이다.

0117 executive
[igzékjutiv]

명 경영진, 조직 간부, 임원

She is an executive at the finance company
그녀는 그 금융 회사의 임원이다.

0118 expense
[ikspéns]

명 (어떤 일에 드는) 돈, 비용

The expense of repairing the car was higher than expected.
자동차 수리 비용이 예상보다 높았다.

0119 expertise
[èkspərtíːz]

명 전문 지식

Her expertise in finance is recognized worldwide.
그녀의 금융 분야 전문 지식은 전 세계적으로 인정받고 있다.

0120 extent
[ikstént]

명 정도, 크기, 규모

I didn't know the extent of the damage caused by the storm.
나는 폭풍으로 인한 피해의 정도를 알지 못했다.

0 1 2 1 **facility** [fəsíləti]	똉 시설 The hospital has modern facilities for patient treatment. 그 병원은 환자 치료를 위한 최신 시설을 갖추고 있다.
0 1 2 2 **factor** [fǽktər]	똉 요인, 요소 Time management is a crucial factor in achieving success. 시간 관리는 성공을 이루는 데 중요한 요소이다.
0 1 2 3 **faculty** [fǽkəlti]	똉 능력, 재능, 학부, 교수진 He has a great faculty for calligraphy. 그는 서예에 대한 훌륭한 능력을 가지고 있다.
0 1 2 4 **faith** [feiθ]	똉 믿음, 신앙 She has great faith in her team's ability to succeed. 그녀는 팀의 성공 능력에 큰 믿음을 가지고 있다.
0 1 2 5 **fame** [feim]	똉 명성 똥 유명하게 하다 Her fame spread after the release of her debut album. 그녀의 명성은 데뷔 앨범 발표 후 퍼졌다.
0 1 2 6 **fault** [fɔ:lt]	똉 잘못, 책임 It was my fault that we missed the train. 우리가 기차를 놓친 것은 내 잘못이었다.
0 1 2 7 **fellow** [félou]	똉 동료, 녀석 He is a good fellow. 그는 좋은 동료이다.
0 1 2 8 **figure** [fígjər]	똉 숫자, 계산, 인물 똥 중요하다, 생각하다, 계산하다 The figure on the graph shows a increase in sales. 그래프의 숫자는 매출이 증가했음을 보여준다.
0 1 2 9 **flaw** [flɔ:]	똉 결함, 결점 The report contained a flaw in the data analysis. 보고서에는 데이터 분석에 결함이 있었다.
0 1 3 0 **fluid** [flúːid]	똉 유체, 유동체 똉 유동성의, 변하기 쉬운 Their plans are fluid and can change anytime. 그들의 계획은 유동적이며 언제든지 변경될 수 있다.

0131 **formation**
[fɔ:rméiʃən]

몡 형성

The cloud formation indicated that a storm was approaching.
구름 형성은 폭풍이 다가오고 있음을 나타냈다.

0132 **formula**
[fɔ:rmjulə]

몡 공식

He used the formula to determine the cost of the project.
그는 프로젝트 비용을 정하기 위해 공식을 사용했다.

0133 **fortune**
[fɔ:rtʃən]

몡 행운, 재산

They lost their fortune in the stock market.
그들은 주식 시장에서 재산을 잃었다.

0134 **foundation**
[faundéiʃən]

몡 토대, 기초, 창설, 설립

The foundation of the building needs repairing.
건물의 토대는 수리될 필요가 있다.

0135 **fraction**
[frækʃən]

몡 부분, 일부, 분수

He only owns a small fraction of the company's shares.
그는 회사 주식의 일부만 소유하고 있다.

0136 **framework**
[frei'mwər,k]

몡 뼈대, 틀, 체계

We need a legal framework for drones.
드론에 대한 법률 체계가 필요하다.

0137 **fright**
[frait]

몡 놀람, 두려움

The child screamed in fright when seeing the spider
그 아이는 거미를 보고 놀라서 소리쳤다.

0138 **funeral**
[fjú:nərəl]

몡 장례식 혱 장례식의

Hundreds of people attended the funeral.
수백 명의 사람들이 그 장례식에 참석했다.

0139 **gender**
[dʒéndər]

몡 성, 성별

Gender stereotypes can limit opportunities for individuals.
성 고정관념은 개인의 기회를 제한할 수 있다.

0140 **gene**
[dʒi:n]

몡 유전자

They are studying the gene's role in human development.
그들은 인간 발달에서 유전자의 역할을 연구하고 있다.

0141 generation
[dʒènəréiʃən]

(명) 세대
Each generation faces its own unique challenges and opportunities.
각 세대는 고유한 도전과 기회를 직면한다.

0142 genius
[dʒíːnjəs]

(명) 천재, 특별한 재능
He is often considered a genius.
그는 종종 천재로 여겨진다.

0143 glimpse
[glimps]

(명) 힐끗[언뜻] 봄 (동) 힐끗 보다
He caught a glimpse of the sunset through the trees.
그는 나무 사이로 일몰을 힐끗 볼 수 있었다.

0144 glory
[glɔ́ːri]

(명) 영광, 영예
The team celebrated their victory with much glory.
그 팀은 승리를 큰 영광과 함께 축하했다.

0145 goods
[gudz]

(명) 상품, 재산
They offer a wide range of goods at competitive prices.
그들은 경쟁력 있는 가격에 다양한 상품을 제공한다.

0146 grace
[greis]

(명) 우아함, 품위
The lady walked with grace.
그 숙녀는 우아하게 걸었다.

0147 grade
[greid]

(명) 등급, 학년, 성적 (동) 등급을 나누다
Quality determines the grade of apples.
품질은 사과의 등급을 결정한다.

0148 greed
[griːd]

(명) 탐욕, 욕심
The company's collapse was a direct result of the CEO's greed.
그 회사의 붕괴는 CEO의 탐욕이 직접적인 결과였다.

0149 grief
[griːf]

(명) 큰 슬픔, 비통
Grief is be a long and painful process.
비통은 길고 고통스러운 과정이다.

0150 guideline
[gáidlàin]

(명) 지침, 가이드라인
The government issued new guidelines for businesses.
정부는 기업들을 위한 새로운 지침을 발표했다.

REVIEW & LEVEL-UP TEST 제한시간 7분

◉ 괄호 안에 알맞은 단어를 고르시오.

01 Tourism plays a vital role in the local [economy / enemy], generating jobs and revenue.

02 The medicine had a calming [effect / edge] on the patient's anxiety symptoms.

03 There was a [flaw / fellow] in the design that caused the product to malfunction.

DAY
03

◉ 다음 빈칸에 문맥상 적절한 단어를 고르시오.

• genius	• emergency	• disorder

04 She struggles with attention deficit _____, making it difficult for her to focus in class.

05 In case of a medical _____, dial 911 for immediate assistance.

06 Albert Einstein is considered a _____ for his contributions to theoretical physics.

◉ 다음 빈칸에 적절한 뜻을 쓰시오.

07 The customs officer inspected the imported goods at the port.
세관원들이 항구에서 수입된 _____을 검사했다.

08 He worked hard and finally improved his English grade.
그는 열심히 노력해서 결국 영어 _____을 올렸다.

09 Corporate greed often leads to unethical business practices and environmental degradation.
기업의 _____은 종종 비윤리적인 경영 관행과 환경 파괴로 이어진다.

[해석 ☞ 네이버 카페 '진가영 영어 연구소'에서 확인]

 정답

01 economy	02 effect	03 flaw	04 disorder	05 emergency
06 genius	07 상품	08 성적	09 탐욕	

DAY 04   PREVIEW & DIAGNOSIS TEST   제한시간 5분

01	habitat		26	law
02	harbor / harbour		27	lease
03	haste		28	leisure
04	heir		29	level
05	heritage		30	liberty
06	horizon		31	logic
07	horror		32	literature
08	hostage		33	luxury
09	household		34	majority
10	ideology		35	manner
11	illusion		36	margin
12	impact		37	mate
13	incident		38	material
14	industry		39	mechanism
15	infant		40	medicine
16	ingredient		41	merchant
17	insight		42	merit
18	instance		43	method
19	instinct		44	miner
20	instrument		45	mineral
21	interval		46	mission
22	irony		47	monument
23	jury		48	motion
24	justice		49	motive
25	landscape		50	myth

DAY 04 | PREVIEW & DIAGNOSIS TEST ANSWER

01	habitat	서식지
02	harbor / harbour	항구, 항만
03	haste	서두름, 급함
04	heir	상속자, 계승자
05	heritage	유산
06	horizon	수평선, 지평선
07	horror	공포
08	hostage	인질, 저당, 담보물
09	household	가정, 가족, 가정(용)의, 가족의
10	ideology	이념, 이데올로기
11	illusion	환상, 착각
12	impact	영향, 충격
13	incident	사건
14	industry	산업
15	infant	유아, 아기, 유아용의, 초기의
16	ingredient	재료, 구성 요소
17	insight	통찰력, 이해
18	instance	사례, 경우
19	instinct	본능, 직감
20	instrument	기구, 악기
21	interval	간격, 사이
22	irony	역설적인 상황, 아이러니
23	jury	배심원단, 심사원, 심사하다
24	justice	정의, 공정성
25	landscape	풍경

26	law	법
27	lease	임대차 계약, 임대[임차]하다
28	leisure	여가, 한가한
29	level	정도, 수준, 단계, 평평한, 평평하게 하다, 동등하게 하다
30	liberty	자유
31	logic	논리, 타당성
32	literature	문학
33	luxury	사치, 호화로움
34	majority	대다수, 대부분
35	manner	방식, 관습, 예절(pl.)
36	margin	여백, 차이, 가장자리
37	mate	친구, 동료, 짝짓기를 하다
38	material	재료, 자료, 물질의, 중요한
39	mechanism	기계 장치, 방법, 메커니즘
40	medicine	의학, 의료, 의술, 약물
41	merchant	상인
42	merit	훌륭함, 장점
43	method	방법, 방식
44	miner	광부, 채광[광산]업자
45	mineral	광물, 무기물, 미네랄
46	mission	임무, 사절(단)
47	monument	기념물
48	motion	움직임, 운동, 동작
49	motive	동기, 동인(動因)
50	myth	신화, 통념

DAY
04

0151	**habitat** [hǽbitæt]	(명) 서식지 Habitat destruction is one of the main causes of species extinction. 서식지 파괴는 종의 멸종 주요 원인 중 하나이다.
0152	**harbor / harbour** [hάːrbər]	(명) 항구, 항만 The navy used the harbor as a base for its operations. 해군은 항구를 작전 기지로 사용했다.
0153	**haste** [heist]	(명) 서두름, 급함 His only weakness is haste. 그의 유일한 약점은 서두름이다.
0154	**heir** [ɛər]	(명) 상속자, 계승자 The king's eldest son was named the heir to the throne. 왕의 장남은 왕위 계승자로 지명되었다.
0155	**heritage** [héritidʒ]	(명) 유산 The castle is a valuable piece of our cultural heritage. 그 성은 우리 문화 유산의 소중한 부분이다.
0156	**horizon** [həráizn]	(명) 수평선, 지평선 The sun began to see above the horizon. 지평선 위로 해가 보이기 시작했다.
0157	**horror** [hɔ́ːrər]	(명) 공포 They were haunted by the horror of the events that had transpired. 그들은 일어난 사건들의 공포에 시달렸다.
0158	**hostage** [hάstidʒ]	(명) 인질, 저당, 담보물 The terrorists took several hostages during the bank robbery. 테러리스트들이 은행 강도 사건 동안 여러 명의 인질을 잡았다.
0159	**household** [háushòuld]	(명) 가정, 가족 (형) 가정(용)의, 가족의 The household appliance broke down. 가정용 전자제품이 고장 났다.
0160	**ideology** [àidiάlədʒi]	(명) 이념, 이데올로기 His political ideology shaped his views on society. 그의 정치적 이념은 그의 사회에 대한 견해를 형성했다.

0161 illusion
[ilúːʒən]

圈 환상, 착각
She lived under the illusion that money could buy happiness.
그녀는 돈이 행복을 살 수 있다는 환상을 가지고 살았다.

0162 impact
[ímpækt]

圈 영향, 충격
The impact of the earthquake was felt across the entire region.
지진의 영향은 그 지역 전체에서 느껴졌다.

0163 incident
[ínsədənt]

圈 사건
She described the incident in detail to the authorities.
그녀는 당국에 사건을 자세히 설명했다.

DAY
04

0164 industry
[índəstri]

圈 산업
The automotive industry is one of the largest sectors in the economy.
자동차 산업은 경제에서 가장 큰 부문 중 하나이다.

0165 infant
[ínfənt]

圈 유아, 아기 圈 유아용의, 초기의
The family gathered to celebrate the infant's first birthday.
가족은 아기의 첫 번째 생일을 축하하기 위해 모였다.

0166 ingredient
[ingríːdiənt]

圈 재료, 구성 요소
Flour is a key ingredient in baking bread.
밀가루는 빵을 굽는 데 중요한 재료이다.

0167 insight
[ínsàit]

圈 통찰력, 이해
His book offers deep insights into human behavior.
그의 책은 인간 행동에 대한 깊은 통찰을 제공한다.

0168 instance
[ínstəns]

圈 사례, 경우
There was an instance last year where we faced a similar issue.
작년에 우리가 비슷한 문제에 직면했던 사례가 있었다.

0169 instinct
[ínstiŋkt]

圈 본능, 직감
Her first instinct was to run away from the danger.
그녀의 첫 본능은 위험에서 도망치는 것이었다.

0170 instrument
[ínstrəmənt]

圈 기구, 악기
The thermometer is an essential instrument in the laboratory.
온도계는 실험실에서 필수적인 기구이다.

0171 interval
[íntərvəl]

(명) 간격, 사이

There was a ten-minute interval between the two acts of the play.
연극의 두 막 사이에 10분 간격이 있었다.

0172 irony
[áiərəni]

(명) 역설적인 상황, 아이러니

Her winning the lottery after a lifetime of bad luck was a cruel irony.
그녀가 길었던 불행 끝에 복권에 당첨되었다는 것은 잔인한 아이러니였다.

0173 jury
[dʒúəri]

(명) 배심원단, 심사원   (동) 심사하다

The defense attorney presented new evidence to the jury.
변호인은 배심원단에게 새로운 증거를 제시했다.

0174 justice
[dʒʌ́stis]

(명) 정의, 공정성

The legal system aims to provide justice for all citizens.
법률 시스템은 모든 시민에게 정의를 제공하는 것을 목표로 한다.

0175 landscape
[lǽndskeiˌp]

(명) 풍경

The landscape of the desert is both harsh and beautiful.
사막의 풍경은 거칠고 아름답다.

0176 law
[lɔ:]

(명) 법

The new law will come into effect next month.
새로운 법은 다음 달에 발효될 것이다.

0177 lease
[li:s]

(명) 임대차 계약   (동) 임대[임차]하다

The landlord renewed the lease for another six months.
집주인은 임대 계약을 6개월 더 연장했다.

0178 leisure
[líːʒər]

(명) 여가   (형) 한가한

She enjoys reading books in her leisure time.
그녀는 여가 시간에 책을 읽는 것을 즐긴다.

0179 level
[lévəl]

(명) 정도, 수준, 단계   (형) 평평한   (동) 평평하게 하다, 동등하게 하다

The company needs to address issues at the management level.
그 회사는 경영 수준에서 문제를 해결해야 한다.

0180 liberty
[líbərti]

(명) 자유

Freedom of speech is a fundamental liberty in democratic societies.
언론의 자유는 민주 사회에서의 기본적인 자유이다.

0181 logic
[ládʒik]
(명) 논리, 타당성
The argument lacked logic.
그 주장은 논리가 부족했다.

0182 literature
[lítərətʃər]
(명) 문학
She studied English literature in college.
그녀는 대학교에서 영문학을 공부했다.

0183 luxury
[lʌ́kʃəri]
(명) 사치, 호화로움
He leads a life of luxury.
그는 호화로운 생활을 한다.

0184 majority
[mədʒɔ́ːrəti]
(명) 대다수, 대부분
The company's majority shareholders approved the merger.
회사의 대다수 주주들이 합병을 승인했다.

0185 manner
[mǽnər]
(명) 방식, 관습, 예절(pl.)
He always greets people in a friendly manner.
그는 항상 친근한 방식으로 사람들을 인사한다.

0186 margin
[máːrdʒin]
(명) 여백, 차이, 가장자리
They won the election by a narrow margin of just 200 votes.
그들은 겨우 200표 차이로 선거에서 승리했다.

0187 mate
[meit]
(명) 친구, 동료 (동) 짝짓기를 하다
My mate and I are planning a weekend trip.
나의 친구와 나는 주말 여행을 계획하고 있다.

0188 material
[mətíəriəl]
(명) 재료, 자료 (형) 물질의, 중요한
He collected materials for his research over several years.
그는 몇 년에 걸쳐 연구를 위한 자료를 수집했다.

0189 mechanism
[mékənìzm]
(명) 기계 장치, 방법, 메커니즘
There is a safety mechanism in place to prevent accidents.
사고를 예방하기 위해 안전 기계 장치가 마련되어 있다.

0190 medicine
['medɪsn]
(명) 의학, 의료, 의술, 약물
Modern medicine has made great strides in curing diseases.
현대 의학은 질병 치료에서 큰 발전을 이뤘다.

0191	**merchant** [mə́ːrtʃənt]	(명) 상인 He worked as a merchant in the bustling marketplace. 그는 분주한 시장에서 상인으로 일했다.
0192	**merit** [mérit]	(명) 훌륭함, 장점 She has more merits than demerits. 그녀는 단점보다 장점이 더 많다.
0193	**method** [méθəd]	(명) 방법, 방식 His method of communication is very clear and effective. 그의 의사소통 방법은 매우 명확하고 효과적이다.
0194	**miner** [máinər]	(명) 광부, 채광[광산]업자 The miner carefully monitored the stability of the tunnel walls. 그 광부는 터널 벽의 안정성을 신중하게 확인했다.
0195	**mineral** [mínərəl]	(명) 광물, 무기물, 미네랄 The area is known for its rich deposits of precious minerals. 그 지역은 귀중한 광물 매장으로 유명하다.
0196	**mission** [míʃən]	(명) 임무, 사절(단) His mission in life was to help those in need. 그의 인생의 임무는 도움이 필요한 사람들을 돕는 것이었다.
0197	**monument** [mɑ́njumənt]	(명) 기념물 The community gathered at the town square to unveil the new monument. 지역 사회는 새로운 기념비를 공개하기 위해 도시광장에 모였다.
0198	**motion** [móuʃən]	(명) 움직임, 운동, 동작 She felt a motion sickness while on the boat. 그녀는 보트에서 움직임에 의해 멀미를 느꼈다.
0199	**motive** [móutiv]	(명) 동기, 동인(動因) Her motive for volunteering was to help those in need. 그녀의 자원 봉사 동기는 필요한 사람들을 돕는 것이었다.
0200	**myth** [miθ]	(명) 신화, 통념 Many cultures have myths about the creation of the universe. 많은 문화에는 우주의 창조에 대한 신화가 있다.

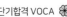

DAY 04 REVIEW & LEVEL-UP TEST ⏱ 제한시간 7분

◎ 괄호 안에 알맞은 단어를 고르시오.

01 In his [harbor / haste] to catch the train, he forgot his passport.

02 The preservation of national [heritage / horizon] buildings is crucial for maintaining a country's historical identity.

03 [Industry / Infant] mortality rates have significantly decreased with advances in healthcare.

◎ 다음 빈칸에 문맥상 적절한 단어를 고르시오.

DAY

04

• illusion	• jury	• insight

04 Reading biographies gives students _____ into the lives of historical figures.

05 He couldn't distinguish reality from _____ anymore, because he was into computer games.

06 The _____ listened attentively to the witness's testimony.

◎ 다음 빈칸에 적절한 뜻을 쓰시오.

07 The merits of this new technology include improved efficiency and reduced costs.

이 새로운 기술의 _____ 은 향상된 효율성과 비용 절감이다.

08 The statue of Liberty in New York City symbolizes hope and freedom.

뉴욕 시내의 _____ 의 여신상은 희망과 자유를 상징한다.

09 Modern medicine has made significant advancements in treating chronic diseases.

현대 _____ 은 만성 질병 치료에서 중요한 발전을 이루었다.

[해석 ☞ 네이버 카페 '진가영 영어 연구소'에서 확인]

정답

01 haste	**02** heritage	**03** Infant	**04** insight	**05** illusion
06 jury	**07** 장점	**08** 자유	**09** 의학	

DAY 05   PREVIEW & DIAGNOSIS TEST   제한시간 5분

01	norm		26	pleasure
02	occasion		27	plenty
03	opportunity		28	population
04	optimist		29	portion
05	origin		30	portrait
06	outcome		31	predator
07	outline		32	prejudice
08	outrage		33	premium
09	panic		34	presence
10	paragraph		35	president
11	parliament		36	prey
12	particle		37	priest
13	passage		38	principle
14	passion		39	prison
15	patent		40	privacy
16	peak		41	profession
17	peer		42	proof
18	penalty		43	property
19	period		44	prospect
20	personality		45	province
21	perspective		46	pupil
22	phase		47	purpose
23	phenomenon		48	quantity
24	planet		49	reception
25	platform		50	republic

DAY 05 PREVIEW & DIAGNOSIS TEST ANSWER

01	norm	표준, 기준, 규범	26	pleasure	기쁨, 즐거움
02	occasion	때, 기회, 행사	27	plenty	많은, 충분한
03	opportunity	기회	28	population	인구, 주민
04	optimist	낙관론자, 낙천주의자	29	portion	부분, 일부
05	origin	기원, 출신	30	portrait	초상화
06	outcome	결과	31	predator	포식자, 육식 동물
07	outline	개요, 윤곽	32	prejudice	편견, 편견을 갖게 하다
08	outrage	격분, 폭행, 난폭	33	premium	상금, 할증금, 보험료
09	panic	극심한 공포, 공황	34	presence	존재, 참석
10	paragraph	단락, 절	35	president	대통령, 장
11	parliament	의회, 국회	36	prey	먹이, 희생자, 먹이로 하다
12	particle	입자, 조각	37	priest	성직자, 사제
13	passage	통로, 구절	38	principle	원리, 원칙
14	passion	열정, 격정	39	prison	감옥, 교도소
15	patent	특허권, 특허의, 특허를 얻다	40	privacy	사생활
16	peak	정점, 절정, 꼭대기	41	profession	직업, 공언, 선언
17	peer	동등한 사람, 동료, ~에 필적하다, 응시하다	42	proof	증거, 증명
18	penalty	처벌, 불이익	43	property	재산, 부동산, 속성, 특성
19	period	기간, 주기	44	prospect	가망, 전망
20	personality	성격, 개성	45	province	주, 지방, 지역, 분야
21	perspective	관점, 시각, 원근법	46	pupil	학생, 제자, 눈동자, 동공
22	phase	단계, 상	47	purpose	목적, 의도
23	phenomenon	현상, 경이로운 것[사람]	48	quantity	양, 수량
24	planet	행성	49	reception	수령, 환영
25	platform	승강장, 연단	50	republic	공화국

DAY 05

0201 norm
[nɔːrm]

(명) 표준, 기준, 규범

The norm for average working hours is about 40 per week.
평균 근무 시간의 표준은 주당 약 40시간이다.

0202 occasion
[əkéiʒən]

(명) 때, 기회, 행사

She wore her best dress for the occasion.
그녀는 그 행사에 가장 좋은 드레스를 입었다.

0203 opportunity
[ὰpərtjúːnəti]

(명) 기회

Don't miss this opportunity.
이 기회를 놓치지 마세요.

0204 optimist
[ὰptəmist]

(명) 낙관론자, 낙천주의자

She is an optimist.
그녀는 낙천주의자이다.

0205 origin
[ɔ́ːrədʒin]

(명) 기원, 출신

The origin of the species is a topic of extensive study.
종의 기원은 광범위한 연구 주제이다.

0206 outcome
[auˈtkəm]

(명) 결과

She was pleased with the outcome of her job interview.
그녀는 면접 결과에 만족했다.

0207 outline
[auˈtlain]

(명) 개요, 윤곽

The outline of the project was discussed in the meeting.
프로젝트의 개요는 회의에서 논의되었다.

0208 outrage
[áutreidʒ]

(명) 격분, 폭행, 난폭

Her remarks on social media caused widespread outrage.
그녀의 사회적 미디어에서의 발언은 광범위한 격분을 일으켰다.
cf rage 격노, 분노

0209 panic
[pǽnik]

(명) 극심한 공포, 공황

The crowd started to panic after hearing the loud noise.
큰 소리를 듣고 군중은 공황 상태에 빠졌다.

0210 paragraph
[pǽrəgræf]

(명) 단락, 절

She wrote a paragraph about the book.
그녀는 그 책에 대해 한 단락을 썼다.

0211 parliament
[pɑ́ːrləmənt]

(명) 의회, 국회
The parliament building is located in the heart of the capital city.
의회 건물은 수도의 중심에 위치한다.

0212 particle
[pɑ́ːrtikl]

(명) 입자, 조각
The particles in the air made it difficult to see clearly.
공기 중의 입자들 때문에 시야가 흐려졌다.

0213 passage
[pǽsidʒ]

(명) 통로, 구절
The passage was blocked by debris after the earthquake.
지진 후 그 통로는 잔해로 막혔다.

0214 passion
[pǽʃən]

(명) 열정, 격정
He fell in love with her passion.
그는 그녀의 열정에 반했다.

DAY
05

0215 patent
[pǽtnt]

(명) 특허권 (형) 특허의 (동) 특허를 얻다
The patent application process is complicated.
특허권 신청 절차는 복잡하다.

0216 peak
[piːk]

(명) 정점, 절정, 꼭대기
She has reached the peak of his popularity.
그녀는 인기의 정점에 도달했다.

0217 peer
[piər]

(명) 동등한 사람, 동료 (동) ~에 필적하다, 응시하다
I have a lot of peers to help me when I'm having a hard time.
내가 힘들 때 도와줄 동료들이 많다.

0218 penalty
[pénəlti]

(명) 처벌, 불이익
There is a harsh penalty for drunk driving.
음주 운전에는 가혹한 처벌이 있다.

0219 period
[píːəriəd]

(명) 기간, 주기
The project will be completed within a period of six months.
그 프로젝트는 6개월 기간 내에 완료될 것이다.

0220 personality
[pə̀ːrsənǽləti]

(명) 성격, 개성
She was drawn to his calm and reassuring personality.
그녀는 그의 차분하고 안심시키는 성격에 끌렸다.

0221 perspective
[pərspéktiv]

(명) 관점, 시각, 원근법
Changing your perspective can lead to new solutions.
당신의 관점을 바꾸는 것은 새로운 해결책을 이끌 수 있다.

0222 phase
[feiz]

(명) 단계, 상
She is in the final phase of her research project.
그녀는 연구 프로젝트의 마지막 단계에 있다.

0223 phenomenon
[finάmənὰn]

(명) 현상, 경이로운 것[사람]
The phenomenon occurs infrequently.
그 현상은 드물게 발생한다.

0224 planet
[plǽnit]

(명) 행성
Earth is the only planet known to support life.
지구는 생명을 지원하는 것으로 알려진 유일한 행성이다.

0225 platform
[plǽtfɔːrm]

(명) 승강장, 연단
The train arrived at platform 3.
그 기차는 3번 승강장에 도착했다.

0226 pleasure
[pléʒər]

(명) 기쁨, 즐거움
Cooking for friends is always a pleasure for her.
그녀는 친구들을 위해 요리하는 것이 항상 즐겁다.

0227 plenty
[plénti]

(형) 많은, 충분한
He has plenty of experience in managing large teams.
그는 대규모 팀 관리에 충분한 경험이 있다.

0228 population
[pὰpjuléiʃən]

(명) 인구, 주민
The census revealed a drop in the population of rural areas.
인구 조사는 농촌 지역의 인구가 감소했음을 밝혔다.

0229 portion
[pɔ́ːrʃən]

(명) 부분, 일부
A portion of the profits will be donated to charity.
수익의 일부는 자선단체에 기부될 것이다.

0230 portrait
[pɔ́ːrtrit]

(명) 초상화
The portrait is beautiful.
그 초상화는 아름답다.

0231 predator
[prédətər]

명 포식자, 육식 동물
Lions are predators of animals.
사자는 동물의 포식자이다.

0232 prejudice
[prédʒudis]

명 편견 동 편견을 갖게 하다
He was obsessed with prejudice.
그는 편견에 사로잡혔다.

0233 premium
[príːmiəm]

명 상금, 할증금, 보험료
A premium of 20% is paid out after 20 years.
20년 후에는 20%의 할증료를 내게 된다.

0234 presence
[prézns]

명 존재, 참석
The presence of security cameras increased the safety of the premises.
보안 카메라의 존재가 건물의 안전성을 높였다.

0235 president
[prézədənt]

명 대통령, 장
The president's decision was met with mixed reactions from the public.
대통령의 결정은 대중의 다양한 반응을 받았다.

0236 prey
[prei]

명 먹이, 희생자 동 먹이로 하다
In the jungle, every predator has its prey.
정글에서는 모든 포식자가 먹이를 가진다.
cf pray 기도하다

0237 priest
[priːst]

명 성직자, 사제
The priest delivered a moving sermon on forgiveness.
사제는 용서에 대한 감동적인 설교를 했다.

0238 principle
[prínsəpl]

명 원리, 원칙
She lives by the principle of honesty in all her dealings.
그녀는 모든 거래에서 정직의 원칙을 지킨다.

0239 prison
[prízn]

명 감옥, 교도소
He was locked in prison.
그는 교도소에 수감되었다.

0240 privacy
[práivəsi]

명 사생활
Infringement of privacy is unforgivable.
사생활 침해는 용서할 수 없다.

0241 profession
[prəféʃən]

명 직업, 공언, 선언
Teaching is a profession that requires patience and dedication.
교육은 인내와 헌신을 요구하는 직업이다.

0242 proof
[pru:f]

명 증거, 증명
Without proof, the claim cannot be accepted as fact.
증거 없이는 그 주장은 사실로 받아들여질 수 없다.
유 evidence

0243 property
[prɑ́pərti]

명 재산, 부동산, 속성, 특성
The property was sold at auction for a record price.
그 재산은 기록적인 가격에 경매로 판매되었다.

0244 prospect
[prɑ́spekt]

명 가망, 전망
There is little prospect of the weather improving today.
오늘 날씨가 좋아질 가망은 거의 없다.

0245 province
[prɑ́vins]

명 주, 지방, 지역, 분야
The cultural heritage of each province is unique and diverse.
각 지방의 문화 유산은 독특하고 다양하다.

0246 pupil
[pjú:pl]

명 학생, 제자, 눈동자, 동공
The pupil raised his hand to ask for help with the homework.
그 학생은 숙제를 도와달라고 요청하기 위해 손을 들었다.

0247 purpose
[pə́:rpəs]

명 목적, 의도
He believed that every action should have a clear purpose.
그는 모든 행동에는 명확한 목적이 있어야 한다고 믿었다.

0248 quantity
[kwɑ́ntəti]

명 양, 수량
The quantity is sufficient.
수량이 충분하다.
cf quality 질, 품질

0249 reception
[risépʃən]

명 수령, 환영
We attended the reception.
우리는 환영회에 참석했다.

0250 republic
[ripʌ́blik]

명 공화국
The republic has a strong economy.
그 공화국은 강한 경제를 가지고 있다.

DAY 05 | REVIEW & LEVEL-UP TEST

⏱ 제한시간 7분

◉ 괄호 안에 알맞은 단어를 고르시오.

01 Traveling abroad gave him the [optimist / opportunity] to learn about different cultures.

02 The [outcome / outrage] of the election will determine the future direction of the country.

03 He filed a [patent / peak] for his new invention to protect his intellectual property.

◉ 다음 빈칸에 문맥상 적절한 단어를 고르시오.

• penalty	• passion	• population

04 His _____ for sports drives him to train hard every day.

05 He received a _____ for speeding on the highway.

06 China has the largest _____ of any country in the world.

◉ 다음 빈칸에 적절한 뜻을 쓰시오.

07 It gives me great <u>pleasure</u> to see my students succeed.
나의 학생들이 성공하는 것을 보는 것이 나에게 큰 _____이다.

08 <u>Prejudice</u> against certain ethnic groups still persists in the society.
특정한 인종 집단에 대한 _____은 여전히 그 사회에서 지속되고 있다.

09 The main <u>purpose</u> of this meeting is to discuss our marketing strategy for next year.
이 회의의 주요 _____은 내년 마케팅 전략에 대해 논의하는 것이다.

[해석 ☞ 네이버 카페 '진가영 영어 연구소'에서 확인]

 정답

| **01** opportunity | **02** outcome | **03** patent | **04** passion | **05** penalty |
| **06** population | **07** 기쁨 | **08** 편견 | **09** 목적 | |

DAY 06 | PREVIEW & DIAGNOSIS TEST

01 reputation _____

02 resort _____

03 resource _____

04 revenge _____

05 revolution _____

06 scale _____

07 scholar _____

08 secretary _____

09 sector _____

10 sensation _____

11 sentiment _____

12 sequence _____

13 session _____

14 sight _____

15 sin _____

16 source _____

17 species _____

18 spectacle _____

19 sphere _____

20 spirit _____

21 status _____

22 strategy _____

23 stroke _____

24 structure _____

25 stuff _____

26 subject _____

27 substance _____

28 substitute _____

29 suburb _____

30 suicide _____

31 sum _____

32 summary _____

33 summit _____

34 surface _____

35 surgery _____

36 symbol _____

37 symptom _____

38 talent _____

39 target _____

40 task _____

41 tenant _____

42 term _____

43 territory _____

44 theme _____

45 theory _____

46 therapy _____

47 threat _____

48 tissue _____

49 tradition _____

50 trail _____

DAY 06 | PREVIEW & DIAGNOSIS TEST ANSWER

01	reputation	명성, 평판
02	resort	의지, 수단, 휴양지, 의지하다
03	resource	자원, 재료
04	revenge	복수, 보복
05	revolution	혁명, 회전, (천문학) 공전
06	scale	규모, 범위, 등급, 비늘, 저울, 체중계
07	scholar	학자, 장학생
08	secretary	비서, (각 부의) 장관(S-)
09	sector	부문, 영역
10	sensation	느낌, 감각
11	sentiment	정서, 감정
12	sequence	순서, 연속
13	session	기간[시간], 개회, 학기
14	sight	시력, 시각, 시야
15	sin	죄
16	source	원천, 근원, 출처, 자료
17	species	종(種)
18	spectacle	장관, 구경거리
19	sphere	구, 구체
20	spirit	정신, 영혼, 기분, 마음
21	status	신분, 지위
22	strategy	계획, 전략
23	stroke	타격, 치기, (글자의)한 획, 수영법, 뇌졸중, 쓰다듬다
24	structure	구조, 구조물
25	stuff	물건, 것, 채우다

26	subject	주제, 과목, 피실험자, 주어, 신하, 국민, 지배받는, ~하기 쉬운
27	substance	물질, 실체, 본질
28	substitute	대체물, 대리자, 대신하다
29	suburb	교외
30	suicide	자살
31	sum	합계, 액수, 합하다, 요약하다
32	summary	요약
33	summit	꼭대기, 절정, 정점, 정상 회담
34	surface	표면, 나타나다
35	surgery	수술
36	symbol	부호, 상징
37	symptom	증상, 징후
38	talent	재능
39	target	목표, 표적, 과녁, 목표로 삼다
40	task	일, 과제
41	tenant	세입자, 임차인
42	term	용어, 학기, 기간, 관계(pl.)
43	territory	영토, 지역, 영역
44	theme	주제, 테마
45	theory	이론
46	therapy	치료, 요법
47	threat	협박, 위협, 위험
48	tissue	화장지, 조직
49	tradition	전통
50	trail	자취, 흔적

DAY

06

0251 reputation
[rèpjutéiʃən]
⑲ 명성, 평판
She earned a reputation for honesty.
그녀는 정직하다는 평판을 얻었다.

0252 resort
[rizɔ́:rt]
⑲ 의지, 수단, 휴양지 ⑧ 의지하다
When negotiations failed, I resorted to legal action.
협상이 실패하자, 나는 법적 조치에 의지했다.

0253 resource
[rí:sɔ:rs]
⑲ 자원, 재료
They have limited resources.
그들은 제한된 자원을 가지고 있다.

0254 revenge
[rivéndʒ]
⑲ 복수, 보복
His heart was filled with revenge.
그의 마음은 복수심으로 가득 찼다.

0255 revolution
[rèvəlú:ʃən]
⑲ 혁명, 회전, (천문학) 공전
Technology sparked a digital revolution.
기술이 디지털 혁명을 불러일으켰다.

0256 scale
[skeil]
⑲ 규모, 범위, 등급, 비늘, 저울, 체중계
The project is on a large scale.
그 프로젝트는 대규모이다.

0257 scholar
[skɑ́lər]
⑲ 학자, 장학생
As a scholar, he values research.
학자로서 그는 연구를 중요하게 생각한다.

0258 secretary
[sékrətèri]
⑲ 비서, (각 부의) 장관(S-)
The secretary took notes during the meeting.
그 비서가 회의 중에 메모를 했다.

0259 sector
[séktər]
⑲ 부문, 영역
He specializes in the healthcare sector.
그는 의료 부문을 전문으로 한다.

0260 sensation
[senséiʃən]
⑲ 느낌, 감각
She felt a strange sensation in her hand.
그녀는 손에 이상한 감각을 느꼈다.

0261 sentiment
[séntəmənt]

(명) 정서, 감정

There is a growing sentiment for change.
변화에 대한 감정이 점점 커지고 있다.

0262 sequence
[síːkwəns]

(명) 순서, 연속

The events happened in sequence.
사건들은 순서대로 발생했다.

0263 session
[séʃən]

(명) 기간[시간], 개회, 학기

Parliament is still in session.
의회는 아직 개회중이다.

0264 sight
[sait]

(명) 시력, 시각, 시야

He has a keen sight for detail.
그는 세밀한 부분에 대한 예리한 시각을 가지고 있다.

0265 sin
[sin]

(명) 죄

Greed is often seen as a sin.
탐욕은 종종 죄로 여겨진다.

0266 source
[sɔːrs]

(명) 원천, 근원, 출처, 자료

His inspiration is the source of his creativity.
그의 영감은 그의 창의성이 원천이다.

0267 species
[spíːʃiːz]

(명) 종(種)

Many species live in the ocean.
많은 종이 바다에 살고 있다.

0268 spectacle
[spéktəkl]

(명) 장관, 구경거리

The fireworks display was a stunning spectacle.
불꽃놀이 공연은 멋진 장관이었다.

0269 sphere
[sfiər]

(명) 구, 구체

The Earth is a perfect sphere.
지구는 완벽한 구체이다.

0270 spirit
[spírit]

(명) 정신, 영혼, 기분, 마음

His spirit was lifted by the good news.
좋은 소식에 그의 기분이 나아졌다.

DAY 06

0271 status
[stéitəs]

(명) 신분, 지위

His status at the company is secure.
그의 회사 내 지위는 안정적이다.

0272 strategy
[strǽtədʒi]

(명) 계획, 전략

We need a new strategy to increase sales.
우리는 매출 증가를 위한 새로운 전략이 필요하다.

0273 stroke
[strouk]

(명) 타격, 치기, (글자의)한 획, 수영법, 뇌졸중　(동) 쓰다듬다

I wanted to stroke the dog.
나는 그 개를 쓰다듬고 싶었다.

0274 structure
[strʌ́ktʃər]

(명) 구조, 구조물

The building's structure is very stable.
그 건물의 구조는 매우 안정적이다.

0275 stuff
[stʌf]

(명) 물건, 것　(동) 채우다

We need to clean up this stuff.
우리는 이 물건들을 청소해야 한다.
(cf) stuffy 답답한, 숨 막힐 것 같은

0276 subject
[sʌ́bdʒikt]

(명) 주제, 과목, 피실험자, 주어, 신하, 국민　(형) 지배받는, ~하기 쉬운

She is studying the subject of biology.
그녀는 생물학 과목을 공부하고 있다.

0277 substance
[sʌ́bstəns]

(명) 물질, 실체, 본질

The scientist tested the substance for purity.
과학자는 그 물질의 순도를 테스트했다.

0278 substitute
[sʌ́bstətjùːt]

(명) 대체물, 대리자　(동) 대신하다

The team needed a substitute player due to injury.
그 팀은 부상으로 인해 대체 선수가 필요했다.
(유) exchange, replace, switch, stand in for,
fill in for, take the place of

0279 suburb
[sʌ́bəːrb]

(명) 교외

She lives in a suburb just outside the city.
그녀는 도시 외곽의 교외에 산다.

0280 suicide
[sjúːəsàid]

(명) 자살

Suicide rates have increased in recent years.
최근에 자살률이 증가했다.

0281 sum
[sʌm]

(명) 합계, 액수 (동) 합하다, 요약하다
Calculate the sum of these figures.
이 숫자들의 합계를 계산하세요.

0282 summary
[sʌ́məri]

(명) 요약
The summary covers the main points of the book.
그 요약은 책의 주요 내용을 다룬다.

0283 summit
[sʌ́mit]

(명) 꼭대기, 절정, 정점, 정상 회담
She attended the summit on global health issues.
그녀는 세계 건강 문제에 관한 정상 회담에 참석했다.

0284 surface
[sə́:rfis]

(명) 표면 (동) 나타나다
The water on the surface was calm.
표면의 물은 잔잔했다.

0285 surgery
[sə́:rdʒəri]

(명) 수술
He underwent surgery to remove the tumor.
그는 종양을 제거하기 위해 수술을 받았다.

DAY
06

0286 symbol
[símbəl]

(명) 부호, 상징
The dove is a symbol of peace.
비둘기는 평화의 상징이다.

0287 symptom
[símptəm]

(명) 증상, 징후
Fever is often a symptom of infection.
발열은 종종 감염의 증상이다.
(유) 징후 indication

0288 talent
[tǽlənt]

(명) 재능
She was recognized for her talent in painting.
그녀는 그림 그리는 재능으로 인정받았다.

0289 target
[tɑ́:rgit]

(명) 목표, 표적, 과녁 (동) 목표로 삼다
The marketing team set a target to increase sales by 20%.
마케팅 팀은 매출을 20% 증가시키는 목표를 설정했다.

0290 task
[tæsk]

(명) 일, 과제
She completed the task ahead of schedule.
그녀는 예정보다 빨리 일을 완료했다.

0291 tenant
[ténənt]

(명) 세입자, 임차인
The tenant has lived in the apartment for five years.
그 세입자는 그 아파트에 5년 동안 살았다.

0292 term
[tə:rm]

(명) 용어, 학기, 기간, 관계(pl.)
She has a good understanding of legal terms.
그녀는 법적 용어를 잘 이해하고 있다.

0293 territory
[térətɔ:ri]

(명) 영토, 지역, 영역
The lion marked its territory with scent.
사자는 냄새로 자신의 영역을 표시했다.

0294 theme
[θi:m]

(명) 주제, 테마
The main theme of the art exhibit was nature.
그 예술 전시회의 주요 주제는 자연이었다.

0295 theory
[θí:əri]

(명) 이론
She studied the theory of evolution in her biology class.
그녀는 생물학 수업에서 진화 이론을 공부했다.

0296 therapy
[θérəpi]

(명) 치료, 요법
She is undergoing therapy to manage her anxiety.
그녀는 불안을 관리하기 위해 치료를 받고 있다.

0297 threat
[θret]

(명) 협박, 위협, 위험
The doctor warned of the threat of infection after surgery.
의사는 수술 후 감염의 위험에 대해 경고했다.

0298 tissue
[tíʃu:]

(명) 화장지, 조직
The plant's tissue is very delicate.
그 식물의 조직은 매우 섬세하다.

0299 tradition
[trədíʃən]

(명) 전통
It is a tradition to eat turkey on Thanksgiving.
추수감사절에는 칠면조를 먹는 것이 전통이다.

0300 trail
[treil]

(명) 자취, 흔적
The dog followed the trail of scent through the forest.
그 개는 숲 속을 통해 냄새의 흔적을 따라갔다.

DAY 06 · REVIEW & LEVEL-UP TEST 🕐 제한시간 7분

⊘ 괄호 안에 알맞은 단어를 고르시오.

01 She sought [scholar / revenge] against those who wronged her.

02 His promotion at work elevated his [sphere / status] within the company.

03 Living in a [suburb / summary] often means a longer commute to work.

⊘ 다음 빈칸에 문맥상 적절한 단어를 고르시오.

• threat	• species	• sequence

04 He watched the film so many times that he memorized the entire _____ of scenes.

05 The endangered _____ need protected habitats to survive.

06 The cyber attack was identified as a potential _____ to national security.

DAY
06

⊘ 다음 빈칸에 적절한 뜻을 쓰시오.

07 She found a <u>substitute</u> ingredient that worked perfectly in her dish.
그녀는 요리에 완벽하게 맞는 _____ 재료를 찾았다.

08 The <u>tenant</u> complained about the leaking faucet to the building manager.
_____는 물이 새는 수도꼭지에 대해 건물 관리자에게 불평했다.

09 The professor explained the key <u>terms</u> used in the research paper.
교수는 연구 논문에서 사용된 주요 _____ 설명했다.

[해석 ☞ 네이버 카페 '진가영 영어 연구소'에서 확인]

 정답
01 revenge **02** status **03** suburb **04** sequence **05** species
06 threat **07** 대체 **08** 세입자 **09** 용어들을

DAY 07 | PREVIEW & DIAGNOSIS TEST

01 transition	_____	26 achieve	_____
02 trial	_____	27 acquaint	_____
03 tribe	_____	28 activate	_____
04 troop	_____	29 adapt	_____
05 union	_____	30 adjust	_____
06 unit	_____	31 administer	_____
07 vacuum	_____	32 admire	_____
08 vehicle	_____	33 admit	_____
09 vice	_____	34 adopt	_____
10 victim	_____	35 affiliate	_____
11 virtue	_____	36 afford	_____
12 wage	_____	37 allocate	_____
13 weapon	_____	38 allow	_____
14 welfare	_____	39 alter	_____
15 wit	_____	40 amaze	_____
16 abandon	_____	41 amplify	_____
17 abort	_____	42 analyze / analyse	_____
18 absorb	_____	43 announce	_____
19 accelerate	_____	44 anticipate	_____
20 accept	_____	45 appear	_____
21 accommodate	_____	46 apply	_____
22 accompany	_____	47 appoint	_____
23 accomplish	_____	48 appreciate	_____
24 accumulate	_____	49 approve	_____
25 accuse	_____	50 argue	_____

DAY 07 PREVIEW & DIAGNOSIS TEST ANSWER

01	transition	이전, 전이
02	trial	재판, 실험
03	tribe	부족, 집단
04	troop	병력, 군대, 부대
05	union	조합, 협회
06	unit	구성 단위, 한 개, 부대
07	vacuum	진공, 진공의, (진공 청소기로)청소하다
08	vehicle	탈것, 차량
09	vice	악, 악덕, 부도덕
10	victim	피해자, 희생자
11	virtue	미덕, 선
12	wage	임금, 급료
13	weapon	무기
14	welfare	복지, 안녕
15	wit	재치
16	abandon	버리다, 포기하다
17	abort	유산하다, 낙태시키다
18	absorb	흡수하다
19	accelerate	가속화하다
20	accept	받아들이다, 수용하다
21	accommodate	수용하다, 숙박시키다, 적응시키다
22	accompany	동반하다, 동행하다
23	accomplish	달성하다, 성취하다
24	accumulate	모으다, 축적하다
25	accuse	고발[고소]하다, 비난하다
26	achieve	달성하다

27	acquaint	익히다, 숙지하다
28	activate	활성화시키다
29	adapt	적응하다, 맞추다, 조정하다, 각색하다
30	adjust	적응하다, 조정하다
31	administer	관리하다, 운영하다
32	admire	존경하다, 칭찬하다
33	admit	인정[시인]하다, 입장을 허락하다
34	adopt	채택하다, 입양하다
35	affiliate	제휴하다, 연계되다
36	afford	~할 여유가 있다
37	allocate	할당하다, 배분하다
38	allow	허락하다, 허용하다
39	alter	변경하다, 바꾸다
40	amaze	놀라게 하다
41	amplify	증폭시키다, 확대하다, 상세히 설명하다
42	analyze / analyse	분석하다
43	announce	발표하다, 알리다
44	anticipate	기대하다, 예상하다
45	appear	나타나다, 발생하다
46	apply	신청하다, 지원하다, 적용하다, 응용하다, 바르다
47	appoint	임명하다, 지명하다
48	appreciate	평가하다, 인정하다, 감사하다, 감상하다
49	approve	찬성하다, 승인하다
50	argue	주장하다, 논쟁하다, 말다툼하다

0301	**transition** [trænzíʃən]	몡 이전, 전이 Transition of the disease can be difficult to detect early. 질병의 전이는 조기 발견이 어려울 수 있다.
0302	**trial** [tráiəl]	몡 재판, 실험 The defendant will face trial next month for the alleged crime. 피고인은 다음 달에 그 혐의에 대한 재판을 받을 것이다.
0303	**tribe** [traib]	몡 부족, 집단 The tribe gathered for their annual festival. 그 부족은 연례 축제를 위해 모였다.
0304	**troop** [truːp]	몡 병력, 군대, 부대 The troop marched through the village at dawn. 그 군대는 새벽에 마을을 행군했다.
0305	**union** [júːnjən]	몡 조합, 협회 The workers' union demanded a fair wage. 노동자 조합은 공정한 임금을 요구했다.
0306	**unit** [júːnit]	몡 구성 단위, 한 개, 부대 The basic unit of society is the family. 사회의 기본 단위는 가족이다.
0307	**vacuum** [vǽkjuəm]	몡 진공 혱 진공의 통 (진공 청소기로) 청소하다 The space station is in a vacuum, with no air. 우주 정거장은 공기가 없는 진공 상태에 있다.
0308	**vehicle** [víːikl]	몡 탈것, 차량 She drove her vehicle to work every morning. 그녀는 매일 아침 출근길에 자신의 차량을 운전했다.
0309	**vice** [vais]	몡 악, 악덕, 부도덕 The philosopher wrote extensively on vice and virture. 그 철학자는 악덕과 미덕에 대해 광범위하게 저술했다.
0310	**victim** [víktim]	몡 피해자, 희생자 The victim was treated for injuries at the hospital. 피해자는 병원에서 부상 치료를 받았다.

0311 **virtue**
[vɔ́ːrtʃuː]

(명) 미덕, 선

Patience is a virtue that is often hard to practice.
인내는 실천하기 어려운 미덕이다.

0312 **wage**
[weidʒ]

(명) 임금, 급료

She received a wage increase after her performance review.
그녀는 성과 평가 후 임금 인상을 받았다.

0313 **weapon**
[wépən]

(명) 무기

The police confiscated the weapon from the suspect's car.
경찰은 용의자의 차에서 무기를 압수했다.

0314 **welfare**
[wélfɛər]

(명) 복지, 안녕

The welfare of the children is the top priority for the school.
어린이들의 복지는 학교의 최우선 과제이다.

0315 **wit**
[wit]

(명) 재치

He impressed everyone with his sharp wit and humor.
그는 날카로운 재치와 유머로 모두를 감명시켰다.

0316 **abandon**
[əbǽndən]

(동) 버리다, 포기하다

They had to abandon their house due to the wildfire.
그들은 산불 때문에 집을 버려야 했다.
(유) renounce, desert, dispense with, do away with, give up

0317 **abort**
[əbɔ́ːrt]

(동) 유산하다, 낙태시키다

She faced a difficult choice and ultimately chose to abort.
그녀는 어려운 선택에 직면했고 결국 유산하기로 결정했다.

0318 **absorb**
[æbsɔ́ːrb]

(동) 흡수하다

Plants absorb water through their roots from the soil.
식물은 뿌리를 통해 토양에서 물을 흡수한다.

0319 **accelerate**
[æksélərèit]

(동) 가속화하다

The new policy aims to accelerate economic growth.
새 정책은 경제 성장을 가속화하는 것을 목표로 한다.
(유) speed up, hurry up

0320 **accept**
[æksépt]

(동) 받아들이다, 수용하다

They refused to accept the terms of the agreement.
그들은 계약 조건을 받아들이기를 거부했다.

DAY
07

0321 accommodate
[əkάmədèit]

(동) 수용하다, 숙박시키다, 적응시키다
The hotel can accommodate up to 200 guests.
그 호텔은 최대 200명의 손님을 수용할 수 있다.

0322 accompany
[əkΛmpəni]

(동) 동반하다, 동행하다
She will accompany me to the meeting this afternoon.
그녀는 오늘 오후 회의에 나와 동행할 것이다.

0323 accomplish
[əkΛmpliʃ]

(동) 달성하다, 성취하다
The team accomplished all their tasks ahead of schedule.
팀은 모든 작업을 예정보다 앞서 달성했다.

0324 accumulate
[əkjúːmjulèit]

(동) 모으다, 축적하다
He was able to accumulate a large collection of books.
그는 많은 책을 모을 수 있었다.

0325 accuse
[əkjúːz]

(동) 고발[고소]하다, 비난하다
The lawyer accused the witness of lying in court.
변호사는 증인이 법정에서 거짓말을 했다고 비난했다.

0326 achieve
[əʧíːv]

(동) 달성하다
He achieved his best time in the marathon race.
그는 마라톤 경기에서 자신의 최고 기록을 달성했다.

0327 acquaint
[əkwéint]

(동) 익히다, 숙지하다
She quickly acquainted herself with the rules of the game.
그녀는 게임의 규칙을 빨리 익혔다.
(유) familiarize

0328 activate
[ǽktəvèit]

(동) 활성화시키다
Please activate the alarm system before leaving the house.
집을 떠나기 전에 알람 시스템을 활성화하세요.

0329 adapt
[ədǽpt]

(동) 적응하다, 맞추다, 조정하다, 각색하다
She quickly adapted to the new work environment.
그녀는 새 작업 환경에 빠르게 적응했다.

0330 adjust
[ədʒΛst]

(동) 적응하다, 조정하다
She had to adjust the volume on the TV to hear better.
그녀는 더 잘 듣기 위해 TV의 음량을 조정해야 했다.

0331 administer
[ədmínistər]
(동) 관리하다, 운영하다
He was appointed to administer the charity's finances.
그는 그 자선단체의 재정을 관리하기 위해 임명되었다.

0332 admire
[ædmáiər]
(동) 존경하다, 칭찬하다
I admire her dedication to helping others.
나는 다른 사람들을 돕는 그녀의 헌신을 존경한다.

0333 admit
[ædmít]
(동) 인정[시인]하다, 입장을 허락하다
He was too embarrassed to admit his mistake.
그는 너무 당황해서 자신의 실수를 인정할 수 없었다.

0334 adopt
[ədάpt]
(동) 채택하다, 입양하다
They decided to adopt a dog from the local shelter.
그들은 지역 쉼터에서 개를 입양하기로 결정했다.

0335 affiliate
[əfílièit]
(동) 제휴하다, 연계되다
They decided to affiliate their business with a larger corporation.
그들은 사업을 더 큰 기업과 제휴하기로 결정했다.

0336 afford
[əfɔ́:rd]
(동) ~할 여유가 있다
They can afford to buy a new car this year.
그들은 올해 새 차를 살 여유가 있다.

0337 allocate
[ǽləkèit]
(동) 할당하다, 배분하다
We need to allocate more time for training to improve our skills.
우리의 기술 향상을 위해 더 많은 시간을 교육에 할당할 필요가 있다.

0338 allow
[əláu]
(동) 허락하다, 허용하다
The hotel allows pets, so you can bring your dog with you.
그 호텔은 애완동물을 허용하므로 당신은 개를 데리고 갈 수 있다.

0339 alter
[ɔ́:ltər]
(동) 변경하다, 바꾸다
He had to alter his schedule to attend the meeting.
그는 회의에 참석하기 위해 일정을 변경해야 했다.

0340 amaze
[əméiz]
(동) 놀라게 하다
Your talent for music always amazes me.
당신의 음악에 대한 재능은 항상 나를 놀라게 한다.

DAY 07

0341	**amplify** [ǽmpləfài]	(동) 증폭시키다, 확대하다, 상세히 설명하다 The microphone is used to amplify the singer's voice. 마이크는 가수의 목소리를 증폭하는 데 사용된다. cf ample 충분한, 풍만한
0342	**analyze / analyse** [ǽnəlàiz]	(동) 분석하다 I will analyze the data collected from the experiment. 나는 실험에서 수집된 데이터를 분석할 것이다.
0343	**announce** [ənáuns]	(동) 발표하다, 알리다 She announced her retirement at the team meeting. 그녀는 팀 회의에서 자신의 은퇴를 발표했다.
0344	**anticipate** [æntísəpèit]	(동) 기대하다, 예상하다 We anticipate a high turnout for the event this weekend. 우리는 이번 주말 행사에 높은 참여율을 예상한다.
0345	**appear** [əpíər]	(동) 나타나다, 발생하다 The sun will appear above the horizon at dawn. 태양은 새벽에 지평선 위에 나타날 것이다.
0346	**apply** [əplái]	(동) 신청하다, 지원하다, 적용하다, 응용하다, 바르다 You must apply for the job before the deadline. 그 일자리를 마감일 전에 신청해야 한다.
0347	**appoint** [əpɔ́int]	(동) 임명하다, 지명하다 She was appointed as the head of the marketing department. 그녀는 마케팅 부서의 책임자로 임명되었다.
0348	**appreciate** [əprí:ʃièit]	(동) 평가하다, 인정하다, 감사하다, 감상하다 I really appreciate your help with the project. 나는 당신의 도움에 감사한다.
0349	**approve** [əprú:v]	(동) 찬성하다, 승인하다 The committee will approve the new budget next week. 위원회는 다음 주에 새 예산을 승인할 것이다.
0350	**argue** [ɑ́:rgju:]	(동) 주장하다, 논쟁하다, 말다툼하다 They argued for hours without reaching a conclusion. 그들은 결론에 도달하지 못하고 몇 시간 동안 논쟁했다.

REVIEW & LEVEL-UP TEST ⏱ 제한시간 7분

◉ 괄호 안에 알맞은 단어를 고르시오.

01 He drives a hybrid [vehicle / victim] to reduce his carbon footprint.

02 The crew was forced to [abort / abandon] ship when it began to sink.

03 Over time, dust can [accumulate / accuse] on surfaces if not cleaned regularly.

◉ 다음 빈칸에 문맥상 적절한 단어를 고르시오.

• adopt	• vacuum	• welfare

04 In space, there is no atmosphere, creating a _____ devoid of air.

05 They decided to _____ a child from a foreign country.

06 Animal _____ organizations work to protect the rights and well-being of animals.

◉ 다음 빈칸에 적절한 뜻을 쓰시오.

DAY

07

07 Nuclear <u>weapons</u> pose a significant threat to global security.

핵 _____는 세계 안보에 중대한 위협을 가한다.

08 The school <u>accepts</u> students from diverse cultural backgrounds.

학교는 다양한 문화적 배경을 가진 학생들을 _____.

09 Many people <u>admire</u> her dedication to environmental conservation.

많은 사람들이 그녀의 환경 보호에 대한 헌신을 _____.

[해석 ☞ 네이버 카페 '진가영 영어 연구소'에서 확인]

정답

01 vehicle **02** abandon **03** accumulate **04** vacuum **05** adopt
06 welfare **07** 무기 **08** 받아들인다 **09** 존경한다

DAY 08 | PREVIEW & DIAGNOSIS TEST

01	arise		26	bury	
02	aspire		27	calculate	
03	assemble		28	cancel	
04	assign		29	carve	
05	assist		30	cater	
06	associate		31	cease	
07	assume		32	celebrate	
08	assure		33	cheer	
09	attach		34	circulate	
10	attain		35	clarify	
11	attend		36	cling	
12	attract		37	coincide	
13	avoid		38	collaborate	
14	await		39	commit	
15	beg		40	communicate	
16	behave		41	compensate	
17	belong		42	compete	
18	bend		43	compile	
19	betray		44	complain	
20	bind		45	complicate	
21	bless		46	comprise	
22	boil		47	conceal	
23	bore		48	concentrate	
24	breathe		49	conclude	
25	breed		50	condemn	

DAY 08 PREVIEW & DIAGNOSIS TEST ANSWER

01	arise	생기다, 발생하다
02	aspire	열망하다
03	assemble	모으다, 집합시키다, 조립하다
04	assign	맡기다, 배정하다
05	assist	돕다
06	associate	연상하다, 연관 짓다
07	assume	가정하다, 추정하다, 맡다
08	assure	보증[보장]하다, 확신시키다, 확실하게 하다
09	attach	붙이다, 첨부하다
10	attain	이루다, 달성하다
11	attend	참석하다, 주의하다, 시중들다
12	attract	마음을 끌다, 끌어당기다
13	avoid	피하다
14	await	기다리다
15	beg	빌다, 애원하다, 간청하다
16	behave	행동하다, (잘) 처신하다
17	belong	(~에) 속하다 (to), (~의) 소유물이다
18	bend	굽히다, 구부리다
19	betray	배신하다, 누설하다
20	bind	묶다, 감다
21	bless	축복하다
22	boil	끓이다, 끓다
23	bore	지루하게 하다
24	breathe	숨 쉬다, 호흡하다
25	breed	기르다, 낳다, 사육하다, 번식시키다
26	bury	묻다, 매장하다

27	calculate	계산하다, 산출하다
28	cancel	취소하다
29	carve	새기다, 조각하다
30	cater	음식을 공급하다, ~에 응하다, 만족을 주다 (to)
31	cease	중단하다, 그치다, 끝나다
32	celebrate	축하하다
33	cheer	응원하다, 환호하다
34	circulate	순환하다, 순환시키다, 유통하다, 유포되다
35	clarify	명확하게 하다, 깨끗하게[맑게] 하다
36	cling	매달리다, 꼭 붙잡다
37	coincide	동시에 일어나다, 일치하다
38	collaborate	협력하다
39	commit	저지르다, 범하다, 전념하다, 약속하다, 맡기다
40	communicate	의사소통하다, 전달하다
41	compensate	보상하다 (for)
42	compete	경쟁하다
43	compile	모으다, 편집하다
44	complain	불평하다, 투정하다
45	complicate	복잡하게 만들다
46	comprise	구성하다, 차지하다, ~으로 구성되다[이루어지다]
47	conceal	숨기다
48	concentrate	집중하다
49	conclude	결론을 내리다, 끝내다
50	condemn	비난하다, 유죄 판결을 내리다

DAY
08

0351 arise
[əráiz]

(동) 생기다, 발생하다

Issues may arise during the implementation of the plan.
계획 실행 중에 문제가 발생할 수 있다.
cf arouse ~을 깨우다, 불러일으키다

0352 aspire
[əspáiər]

(동) 열망하다

He aspires to travel the world and experience different cultures.
그는 세계를 여행하며 다양한 문화를 경험하기를 열망한다.

0353 assemble
[əsémbl]

(동) 모으다, 집합시키다, 조립하다

We need to assemble the furniture before the guests arrive.
손님들이 도착하기 전에 가구를 조립해야 한다.

0354 assign
[əsáin]

(동) 맡기다, 배정하다

The company will assign a mentor to help the new employees.
회사는 신입 직원들을 돕기 위해 멘토를 배정할 것이다.

0355 assist
[əsíst]

(동) 돕다

She offered to assist him with his homework.
그녀는 그의 숙제를 도와주겠다고 제안했다.

0356 associate
[əsóuʃièit]

(동) 연상하다, 연관 짓다

They associate success with hard work and determination.
그들은 성공을 노력과 결단력과 연관 짓는다.
유 connect, link

0357 assume
[əsú:m]

(동) 가정하다, 추정하다, 맡다

You should not assume that everyone knows the rules.
모든 사람이 규칙을 알고 있다고 가정해서는 안 된다.

0358 assure
[əʃúər]

(동) 보증[보장]하다, 확신시키다, 확실하게 하다

She assured me that everything was under control.
그녀는 모든 것이 제어하에 있다고 나에게 확신시켰다.
유 확실하게 하다 make sure
확신시키다 convince

0359 attach
[ətǽʧ]

(동) 붙이다, 첨부하다

She decided to attach a note with her resume.
그녀는 이력서에 메모를 첨부하기로 결정했다.

0360 attain
[ətéin]

(동) 이루다, 달성하다

She worked hard to attain her goal of becoming a doctor.
그녀는 의사가 되겠다는 목표를 달성하기 위해 열심히 노력했다.

0361 attend
[əténd]

(통) 참석하다, 주의하다, 시중들다
They will attend the wedding ceremony together.
그들은 함께 결혼식에 참석할 것이다.

0362 attract
[ətrǽkt]

(통) 마음을 끌다, 끌어당기다
Her charisma and charm attract people to her instantly.
그녀의 카리스마와 매력은 사람들을 즉시 끌어들인다.

0363 avoid
[əvɔ́id]

(통) 피하다
To avoid traffic, she left early for the appointment.
교통 체증을 피하려고 그녀는 약속을 위해 일찍 출발했다.

0364 await
[əwéit]

(통) 기다리다
Please await further instructions before proceeding.
진행하기 전에 추가 지시를 기다리세요.

0365 beg
[beg]

(통) 빌다, 애원하다, 간청하다
He begged for mercy after making a mistake.
그는 실수를 한 후 자비를 애원했다.

0366 behave
[bihéiv]

(통) 행동하다, (잘) 처신하다
Smart monkeys behave like humans.
똑똑한 원숭이는 사람처럼 행동한다.

0367 belong
[bilɔ́:ŋ]

(통) (~에) 속하다 (to), (~의) 소유물이다
Dokdo belongs to the territory of the Republic of Korea.
독도는 대한민국의 영토에 속한다.

DAY
08

0368 bend
[bend]

(통) 굽히다, 구부리다
The road bends left.
길이 왼쪽으로 굽어져 있다.

0369 betray
[bitréi]

(통) 배신하다, 누설하다
He betrayed her.
그는 그녀를 배신했다.

0370 bind
[baind]

(통) 묶다, 감다
Bind the rope.
밧줄을 묶어라.

0371 bless
[bles]

(동) 축복하다
He blesses me for my future.
그는 나의 미래를 축복한다.

0372 boil
[bɔil]

(동) 끓이다, 끓다
The water starts to boil.
물이 끓기 시작한다.

0373 bore
[bɔːr]

(동) 지루하게 하다
The conversation bored me.
그 대화는 나를 지루하게 했다.

0374 breathe
[briːð]

(동) 숨 쉬다, 호흡하다
Don't forget to breathe.
숨 쉬는 것을 잊지 마세요.

0375 breed
[briːd]

(동) 기르다, 낳다, 사육하다, 번식시키다
They breed cattle on the farm.
그들은 농장에서 소를 기른다.

0376 bury
[béri]

(동) 묻다, 매장하다
They bury the dead.
그들은 죽은 사람을 묻는다.

0377 calculate
[kǽlkjulèit]

(동) 계산하다, 산출하다
The computer can calculate complex equations.
컴퓨터는 복잡한 방정식을 계산할 수 있다.
(유) compute

0378 cancel
[kǽnsəl]

(동) 취소하다
He decided to cancel the meeting.
그는 회의를 취소하기로 결정했다.

0379 carve
[kaːrv]

(동) 새기다, 조각하다
He can carve wood beautifully.
그는 나무를 아름답게 조각할 수 있다.

0380 cater
[kéitər]

(동) 음식을 공급하다, ~에 응하다, 만족을 주다 (to)
The luxurious hotel catered for weddings.
그 고급스러운 호텔은 결혼식에 음식을 공급했다.

0381 **cease**
[si:s]
(동) 중단하다, 그치다, 끝나다
The company decided to cease operations.
그 회사는 운영을 중단하기로 결정했다.

0382 **celebrate**
[séləbrèit]
(동) 축하하다
We will celebrate his birthday tomorrow.
우리는 내일 그의 생일을 축하할 것이다.

0383 **cheer**
[tʃiər]
(동) 응원하다, 환호하다
They cheered for the team's victory.
그들은 팀의 승리를 위해 응원했다.

0384 **circulate**
[sə́:rkjulèit]
(동) 순환하다, 순환시키다, 유통하다, 유포되다
The air conditioner circulates cool air throughout the room.
에어컨은 시원한 공기를 전체 방 안으로 순환시킨다.

0385 **clarify**
[klǽrəfài]
(동) 명확하게 하다, 깨끗하게[맑게] 하다
Please clarify your instructions.
당신의 지시사항을 명확하게 해주세요.

0386 **cling**
[kliŋ]
(동) 매달리다, 꼭 붙잡다
She clung tightly to her mother's hand.
그녀는 엄마의 손을 꽉 잡았다.

0387 **coincide**
[kòuinsáid]
(동) 동시에 일어나다, 일치하다
Our schedules coincide perfectly.
우리의 일정이 완벽하게 일치한다.

DAY
08

0388 **collaborate**
[kəlǽbərèit]
(동) 협력하다
They decided to collaborate on the project.
그들은 그 프로젝트에 협력하기로 결정했다.

0389 **commit**
[kəmít]
(동) 저지르다, 범하다, 전념하다, 약속하다, 맡기다
The suspect was arrested for committing a crime.
용의자는 범죄를 저지른 혐의로 체포되었다.

0390 **communicate**
[kəmjú:nəkèit]
(동) 의사소통하다, 전달하다
They communicate using sign language.
그들은 수화를 사용하여 의사소통한다.

0391
compensate
[kámpənsèit]

(동) 보상하다 (for)
The manager compensated for his mistake by working hard.
그 매니저는 열심히 일함으로써 자신의 실수를 보상했다.
(유) make up for

0392
compete
[kəmpíːt]

(동) 경쟁하다
He's not afraid to compete with anyone.
그는 누구와도 경쟁하는 것을 두려워하지 않는다.

0393
compile
[kəmpáil]

(동) 모으다, 편집하다
The professor compiled a reading list for the course.
교수는 수업을 위한 독서 목록을 편집했다.
(유) collect, gather, accumulate, put together

0394
complain
[kəmpléin]

(동) 불평하다, 투정하다
He complains constantly, but never offers solutions.
그는 끊임없이 불평하지만 해결책을 제시하지 않는다.

0395
complicate
[kámpləkèit]

(동) 복잡하게 만들다
His explanation only served to complicate matters.
그의 설명은 상황을 더욱 복잡하게 만들었다.

0396
comprise
[kəmpráiz]

(동) 구성하다, 차지하다, ~으로 구성되다[이루어지다]
The team comprises experts from various fields.
팀은 다양한 분야의 전문가로 구성되어 있다.

0397
conceal
[kənsíːl]

(동) 숨기다
She concealed the truth from her parents.
그녀는 부모님에게 진실을 숨겼다.

0398
concentrate
[kánsəntrèit]

(동) 집중하다
It's hard to concentrate in a noisy environment.
시끄러운 환경에서 집중하기가 어렵다.

0399
conclude
[kənklúːd]

(동) 결론을 내리다, 끝내다
The investigation concluded that it was an accident.
조사 결과 그것은 사고였다고 결론이 내려졌다.

0400
condemn
[kəndém]

(동) 비난하다, 유죄 판결을 내리다
He was condemned for his reckless behavior.
그는 무모한 행동으로 비난을 받았다.

DAY 08 **REVIEW & LEVEL-UP TEST** ⏱ 제한시간 7분

✅ 괄호 안에 알맞은 단어를 고르시오.

01 The guide will [assist / attach] tourists during their visit to the historical landmarks.

02 To [bless / betray] one's country is considered one of the offenses.

03 He couldn't [breathe / breed] properly due to the high altitude.

✅ 다음 빈칸에 문맥상 적절한 단어를 고르시오.

• beg	• boil	• cancel

04 The homeless man would often _____ for food on the street corner.

05 The water will _____ faster if you put a lid on the pot.

06 They had to _____ the flight due to bad weather conditions.

✅ 다음 빈칸에 적절한 뜻을 쓰시오.

07 The protests will not <u>cease</u> until their demands are met.
그들의 요구가 충족될 때까지 시위를 _____ 않을 것이다.

08 The hotel <u>compensated</u> guests for the inconvenience with complimentary meals and upgraded rooms.
호텔은 불편함을 겪은 손님들에게 무료 식사와 업그레이드된 객실을 제공하여 _____.

09 Nurses <u>complain</u> about a lot of work but a small salary.
간호사들은 일은 많지만 급여는 적다고 _____.

DAY
08

[해석 ☞ 네이버 카페 '진가영 영어 연구소'에서 확인]

 정답

01 assist	02 betray	03 breathe	04 beg	05 boil
06 cancel	07 중단하지	08 보상했다	09 불평한다	

DAY 09 — PREVIEW & DIAGNOSIS TEST

제한시간 5분

01	confess	26	cultivate
02	confine	27	declarc
03	conform	28	decorate
04	confront	29	dedicate
05	confuse	30	defend
06	connect	31	define
07	consider	32	delete
08	consist	33	deliver
09	constitute	34	demonstrate
10	construct	35	deny
11	consult	36	depress
12	consume	37	deprive
13	contain	38	derive
14	continue	39	descend
15	contradict	40	describe
16	contribute	41	deserve
17	convey	42	designate
18	convict	43	destroy
19	convince	44	detach
20	cooperate	45	detect
21	cope	46	determine
22	correspond	47	develop
23	count	48	devise
24	crawl	49	devote
25	crush	50	dictate

PREVIEW & DIAGNOSIS TEST ANSWER

01	confess	고백하다, 자백하다	26	cultivate	경작하다, 재배하다
02	confine	한정하다, 제한하다	27	declare	선언[선포 / 공표]하다,
03	conform	따르다, 순응하다			(세관에서) 신고하다
04	confront	맞서다, 직면하다	28	decorate	장식하다, 꾸미다
05	confuse	혼란스럽게 만들다, 혼동하다	29	dedicate	헌신하다, 바치다
06	connect	연결하다, 잇다	30	defend	방어하다, 수비하다
07	consider	고려하다, 간주하다, 여기다	31	define	정의하다, 규정하다
08	consist	~로 구성되다 (of),	32	delete	삭제하다
		~에 있다 (in),	33	deliver	배달하다, 분만하다
		~와 일치하다 (with)	34	demonstrate	입증하다, 논증[증명]하다,
09	constitute	구성하다, 제정하다			보여주다
10	construct	건설하다, 구성하다	35	deny	부인하다, 부정하다
11	consult	상담하다	36	depress	우울하게 만들다, 침체시키다
12	consume	소비하다, 소모하다,	37	deprive	빼앗다, 면직[파면]하다
		먹다, 마시다	38	derive	끌어내다, 획득하다,
13	contain	포함하다, 억제하다			(결론을) 도출하다
14	continue	계속하다	39	descend	내려가다
15	contradict	반박하다, 모순되다	40	describe	묘사하다
16	contribute	기여하다, 기부하다	41	deserve	자격이 있다, 받을 만하다
17	convey	전달하다, 운반하다, 실어 나르다	42	designate	지명하다, 지정하다
18	convict	죄인, 기결수, 유죄를 선고하다	43	destroy	파괴하다
19	convince	납득시키다, 확신시키다	44	detach	분리하다, 떼어내다
20	cooperate	협력하다, 협동하다	45	detect	발견하다, 감지하다
21	cope	대항하다, 대처하다 (with)	46	determine	결정하다, 알아내다
22	correspond	일치하다 (with), 상응하다 (to)	47	develop	발달하다, 개발하다
23	count	세다, 계산하다,	48	devise	고안하다, 생각해 내다, 발명하다
		간주하다, 중요하다	49	devote	헌신하다, 바치다
24	crawl	기어가다	50	dictate	받아쓰게 하다
25	crush	눌러 부수다, 으스러뜨리다			

DAY
09

0401 confess
[kənfés]

(동) 고백하다, 자백하다
She confessed her secret to the teacher.
그녀의 비밀을 선생님에게 고백했다.

0402 confine
[kənfáin]

(동) 한정하다, 제한하다
The company confined access to sensitive information.
그 회사는 민감한 정보에 대한 접근을 제한했다.

0403 conform
[kənfɔ́ːrm]

(동) 따르다, 순응하다
The design must conform to safety regulations.
그 디자인은 안전 규정을 따라야 한다.

0404 confront
[kənfrʌ́nt]

(동) 맞서다, 직면하다
She had to confront her fears in order to move forward.
그녀는 앞으로 나아가기 위해 자신의 두려움에 직면해야 했다.

0405 confuse
[kənfjúːz]

(동) 혼란스럽게 만들다, 혼동하다
The instructions were unclear and confused the students.
지시사항이 명확하지 않아 학생들을 혼란스럽게 했다.

0406 connect
[kənékt]

(동) 연결하다, 잇다
He needs to connect the printer to his computer.
그는 프린터를 컴퓨터에 연결해야 한다.

0407 consider
[kənsídər]

(동) 고려하다, 간주하다, 여기다
She is considering studying abroad next year.
그녀는 내년에 유학을 고려하고 있다.

0408 consist
[kənsíst]

(동) ~로 구성되다 (of), ~에 있다 (in), ~와 일치하다 (with)
The novel consists of ten chapters.
그 소설은 열 개의 장으로 구성되어 있다.

0409 constitute
[kɑ́nstətjùːt]

(동) 구성하다, 제정하다
Women constitute the majority of the workforce in this company.
여성들이 이 회사의 대부분의 직원을 구성한다.

0410 construct
[kənstrʌ́kt]

(동) 건설하다, 구성하다
They are going to construct a new bridge across the river.
그들은 강을 가로지르는 새 다리를 건설할 예정이다.

0411	**consult** [kənsʌ́lt]	(동) 상담하다 You should consult a doctor if you have any health concerns. 건강에 우려가 있을 경우 의사와 상담해야 한다.
0412	**consume** [kənsúːm]	(동) 소비하다, 소모하다, 먹다, 마시다 The new factory consumes a large amount of electricity. 새로운 공장은 많은 양의 전기를 소비한다.
0413	**contain** [kəntéin]	(동) 포함하다, 억제하다 The capsule contains medicine for fever. 이 캡슐에는 발열에 대한 약을 포함하고 있다.
0414	**continue** [kəntínjuː]	(동) 계속하다 We will continue our discussion after the break. 휴식 후에 우리는 토론을 계속할 것이다.
0415	**contradict** [kὰntrədíkt]	(동) 반박하다, 모순되다 His actions contradict his words. 그의 행동은 그의 말과 모순된다.
0416	**contribute** [kəntríbjuːt]	(동) 기여하다, 기부하다 She decided to contribute some money to the charity. 그녀는 자선 단체에 약간의 돈을 기부하기로 결정했다.
0417	**convey** [kənvéi]	(동) 전달하다, 운반하다, 실어 나르다 The painting conveys a sense of peace and tranquility. 그 그림은 평화와 평온을 전달한다.
0418	**convict** [kənvíkt]	(명) 죄인, 기결수 (동) 유죄를 선고하다 He was convicted of frand. 그는 사기죄로 유죄 선고를 받았다.
0419	**convince** [kənvíns]	(동) 납득시키다, 확신시키다 I am convinced that he is telling the truth. 나는 그가 진실을 말하고 있다고 확신한다.
0420	**cooperate** [kouάpərèit]	(동) 협력하다, 협동하다 The two companies agreed to cooperate on the new project. 두 회사는 새 프로젝트에 협력하기로 합의했다.

DAY

09

0421 cope
[koup]

(동) 대항하다, 대처하다 (with)

She struggled to cope with the loss of her loved one.
그녀는 자신이 사랑하는 사람을 잃은 일에 대처하기 어려웠다.

0422 correspond
[kɔ̀ːrəspánd]

(동) 일치하다 (with), 상응하다 (to)

His actions don't correspond with his words.
그의 행동은 그의 말과 일치하지 않다.

0423 count
[kaunt]

(동) 세다, 계산하다, 간주하다, 중요하다

I will count the number of books on the shelf.
나는 그 책장에 있는 책의 수를 세어 볼 것이다.

0424 crawl
[krɔːl]

(동) 기어가다

He had to crawl through the narrow tunnel to escape.
그는 탈출하기 위해 좁은 터널을 기어가야 했다.

0425 crush
[krʌʃ]

(동) 눌러 부수다, 으스러뜨리다

The strong wind crushed the windows of the building.
강한 바람이 건물의 창문을 부수었다.

0426 cultivate
[kʌ́ltəvèit]

(동) 경작하다, 재배하다

Farmers cultivate crops such as wheat and rice.
농부들은 밀과 쌀과 같은 작물을 재배한다.

0427 declare
[diklέər]

(동) 선언[선포 / 공표]하다, (세관에서) 신고하다

Do you have anything to declare?
신고하실 물건이 있으세요?

0428 decorate
[dékərèit]

(동) 장식하다, 꾸미다

She likes to decorate her house with flowers.
그녀는 집을 꽃으로 장식하는 것을 좋아한다.

0429 dedicate
[dédikèit]

(동) 헌신하다, 바치다

He plans to dedicate his new book to his parents.
그는 새 책을 부모님에게 바칠 계획이다.

0430 defend
[difénd]

(동) 방어하다, 수비하다

The security guard defended the building from the intruders.
경비원은 침입자로부터 건물을 방어했다.

0431 define
[difáin]

(동) 정의하다, 규정하다

His actions define him as a person of integrity.
그의 행동들은 그를 정직한 사람으로 정의한다.

0432 delete
[dilíːt]

(동) 삭제하다

He regretted accidentally deleting the picture file.
그는 그림 파일을 실수로 삭제한 것을 후회했다.

0433 deliver
[dilívər]

(동) 배달하다, 분만하다

The postman delivers letters every morning.
우체부는 매일 아침 편지를 배달한다.

0434 demonstrate
[démənstrèit]

(동) 입증하다, 논증[증명]하다, 보여주다

This demonstrates his integrity.
이것은 그의 진실성을 증명한다.

0435 deny
[dinái]

(동) 부인하다, 부정하다

He denied any involvement in the crime.
그는 범죄와 관련이 없다고 부인했다.

0436 depress
[diprés]

(동) 우울하게 만들다, 침체시키다

The rainy weather tends to depress her mood.
비 오는 날씨는 그녀의 기분을 우울하게 만드는 경향이 있다.

0437 deprive
[dipráiv]

(동) 빼앗다, 면직[파면]하다

The thief deprived her of her wallet.
도둑이 그녀의 지갑을 빼앗았다.

0438 derive
[diráiv]

(동) 끌어내다, 획득하다, (결론을) 도출하다

She derives great pleasure from reading novels.
그녀는 소설을 읽는 것으로부터 큰 즐거움을 얻는다.

0439 descend
[disénd]

(동) 내려가다

The hikers carefully descended the steep mountain trail.
등산객들은 가파른 산길을 조심스럽게 내려갔다.

0440 describe
[diskráib]

(동) 묘사하다

He described the taste of the dish as spicy and flavorful.
그는 요리의 맛을 매콤하고 풍부하게 묘사했다.

DAY
09

0441 deserve
[dizə́ːrv]

(동) 자격이 있다, 받을 만하다

You deserve a break after studying so hard.
당신은 매우 열심히 공부했으니 휴식을 받을 자격이 있다.

0442 designate
[dézignèit]

(동) 지명하다, 지정하다

The area was designated as a national park.
그 지역은 국립공원으로 지정되었다.

0443 destroy
[distrɔ́i]

(동) 파괴하다

The hurricane destroyed many homes along the coast.
허리케인이 해안을 따라 많은 집들을 파괴했다.

0444 detach
[ditǽtʃ]

(동) 분리하다, 떼어내다

Detach the cable from the power outlet when not in use.
사용하지 않을 때 전원 콘센트에서 케이블을 분리하세요.

0445 detect
[ditékt]

(동) 발견하다, 감지하다

The security system detected movement near the fence.
보안 시스템이 울타리 근처의 움직임을 감지했다.

0446 determine
[ditə́ːrmin]

(동) 결정하다, 알아내다

She couldn't determine the exact location of the sound.
그녀는 소리의 정확한 위치를 결정할 수 없었다.

0447 develop
[divéləp]

(동) 발달하다, 개발하다

Children develop language skills at different rates.
어린이들은 서로 다른 속도로 언어 능력을 발달한다.

0448 devise
[diváiz]

(동) 고안하다, 생각해 내다, 발명하다

The team devised a new strategy to increase sales.
팀은 매출을 증가시키기 위해 새로운 전략을 고안했다.

0449 devote
[divóut]

(동) 헌신하다, 바치다

She devotes most of her time to charity work.
그녀는 대부분의 시간을 자선활동에 헌신한다.

0450 dictate
[díkteit]

(동) 받아쓰게 하다

The secretary dictated the memo to her assistant.
비서는 그녀의 보조에게 메모를 받아쓰게 했다.

REVIEW & LEVEL-UP TEST ⏱ 제한시간 7분

✔ **괄호 안에 알맞은 단어를 고르시오.**

01 The engineers worked together to [construct / consume] the bridge across the river.

02 Volunteers [convict / contribute] their time to help those in need.

03 The baby is learning to [crawl / cope] across the living room floor.

✔ **다음 빈칸에 문맥상 적절한 단어를 고르시오.**

• convince	• delete	• cultivate

04 She tried hard to _____ her parents to let her study abroad.

05 He works hard to _____ vegetables in his backyard garden.

06 Please _____ the unnecessary files from your computer.

✔ **다음 빈칸에 적절한 뜻을 쓰시오.**

07 The suspect <u>confessed</u> to the crime during interrogation.
용의자는 심문 중 범죄를 _____.

08 Before making a decision, please <u>consider</u> all the available options.
결정을 내리기 전에 가능한 모든 선택 사항을 _____ 주세요.

09 Her statement <u>contradicted</u> the evidence presented in court.
그녀의 진술은 법정에서 제시된 증거와 _____.

DAY

09

[해석 ☞ 네이버 카페 '진가영 영어 연구소'에서 확인]

 정답

01 construct	**02** contribute	**03** crawl	**04** convince	**05** cultivate
06 delete	**07** 고백했다	**08** 고려해	**09** 모순된다	

DAY 10　PREVIEW & DIAGNOSIS TEST　제한시간 5분

01　dig　_____
02　dip　_____
03　disagree　_____
04　disappoint　_____
05　discriminate　_____
06　dismiss　_____
07　dispose　_____
08　disrupt　_____
09　distort　_____
10　distract　_____
11　distribute　_____
12　disturb　_____
13　donate　_____
14　drag　_____
15　dread　_____
16　drown　_____
17　dwell　_____
18　earn　_____
19　edit　_____
20　educate　_____
21　elect　_____
22　embarrass　_____
23　embrace　_____
24　emerge　_____
25　emit　_____

26　employ　_____
27　enclose　_____
28　encourage　_____
29　endure　_____
30　enforce　_____
31　engage　_____
32　enhance　_____
33　ensure　_____
34　entertain　_____
35　establish　_____
36　evacuate　_____
37　evaluate　_____
38　evolve　_____
39　exaggerate　_____
40　examine　_____
41　exceed　_____
42　exclude　_____
43　exhaust　_____
44　exhibit　_____
45　exist　_____
46　explain　_____
47　explode　_____
48　explore　_____
49　expose　_____
50　express　_____

DAY 10 PREVIEW & DIAGNOSIS TEST ANSWER

01	dig	파다		26	employ	고용하다, 사용하다
02	dip	살짝 담그다		27	enclose	둘러싸다, 동봉하다
03	disagree	일치하지 않다, 동의하지 않다		28	encourage	격려하다, 용기를 북돋우다
04	disappoint	실망시키다		29	endure	견디다, 참다
05	discriminate	식별하다, 차별하다		30	enforce	강요하다, 집행하다
06	dismiss	해산시키다, 해고하다		31	engage	끌다, 사로잡다, 몰두시키다,
07	dispose	처리하다, 배치하다				고용하다, 약속하다, 약혼시키다
08	disrupt	방해하다		32	enhance	높이다, 향상시키다
09	distort	왜곡하다, 일그러뜨리다		33	ensure	보증하다, 보장하다,
10	distract	산만하게 하다, 주의를 돌리다				확실하게 하다
11	distribute	분배하다, 나누어 주다		34	entertain	즐겁게 하다, 접대하다
12	disturb	방해하다, 불안하게 만들다		35	establish	설립하다, 제정하다
13	donate	기부[기증]하다, 증여하다		36	evacuate	대피시키다, 떠나다
14	drag	끌다, 끌기, (물리학) 저항		37	evaluate	평가하다, 감정하다
15	dread	두려워하다, 두려움		38	evolve	진화하다, 발달하다
16	drown	익사하다, 잠기게 하다		39	exaggerate	과장하다
17	dwell	거주하다, 살다		40	examine	조사하다, 검사하다
18	earn	벌다, 얻다		41	exceed	넘다, 초과하다
19	edit	편집하다, 수정하다		42	exclude	배제하다, 제외하다
20	educate	가르치다, 교육하다		43	exhaust	기진맥진하게 하다, 고갈시키다
21	elect	선출하다, 선택하다		44	exhibit	전시(품), 전시하다, 나타내다
22	embarrass	당황스럽게 하다,		45	exist	존재하다, 실재하다
		난처하게 하다		46	explain	설명하다
23	embrace	포옹하다, 받아들이다,		47	explode	폭발하다, 터지다
		포괄하다		48	explore	탐험하다, 탐구하다
24	emerge	나오다, 나타나다,		49	expose	노출시키다, 드러내다,
		드러나다, 출현하다				폭로하다
25	emit	내뿜다, 방출하다		50	express	표현하다, 나타내다

DAY
10

0451 dig
[dig]

(동) 파다

He dug a hole in the backyard to plant some flowers.
그는 꽃을 심기 위해 뒷마당에 구멍을 팠다.

0452 dip
[dip]

(동) 살짝 담그다

I dipped my feet in the valley.
나는 계곡에 발을 살짝 담갔다.

0453 disagree
[dìsəgríː]

(동) 일치하지 않다, 동의하지 않다

I disagree with your assessment of the situation.
당신의 상황 평가에는 동의하지 않는다.

0454 disappoint
[dìsəpɔ́int]

(동) 실망시키다

His performance in the exam disappointed his parents.
시험에서의 그의 성적은 부모님을 실망시켰다.

0455 discriminate
[diskrímənèit]

(동) 식별하다, 차별하다

It's important not to discriminate against people.
사람을 차별하지 않는 것이 중요하다.

0456 dismiss
[dismís]

(동) 해산시키다, 해고하다

I decided to dismiss the employee for violating company policy.
회사 정책을 위반한 직원을 해고하기로 결정했다.

0457 dispose
[dispóuz]

(동) 처리하다, 배치하다

He disposed of all his old clothes by donating them to charity.
그는 모든 옛 옷을 자선에 기부함으로써 처리했다.

0458 disrupt
[disrÁpt]

(동) 방해하다

Technical issues disrupted the live broadcast of the event.
기술 문제로 행사의 생중계가 방해되었다.

0459 distort
[distɔ́ːrt]

(동) 왜곡하다, 일그러뜨리다

The article distorted the facts.
그 기사는 사실을 왜곡했다.

0460 distract
[distrǽkt]

(동) 산만하게 하다, 주의를 돌리다

Don't distract me while I'm studying.
내가 공부하는 동안 산만하게 하지마세요.

distribute
[distríbjuːt]

⑧ 분배하다, 나누어 주다
The teacher will distribute the test papers to the students.
선생님은 시험지를 학생들에게 나눠줄 것이다.

disturb
[distə́ːrb]

⑧ 방해하다, 불안하게 만들다
Please don't disturb me while I'm studying.
공부할 때는 저를 방해하지 마세요.

donate
[dóuneit]

⑧ 기부[기증]하다, 증여하다
She donated her old clothes to the homeless shelter.
그녀는 자신의 옛 옷을 노숙자 쉼터에 기부했다.

drag
[dræg]

⑧ 끌다 ⑨ 끌기, (물리학) 저항
He had to drag the heavy box across the room.
그는 무거운 상자를 방 안을 끌고 다녀야 했다.

dread
[dred]

⑧ 두려워하다 ⑨ 두려움
People dreaded falling ill.
사람들은 병에 걸리는 것을 두려워한다.

drown
[draun]

⑧ 익사하다, 잠기게 하다
Three people drowned in the accident.
사고로 세 명이 익사했다.

dwell
[dwel]

⑧ 거주하다, 살다
He dwells in a small village in the countryside.
그는 시골의 작은 마을에 거주하고 있다.

earn
[əːrn]

⑧ 벌다, 얻다
They earn a steady income from their rental properties.
그들은 임대 부동산으로 안정적인 수입을 벌고 있다.

edit
[édit]

⑧ 편집하다, 수정하다
Please edit the document for clarity.
명확성을 위해 문서를 편집해 주세요.

educate
[édʒukèit]

⑧ 가르치다, 교육하다
Parents play a crucial role in educating their children.
부모는 자녀를 교육하는 데 중요한 역할을 한다.

DAY
10

0471 elect
[ilékt]

(동) 선출하다, 선택하다

She was elected as the president of the student council.
그녀는 학생회장으로 선출되었다.

0472 embarrass
[imbǽrəs]

(동) 당황스럽게 하다, 난처하게 하다

The lack of preparation for the presentation embarrassed him.
발표 준비 부족으로 그는 당황했다.

0473 embrace
[imbréis]

(동) 포옹하다, 받아들이다, 포괄하다

The community has finally embraced diversity.
지역 사회는 마침내 다양성을 받아들였다.

0474 emerge
[imə́:rdʒ]

(동) 나오다, 나타나다, 드러나다, 출현하다

The diver slowly emerged from the water.
다이버가 천천히 물에서 나왔다.

0475 emit
[imít]

(동) 내뿜다, 방출하다

Volcanoes can emit ash and lava during an eruption.
화산은 분출 시 재와 용암을 방출할 수 있다.

0476 employ
[implɔ́i]

(동) 고용하다, 사용하다

The factory employs hundreds of workers.
그 공장은 수백 명의 근로자를 고용하고 있다.

0477 enclose
[inklóuz]

(동) 둘러싸다, 동봉하다

Enclose the receipt for reimbursement.
환급을 위해 영수증을 동봉하세요.

0478 encourage
[inkə́:ridʒ]

(동) 격려하다, 용기를 북돋우다

The coach encourages the team to do their best.
코치는 팀이 최선을 다하도록 격려한다.

0479 endure
[indjúər]

(동) 견디다, 참다

He can endure pain better than anyone I know.
그는 내가 아는 누구보다도 고통을 잘 견딘다.

0480 enforce
[infɔ́:rs]

(동) 강요하다, 집행하다

The police are there to enforce the law.
경찰은 법을 집행하기 위해 존재한다.

0481 engage
[ingéidʒ]

(동) 끌다, 사로잡다, 몰두시키다, 고용하다, 약속하다, 약혼시키다
He was able to engage the audience with his speech.
그는 자신의 연설로 청중을 사로잡을 수 있었다.

0482 enhance
[inhǽns]

(동) 높이다, 향상시키다
Regular exercise can enhance your overall health.
규칙적인 운동은 전반적인 건강을 향상시킬 수 있다.
🔄 upgrade, improve

0483 ensure
[inʃúər]

(동) 보증하다, 보장하다, 확실하게 하다
We must ensure that every employee receives proper training.
모든 직원이 적절한 교육을 받도록 보장해야 한다.

0484 entertain
[èntərtéin]

(동) 즐겁게 하다, 접대하다
We need to entertain the guests with some good music.
우리는 좋은 음악으로 손님들을 즐겁게 해야 한다.

0485 establish
[istǽbliʃ]

(동) 설립하다, 제정하다
They plan to establish a new branch in the city.
그들은 도시에서 새로운 지점을 설립할 계획이다.

0486 evacuate
[ivǽkjuèit]

(동) 대피시키다, 떠나다
They had to evacuate the building because of a gas leak.
가스 누출로 인해 그들은 건물을 대피해야 했다.

0487 evaluate
[ivǽljuèit]

(동) 평가하다, 감정하다
The teacher will evaluate the students' essays next week.
선생님은 다음 주에 학생들의 에세이를 평가할 것이다.

0488 evolve
[ivɑ́lv]

(동) 진화하다, 발달하다
The species evolved to adapt to their new environment.
그 종은 새로운 환경에 적응하기 위해 진화했다.

DAY
10

0489 exaggerate
[igzǽdʒərèit]

(동) 과장하다
She exaggerated the size of the fish she caught.
그녀는 자신이 잡은 물고기의 크기를 과장했다.

0490 examine
[igzǽmin]

(동) 조사하다, 검사하다
The doctor will examine your eyes during the check-up.
의사는 건강 검진 동안 당신의 눈을 검사할 것이다.

0491 exceed
[iksíːd]

(통) 넘다, 초과하다
The cost of the repairs may exceed your budget.
수리 비용이 당신의 예산을 초과할 수 있다.

0492 exclude
[iksklúːd]

(통) 배제하다, 제외하다
They decided to exclude junk food from their diet.
그들은 식단에서 정크푸드를 제외하기로 결정했다.

0493 exhaust
[igzɔ́ːst]

(통) 기진맥진하게 하다, 고갈시키다
She felt completely exhausted after the workout.
그녀는 운동 후 완전히 기진맥진 했다.

0494 exhibit
[igzíbit]

(명) 전시(품) (통) 전시하다, 나타내다
The museum will exhibit ancient artifacts from Egypt.
박물관은 이집트의 고대 유물을 전시할 것이다.

0495 exist
[igzíst]

(통) 존재하다, 실재하다
They claim that no such organization exists.
그들은 그러한 조직이 존재하지 않는다고 주장한다.

0496 explain
[ikspléin]

(통) 설명하다
The teacher will explain the assignment details in class.
선생님은 수업에서 과제 세부사항을 설명할 것이다.

0497 explode
[iksplóud]

(통) 폭발하다, 터지다
The volcano could explode any moment now.
그 화산은 지금 당장 폭발할 수 있다.

0498 explore
[iksplɔ́ːr]

(통) 탐험하다, 탐구하다
She wants to explore the ancient ruins during her vacation.
그녀는 휴가 동안 고대 유적지를 탐험하고 싶어한다.

0499 expose
[ikspóuz]

(통) 노출시키다, 드러내다, 폭로하다
The report will expose the flaws in the current system.
그 보고서는 현재 시스템의 결함을 폭로할 것이다.

0500 express
[iksprés]

(통) 표현하다, 나타내다
He uses art to express his emotions and thoughts.
그는 자신의 감정과 생각을 표현하기 위해 예술을 사용한다.

REVIEW & LEVEL-UP TEST ⏱ 제한시간 7분

✅ 괄호 안에 알맞은 단어를 고르시오.

01 Some media outlets are known to [distort / donate] the truth to fit their agenda.

02 The old man likes to [drown / dwell] in solitude, away from the hustle and bustle of the city.

03 He spent hours [editing / electing] the video for his YouTube channel.

✅ 다음 빈칸에 문맥상 적절한 단어를 고르시오.

• distribute	• dread	• emit

04 The volunteers will _____ food to the homeless in the city center.

05 The villagers lived in constant _____ of the wild animals that roamed nearby.

06 Certain types of radioactive materials _____ harmful radiation.

✅ 다음 빈칸에 적절한 뜻을 쓰시오.

07 The loud noise from the construction site disrupted the meeting.
건설 현장에서 나오는 시끄러운 소음이 회의를 _____.

08 She had to endure a long and painful recovery after the surgery.
그녀는 수술 후에 길고 고통스러운 회복 과정을 _____ 했다.

09 He tends to exaggerate the difficulties of his job.
그는 자신의 직업의 어려움을 _____ 경향이 있다.

DAY

10

[해석 ☞ 네이버 카페 '진가영 영어 연구소'에서 확인]

정답 🖍

01 distort   **02** dwell   **03** editing   **04** distribute   **05** dread
06 emit   **07** 방해했다   **08** 견뎌야   **09** 과장하는

DAY 11 | PREVIEW & DIAGNOSIS TEST

제한시간 5분

01	fascinate	26	imagine
02	fasten	27	immigrate
03	flee	28	imply
04	flip	29	impose
05	float	30	impress
06	flourish	31	improve
07	fold	32	incline
08	forbid	33	incorporate
09	foster	34	indicate
10	frustrate	35	induce
11	fulfill	36	infect
12	furnish	37	infer
13	gather	38	inflate
14	glance	39	inform
15	govern	40	inhabit
16	greet	41	inhibit
17	happen	42	initiate
18	haunt	43	inject
19	heal	44	injure
20	hesitate	45	inquire
21	hide	46	insist
22	hurt	47	inspire
23	identify	48	install
24	ignore	49	instruct
25	illustrate	50	integrate

DAY 11 | PREVIEW & DIAGNOSIS TEST ANSWER

01	fascinate	매혹하다, 마음을 사로잡다
02	fasten	매다, 고정시키다
03	flee	달아나다, 도망하다
04	flip	뒤집다, 젖히다, 톡 치다
05	float	떠가다, 뜨다
06	flourish	번창하다, 번성하다
07	fold	접다, 구부리다
08	forbid	금지하다
09	foster	조성하다, 양육하다
10	frustrate	좌절시키다, 방해하다
11	fulfill	이행하다, 완료하다, 달성하다
12	furnish	제공하다, 공급하다, 비치하다
13	gather	모으다, 수집하다
14	glance	힐끗 봄, 힐끗 보다
15	govern	통치하다, 지배하다
16	greet	인사하다, 환영하다
17	happen	발생하다, 일어나다
18	haunt	계속 떠오르다, (귀신 등이) 나타나다, 괴롭히다
19	heal	낫다, 치유하다, 고치다
20	hesitate	망설이다, 주저하다
21	hide	감추다, 숨기다
22	hurt	다치게 하다, 아프다
23	identify	발견하다, 확인하다, 동일시하다
24	ignore	무시하다
25	illustrate	삽화를 쓰다, 설명하다, 실증하다
26	imagine	상상하다, 생각해 내다
27	immigrate	이민을 오다, 이주해 오다

28	imply	암시하다, 함축하다
29	impose	부과하다, 강요하다, 속이다 (on, upon)
30	impress	감동을 주다, 깊은 인상을 주다
31	improve	나아지다, 개선하다, 향상시키다
32	incline	~하고 싶은 마음이 들게 하다, 기울다
33	incorporate	통합시키다, 통합하다, 설립하다, 포함하다
34	indicate	나타내다, 가리키다
35	induce	설득하다, 유발하다, 유도하다
36	infect	감염시키다, 오염시키다
37	infer	추론하다, 암시하다
38	inflate	부풀리다, 과장하다
39	inform	알리다, 통지하다
40	inhabit	거주하다, 서식하다
41	inhibit	~하지 못하게 하다, 억제하다
42	initiate	개시하다, 시작하다
43	inject	주입하다, 주사하다
44	injure	부상[상처]을 입히다, 해치다
45	inquire	묻다, 문의하다
46	insist	고집하다, 주장하다
47	inspire	고무하다, 영감을 주다
48	install	설치하다
49	instruct	지시하다, 가르치다
50	integrate	통합시키다[하다], 통합되다, 전체로 합치다

0501	**fascinate** [fǽsənèit]	동 매혹하다, 마음을 사로잡다 The mystery of the universe continues to fascinate scientists. 우주의 미스터리는 과학자들의 마음을 계속해서 사로잡았다.
0502	**fasten** [fǽsn]	동 매다, 고정시키다 Please fasten your seatbelt before the plane takes off. 비행기가 이륙하기 전에 안전벨트를 매세요.
0503	**flee** [fli:]	동 달아나다, 도망하다 She had to flee the scene when the police arrived. 경찰이 도착했을 때 그녀는 현장을 달아났다.
0504	**flip** [flip]	동 뒤집다, 젖히다, 톡 치다 He can flip the pancake perfectly. 그는 팬케이크를 완벽하게 뒤집을 수 있다.
0505	**float** [flout]	동 떠가다, 뜨다 The boat will float on the water because it is made of wood. 그 배는 나무로 만들어졌기 때문에 물 위에 뜰 것이다.
0506	**flourish** [flɔ́:riʃ]	동 번창하다, 번성하다 The community flourished with the introduction of new technology. 새로운 기술 도입으로 인해 그 지역 사회는 번창했다.
0507	**fold** [fould]	동 접다, 구부리다 We need to fold the table after the event is over. 행사가 끝난 후 테이블을 접을 필요가 있다.
0508	**forbid** [fərbíd]	동 금지하다 The law forbids the sale of alcohol to minors. 그 법은 미성년자에게 술을 판매하는 것을 금지한다.
0509	**foster** [fɔ́:stər]	동 조성하다, 양육하다 The school strives to foster a supportive learning environment. 그 학교는 지원적인 학습 환경을 조성하려고 노력한다.
0510	**frustrate** [frʌ́streit]	동 좌절시키다, 방해하다 His lack of preparation frustrated the team's efforts. 그의 준비 부족이 팀의 노력을 방해했다.

0511 fulfill
[fulfíl]

(동) 이행하다, 완료하다, 달성하다

He is determined to fulfill his promise to the community.
그는 지역사회에 대한 약속을 이행하기로 결심했다.

0512 furnish
[fɔ́ːrniʃ]

(동) 제공하다, 공급하다, 비치하다

They plan to furnish the new house with modern furniture.
그들은 새 집을 현대적인 가구로 비치할 계획이다.

0513 gather
[gǽðər]

(동) 모으다, 수집하다

They gather data from various sources for their research.
그들은 연구를 위해 다양한 출처에서 데이터를 수집한다.

0514 glance
[glæns]

(명) 힐끗 봄 (동) 힐끗 보다

She took a quick glance at her watch before leaving the office.
그녀는 사무실을 떠나기 전에 시계를 빠르게 힐끗 봤다.

0515 govern
[gʌ́vərn]

(동) 통치하다, 지배하다

The country is governed by a democratic system.
그 나라는 민주적 시스템에 의해 통치된다.

0516 greet
[griːt]

(동) 인사하다, 환영하다

She greeted her guests with a smile and a handshake.
그녀는 미소와 악수로 손님들과 인사했다.

0517 happen
[hǽpən]

(동) 발생하다, 일어나다

They were surprised by what happened at the meeting.
그들은 회의에서 일어난 일에 놀랐다.

0518 haunt
[hɔːnt]

(동) 계속 떠오르다, (귀신 등이) 나타나다, 괴롭히다

The memories of her past mistake haunted her.
과거 실수의 기억이 그녀를 괴롭혔다.

0519 heal
[hiːl]

(동) 낫다, 치유하다, 고치다

Time can heal even the deepest emotional wounds.
시간은 가장 깊은 감정의 상처도 치유할 수 있다.

0520 hesitate
[hézətèit]

(동) 망설이다, 주저하다

Don't hesitate to ask for help.
도움을 요청하는 것을 망설이지 마세요.

0521 hide
[haid]

(동) 감추다, 숨기다

He decided to hide the key in a secret place.
그는 그 열쇠를 비밀 장소에 숨기기로 결정했다.

0522 hurt
[həːrt]

(동) 다치게 하다, 아프다

Be careful not to hurt yourself while using the tools.
도구를 사용할 때 다치지 않도록 조심하세요.

0523 identify
[aidéntəfài]

(동) 발견하다, 확인하다, 동일시하다

She could not identify the plant species from the photo.
그녀는 사진에서 그 식물 종을 발견할 수 없었다.

0524 ignore
[ignɔ́ːr]

(동) 무시하다

It's not good to ignore the warning signs of a health issue.
건강 문제의 경고 신호를 무시하는 것은 좋지 않다.

0525 illustrate
[íləstrèit]

(동) 삽화를 쓰다, 설명하다, 실증하다

The book uses colorful pictures to illustrate the story.
그 책은 이야기를 설명하기 위해 색색의 그림을 사용한다.

0526 imagine
[imǽdʒin]

(동) 상상하다, 생각해 내다

She couldn't imagine a life without her best friend.
그녀는 가장 친한 친구 없이 사는 것을 상상할 수 없었다.

0527 immigrate
[íməgrèit]

(동) 이민을 오다, 이주해 오다

They decided to immigrate to Canada for a better life.
그들은 더 나은 삶을 위해 캐나다로 이민하기로 결정했다.

0528 imply
[implái]

(동) 암시하다, 함축하다

His gesture seemed to imply agreement.
그의 제스처는 동의를 암시하는 듯했다.

0529 impose
[impóuz]

(동) 부과하다, 강요하다, 속이다 (on, upon)

The new regulations will impose strict limits on pollution levels.
새로운 규제는 오염 수준에 엄격한 제한을 부과할 것이다.

0530 impress
[imprés]

(동) 감동을 주다, 깊은 인상을 주다

They were impressed by the singer's powerful voice.
그들은 그 가수의 강력한 목소리에 감동했다.

0531 improve
[imprúːv]

(통) 나아지다, 개선하다, 향상시키다

Regular exercise can improve your overall health.
규칙적인 운동은 전반적인 건강을 향상시킬 수 있다.

0532 incline
[inkláin]

(통) ~하고 싶은 마음이 들게하다, 기울다

He felt inclined to help her with the project.
그는 그녀의 프로젝트를 돕고 싶은 마음이 들었다.

0533 incorporate
[inkɔ́ːrpərèit]

(통) 통합시키다, 통합하다, 설립하다, 포함하다

It took several months to incorporate the non-profit organization.
비영리 조직을 설립하는 데 몇 달이 걸렸다.

0534 indicate
[índikèit]

(통) 나타내다, 가리키다

The warning light indicates a problem with the engine.
경고등은 엔진에 문제가 있음을 나타낸다.

0535 induce
[indjúːs]

(통) 설득하다, 유발하다, 유도하다

Stress can sometimes induce headaches.
스트레스는 때때로 두통을 유발할 수 있다.

0536 infect
[infékt]

(통) 감염시키다, 오염시키다

He was careful not to infect others with his cold.
그는 감기에 걸린 자신이 다른 사람을 감염시키지 않도록 조심했다.

0537 infer
[infəːr]

(통) 추론하다, 암시하다

She inferred his disappointment from his silent reaction.
그녀는 그의 침묵스러운 반응에서 그의 실망을 추론했다.

0538 inflate
[infléit]

(통) 부풀리다, 과장하다

The article seemed to inflate the story to make it sensational.
그 기사는 그것을 자극적으로 만들기 위해 이야기를 과장하는 것 같았다.

0539 inform
[infɔ́ːrm]

(통) 알리다, 통지하다

They were informed that their application had been approved.
그들은 신청이 승인되었다는 사실을 통보받았다.

0540 inhabit
[inhǽbit]

(통) 거주하다, 서식하다

Wolves inhabit the remote areas of the mountains.
늑대들은 산의 외딴 지역에 서식한다.

0541	**inhibit** [inhíbit]	(동) ~하지 못하게 하다, 억제하다 The medication may inhibit the spread of the disease. 그 약물은 질병의 확산을 억제할 수 있다.
0542	**initiate** []iníʃièit]	(동) 개시하다, 시작하다 They will initiate the project once all the funding is secured. 모든 자금이 확보되면 프로젝트를 시작할 것이다.
0543	**inject** [indʒékt]	(동) 주입하다, 주사하다 The doctor will inject the vaccine to prevent the flu. 의사가 독감 예방을 위해 백신을 주사할 것이다.
0544	**injure** [índʒər]	(동) 부상[상처]을 입히다, 해치다 They were injured in a car accident. 그들은 교통사고로 부상을 입었다.
0545	**inquire** [inkwáiər]	(동) 묻다, 문의하다 She called to inquire about the availability of the tickets. 그녀는 티켓의 사용 가능 여부를 문의하기 위해 전화했다.
0546	**insist** [insíst]	(동) 고집하다, 주장하다 She insisted that she could handle the project on her own. 그녀는 자신이 프로젝트를 혼자서 처리할 수 있다고 주장했다.
0547	**inspire** [inspáiər]	(동) 고무하다, 영감을 주다 The beautiful scenery inspired him to write a new poem. 아름다운 경관은 그가 새 시를 쓰도록 영감을 주었다.
0548	**install** [instɔ́ːl]	(동) 설치하다 We need to install a security system to protect the building. 우리는 건물을 보호하기 위해 보안 시스템을 설치할 필요가 있다.
0549	**instruct** [instrʌ́kt]	(동) 지시하다, 가르치다 Please instruct your staff to handle the documents with care. 직원들에게 문서들을 조심스럽게 취급하도록 지시해 주세요.
0550	**integrate** [íntəgrèit]	(동) 통합시키다[하다], 통합되다, 전체로 합치다 They integrated the new employees into the team quickly. 그들은 새 직원을 팀에 빠르게 통합시켰다.

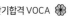

DAY 11 | REVIEW & LEVEL-UP TEST

⏱ 제한시간 7분

◎ 괄호 안에 알맞은 단어를 고르시오.

01 The doctor will [inject / flee] the vaccine into your arm.

02 The artist's career began to [float / flourish] after her major exhibition.

03 He used a fake name to [immigrate / hide] his identity from the authorities.

◎ 다음 빈칸에 문맥상 적절한 단어를 고르시오.

• ignore	• inquire	• heal

04 Proper rest and medication helped her body _____ after surgery.

05 She felt hurt when her friends seemed to _____ her at the party.

06 Customers often _____ about the ingredients used in our products before making a purchase.

◎ 다음 빈칸에 적절한 뜻을 쓰시오.

07 The school rules strictly <u>forbid</u> smoking on campus.
학교 규칙은 캠퍼스 내에서 흡연을 엄격히 _____.

08 The complicated instructions on the new software <u>frustrated</u> many users.
새 소프트웨어의 복잡한 설명서가 많은 사용자들을 _____.

09 She didn't <u>hesitate</u> to speak up when she saw injustice.
그녀는 부당함을 보고 할 말을 _____ 않았다.

[해석 ☞ 네이버 카페 '진가영 영어 연구소'에서 확인]

 정답

01 inject	**02** flourish	**03** hide	**04** heal	**05** ignore
06 inquire	**07** 금지한다	**08** 좌절시켰다	**09** 주저하지	

DAY 12 | PREVIEW & DIAGNOSIS TEST

⏰ 제한시간 5분

01	intend		26	melt
02	interact		27	merge
03	interfere		28	migrate
04	interpret		29	mock
05	interrupt		30	modify
06	intervene		31	mount
07	intrigue		32	multiply
08	invade		33	narrate
09	invent		34	neglect
10	invest		35	negotiate
11	investigate		36	nominate
12	involve		37	oblige
13	irritate		38	observe
14	isolate		39	obsess
15	justify		40	occupy
16	lay		41	occur
17	lean		42	offend
18	leave		43	operate
19	legislate		44	oppose
20	lend		45	organize
21	locate		46	overcome
22	maintain		47	overlook
23	manage		48	overwhelm
24	manipulate		49	owe
25	mediate		50	participate

DAY 12 PREVIEW & DIAGNOSIS TEST ANSWER

01 intend 의도하다, 작정하다, 의미하다
02 interact 상호 작용하다, 소통하다
03 interfere 간섭하다 (in), 방해하다 (with)
04 interpret 해석하다, 이해하다
05 interrupt 방해하다, 중단시키다
06 intervene 끼어들다, 개입하다
07 intrigue 음모를 꾸미다, 호기심을 돋우다
08 invade 침입하다, 침해하다
09 invent 발명하다
10 invest 투자하다
11 investigate 조사하다, 연구하다
12 involve 포함하다, 관련시키다
13 irritate 짜증나게 하다, 거슬리다
14 isolate 고립시키다, 분리하다
15 justify 정당화하다
16 lay 놓다, 두다
17 lean 기울다, 기대다
18 leave 떠나다, 그만두다, 남겨두다
19 legislate 법률을 제정하다
20 lend 빌려주다
21 locate 위치하게 하다, 찾아내다, 자리잡다
22 maintain 유지하다, 주장하다
23 manage 해내다, 관리하다, 살아 나가다
24 manipulate 조종하다, 조작하다, 다루다
25 mediate 중재하다, 조정하다
26 melt 녹다
27 merge 합병하다, 합치다

28 migrate 이동하다, 이주하다
29 mock 조롱, 가짜, 거짓의, 가짜의, 놀리다, 조롱하다, 무시하다
30 modify 수정하다, 바꾸다
31 mount 오르다, 증가하다
32 multiply 곱하다, 증가[증대]하다, 증가[증대]시키다
33 narrate 이야기를 하다[들려 주다]
34 neglect 무시하다, 방치하다
35 negotiate 협상하다
36 nominate 지명하다, 임명하다
37 oblige 강요하다, 의무를 지게 하다
38 observe 관찰하다, 지키다, 준수하다
39 obsess 사로잡다, ~에 집착하게 하다
40 occupy 차지하다, 거주하다
41 occur 일어나다, 발생하다, 존재하다
42 offend 기분 상하게[불쾌하게] 하다, 범죄를 저지르다
43 operate 작동하다, 수술하다
44 oppose 반대하다, 겨루다
45 organize 조직하다, 정리하다
46 overcome 극복하다
47 overlook 간과하다, 눈감아 주다, 감독하다, 감시하다
48 overwhelm 압도하다, 제압하다
49 owe 빚지고 있다, 탓으로[덕택으로] 하다
50 participate 참여하다

0 5 5 1	**intend** [inténd]	(동) 의도하다, 작정하다, 의미하다 I intend to buy a new car next year. 나는 내년에 새 차를 살 작정이다.
0 5 5 2	**interact** [ˌɪntərˈækt]	(동) 상호 작용하다, 소통하다 Children learn best when they interact with their peers. 아이들은 또래들과 상호 작용할 때 가장 잘 배운다.
0 5 5 3	**interfere** [intərfíər]	(동) 간섭하다 (in), 방해하다 (with) His comments tend to interfere with the flow of the meeting. 그의 발언은 회의의 진행을 방해하는 경향이 있다.
0 5 5 4	**interpret** [intə́:rprit]	(동) 해석하다, 이해하다 The artist's work is often difficult to interpret. 그 예술가의 작품은 종종 해석하기 어렵다.
0 5 5 5	**interrupt** [intərʌ́pt]	(동) 방해하다, 중단시키다 She apologized for interrupting the conversation. 그녀는 대화를 방해한 것에 대해 사과했다.
0 5 5 6	**intervene** [intərvíːn]	(동) 끼어들다, 개입하다 The police intervened to stop the fight in the street. 경찰은 거리에서 싸움을 막기 위해 개입했다.
0 5 5 7	**intrigue** [intríːg]	(동) 음모를 꾸미다, 호기심을 돋우다 They intrigued within the company to take control of the board. 그들은 이사회를 장악하기 위해 회사 내에서 음모를 꾸몄다.
0 5 5 8	**invade** [invéid]	(동) 침입하다, 침해하다 The virus can invade the body's cells and cause illness. 그 바이러스는 신체 세포를 침입하여 질병을 일으킬 수 있다.
0 5 5 9	**invent** [invént]	(동) 발명하다 Thomas Edison is famous for inventing the light bulb. Thomas Edison은 전구를 발명한 것으로 유명하다.
0 5 6 0	**invest** [invést]	(동) 투자하다 It is important to invest time in learning new skills. 새로운 기술을 배우는 데 시간을 투자하는 것이 중요하다.

DAY
12

0561 investigate
[invéstəgèit]

(동) 조사하다, 연구하다

The police are investigating the cause of the accident.
경찰은 사고의 원인을 조사하고 있다.

0562 involve
[inválv]

(동) 포함하다, 관련시키다

Her job involves traveling to different countries regularly.
그녀의 직업은 정기적으로 다른 나라를 여행하는 것을 포함한다.

0563 irritate
[írətèit]

(동) 짜증나게 하다, 거슬리다

The recurring problem is starting to irritate the staff.
반복되는 문제가 직원들을 짜증나게 하고 있다.

0564 isolate
[áisəlèit]

(동) 고립시키다, 분리하다

The scientist decided to isolate the bacteria for further study.
과학자는 추가 연구를 위해 박테리아를 분리하기로 결정했다.

0565 justify
[dʒʌ́stəfài]

(동) 정당화하다

The lawyer will justify the defendant's actions in court.
변호사는 법정에서 피고인의 행동을 정당화할 것이다.

0566 lay
[lei]

(동) 놓다, 두다

Please lay the book on the table.
책을 테이블 위에 놓아 주세요.

0567 lean
[li:n]

(동) 기울다, 기대다

She leaned against the wall.
그녀는 벽에 기대었다.

0568 leave
[li:v]

(동) 떠나다, 그만두다, 남겨두다

He plans to leave the office at five o'clock.
그는 오후 5시에 사무실을 떠날 계획이다.

0569 legislate
[lédʒislèit]

(동) 법률을 제정하다

They legislated a new law to protect wild animals.
그들은 야생 동물을 보호하기 위한 새로운 법률을 제정했다.

0570 lend
[lend]

(동) 빌려주다

I can lend you my car if you need to go to the airport.
당신이 공항에 가야 한다면 내 차를 빌려줄 수 있다.

회독 ☐☐☐☐☐

0571 **locate**
[lóukeit]

(동) 위치하게 하다, 찾아내다, 자리잡다
The treasure was located at the bottom of the ocean.
보물은 바다 밑에 위치해 있었다.

0572 **maintain**
[meintéin]

(동) 유지하다, 주장하다
She wants to maintain a good relationship with her neighbors.
그녀는 이웃들과 좋은 관계를 유지하고 싶어 한다.

0573 **manage**
[mǽnidʒ]

(동) 해내다, 관리하다, 살아 나가다
He plans to manage the new project from start to finish.
그는 새 프로젝트를 시작부터 끝까지 관리할 계획이다.

0574 **manipulate**
[mənípjulèit]

(동) 조종하다, 조작하다, 다루다
He managed to manipulate the situation to his advantage.
그는 상황을 자신의 이익에 맞게 조작하는 데 성공했다.

0575 **mediate**
[mí:dièit]

(동) 중재하다, 조정하다
They hoped to mediate the dispute before it escalated further.
그들은 분쟁이 더 심각해지기 전에 중재하기를 희망했다.

0576 **melt**
[melt]

(동) 녹다
The metal will melt at a high temperature.
금속은 높은 온도에서 녹을 것이다.

0577 **merge**
[mə:rdʒ]

(동) 합병하다, 합치다
The two companies merged to form a larger corporation.
두 회사는 더 큰 기업을 형성하기 위해 합병했다.

0578 **migrate**
[máigreit]

(동) 이동하다, 이주하다
Birds migrate south for the winter.
새들은 겨울을 나기 위해 남쪽으로 이동한다.

0579 **mock**
[mak]

(명) 조롱, 가짜 (형) 거짓의, 가짜의 (동) 놀리다, 조롱하다, 무시하다
It's not nice to mock someone for their appearance.
외모 때문에 사람을 조롱하는 것은 좋지 않다.

0580 **modify**
[mάdəfài]

(동) 수정하다, 바꾸다
They decided to modify the design after receiving feedback.
그들은 피드백을 받은 후 디자인을 수정하기로 결정했다.

0581	**mount** [maunt]	동 오르다, 증가하다 The climbers started to mount the mountain at dawn. 등산객들은 새벽에 산을 오르기 시작했다.
0582	**multiply** [mʌ́ltəplài]	동 곱하다, 증가[증대]하다, 증가[증대]시키다 You need to multiply the base by the height to find the area. 당신은 면적을 구하려면 밑변과 높이를 곱해야 한다.
0583	**narrate** [nǽreit]	동 이야기를 하다[들려 주다] He loves to narrate his travel experiences to his friends. 그는 친구들에게 여행 경험을 이야기하는 것을 좋아한다.
0584	**neglect** [niglékt]	동 무시하다, 방치하다 They decided to neglect the minor issues and focus on the major ones. 그들은 사소한 문제는 무시하고 주요 문제에 집중하기로 결정했다.
0585	**negotiate** [nigóuʃièit]	동 협상하다 We need to negotiate a fair price. 우리는 공정한 가격을 협상해야 한다.
0586	**nominate** [nɑ́mənèit]	동 지명하다, 임명하다 They decided to nominate her for the award. 그들은 그녀를 상 후보로 지명하기로 결정했다.
0587	**oblige** [əbláidʒ]	동 강요하다, 의무를 지게 하다 They were obliged to work overtime. 그들은 초과 근무를 강요받았다.
0588	**observe** [əbzə́ːrv]	동 관찰하다, 지키다, 준수하다 She likes to observe people at the park. 그녀는 공원에서 사람들을 관찰하는 것을 좋아한다.
0589	**obsess** [əbsés]	동 사로잡다, ~에 집착하게 하다 He is obsessed with capturing the essence of nature in his paintings. 그는 자신의 그림에서 자연의 본질을 포착하고자 집착하고 있다.
0590	**occupy** [ɑ́kjupài]	동 차지하다, 거주하다 They occupy the entire building. 그들은 건물 전체를 차지하고 있다.

0591 occur
[əkə́:r]

(동) 일어나다, 발생하다, 존재하다

Accidents can occur at any time.
사고는 언제든지 발생할 수 있다.

0592 offend
[əfénd]

(동) 기분 상하게[불쾌하게] 하다, 범죄를 저지르다

His rude comments may offend some people.
그의 무례한 발언은 일부 사람들을 불쾌하게 할 수 있다.

0593 operate
[ápərèit]

(동) 작동하다, 수술하다

How does this machine operate?
이 기계는 어떻게 작동하나요?

0594 oppose
[əpóuz]

(동) 반대하다, 겨루다

Many residents oppose the construction project.
많은 주민들이 건설 프로젝트에 반대한다.

0595 organize
[ɔ́:rgənàiz]

(동) 조직하다, 정리하다

She will organize the conference next month.
그녀는 다음 달에 회의를 조직할 것이다.

0596 overcome
[ou'vərkə,m]

(동) 극복하다

She managed to overcome her fear of heights.
그녀는 높은 곳에 대한 두려움을 극복했다.

0597 overlook
[ou'vərlʊ,k]

(동) 간과하다, 눈감아 주다, 감독하다, 감시하다

We must not overlook the importance of safety.
안전의 중요성을 간과해서는 안 된다.

0598 overwhelm
[òuvərhwélm]

(동) 압도하다, 제압하다

She felt overwhelmed with the amount of work.
그녀는 작업량에 압도당했다고 느꼈다.

0599 owe
[ou]

(동) 빚지고 있다, 탓으로[덕택으로] 하다

He owes money to the bank.
그는 은행에 돈을 빚지고 있다.

0600 participate
[pa:rtísəpèit]

(동) 참여하다

Students are required to participate in the class activities.
학생들은 수업 활동에 참여해야 한다.

DAY 12　REVIEW & LEVEL-UP TEST

⏱ 제한시간 7분

DAY
12

◉ 괄호 안에 알맞은 단어를 고르시오.

01 If you [invest / interfere] wisely, you can grow your wealth over time.

02 The bank refused to [lean / lend] him money because of his poor credit history.

03 He found it challenging to [melt / maintain] focus during the long meetings.

◉ 다음 빈칸에 문맥상 적절한 단어를 고르시오.

• interpret	• merge	• invade

04 Different cultures may _____ the same gesture in varying ways.

05 The virus can _____ the body and weaken the immune system.

06 The river branches _____ into one before flowing into the sea.

◉ 다음 빈칸에 적절한 뜻을 쓰시오.

07 The police are <u>investigating</u> the robbery that occurred last night.
경찰은 어젯밤 발생한 강도 사건을 _____ 있다.

08 She tried to <u>justify</u> her actions, but no one believed her excuses.
그녀는 자신의 행동을 _____ 했지만, 아무도 그녀의 변명을 믿지 않았다.

09 Many citizens <u>oppose</u> the construction of the new highway through the protected forest area.
많은 시민들이 보호된 숲 지역을 통과하는 새 고속도로 건설에 _____.

[해석 ☞ 네이버 카페 '진가영 영어 연구소'에서 확인]

 정답

01 invest	02 lend	03 maintain	04 interpret	05 invade
06 merge	07 조사하고	08 정당화하려	09 반대한다	

DAY 13 PREVIEW & DIAGNOSIS TEST

01	perceive		26	punish
02	perform		27	pursue
03	persist		28	qualify
04	pollute		29	quote
05	possess		30	raise
06	pour		31	realize
07	preach		32	recall
08	precede		33	receive
09	predict		34	recognize
10	prefer		35	recommend
11	prepare		36	recover
12	prescribe		37	recruit
13	preserve		38	recycle
14	presume		39	reduce
15	pretend		40	refer
16	prevail		41	refine
17	prevent		42	reflect
18	proceed		43	refuse
19	prohibit		44	register
20	promote		45	regulate
21	pronounce		46	reinforce
22	prosper		47	relate
23	protect		48	relax
24	prove		49	relieve
25	publish		50	rely

DAY 13 PREVIEW & DIAGNOSIS TEST ANSWER

01	perceive	지각하다, 인지하다		26	punish	처벌하다
02	perform	수행하다, 공연하다		27	pursue	추구하다, 뒤쫓다
03	persist	고집하다, 지속하다		28	qualify	자격을 얻다,
04	pollute	오염시키다				자격[권리]을 주다
05	possess	소유하다, 지니다		29	quote	인용구, 인용하다
06	pour	붓다, 쏟다, 따르다		30	raise	들어 올리다, 일으키다,
07	preach	설교하다, 설파하다				기르다
08	precede	~에 앞서다, 선행하다,		31	realize	깨닫다, 실현시키다
		우선하다		32	recall	기억해 내다, 상기하다
09	predict	예측하다, 예언하다		33	receive	받다, 받아들이다
10	prefer	선호하다, 좋아하다		34	recognize	인식하다, 알아보다, 인정하다
11	prepare	준비하다, 대비하다		35	recommend	추천하다, 권하다, 충고하다
12	prescribe	처방하다, 규정하다		36	recover	회복하다, 되찾다
13	preserve	보존하다, 지키다		37	recruit	신병[신참자], 모집하다
14	presume	추정하다, 간주하다		38	recycle	재활용하다
15	pretend	~인 체하다		39	reduce	줄이다, 낮추다
16	prevail	만연하다, 유행하다, 승리하다		40	refer	참조하다, 언급하다
		(over), 설득하다 (on, with)		41	refine	정제하다, 개선하다
17	prevent	막다, 예방하다		42	reflect	비추다, 반사하다, 반영하다,
18	proceed	계속하다, 진행하다				숙고하다 (on)
19	prohibit	금지하다		43	refuse	거절하다, 거부하다
20	promote	촉진하다, 홍보하다, 승진시키다		44	register	기록부, 명부, 등록하다
21	pronounce	발음하다, 선언하다		45	regulate	규제하다, 조절하다
22	prosper	번창하다, 번영하다		46	reinforce	강화하다, 보강하다
23	protect	보호하다		47	relate	관련시키다, 관계되다
24	prove	증명하다, 입증하다, 드러나다,		48	relax	휴식을 취하다, 진정하다
		판명되다		49	relieve	완화하다, 줄이다, 덜어 주다
25	publish	출판[발행]하다, 발표[공표]하다		50	rely	의지하다, 의존하다 (on)

DAY

13

0601 perceive
[pərsíːv]

⑧ 지각하다, 인지하다
They perceive the problem differently than we do.
그들은 우리가 보는 것과 다르게 문제를 인지한다.

0602 perform
[pərfɔ́ːrm]

⑧ 수행하다, 공연하다
The machine is designed to perform various tasks.
그 기계는 다양한 작업을 수행하도록 설계되었다.

0603 persist
[pərsíst]

⑧ 고집하다, 지속하다
Despite the challenges, she continued to persist in her studies.
어려움에도 불구하고 그녀는 공부를 계속해서 지속했다.

0604 pollute
[pəlúːt]

⑧ 오염시키다
Plastic waste can pollute our oceans.
플라스틱 폐기물은 바다를 오염시킬 수 있다.

0605 possess
[pəzés]

⑧ 소유하다, 지니다
She does not possess the skills needed for the job.
그녀는 그 직업에 필요한 기술을 지니고 있지 않다.
㈀ own 소유하다

0606 pour
[pɔːr]

⑧ 붓다, 쏟다, 따르다
She carefully poured the wine into the glass.
그녀는 조심스럽게 와인을 잔에 따랐다.

0607 preach
[priːʧ]

⑧ 설교하다, 설파하다
He likes to preach about kindness and compassion.
그는 친절과 연민에 대해 설교하는 것을 좋아한다.

0608 precede
[prisíːd]

⑧ ~에 앞서다, 선행하다, 우선하다
The music performance will precede the award ceremony.
음악 공연이 시상식에 앞서 있을 것이다.

0609 predict
[pridíkt]

⑧ 예측하다, 예언하다
He predicted a rise in stock prices.
그는 주식 가격의 상승을 예측했다.
㏄ predictable 예측[예견]할 수 있는

0610 prefer
[prifɚːr]

⑧ 선호하다, 좋아하다
They prefer to travel by train rather than by plane.
그들은 비행기보다는 기차로 여행하는 것을 더 좋아한다.

0611
prepare
[pripέər]

(통) 준비하다, 대비하다

They are preparing for the upcoming exam.
그들은 다가오는 시험을 준비하고 있다.

0612
prescribe
[priskráib]

(통) 처방하다, 규정하다

The doctor will prescribe medication for the patient's condition.
의사는 환자의 상태에 맞는 약을 처방할 것이다.

0613
preserve
[prizə́:rv]

(통) 보존하다, 지키다

She uses honey to preserve the fruit.
그녀는 과일을 보존하기 위해 꿀을 사용한다.

0614
presume
[prizú:m]

(통) 추정하다, 간주하다

She is presumed innocent until proven guilty.
그녀는 유죄가 입증될 때까지 무죄로 추정된다.

0615
pretend
[priténd]

(통) ~인 체하다

He pretended to be sick.
그는 아픈 척했다.

0616
prevail
[privéil]

(통) 만연하다, 유행하다, 승리하다 (over), 설득하다 (on, with)

Rumors are prevailing throughout the office.
소문이 사무실 전체에 만연하고 있다.

0617
prevent
[privént]

(통) 막다, 예방하다

Wearing a helmet can prevent head injuries.
헬멧을 착용하면 머리 부상을 예방할 수 있다.

0618
proceed
[prəsí:d]

(통) 계속하다, 진행하다

If there are no objections, we will proceed with the vote.
이의가 없으면 우리는 투표를 진행할 것이다.

0619
prohibit
[prouhíbit]

(통) 금지하다

The school rules prohibit the use of mobile phones during class.
학교 규칙은 수업 중에 휴대폰 사용을 금지한다.

0620
promote
[prəmóut]

(통) 촉진하다, 홍보하다, 승진시키다

They are working to promote gender equality in the workplace.
그들은 직장에서 성 평등을 촉진하기 위해 노력하고 있다.

0621 pronounce
[prənáuns]

(통) 발음하다, 선언하다

It's important to pronounce medical terms accurately.
의료 용어를 정확하게 발음하는 것이 중요하다.

0622 prosper
[práspər]

(통) 번창하다, 번영하다

A stable economy helps people prosper.
안정적인 경제는 사람들이 번창하는 데 도움이 된다.

0623 protect
[prətékt]

(통) 보호하다

The law is designed to protect consumer rights.
그 법은 소비자 권리를 보호하기 위해 제정되었다.

0624 prove
[pru:v]

(통) 증명하다, 입증하다, 드러나다, 판명되다

He managed to prove that the theory was correct.
그는 그 이론이 맞다는 것을 입증하는 데 성공했다.

0625 publish
[pábliʃ]

(통) 출판[발행]하다, 발표[공표]하다

The author will publish his new book next month.
저자는 다음 달에 새 책을 출판할 예정이다.

0626 punish
[pániʃ]

(통) 처벌하다

We should not punish someone without a fair trial.
우리는 공정한 재판 없이 누군가를 처벌해서는 안 된다.

0627 pursue
[pərsú:]

(통) 추구하다, 뒤쫓다

We must pursue every legal avenue to solve the problem.
우리는 문제를 해결하기 위해 모든 법적 방법을 추구해야 한다.

0628 qualify
[kwáləfài]

(통) 자격을 얻다, 자격[권리]을 주다

He qualified as a doctor after completing his studies.
그는 공부를 마친 후 의사 자격을 얻었다.

0629 quote
[kwout]

(명) 인용구 (통) 인용하다

He quoted a passage from the book during the discussion.
그는 토론 중에 책에서 한 구절을 인용했다.
(유) cite

0630 raise
[reiz]

(통) 들어 올리다, 일으키다, 기르다

She raised her hand to ask a question.
그녀는 질문을 하기 위해 손을 들어 올렸다.
(cf) rise 증가, 오르다

DAY

13

0631	**realize** [ríːəlàiz]	(동) 깨닫다, 실현시키다 She finally realized that she had left her keys at home. 그녀는 결국 집에 열쇠를 두고 왔다는 것을 깨달았다.
0632	**recall** [rikɔ́ːl]	(동) 기억해 내다, 상기하다 He can't recall where he parked the car. 그는 차를 어디에 주차했는지 기억해 낼 수 없다.
0633	**receive** [risíːv]	(동) 받다, 받아들이다 We will receive the shipment tomorrow. 우리는 내일 배송물을 받게 될 것이다.
0634	**recognize** [rékəgnàiz]	(동) 인식하다, 알아보다, 인정하다 The company was recognized as a leader in innovation. 그 회사는 혁신의 선두주자로 인정받았다.
0635	**recommend** [rèkəménd]	(동) 추천하다, 권하다, 충고하다 She recommended a book that she recently read. 그녀는 최근에 읽은 책을 추천했다.
0636	**recover** [rikʌ́vər]	(동) 회복하다, 되찾다 The company is expected to recover from the financial crisis. 그 회사는 금융 위기에서 회복할 것으로 예상된다.
0637	**recruit** [rikrúːt]	(명) 신병[신참자] (동) 모집하다 The army will recruit more soldiers next year. 군대는 내년에 더 많은 군인을 모집할 것이다.
0638	**recycle** [riːsáikl]	(동) 재활용하다 Recycling helps conserve natural resources. 재활용은 천연 자원을 보존하는 데 도움이 된다.
0639	**reduce** [ridjúːs]	(동) 줄이다, 낮추다 To lose weight, you need to reduce your calorie intake. 체중을 줄이려면 당신은 칼로리 섭취를 줄일 필요가 있다.
0640	**refer** [rifə́ːr]	(동) 참조하다, 언급하다 She referred to the manual to solve the problem. 그녀는 문제를 해결하기 위해 설명서를 참조했다.

0641 refine
[rifáin]

(동) 정제하다, 개선하다
They are working to refine the product before launch.
그들은 출시 전에 제품을 개선하기 위해 작업하고 있다.

0642 reflect
[riflékt]

(동) 비추다, 반사하다, 반영하다, 숙고하다 (on)
The mirror reflects light from the sun.
거울은 햇빛을 반사한다.

0643 refuse
[rifjúːz]

(동) 거절하다, 거부하다
They will refuse entry to anyone without a ticket.
그들은 티켓이 없는 사람에게는 입장을 거부할 것이다.

0644 register
[rédʒistər]

(명) 기록부, 명부 (동) 등록하다
The system will automatically register your attendance.
시스템은 자동으로 당신의 출석을 등록할 것이다.

0645 regulate
[régjulèit]

(동) 규제하다, 조절하다
Laws are needed to regulate the new technology.
새로운 기술을 규제하기 위해 법이 필요하다.

0646 reinforce
[rìːinfɔ́ːrs]

(동) 강화하다, 보강하다
The new evidence will reinforce our argument.
새로운 증거가 우리의 주장을 강화할 것이다.

0647 relate
[riléit]

(동) 관련시키다, 관계되다
The data collected can be related to the study's findings.
수집된 데이터는 연구 결과와 관련이 있을 수 있다.

0648 relax
[riláks]

(동) 휴식을 취하다, 진정하다
You should relax and enjoy your vacation.
당신은 휴가를 즐기며 휴식을 취해야 한다.

0649 relieve
[rilíːv]

(동) 완화하다, 줄이다, 덜어 주다
Taking a break can relieve stress.
휴식을 취하는 것이 스트레스를 완화할 수 있다.

0650 rely
[rilái]

(동) 의지하다, 의존하다 (on)
We rely on technology to make our work easier.
우리는 일을 더 쉽게 하기 위해 기술에 의존한다.

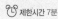

DAY 13   REVIEW & LEVEL-UP TEST   ⏰ 제한시간 7분

DAY
13

⊘ 괄호 안에 알맞은 단어를 고르시오.

01 Meteorologists [preserve / predict] heavy rainstorms in the region tomorrow.

02 The new regulations [prohibit / pronounce] fishing in the protected marine sanctuary.

03 The author is excited to [punish / publish] her new book next month.

⊘ 다음 빈칸에 문맥상 적절한 단어를 고르시오.

• quote	• prevent	• pollute

04 Throwing trash into rivers can severely _____ the water.

05 Vaccinations are important to _____ the spread of infectious diseases.

06 In his essay, he _____ statistical data to support his argument.

⊘ 다음 빈칸에 적절한 뜻을 쓰시오.

07 The doctor <u>prescribed</u> antibiotics to treat the bacterial infection.
의사는 박테리아 감염을 치료하기 위해 항생제를 _____.

08 The detective <u>presumed</u> the suspect had fled the country.
형사는 용의자가 나라를 떠난 것으로 _____.

09 The doctor <u>recommended</u> taking vitamins to improve her health.
의사는 그녀의 건강을 개선하기 위해 비타민 복용을 _____.

[해석 ☞ 네이버 카페 '진가영 영어 연구소'에서 확인]

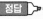 정답

01 predict	**02** prohibit	**03** publish	**04** pollute	**05** prevent
06 quote	**07** 처방했다	**08** 추정했다	**09** 추천했다	

DAY 14   PREVIEW & DIAGNOSIS TEST

01	remain		26	scramble	
02	remind		27	sculpt	
03	remove		28	seek	
04	repeat		29	seem	
05	replace		30	seize	
06	represent		31	select	
07	require		32	serve	
08	resemble		33	settle	
09	reserve		34	shave	
10	resist		35	shrink	
11	resolve		36	simulate	
12	respond		37	skip	
13	restore		38	soak	
14	restrict		39	solve	
15	resume		40	spell	
16	reveal		41	spend	
17	revive		42	spit	
18	rid		43	splash	
19	roast		44	spoil	
20	rob		45	starve	
21	roll		46	steal	
22	satisfy		47	stimulate	
23	scare		48	stretch	
24	scatter		49	strip	
25	scold		50	submit	

DAY 14 PREVIEW & DIAGNOSIS TEST ANSWER

01	remain	유물(pl.), 유적(pl.), 남다	27	sculpt	조각하다
02	remind	상기시키다	28	seek	찾다, 추구하다
03	remove	제거하다	29	seem	~인 것 같다, ~처럼 보이다
04	repeat	반복하다	30	seize	붙잡다, 움켜잡다,
05	replace	대신하다, 교체하다			장악하다, 체포하다
06	represent	대표하다, 대신하다	31	select	선택하다
07	require	요구하다, 필요로 하다	32	serve	제공하다, 섬기다
08	resemble	닮다, 비슷하다	33	settle	해결하다, 결정하다, 정착하다
09	reserve	예약하다, 비축하다, 유보하다	34	shave	면도하다, 깎다
10	resist	저항하다, 참다	35	shrink	줄어들다, 오그라들다
11	resolve	해결하다, 결심하다,	36	simulate	흉내 내다, 가장하다,
		분해[용해]하다			~인 체하다
12	respond	대답하다, 반응하다	37	skip	건너뛰다, 생략하다,
13	restore	회복시키다, 복구하다			팔짝팔짝 뛰다
14	restrict	제한하다, 한정하다	38	soak	적시다, 담그다, 흡수하다
15	resume	이력서, 재개하다, 다시 시작하다	39	solve	해결하다, 풀다
16	reveal	드러내다, 폭로하다	40	spell	철자를 말하다, 철자를 쓰다
17	revive	부활시키다, 소생시키다	41	spend	(시간, 돈을) 쓰다, 보내다
18	rid	없애다, 제거하다	42	spit	뱉다
19	roast	굽다	43	splash	튀기다, 첨벙거리다
20	rob	털다, 강탈하다	44	spoil	망치다, 손상시키다
21	roll	구르다, 회전하다	45	starve	굶주리다, 굶기다
22	satisfy	만족시키다, 충족시키다	46	steal	훔치다
23	scare	겁주다, 놀라게 하다, 무서워하다	47	stimulate	자극하다, 고무하다
24	scatter	흩뿌리다, 쫓아 버리다	48	stretch	늘이다, 뻗다
25	scold	꾸짖다	49	strip	옷을 벗다, 벗기다, 빼앗다
26	scramble	뒤섞다, 긁어모으다	50	submit	제출하다, 항복하다,
					말하다, 진술하다

DAY

14

0651 remain
[riméin]

ⓟ 유물(pl.), 유적(pl.) ⓥ 남다

Despite the chaos, she remained calm and composed.
혼란 속에서도 그녀는 침착하고 차분하게 남아 있었다.

0652 remind
[rimáind]

ⓥ 상기시키다

She set an alarm to remind her of the meeting.
그녀는 회의를 상기시키기 위해 알람을 설정했다.

0653 remove
[rimúːv]

ⓥ 제거하다

She removed the old wallpaper from the walls.
그녀는 벽에서 오래된 벽지를 제거했다.

0654 repeat
[ripíːt]

ⓥ 반복하다

Don't repeat the same mistake.
같은 실수를 반복하지 마세요.

0655 replace
[ripléis]

ⓥ 대신하다, 교체하다

We need to replace the broken window.
우리는 깨진 창문을 교체해야 한다.

0656 represent
[rèprizént]

ⓥ 대표하다, 대신하다

She was chosen to represent her class in the competition.
그녀는 대회에서 반을 대표하도록 선택되었다.

0657 require
[rikwáiər]

ⓥ 요구하다, 필요로 하다

This task requires careful attention to detail.
이 작업은 세부 사항에 대한 세심한 주의가 필요하다.

0658 resemble
[rizémbl]

ⓥ 닮다, 비슷하다

His painting resembles a famous artwork.
그의 그림은 유명한 작품과 비슷하다.

0659 reserve
[rizɔ́ːrv]

ⓥ 예약하다, 비축하다, 유보하다

You need to reserve your tickets in advance.
당신은 티켓을 미리 예약해야 한다.

0660 resist
[rizíst]

ⓥ 저항하다, 참다

They resisted the urge to check their phones.
그들은 휴대전화를 확인하고 싶은 충동을 참았다.

| 0 6 6 1 | **resolve**
[rizálv] | (동) 해결하다, 결심하다, 분해[용해]하다
She resolved the conflict peacefully.
그녀는 분쟁을 평화롭게 해결했다. |

| 0 6 6 2 | **respond**
[rispánd] | (동) 대답하다, 반응하다
The dog responded to his owner's command.
개는 주인의 명령에 반응했다. |

| 0 6 6 3 | **restore**
[ristóːr] | (동) 회복시키다, 복구하다
The technician worked quickly to restore the internet connection.
기술자는 인터넷 연결을 복구하기 위해 빠르게 작업했다. |

| 0 6 6 4 | **restrict**
[ristríkt] | (동) 제한하다, 한정하다
The new rules restrict access to certain areas of the park.
새로운 규정은 공원의 일부 지역에 대한 접근을 제한한다. |

| 0 6 6 5 | **resume**
[rizúːm] | (명) 이력서 (동) 재개하다, 다시 시작하다
The team will resume training tomorrow morning.
팀은 내일 아침에 훈련을 다시 시작할 것이다. |

| 0 6 6 6 | **reveal**
[rivíːl] | (동) 드러내다, 폭로하다
She hesitated to reveal her true feelings.
그녀는 자신의 진심을 드러내기를 망설였다. |

| 0 6 6 7 | **revive**
[riváiv] | (동) 부활시키다, 소생시키다
They worked to revive the unconscious patient.
그들은 의식을 잃은 환자를 부활시키려고 노력했다. |

| 0 6 6 8 | **rid**
[rid] | (동) 없애다, 제거하다
The new law aims to rid the city of illegal parking.
새로운 법은 도시에서 불법 주차를 없애는 것을 목표로 한다. |

| 0 6 6 9 | **roast**
[roust] | (동) 굽다
The coffee beans were freshly roasted for maximum flavor.
최대한의 맛을 위해 커피 콩이 신선하게 구워졌다. |

| 0 6 7 0 | **rob**
[rab] | (동) 털다, 강탈하다
The thief tried to rob the bank but was caught.
도둑은 은행을 털려 했지만 붙잡혔다. |

0671	**roll** [roul]	(동) 구르다, 회전하다 The cat likes to roll around in the sunshine. 고양이는 햇빛 속에서 구르는 것을 좋아한다.
0672	**satisfy** [sǽtisfài]	(동) 만족시키다, 충족시키다 He tried to satisfy his curiosity by asking questions. 그는 질문을 하면서 호기심을 충족시키려고 했다.
0673	**scare** [skɛər]	(동) 겁주다, 놀라게 하다, 무서워하다 The loud thunder scared the children during the storm. 폭풍이 몰아치는 동안 시끄러운 천둥이 아이들을 놀라게 했다.
0674	**scatter** [skǽtər]	(동) 흩뿌리다, 쫓아 버리다 She scattered flower petals along the wedding aisle. 그녀는 결혼식 복도를 따라 꽃잎을 흩뿌렸다.
0675	**scold** [skould]	(동) 꾸짖다 She scolded her son for not doing his homework. 그녀는 아들이 숙제를 하지 않아서 꾸짖었다.
0676	**scramble** [skrǽmbl]	(동) 뒤섞다, 긁어모으다 He scrambled the letters on the board to form a new word. 그는 새로운 단어를 형성하기 위해 보드 위의 글자들을 뒤섞었다.
0677	**sculpt** [skʌlpt]	(동) 조각하다 Picasso continued to sculpt for the rest of his life. 피카소는 평생 조각을 계속했다.
0678	**seek** [si:k]	(동) 찾다, 추구하다 He seeks inner peace through meditation and mindfulness. 그는 명상과 순수함을 통해 내적 평화를 찾고 있다.
0679	**seem** [si:m]	(동) ~인 것 같다, ~처럼 보이다 It seems like it's going to rain soon. 곧 비가 올 것 같다.
0680	**seize** [si:z]	(동) 붙잡다, 움켜잡다, 장악하다, 체포하다 The police seized the suspect and handcuffed him. 경찰은 용의자를 붙잡고 수갑을 채웠다.

0681	**select** [silékt]	동 선택하다 She carefully selected a book from the shelf. 그녀는 책장에서 신중하게 책을 선택했다.
0682	**serve** [səːrv]	동 제공하다, 섬기다 The school cafeteria serves lunch to students and staff. 학교 급식실은 학생들과 교직원에게 점심을 제공한다.
0683	**settle** [sétl]	동 해결하다, 결정하다, 정착하다 They settled the conflict through mediation. 그들은 조정을 통해 갈등을 해결했다.
0684	**shave** [ʃeiv]	동 면도하다, 깎다 She prefers to shave her legs in the shower. 그녀는 샤워 중에 다리를 면도하는 것을 선호한다.
0685	**shrink** [ʃriŋk]	동 줄어들다, 오그라들다 The ice cubes will shrink as they melt in the hot water. 뜨거운 물에 녹으면서 얼음 조각들은 줄어들 것이다.
0686	**simulate** [símjulèit]	동 흉내 내다, 가장하다, ~인 체하다 The robot was designed to simulate human movements. 그 로봇은 인간의 동작을 흉내 내도록 설계되었다.
0687	**skip** [skip]	동 건너뛰다, 생략하다, 팔짝팔짝 뛰다 Let's skip the formality and start the discussion right away. 격식은 생략하고 바로 토의를 시작하시죠.
0688	**soak** [souk]	동 적시다, 담그다, 흡수하다 Soak the beans overnight before cooking them. 요리하기 전에 콩을 하룻밤 동안 담그세요.
0689	**solve** [salv]	동 해결하다, 풀다 She solved the math problem quickly. 그녀는 수학 문제를 빠르게 풀었다. cf solution 해결책, 해법, 용액
0690	**spell** [spel]	동 철자를 말하다, 철자를 쓰다 Can you spell your name for me? 당신 이름의 철자를 나한테 말해 줄 수 있나요?

DAY

14

0691 spend
[spend]

(동) (시간, 돈을) 쓰다, 보내다

I spend too much money on clothes.
나는 옷에 너무 많은 돈을 쓴다.

0692 spit
[spit]

(동) 뱉다

He spit the gum out into the trash can.
그는 껌을 휴지통에 뱉었다.

0693 splash
[splæʃ]

(동) 튀기다, 첨벙거리다

She accidentally splashed water on her book.
그녀는 실수로 책에 물을 튀겼다.

0694 spoil
[spɔil]

(동) 망치다, 손상시키다

The rain spoiled our picnic plans.
비가 우리의 소풍 계획을 망쳤다.

0695 starve
[staːrv]

(동) 굶주리다, 굶기다

They were determined to help those who are starving.
그들은 굶주린 사람들을 돕기로 결심했다.

0696 steal
[stiːl]

(동) 훔치다

The thief stole the valuable painting.
도둑은 귀중한 그림을 훔쳤다.

0697 stimulate
[stímjulèit]

(동) 자극하다, 고무하다

Music can stimulate emotions.
음악은 감정을 자극할 수 있다.

0698 stretch
[stretʃ]

(동) 늘이다, 뻗다

The cat woke up and started to stretch its body.
고양이가 깨어나 몸을 늘리기 시작했다.

0699 strip
[strip]

(동) 옷을 벗다, 벗기다, 빼앗다

They stripped the tree of its bark.
그들이 그 나무의 껍질을 벗겼다.

0700 submit
[səbmít]

(동) 제출하다, 항복하다, 말하다, 진술하다

He submitted his resignation letter to his boss yesterday.
그는 어제 상사에게 사직서를 제출했다.

DAY 14 REVIEW & LEVEL-UP TEST

🕐 제한시간 7분

✅ 괄호 안에 알맞은 단어를 고르시오.

01 The company decided to [replace / resemble] the CEO due to declining profits.

02 He was arrested for attempting to [roll / rob] a convenience store.

03 He used clay to [sculpt / scold] a beautiful vase.

✅ 다음 빈칸에 문맥상 적절한 단어를 고르시오.

• shrink	• reserve	• steal

04 Please make sure to _____ a table at the restaurant for dinner.

05 The lake begins to _____ during the dry season due to lack of rainfall.

06 He was caught trying to _____ a wallet from a crowded subway station.

✅ 다음 빈칸에 적절한 뜻을 쓰시오.

07 The mystery of his disappearance <u>remains</u> unsolved to this day.
그의 실종의 미스터리는 오늘날까지도 해결되지 않은 채 _____.

08 The surgeon successfully <u>removed</u> the tumor during the operation.
그 외과 의사는 수술 중 종양을 성공적으로 _____.

09 He tends to <u>repeat</u> himself when he's nervous.
그는 긴장할 때 자신의 말을 _____ 경향이 있다.

[해석 ☞ 네이버 카페 '진가영 영어 연구소'에서 확인]

정답

01 replace   **02** rob   **03** sculpt   **04** reserve   **05** shrink
06 steal   **07** 남아 있다   **08** 제거했다   **09** 반복하는

DAY 15 | PREVIEW & DIAGNOSIS TEST ⏰ 제한시간 5분

01 subscribe _____

02 suck _____

03 suffer _____

04 suggest _____

05 supervise _____

06 suppose _____

07 surround _____

08 survive _____

09 suspend _____

10 sustain _____

11 swear _____

12 swell _____

13 tackle _____

14 tease _____

15 tend _____

16 terminate _____

17 testify _____

18 throw _____

19 tie _____

20 toss _____

21 transact _____

22 transform _____

23 translate _____

24 transmit _____

25 undergo _____

26 underlie _____

27 undermine _____

28 undertake _____

29 unify _____

30 unite _____

31 update _____

32 utilize _____

33 vanish _____

34 vary _____

35 wander _____

36 warn _____

37 weave _____

38 weigh _____

39 wipe _____

40 withdraw _____

41 absent _____

42 absolute _____

43 abstract _____

44 absurd _____

45 abundant _____

46 accurate _____

47 actual _____

48 acute _____

49 adverse _____

50 aesthetic _____

DAY 15 — PREVIEW & DIAGNOSIS TEST ANSWER

01	subscribe	구독하다, 가입하다
02	suck	빨다
03	suffer	고통받다, 시달리다
04	suggest	제안하다, 암시하다, 시사하다
05	supervise	감독하다, 지도하다
06	suppose	가정하다, 추측하다
07	surround	둘러싸다, 에워싸다
08	survive	살아남다, 생존하다
09	suspend	연기하다, 중단하다, 정직[정학]시키다, 매달다
10	sustain	지탱하다, 버티다, 견디다
11	swear	맹세하다, 욕을 하다
12	swell	붓다, 부풀다, 부어오르다
13	tackle	부딪치다, 논쟁하다
14	tease	놀리다, 괴롭히다
15	tend	~하는 경향이 있다, 돌보다
16	terminate	끝내다, 종료하다
17	testify	증언하다, 입증하다
18	throw	던지다, 내다버리다
19	tie	묶다
20	toss	던지다, 내던지다
21	transact	거래하다
22	transform	변형시키다, 바꾸다
23	translate	번역하다, 해석하다, 설명하다
24	transmit	전송하다, 전달하다, 전도하다
25	undergo	겪다, 받다
26	underlie	~의 기초가 되다, 기저를 이루다
27	undermine	약화시키다, 훼손하다
28	undertake	착수하다, 맡다
29	unify	통합하다, 통일하다
30	unite	연합하다, 통합시키다
31	update	갱신하다, 새롭게 하다
32	utilize	활용하다, 이용하다
33	vanish	사라지다
34	vary	다르다, 변하다, 변화를 주다
35	wander	돌아다니다, 배회하다
36	warn	경고하다
37	weave	짜다, 엮다
38	weigh	무게를 달다, 누르다, 따져 보다
39	wipe	닦다
40	withdraw	철수하다, 인출하다, 취소하다
41	absent	부재한, 결석한
42	absolute	완전한, 절대적인
43	abstract	추상, 요약[추록], 추상적인, 발췌하다, 요약하다
44	absurd	우스꽝스러운, 터무니없는
45	abundant	풍부한, 많은
46	accurate	정확한, 정밀한
47	actual	실제의, 현실의
48	acute	심한, 급성의, 예리한, 예민한
49	adverse	불리한, 부정적인
50	aesthetic	미학적인, 심미적인

DAY 15

0701
subscribe
[səbskráib]

(동) 구독하다, 가입하다

I decided to subscribe to the magazine.
나는 잡지를 구독하기로 결정했다.

0702
suck
[sʌk]

(동) 빨다

Babies often suck their thumbs for comfort.
아기들은 종종 안정을 위해 엄지손가락을 빨기도 한다.

0703
suffer
[sʌ́fər]

(동) 고통받다, 시달리다

He suffered emotionally after the loss of his beloved pet.
그는 사랑하는 애완 동물을 잃은 후 감정적으로 고통받았다.

0704
suggest
[səgdʒést]

(동) 제안하다, 암시하다, 시사하다

I suggested taking a day trip to the countryside.
나는 시골로 당일 여행을 가는 것을 제안했다.

0705
supervise
[súːpərvàiz]

(동) 감독하다, 지도하다

She supervises the interns' training.
그녀는 인턴들의 훈련을 감독한다.

0706
suppose
[səpóuz]

(동) 가정하다, 추측하다

The doctor supposed that the patient's symptoms were due to allergies.
의사는 환자의 증상이 알레르기 때문인 것으로 가정했다.

0707
surround
[səráund]

(동) 둘러싸다, 에워싸다

The castle is surrounded by a moat filled with water.
성은 물로 가득찬 호수로 둘러싸여 있다.

0708
survive
[sərváiv]

(동) 살아남다, 생존하다

Many species have adapted to survive in harsh environments.
많은 종들이 가혹한 환경에서 생존하기 위해 적응했다.

0709
suspend
[səspénd]

(동) 연기하다, 중단하다, 정직[정학]시키다, 매달다

The construction work was suspended due to bad weather.
건설 작업은 나쁜 날씨로 인해 중단되었다.

0710
sustain
[səstéin]

(동) 지탱하다, 버티다, 견디다

The building couldn't sustain the force of the earthquake.
건물은 지진의 힘을 견딜 수 없었다.

0711	**swear** [swɛər]	(통) 맹세하다, 욕을 하다 She swore revenge on those who wronged her. 그녀는 자신에게 해를 끼친 사람들에게 복수를 맹세했다.
0712	**swell** [swel]	(통) 붓다, 부풀다, 부어오르다 Her ankle began to swell after she twisted it during the hike. 등산 중 발목을 삐어서 발목이 부었다.
0713	**tackle** [tǽkl]	(통) 부딪치다, 논쟁하다 he wasn't able to tackle the impact and hit his head on the dashboard. 그는 충격에 대처하지 못하고 계기판에 머리를 부딪혔다.
0714	**tease** [tiːz]	(통) 놀리다, 괴롭히다 Teasing others is not allowed. 다른 사람들을 놀리는 것은 허용되지 않는다.
0715	**tend** [tend]	(통) ~하는 경향이 있다, 돌보다 She tends to procrastinate when faced with difficult tasks. 어려운 과제를 마주하면 그녀는 미루는 경향이 있다.
0716	**terminate** [tə́ːrmənèit]	(통) 끝내다, 종료하다 The company decided to terminate the employee's contract. 그 회사는 직원의 계약을 종료하기로 결정했다.
0717	**testify** [téstəfài]	(통) 증언하다, 입증하다 She agreed to testify against the defendant in court. 그녀는 법정에서 피고인에 대해 증언하기로 동의했다.
0718	**throw** [θrou]	(통) 던지다, 내다버리다 The pitcher threw the baseball with all his strength. 투수는 힘을 다해 야구공을 던졌다.
0719	**tie** [tai]	(통) 묶다 She asked her friend to tie her hair back before she started cooking. 요리를 시작하기 전에 친구에게 머리를 묶어달라고 했다.
0720	**toss** [tɔːs]	(통) 던지다, 내던지다 She tossed the ball to her friend across the yard. 그녀는 마당을 가로질러 친구에게 공을 던졌다.

DAY
15

| 0721 | **transact**
[trænsǽkt] | (통) 거래하다
They met to transact the sale of the property.
그들은 재산의 매매를 거래하기 위해 만났다. |

0721 transact
[trænsǽkt]

(통) 거래하다

They met to transact the sale of the property.
그들은 재산의 매매를 거래하기 위해 만났다.

0722 transform
[trænsfɔ́rm]

(통) 변형시키다, 바꾸다

Education has the power to transform lives and communities.
교육은 삶과 사회를 바꿀 수 있는 힘을 지니고 있다.

0723 translate
[trænsléit]

(통) 번역하다, 해석하다, 설명하다

She can fluently translate between English and Spanish.
그녀는 영어와 스페인어 사이를 유창하게 번역할 수 있다.

0724 transmit
[trænsmít]

(통) 전송하다, 전달하다, 전도하다

Radio waves are used to transmit signals over long distances.
라디오 주파는 멀리 있는 곳에 신호를 전송하는 데 사용된다.

0725 undergo
[ʌndərgouʼ]

(통) 겪다, 받다

She had to undergo surgery to remove the tumor.
그녀는 종양을 제거하기 위해 수술을 받아야 했다.

0726 underlie
[ʌndərlaiʼ]

(통) ~의 기초가 되다, 기저를 이루다

Basic principles of mathematics underlie many scientific theories.
수학의 기본 원리가 많은 과학 이론의 기초를 이룬다.

0727 undermine
[ʌndərmaiˌn]

(통) 약화시키다, 훼손하다

Lack of trust can undermine the foundation of a relationship.
신뢰 부족은 관계의 기반을 약화시킬 수 있다.

0728 undertake
[ʌndərteiˌk]

(통) 착수하다, 맡다

He was hesitant to undertake the responsibility of leading the team.
그는 팀을 이끌 책임을 맡는 것에 주저했다.

0729 unify
[júːnəfài]

(통) 통합하다, 통일하다

The company implemented new policies to unify its global operations.
회사는 글로벌 영업을 통합하기 위해 새로운 정책을 시행했다.

0730 unite
[juːnáit]

(통) 연합하다, 통합시키다

People from all walks of life united to support the charity's cause.
다양한 사회적 지위의 사람들이 자선 단체의 목적을 지원하기 위해 연합했다.

0731 update
[əpdéit]

(통) 갱신하다, 새롭게 하다

Please update the software to the latest version for improved performance.
성능 향상을 위해 소프트웨어를 최신 버전으로 갱신해 주세요.

0732 utilize
[júːtəlàiz]

(통) 활용하다, 이용하다

Farmers utilize modern agricultural techniques to increase crop yields.
농부들은 작물 수확량을 증가시키기 위해 현대 농업 기술을 활용한다.

0733 vanish
[vǽniʃ]

(통) 사라지다

Daylight vanished as the sun dipped below the horizon.
해가 지면서 햇살이 사라졌다.

0734 vary
[vέəri]

(통) 다르다, 변하다, 변화를 주다

Students' opinions on the topic vary greatly.
학생들의 의견은 주제에 따라 매우 다르다.

DAY

15

0735 wander
[wɑ́ndər]

(통) 돌아다니다, 배회하다

I like to wander aimlessly through the forest.
나는 목적 없이 숲을 배회하는 것을 좋아한다.

0736 warn
[wɔːrn]

(통) 경고하다

The teacher warned the students not to plagiarize.
선생님은 학생들에게 표절하지 말라고 경고했다.

0737 weave
[wiːv]

(통) 짜다, 엮다

The spider weaved a delicate web to catch its prey.
거미는 먹이를 잡기 위해 섬세한 거미줄을 짰다.

0738 weigh
[wei]

(통) 무게를 달다, 누르다, 따져 보다

Elephants can weigh up to a few tons.
코끼리는 최대 몇 톤까지 무게가 나갈 수도 있다.

0739 wipe
[waip]

(통) 닦다

He wiped his tears away with the back of his hand.
그는 손등으로 눈물을 닦았다.

0740 withdraw
[wiðdrɔ́ː]

(통) 철수하다, 인출하다, 취소하다

The soldier was ordered to withdraw from the battlefield.
병사는 전장에서 철수할 것으로 명령받았다.

0741 absent
[ǽbsənt]

(형) 부재한, 결석한

She was absent from school yesterday due to illness.
그녀는 어제 아프다고 학교를 결석했다.

0742 absolute
[ǽbsəlùːt]

(형) 완전한, 절대적인

The painting's beauty was of absolute perfection.
그 그림의 아름다움은 절대적인 완벽함이었다.

0743 abstract
[æbstrǽkt]

(명) 추상, 요약[추록] (형) 추상적인 (동) 발췌하다, 요약하다

The concept of time is abstract and difficult to grasp.
시간의 개념은 추상적이며 이해하기 어렵다.

0744 absurd
[æbsə́ːrd]

(형) 우스꽝스러운, 터무니없는

It's absurd to think that money can buy happiness.
돈이 행복을 살 수 있다고 생각하는 것은 터무니없다.

0745 abundant
[əbʌ́ndənt]

(형) 풍부한, 많은

The region is known for its abundant natural resources.
그 지역은 풍부한 천연 자원으로 유명하다.

0746 accurate
[ǽkjurət]

(형) 정확한, 정밀한

The map provided accurate directions to the destination.
지도는 목적지까지 정확한 방향을 제공했다.

0747 actual
[ǽktʃuəl]

(형) 실제의, 현실의

The actual size of the room was smaller than expected.
방의 실제 크기는 예상보다 작았다.

0748 acute
[ǽktʃuəl]

(형) 심한, 급성의, 예리한, 예민한

The patient's condition worsened due to an acute infection.
환자의 상태가 급성 감염으로 인해 악화되었다.

0749 adverse
[ædvə́ːrs]

(형) 불리한, 부정적인

Economic downturns often result in adverse effects on employment rates.
경제 침체는 종종 고용률에 부정적인 영향을 미친다.

0750 aesthetic
[esθétik]

(형) 미학적인, 심미적인

The artist's paintings were admired for their aesthetic beauty.
예술가의 그림은 미적 아름다움으로 칭송받았다.

REVIEW & LEVEL-UP TEST　　🕐 제한시간 7분

🎯 괄호 안에 알맞은 단어를 고르시오.

01 She had to [swell / submit] an application form to apply for the scholarship.

02 The company decided to [supervise / suspend] production temporarily due to a shortage of raw materials.

03 She was called to [testify / transact] as a witness in the court case.

🎯 다음 빈칸에 문맥상 적절한 단어를 고르시오.

• terminate	• suffer	• absent

04 Many animals _____ due to habitat loss caused by deforestation.

05 They decided to _____ their partnership after years of disagreement.

06 She was _____ from school yesterday due to illness.

🎯 다음 빈칸에 적절한 뜻을 쓰시오.

07 The detective <u>supposed</u> the crime scene had been tampered with.
형사는 범행 현장이 조작된 것으로 _____.

08 The witness <u>swore</u> under oath to tell the truth in court.
목격자는 법정에서 진술할 때 진실을 말하기로 _____.

09 He <u>teased</u> her about forgetting her lines during the play.
그는 연극 중에 대사를 잊어버린 것에 대해 그녀를 _____.

[해석 ☞ 네이버 카페 '진가영 영어 연구소'에서 확인]

 정답

01 submit	**02** suspend	**03** testify	**04** suffer	**05** terminate
06 absent	**07** 추측했다	**08** 맹세했다	**09** 놀렸다	

DAY

15

DAY 16 | PREVIEW & DIAGNOSIS TEST ⏱ 제한시간 5분

01 aggressive _____
02 alike _____
03 alive _____
04 ancient _____
05 annual _____
06 anxious _____
07 apparent _____
08 appropriate _____
09 approximate _____
10 artificial _____
11 authentic _____
12 automatic _____
13 awake _____
14 aware _____
15 awesome _____
16 awful _____
17 awkward _____
18 bare _____
19 blind _____
20 bold _____
21 brief _____
22 brilliant _____
23 broad _____
24 capable _____
25 casual _____

26 causal _____
27 chronic _____
28 civil _____
29 compatible _____
30 comprehensive _____
31 compulsory _____
32 confident _____
33 conscious _____
34 consistent _____
35 constant _____
36 contemporary _____
37 contrary _____
38 convenient _____
39 corporate _____
40 crisp _____
41 crucial _____
42 cruel _____
43 current _____
44 cynical _____
45 dairy _____
46 damp _____
47 decent _____
48 definite _____
49 delicate _____
50 dense _____

DAY 16 PREVIEW & DIAGNOSIS TEST ANSWER

01	aggressive	공격적인, 과감한	25	casual	평상시의, 임시의, 우연한
02	alike	닮은, 비슷한	26	causal	인과 관계의, 원인의
03	alive	살아 있는	27	chronic	만성적인, 장기간에 걸친
04	ancient	고대의	28	civil	시민의
05	annual	매년의, 연례의, 연간의	29	compatible	호환이 되는, 양립할 수 있는
06	anxious	불안해하는, 염려하는 (about), 열망하는 (for)	30	comprehensive	포괄적인, 광범위한, 이해력이 있는
07	apparent	명백한, 분명한	31	compulsory	의무적인, 강제적인
08	appropriate	적절한, 도용[전용]하다	32	confident	자신 있는, 확신하는
09	approximate	근사치인, 거의 정확한, 가까워지다, 접근하다	33	conscious	의식하는, 지각하는
			34	consistent	일관된, ~와 일치하는
10	artificial	인공적인, 모조의	35	constant	상수, 일정한, 끊임없는
11	authentic	진짜인, 진품의	36	contemporary	현대의, 동시대의
12	automatic	자동의	37	contrary	반대되는, 다른
13	awake	깨어 있는, 잠들지 않은, 깨우다, 불러일으키다	38	convenient	편리한
14	aware	알고 있는, 의식하고 있는	39	corporate	기업[회사]의, 법인의, 공동의
15	awesome	굉장한, 엄청난	40	crisp	바삭바삭한
16	awful	끔찍한, 형편없는	41	crucial	중대한, 결정적인
17	awkward	어색한, 서투른	42	cruel	잔혹한, 잔인한
18	bare	벌거벗은, 벌거벗기다, 드러내다	43	current	현재의, 지금의
19	blind	눈이 먼, 맹인인	44	cynical	냉소적인, 부정적인
20	bold	용감한, 대담한	45	dairy	유제품의, 낙농(업)의
21	brief	짧은, 간단한	46	damp	축축한, 눅눅한
22	brilliant	훌륭한, 뛰어난	47	decent	적당한, 훌륭한
23	broad	넓은	48	definite	확실한, 명확한
24	capable	할 수 있는, 유능한, (할) 능력이 있는	49	delicate	연약한, 섬세한
			50	dense	밀집한, 빽빽한

DAY
16

| 0751 | **aggressive** [əgrésiv] | (형) 공격적인, 과감한
His aggressive behavior often led to conflicts with his colleagues.
그의 공격적인 행동은 종종 동료들과의 갈등으로 이어졌다. |

| 0752 | **alike** [əláik] | (형) 닮은, 비슷한
The twins looked so alike that it was difficult to tell them apart.
쌍둥이들은 너무 닮아서 그들을 구분하기가 어려웠다. |

| 0753 | **alive** [əláiv] | (형) 살아 있는
The old traditions are still alive in this remote village.
이 외진 마을에서는 오래된 전통이 여전히 살아 있다. |

| 0754 | **ancient** [éinʃənt] | (형) 고대의
She was fascinated by ancient mythology and spent hours studying it.
그녀는 고대 신화에 매혹되어 시간을 들여서 연구했다. |

| 0755 | **annual** [ænjuəl] | (형) 매년의, 연례의, 연간의
The annual rainfall in the region helps sustain the local agriculture.
그 지역의 연간 강우는 현지 농업을 유지하는 데 도움이 된다. |

| 0756 | **anxious** [æŋkʃəs] | (형) 불안해하는, 염려하는 (about), 열망하는 (for)
The anxious parents waited nervously for news of their missing child.
불안해하는 부모들은 실종된 자녀에 대한 소식을 긴장하며 기다렸다. |

| 0757 | **apparent** [əpǽrənt] | (형) 명백한, 분명한
It was apparent to anyone that he was the culprit.
그가 범인이라는 것은 누가 봐도 분명했다. |

| 0758 | **appropriate** [əpróupriət] | (형) 적절한 (동) 도용[전용]하다
It's not appropriate to speak loudly in a library.
도서관에서 큰 소리로 말하는 것은 적절하지 않다. |

| 0759 | **approximate** [əprǽksəmət] | (형) 근사치인, 거의 정확한 (동) 가까워지다, 접근하다
The number of spectators in the game is only a approximate.
경기의 관중 수는 근사치일 뿐이다. |

| 0760 | **artificial** [ɑ̀ːrtəfíʃəl] | (형) 인공적인, 모조의
Many processed foods contain artificial flavors and colors.
많은 가공 식품에는 인공 향료와 색소가 포함되어 있다. |

0761 authentic
[ɔːθéntik]

(형) 진짜인, 진품의

She purchased an authentic antique vase at the flea market.
그녀는 벼룩시장에서 진품 고미술 화병을 구매했다.

0762 automatic
[ɔːtəmǽtik]

(형) 자동의

The factory had installed automatic machinery.
공장은 자동 기계장치를 설치했다.

0763 awake
[əwéik]

(형) 깨어 있는, 잠들지 않은 (동) 깨우다, 불러일으키다

The sound of the alarm clock jolted him awake in the morning.
아침에 알람 소리에 깜짝 놀라 깨어났다.

0764 aware
[əwέər]

(형) 알고 있는, 의식하고 있는

The company was aware of the growing concerns among its employees.
그 회사는 직원들 사이에서 커지고 있는 우려를 알고 있었다.

0765 awesome
[ɔ́ːsəm]

(형) 굉장한, 엄청난

He received a awesome gift on his birthday.
그는 생일에 엄청난 선물을 받았다.

0766 awful
[ɔ́ːfəl]

(형) 끔찍한, 형편없는

The food at the restaurant was awful.
그 레스토랑의 음식은 정말 형편없었다.

0767 awkward
[ɔ́ːkwərd]

(형) 어색한, 서투른

There was an awkward silence after his joke fell flat in the meeting.
회의에서 그의 농담이 실패한 후 어색한 침묵이 흘렀다.

0768 bare
[bɛər]

(형) 벌거벗은 (동) 벌거벗기다, 드러내다

He wandered around bare after drinking.
그는 술을 마시고 벌거벗은 채로 돌아다녔다.

0769 blind
[blaind]

(형) 눈이 먼, 맹인인

He navigated the room with ease despite being blind.
그는 맹인임에도 불구하고 방을 쉽게 돌아다녔다.

0770 bold
[bould]

(형) 용감한, 대담한

His bold fashion choices always turned heads wherever he went.
그의 대담한 패션 선택은 어디를 가든 항상 사람들의 시선을 끌었다.

0771 brief
[briːf]

(형) 짧은, 간단한
She wrote a brief summary of the book for her class presentation.
그녀는 수업 발표를 위해 그 책에 대한 간단한 요약을 썼다.

0772 brilliant
['brɪl.jənt]

(형) 훌륭한, 뛰어난
His brilliant mind allowed him to solve complex problems with ease.
그의 뛰어난 두뇌 능력 덕분에 그는 복잡한 문제를 쉽게 해결할 수 있었다.

0773 broad
[brɔːd]

(형) 넓은
He has a broad knowledge of history and literature.
그는 역사와 문학에 대해 폭넓은 지식을 가지고 있다.

0774 capable
[kéipəbl]

(형) 할 수 있는, 유능한, (할) 능력이 있는
She is capable of solving complex problems.
그녀는 복잡한 문제를 해결할 수 있다.

0775 casual
[kǽʒuəl]

(형) 평상시의, 임시의, 우연한
The meeting was informal and casual.
그 회의는 비공식적이고 임시적이었다.

0776 causal
[kɔ́ːzəl]

(형) 인과 관계의, 원인의
There is no clear causal relationship between the two events.
그 두 사건 사이에는 명확한 인과 관계가 없다.

0777 chronic
[kránik]

(형) 만성적인, 장기간에 걸친
She suffers from chronic back pain.
그녀는 만성적인 허리 통증에 시달리고 있다.

0778 civil
[sívəl]

(형) 시민의
Civil rights are fundamental to a just society.
시민권은 정의로운 사회에 필수적이다.

0779 compatible
[kəmpǽtəbl]

(형) 호환이 되는, 양립할 수 있는
Ensure the printer is compatible with your computer before purchasing.
구매 전에 프린터가 컴퓨터와 호환되는지 확인하세요.

0780 comprehensive
[kàmprihénsiv]

(형) 포괄적인, 광범위한, 이해력이 있는
We need a comprehensive plan to address all the issues.
우리는 모든 문제를 해결하기 위한 포괄적인 계획이 필요하다.

0781	**compulsory** [kəmpʌ́lsəri]	휑 의무적인, 강제적인 Wearing a uniform is compulsory at this school. 이 학교에서는 교복 착용이 의무적이다.
0782	**confident** [kʌ́nfədənt]	휑 자신 있는, 확신하는 He is confident that his team will win the game. 그는 그의 팀이 경기에서 이길 것이라고 확신한다.
0783	**conscious** [kʌ́nʃəs]	휑 의식하는, 지각하는 He is not conscious of the changes in the plan. 그는 계획의 변경 사항에 대해 지각하지 못하고 있다.
0784	**consistent** [kənsístənt]	휑 일관된, ~와 일치하는 The results were consistent with our expectations. 결과는 우리의 기대와 일치했다.
0785	**constant** [kʌ́nstənt]	몡 상수 휑 일정한, 끊임없는 There was a constant flow of customers at the store. 상점에는 끊임없는 손님이 왔다.
0786	**contemporary** [kəntémpərèri]	휑 현대의, 동시대의 Contemporary music often blends different genres. 현대 음악은 종종 다양한 장르를 혼합한다.
0787	**contrary** [kʌ́ntreri]	휑 반대되는, 다른 They argued that the evidence supported the contrary position. 그들은 증거가 반대되는 입장을 지지한다고 주장했다.
0788	**convenient** [kənvíːnjənt]	휑 편리한 The new store is very convenient for shopping. 새 상점은 쇼핑하기에 매우 편리하다.
0789	**corporate** [kɔ́ːrpərət]	휑 기업[회사]의, 법인의, 공동의 She works in the corporate sector of the company. 그녀는 회사의 기업 부문에서 일한다.
0790	**crisp** [krisp]	휑 바삭바삭한 She prefers her salad with a crisp, fresh crunch. 그녀는 샐러드를 신선하고 바삭하게 먹는 것을 선호한다.

DAY

16

0791 crucial
[krúːʃəl]

(형) 중대한, 결정적인

The final decision will be crucial for the future of the company.
최종 결정은 회사의 미래에 매우 중대할 것이다.

0792 cruel
[krúːəl]

(형) 잔혹한, 잔인한

It is cruel to treat animals poorly.
동물을 못되게 대하는 것은 잔인하다.

0793 current
[kə́ːrənt]

(형) 현재의, 지금의

The current issue needs to be addressed immediately.
현재 문제는 즉시 해결해야 한다.

0794 cynical
[sínikəl]

(형) 냉소적인, 부정적인

Her cynical attitude made it hard to trust her intentions.
그녀의 냉소적인 태도는 그녀의 의도를 믿기 어렵게 만들었다.

0795 dairy
[dɛ́əri]

(형) 유제품의, 낙농(업)의

The dairy farm produces cheese, yogurt, and butter.
그 유제품 농장은 치즈, 요거트, 버터를 생산한다.

0796 damp
[dæmp]

(형) 축축한, 눅눅한

The towels are still damp after the rain.
비가 온 후 수건이 아직 축축하다.

0797 decent
[díːsnt]

(형) 적당한, 훌륭한

They found a decent place to stay for the night.
그들은 밤을 지낼 만한 적당한 장소를 찾았다.

0798 definite
[défənit]

(형) 확실한, 명확한

There is no definite proof that he was involved.
그가 관여했다는 확실한 증거는 없다.

0799 delicate
[délikət]

(형) 연약한, 섬세한

He has a delicate balance to maintain in his work.
그는 자신의 일에서 섬세한 균형을 유지해야 한다.

0800 dense
[dens]

(형) 밀집한, 빽빽한

The city is full of dense buildings.
도시는 밀집된 건물들이 가득하다.

REVIEW & LEVEL-UP TEST 제한시간 7분

◉ 괄호 안에 알맞은 단어를 고르시오.

01 The dog became [aggressive / annual] when it felt threatened.

02 There was an [automatic / awkward] silence after his inappropriate joke.

03 There is a [civil / causal] relationship between smoking and lung cancer.

◉ 다음 빈칸에 문맥상 적절한 단어를 고르시오.

• compulsory	• artificial	• blind

04 Wearing a seatbelt is _____ for drivers and passengers in many countries.

05 The _____ flavors in the candy made it taste like strawberries.

06 He was born _____ and learned to navigate the world using his other senses.

DAY

16

◉ 다음 빈칸에 적절한 뜻을 쓰시오.

07 She couldn't bear to watch the <u>cruel</u> scenes in the horror movie.

그녀는 공포 영화에서의 _____ 장면들을 보기 싫어했다.

08 Her <u>cynical</u> remarks during the meeting annoyed her colleagues.

회의 중 그녀의 _____ 발언은 동료들을 짜증나게 했다.

09 She gave a <u>brief</u> summary of the main points at the end of the presentation.

그녀는 발표가 끝날 때 주요 사항에 대한 _____ 요약을 했다.

[해석 ☞ 네이버 카페 '진가영 영어 연구소'에서 확인]

정답

01 aggressive	**02** awkward	**03** causal	**04** compulsory	**05** artificial
06 blind	**07** 잔인한	**08** 냉소적인	**09** 간단한	

DAY 17 PREVIEW & DIAGNOSIS TEST

#	Word		#	Word	
01	desperate		26	familiar	
02	disabled		27	fatal	
03	distant		28	federal	
04	diverse		29	fertile	
05	domestic		30	fierce	
06	dominant		31	finite	
07	dual		32	flat	
08	due		33	flexible	
09	dynamic		34	folk	
10	eager		35	fond	
11	effective		36	foreign	
12	efficient		37	formal	
13	elaborate		38	former	
14	elegant		39	fortunate	
15	enthusiastic		40	frequent	
16	entire		41	fundamental	
17	essential		42	furious	
18	ethical		43	generous	
19	evident		44	gorgeous	
20	exact		45	gradual	
21	exotic		46	grateful	
22	external		47	gross	
23	extinct		48	guilty	
24	extraordinary		49	harsh	
25	false		50	hostile	

DAY 17 | PREVIEW & DIAGNOSIS TEST ANSWER

01	desperate	절망적인, 필사적인
02	disabled	장애를 가진
03	distant	먼, 떨어져 있는
04	diverse	다양한
05	domestic	가정의, 국내의, 길들여진
06	dominant	지배적인, 우세한
07	dual	이중의
08	due	~때문에, ~할 예정인, 만기가 된
09	dynamic	힘, 원동력, 역동적인
10	eager	열렬한, 간절히 바라는, 열심인
11	effective	효과적인
12	efficient	효율적인, 능률적인
13	elaborate	정교한, 복잡한, 공들여 만들다, 상세하게 만들다
14	elegant	우아한, 품격 있는
15	enthusiastic	열광적인, 열렬한
16	entire	전체의
17	essential	필수적인, 본질적인, 중요한
18	ethical	윤리적인, 도덕적인
19	evident	분명한, 눈에 띄는
20	exact	정확한, 엄밀한
21	exotic	외국의, 이국적인
22	external	외부의, 밖의
23	extinct	멸종된, 사라진
24	extraordinary	놀라운, 비범한
25	false	틀린, 거짓의

26	familiar	친숙한, 익숙한, 잘 알려진, 알고 있는
27	fatal	치명적인, 운명의
28	federal	연방제의
29	fertile	비옥한, 풍부한, 생식력 있는
30	fierce	사나운, 격렬한, 극심한
31	finite	한정된, 유한한
32	flat	평평한, 납작한
33	flexible	유연한, 융통성 있는
34	folk	민속의, 민간의, 사람들(pl.)
35	fond	좋아하는, 즐기는
36	foreign	외국의, 이질의
37	formal	정중한, 공식적인, 격식 있는
38	former	이전의, 과거의, 앞선
39	fortunate	운 좋은, 다행한
40	frequent	빈번한, 잦은, 자주 가다
41	fundamental	기본, 근본, 원리(pl.), 근본적인, 필수적인
42	furious	몹시 화난, 맹렬한
43	generous	후한, 너그러운
44	gorgeous	아주 멋진, 아름다운
45	gradual	점진적인, 단계적인
46	grateful	감사하는 (사람), 기분 좋은 (사물)
47	gross	총, 전체의
48	guilty	죄책감을 느끼는, 유죄의
49	harsh	혹독한, 가혹한
50	hostile	적대적인

DAY
17

0801 desperate
[déspərət]

(형) 절망적인, 필사적인

She was desperate to find her lost cat.
그녀는 잃어버린 고양이를 찾기 위해 필사적이었다.

0802 disabled
[diséibld]

(형) 장애를 가진

He helps the disabled cross the street safely.
그는 장애인들이 거리를 안전하게 건너도록 돕는다.

0803 distant
[dístənt]

(형) 먼, 떨어져 있는

They live in a distant village away from the city.
그들은 도시에서 떨어진 먼 마을에 살고 있다.

0804 diverse
[daivə́:rs]

(형) 다양한

The book covers a diverse set of topics.
그 책은 다양한 주제를 다룬다.

0805 domestic
[dəméstik]

(형) 가정의, 국내의, 길들여진

The company specializes in domestic travel arrangements.
그 회사는 국내 여행 준비를 전문으로 한다.

0806 dominant
[dάmənənt]

(형) 지배적인, 우세한

This species of tree is dominant in the forest ecosystem.
이 종류의 나무는 숲 생태계에서 지배적이다.

0807 dual
[djú:əl]

(형) 이중의

The system provides dual language support for users.
그 시스템은 사용자에게 이중 언어 지원을 제공한다.

0808 due
[dju:]

(형) ~때문에, ~할 예정인, 만기가 된

The meeting was postponed due to unforeseen circumstances.
예상치 못한 상황으로 인해 회의가 연기되었다.

0809 dynamic
[dainǽmik]

(명) 힘, 원동력 (형) 역동적인

She has a dynamic personality that attracts many people.
그녀는 많은 사람들을 끌어들이는 역동적인 성격을 가지고 있다.

0810 eager
[í:gər]

(형) 열렬한, 간절히 바라는, 열심인

He looked eager to hear the results of the competition.
그는 경쟁 결과를 듣기를 간절히 바라는 듯 보였다.

0811 effective
[iféktiv]

(형) 효과적인

This medicine is effective in treating cold symptoms.
이 약은 감기 증상 치료에 효과적이다.

0812 efficient
[ifíʃənt]

(형) 효율적인, 능률적인

She is known for her efficient time management skills.
그녀는 효율적인 시간 관리 기술로 유명하다.

0813 elaborate
[ilǽbərət]

(형) 정교한, 복잡한 (동) 공들여 만들다, 상세하게 만들다

The painting was painted with elaborate techniques.
그 그림은 정교한 기술로 그려졌다.

0814 elegant
[éligənt]

(형) 우아한, 품격 있는

The design of the new building is very elegant and modern.
새 건물의 디자인은 매우 우아하고 현대적이다.

0815 enthusiastic
[inθùːziǽstik]

(형) 열광적인, 열렬한

She was very enthusiastic about starting her new job.
그녀는 새 직장을 시작하는 것에 대해 매우 열광적이었다.

0816 entire
[intáiər]

(형) 전체의

She read the entire book in one day.
그녀는 하루 만에 전체의 책을 완독했다.

DAY
17

0817 essential
[isénʃəl]

(형) 필수적인, 본질적인, 중요한

Water is essential for all forms of life.
물은 모든 생명체에 필수적이다.

0818 ethical
[éθikəl]

(형) 윤리적인, 도덕적인

The research project was conducted under strict ethical guidelines.
그 연구 프로젝트는 엄격한 윤리적 지침하에 수행되었다.

0819 evident
[évədənt]

(형) 분명한, 눈에 띄는

It was evident from her smile that she was happy.
그녀의 미소를 통해 그녀가 행복하다는 것이 분명했다.

0820 exact
[igzǽkt]

(형) 정확한, 엄밀한

Please give me the exact time of the meeting.
회의의 정확한 시간을 알려주세요.

0821 exotic
[igzάtik]
(형) 외국의, 이국적인
They visited an exotic island in the Pacific Ocean.
그들은 태평양의 이국적인 섬을 방문했다.

0822 external
[ikstə́:rnl]
(형) 외부의, 밖의
The building's external walls are made of reinforced concrete.
건물의 외부 벽은 강화 콘크리트로 만들어졌다.

0823 extinct
[ikstíŋkt]
(형) 멸종된, 사라진
The dinosaur species became extinct millions of years ago.
공룡 종은 수백만 년 전에 멸종했다.

0824 extraordinary
[ikstrɔ́:rdənèri]
(형) 놀라운, 비범한
She made an extraordinary recovery from her illness.
그녀는 병에서 놀라운 회복을 이뤘다.

0825 false
[fɔ:ls]
(형) 틀린, 거짓의
The statement turned out to be false.
그 진술은 거짓으로 밝혀졌다.

0826 familiar
[fəmíljər]
(형) 친숙한, 익숙한, 잘 알려진, 알고 있는
She is very familiar with the city's public transportation system.
그녀는 그 도시의 대중교통 시스템에 매우 익숙하다.

0827 fatal
[féitl]
(형) 치명적인, 운명의
Driving under the influence of alcohol is a fatal mistake.
음주 운전은 치명적인 실수이다.

0828 federal
[fédərəl]
(형) 연방제의
Federal laws protect the rights of all citizens.
연방 법은 모든 시민의 권리를 보호한다.

0829 fertile
[fə́:rtl]
(형) 비옥한, 풍부한, 생식력 있는
The soil in this region is very fertile, perfect for farming.
이 지역의 토양은 매우 비옥하여 농사에 적합하다.

0830 fierce
[fiərs]
(형) 사나운, 격렬한, 극심한
She gave him a fierce look when he interrupted her presentation.
그가 그녀의 발표를 방해하자 그녀는 사나운 눈초리를 했다.

0831 finite [fáinait]
혱 한정된, 유한한
The amount of time we can spend on this task is finite.
우리가 이 작업에 할 수 있는 시간은 유한하다.

0832 flat [flæt]
혱 평평한, 납작한
The land was flat and perfect for building.
땅이 평평하고 건축하기에 완벽했다.

0833 flexible [fléksəbl]
혱 유연한, 융통성 있는
The schedule is flexible, so you can choose your own hours.
일정이 유연하여 원하는 시간을 선택할 수 있다.

0834 folk [fouk]
혱 민속의, 민간의 몡 사람들(pl.)
Folk art is an important part of our cultural heritage.
민속 예술은 우리의 문화 유산에서 중요한 부분이다.

0835 fond [fand]
혱 좋아하는, 즐기는
She is very fond of reading mystery novels.
그녀는 미스터리 소설 읽기를 매우 좋아한다.

0836 foreign [fɔ́:rən]
혱 외국의, 이질의
The company has many foreign clients from different countries.
그 회사는 다양한 국가의 외국 고객들이 많다.

0837 formal [fɔ́:rməl]
혱 정중한, 공식적인, 격식 있는
He gave a formal speech at the conference.
그는 회의에서 공식적인 연설을 했다.

0838 former [fɔ́:rmər]
혱 이전의, 과거의, 앞선
She met her former colleague at the conference.
그녀는 회의에서 이전 직장 동료를 만났다.

0839 fortunate [fɔ́:rtʃənət]
혱 운 좋은, 다행한
We are fortunate to live in a peaceful neighborhood.
우리는 평화로운 동네에 살 수 있어서 운이 좋았다.

0840 frequent [frí:kwənt]
혱 빈번한, 잦은 동 자주 가다
Wildfires are frequent in spring.
봄이 되면 산불이 빈번하다.

0 8 4 1	**fundamental** [fʌndəméntl]	몧 기본, 근본, 원리(pl.) 혱 근본적인, 필수적인 She has a fundamental belief in the importance of education. 그녀는 교육의 중요성에 대한 근본적인 믿음을 가지고 있다.
0 8 4 2	**furious** [fjúəriəs]	혱 몹시 화난, 맹렬한 He became furious after hearing the unfair decision. 그는 불공정한 결정을 듣고 몹시 화가 났다.
0 8 4 3	**generous** [dʒénərəs]	혱 후한, 너그러운 Her generous nature makes her well-loved by everyone. 그녀의 너그러운 성격 덕분에 모든 사람들에게 사랑받는다.
0 8 4 4	**gorgeous** [gɔ́ːrdʒəs]	혱 아주 멋진, 아름다운 The actress received compliments on her gorgeous smile. 배우는 그녀의 아름다운 미소에 대한 칭찬을 받았다.
0 8 4 5	**gradual** [grǽdʒuəl]	혱 점진적인, 단계적인 Language acquisition is a gradual process, requiring patience. 언어 습득은 점진적인 과정이며, 인내를 필요로 한다.
0 8 4 6	**grateful** [gréitfəl]	혱 감사하는 (사람), 기분 좋은 (사물) She felt grateful for the support of her friends during difficult times. 그녀는 힘든 시기에 친구들의 지원에 감사했다.
0 8 4 7	**gross** [grous]	혱 총, 전체의 The company reported a gross profit increase for the fiscal year. 회사는 회계 연도에 총이익이 증가했다고 보고했다.
0 8 4 8	**guilty** [gílti]	혱 죄책감을 느끼는, 유죄의 He felt guilty for not speaking up when he witnessed the injustice. 그는 불의를 목격했을 때 말을 하지 않아서 죄책감을 느꼈다.
0 8 4 9	**harsh** [haːrʃ]	혱 혹독한, 가혹한 The judge handed down a harsh sentence to the repeat offender. 판사는 재범자에게 가혹한 형량을 선고했다.
0 8 5 0	**hostile** [hɑ́stl]	혱 적대적인 The two countries have long been hostile. 두 나라는 오랜 기간 적대적인 관계였다.

DAY 17   REVIEW & LEVEL-UP TEST   ⏰ 제한시간 7분

⊙ 괄호 안에 알맞은 단어를 고르시오.

01 Due to the accident, he was left permanently [disabled / diverse] and required a wheelchair.

02 [Domestic / Ethical] violence is a serious issue that affects many families.

03 Regular exercise is an [effective / exotic] way to maintain good health and reduce stress.

⊙ 다음 빈칸에 문맥상 적절한 단어를 고르시오.

• extinct	• finite	• false

04 Efforts are being made to prevent the African elephant from becoming _____ in the wild.

05 The witness gave a _____ statement under oath and was charged with perjury.

06 Natural resources are _____, so it's important to use them wisely and sustainably.

DAY
17

⊙ 다음 빈칸에 적절한 뜻을 쓰시오.

07 The <u>distant</u> sound of thunder hinted at an approaching storm.
_____ 들려오는 천둥소리가 다가오는 폭풍을 암시했다.

08 She has always been <u>fond</u> of animals, especially cats and dogs.
그녀는 항상 동물, 특히 고양이와 개를 _____.

09 They were <u>furious</u> at the airline for canceling their flight without prior notice.
그들은 사전 통보 없이 항공편을 취소한 항공사에 대해 _____.

[해석 ☞ 네이버 카페 '진가영 영어 연구소'에서 확인]

 정답

01 disabled	**02** Domestic	**03** effective	**04** extinct	**05** false
06 finite	**07** 멀리서	**08** 좋아했다	**09** 몹시 화났다	

DAY 18   PREVIEW & DIAGNOSIS TEST   ⏰ 제한시간 5분

01	ideal		26	lone
02	identical		27	loose
03	immediate		28	loyal
04	immense		29	magnificent
05	immune		30	marine
06	imperial		31	mature
07	incredible		32	medieval
08	independent		33	mental
09	inevitable		34	mere
10	informal		35	metropolitan
11	inherent		36	minimal
12	innocent		37	minor
13	intellectual		38	moderate
14	intense		39	moral
15	intent		40	mortal
16	intermediate		41	multiple
17	intimate		42	mutual
18	judicial		43	naive
19	keen		44	naked
20	latter		45	narrow
21	legal		46	nasty
22	likely		47	neat
23	linguistic		48	necessary
24	literal		49	negative
25	local		50	nervous

DAY 18   PREVIEW & DIAGNOSIS TEST ANSWER

01	ideal	이상적인
02	identical	동일한, 똑같은
03	immediate	즉각적인
04	immense	엄청난, 어마어마한
05	immune	면역성이 있는, 면역이 된
06	imperial	제국의, 황제의
07	incredible	믿을 수 없는
08	independent	독립적인
09	inevitable	필연적인, 불가피한
10	informal	격식에 얽매이지 않는, 편안한
11	inherent	내재하는, 본래의, 타고난
12	innocent	무죄의, 결백한
13	intellectual	지적인, 지능의
14	intense	극심한, 강렬한, 치열한
15	intent	의도, 관심을 보이는, 몰두하는
16	intermediate	중간의, 중급의
17	intimate	친밀한, 사적인
18	judicial	사법의, 재판의
19	keen	예민한, 예리한, 열심인, 열정적인
20	latter	후자의, 후반의, 마지막의
21	legal	합법적인, 법률의
22	likely	~할 것 같은, ~할 가능성이 있는
23	linguistic	언어의
24	literal	문자의, 문자 그대로의
25	local	지역의, 현지의

26	lone	혼자인, 단독의
27	loose	느슨한, 풀린, 느슨하게 하다
28	loyal	충성스러운, 충실한
29	magnificent	참으로 아름다운, 훌륭한
30	marine	해양의, 바다의, 해상의
31	mature	성숙한, 어른스러운, 성숙하다, 성숙[발달]시키다
32	medieval	중세의
33	mental	정신적인
34	mere	~에 불과한, 겨우 ~의
35	metropolitan	대도시의
36	minimal	최소의, 아주 적은
37	minor	미성년자, 부전공, 작은
38	moderate	보통의, 중간의
39	moral	도덕상의, 윤리의
40	mortal	죽을 운명의, 치명적인
41	multiple	다수의, 복합적인
42	mutual	상호간의, 서로의
43	naive	순진한, 천진난만한, 잘 속는
44	naked	벌거벗은
45	narrow	좁은, 한정된, 좁아지다
46	nasty	끔찍한, 못된
47	neat	정돈된, 깔끔한
48	necessary	필요한, 필수의
49	negative	부정적인, 음성의
50	nervous	불안해하는, 초조한

0851 ideal
[aidíːəl]

(형) 이상적인

His novel presents an ideal world where peace prevails.
그의 소설은 평화가 만연하는 이상적인 세계를 제시한다.

0852 identical
[aidéntikəl]

(형) 동일한, 똑같은

The twins looked almost identical, making it hard to tell them apart.
쌍둥이들은 거의 똑같아서 그들을 구분하기 어려웠다.

0853 immediate
[imíːdiət]

(형) 즉각적인

The company needs to take immediate action to address the issue.
회사는 문제를 해결하기 위해 즉각적인 조치를 취해야 한다.

0854 immense
[iméns]

(형) 엄청난, 어마어마한

There is a immense amount of books in the library.
도서관에는 엄청난 양의 책들이 있다.

0855 immune
[imjúːn]

(형) 면역성이 있는, 면역이 된

She remained immune to the flu.
그녀는 독감에 면역이 되어 있었다.

0856 imperial
[impíəriəl]

(형) 제국의, 황제의

The emperor's decree carried imperial authority.
황제의 법령은 제국의 권위를 지니고 있다.

0857 incredible
[inkrédəbl]

(형) 믿을 수 없는

His death was incredible.
그의 죽음은 믿을 수 없었다.

0858 independent
[ìndipéndənt]

(형) 독립적인

Independent thinking is crucial for success.
독립적인 사고는 성공에 중요하다.

0859 inevitable
[inévətəbl]

(형) 필연적인, 불가피한

Death is an inevitable part of life.
죽음은 삶의 불가피한 부분이다.

0860 informal
[infɔ́ːrməl]

(형) 격식에 얽매이지 않는, 편안한

It's a rule for the company to be informal.
그 회사는 격식에 얽매이지 않는 것이 규칙이다.

0861 inherent
[inhíərənt]

(형) 내재하는, 본래의, 타고난
Curiosity is inherent in children.
호기심은 아이들에게 내재적이다.

0862 innocent
[ínəsənt]

(형) 무죄의, 결백한
The child's laughter was innocent and pure.
아이의 웃음은 순수하고 결백했다.

0863 intellectual
[ìntəlékʧuəl]

(형) 지적인, 지능의
His intellectual curiosity knows no bounds.
그의 지적 호기심은 한계가 없다.

0864 intense
[inténs]

(형) 극심한, 강렬한, 치열한
The intense competition pushed him to his limits.
치열한 경쟁이 그를 한계까지 밀어붙였다.

0865 intent
[intént]

(명) 의도 (형) 관심을 보이는, 몰두하는
The letter was written with malicious intent.
그 편지는 악의적인 의도로 쓰여졌다.

0866 intermediate
[ìntərmíːdiət]

(형) 중간의, 중급의
The course is designed for intermediate learners.
이 강좌는 중급 학습자를 대상으로 설계되었다.

0867 intimate
[íntəmət]

(형) 친밀한, 사적인
She has a few intimate friends she trusts deeply.
그녀는 깊은 신뢰를 가지고 있는 몇몇 친밀한 친구가 있다.

0868 judicial
[dʒuːdíʃəl]

(형) 사법의, 재판의
The judicial system ensures justice is served.
사법 제도는 정의가 실현되도록 한다.

0869 keen
[kiːn]

(형) 예민한, 예리한, 열심인, 열정적인
His keen observation skills helped him solve the puzzle.
그의 예리한 관찰 능력이 퍼즐을 푸는 데 도움이 되었다.

0870 latter
[lǽtər]

(형) 후자의, 후반의, 마지막의
She considered two options, but ultimately chose the latter.
그녀는 두 가지 선택을 고려했지만 결국 후자를 선택했다.

DAY
18

0871	**legal** [líːɡəl]	형 합법적인, 법률의 The legal system ensures justice and fairness for all citizens. 법률 제도는 모든 시민에게 정의와 공정을 보장한다.
0872	**likely** [láikli]	형 ~할 것 같은, ~할 가능성이 있는 It is likely to rain later this afternoon. 오후 늦게 비가 올 가능성이 있다.
0873	**linguistic** [liŋɡwístik]	형 언어의 Linguistic skills are essential for effective communication. 언어 기술은 효과적인 소통에 필수적이다.
0874	**literal** [lítərəl]	형 문자의, 문자 그대로의 The literal translation of the poem didn't capture its poetic essence. 시의 문자 그대로의 번역은 시적 본질을 포착하지 못했다.
0875	**local** [lóukəl]	형 지역의, 현지의 The local market is a great place to find fresh produce. 현지 시장은 신선한 농산물을 찾기에 좋은 장소이다.
0876	**lone** [loun]	형 혼자인, 단독의 She was the lone survivor of the train crash. 그녀는 기차 충돌에서 혼자 살아남았다.
0877	**loose** [luːs]	형 느슨한, 풀린 동 느슨하게 하다 He wore loose clothes because he was frustrated. 그는 답답해서 느슨한 옷을 입었다.
0878	**loyal** [lóiəl]	형 충성스러운, 충실한 The company values employees who are loyal. 회사는 충실한 직원들을 중요시한다. cf royal 국왕의
0879	**magnificent** [mæɡnífəsnt]	형 참으로 아름다운, 훌륭한 The sunset sea was truly magnificent. 일몰 바다는 참으로 아름다웠다.
0880	**marine** [məríːn]	형 해양의, 바다의, 해상의 Marine pollution harms ocean ecosystems. 해양 오염이 바다 생태계에 해를 끼친다.

0881 mature
[mətjúər]
(형) 성숙한, 어른스러운 (동) 성숙하다, 성숙[발달]시키다
Her mature outlook on life impressed everyone around her.
그녀의 성숙한 삶의 태도는 주변 사람들을 감동시켰다.

0882 medieval
[mìːdiíːvəl]
(형) 중세의
Medieval literature often romanticizes chivalry and courtly love.
중세 문학은 종교성과 궁정 사랑을 로맨틱하게 표현한다.

0883 mental
[méntl]
(형) 정신적인
Meditation helps to relieve mental stress.
명상은 정신적인 스트레스를 완화시키는 데 도움이 된다.

0884 mere
[miər]
(형) ~에 불과한, 겨우 ~의
His explanation was a mere excuse for his behavior.
그의 설명은 그의 행동을 변명하는 단순한 핑계에 불과했다.

0885 metropolitan
[mètrəpálitən]
(형) 대도시의
The metropolitan city bustled with activity, day and night.
대도시는 낮과 밤을 가리지 않고 활기차게 움직였다.

0886 minimal
[mínəməl]
(형) 최소의, 아주 적은
The business trip had to be moved with minimal expenses.
출장은 최소의 경비로만 움직여야 했다.

0887 minor
[máinər]
(명) 미성년자, 부전공 (형) 작은
He played a minor part in the play.
그는 연극에서 작은 역할을 맡았다.

0888 moderate
[mádərət]
(형) 보통의, 중간의
The drug is very dangerous, even in moderate doses.
이 약은 보통의 용량으로도 매우 위험하다.

0889 moral
[mɔ́ːrəl]
(형) 도덕상의, 윤리의
He faced a moral dilemma when asked to betray his friend.
그는 친구를 배신해야 하는 도덕적 딜레마에 직면했다.

0890 mortal
[mɔ́ːrtl]
(형) 죽을 운명의, 치명적인
The man suffered from a mortal disease.
그 남자는 죽을 병에 고통스러워했다.

DAY 18

0891 multiple
[mʌ́ltəpl]

(형) 다수의, 복합적인

Multiple factors contributed to the success of the project.
다수의 요인이 프로젝트의 성공에 기여했다.

0892 mutual
[mjúːʧuəl]

(형) 상호간의, 서로의

Mutual respect is essential for maintaining healthy relationships.
상호 존중은 건강한 관계를 유지하는 데 필수적이다.

0893 naive
[naːíːv]

(형) 순진한, 천진난만한, 잘 속는

I was quite naive when I got my first job.
첫 직장에 취직했을 때 나는 좀 순진했다.

0894 naked
[néikid]

(형) 벌거벗은

The baby ran around the house naked, giggling with joy.
아기는 기쁨에 겨워 킬킬 웃으면서 벌거벗은 채로 집안을 돌아다녔다.

0895 narrow
[nǽrou]

(형) 좁은, 한정된　(동) 좁아지다

It was difficult for a person to pass through the narrow alley.
좁은 골목은 한 사람도 지나가기가 어려웠다.

0896 nasty
[nǽsti]

(형) 끔찍한, 못된

The nasty scene lingered in my memory for a long time.
그 끔찍한 장면은 오랫동안 기억에 남아 있었다.

0897 neat
[niːt]

(형) 정돈된, 깔끔한

Her desk is always neat, with everything in its proper place.
그녀의 책상은 항상 정돈되어 있고 모든 것이 제 위치에 있다.

0898 necessary
[nésəsèri]

(형) 필요한, 필수의

Oxygen is necessary for human survival.
산소는 인간의 생존에 필요하다.

0899 negative
[négətiv]

(형) 부정적인, 음성의

Despite the negative opinion, he didn't give up.
부정적인 의견에도 불구하고 그는 포기하지 않았다.

0900 nervous
[nə́ːrvəs]

(형) 불안해하는, 초조한

I'm too nervous to stand still.
나는 너무 불안해서 가만히 있을 수가 없었다.

DAY 18 REVIEW & LEVEL-UP TEST

⏱ 제한시간 7분

◎ 괄호 안에 알맞은 단어를 고르시오.

01 Children are more vulnerable to infections as their [immune / imperial] systems are still developing.

02 Curiosity is an [intense / inherent] trait in young children.

03 A timid personality, he preferred to work [lone / loyal].

◎ 다음 빈칸에 문맥상 적절한 단어를 고르시오.

| • judicial | • minimal | • intellectual |

04 His _____ capacity allowed him to grasp complex scientific theories effortlessly.

05 The _____ system ensures that laws are upheld and justice is served impartially.

06 The company operates with a _____ workforce to reduce costs.

◎ 다음 빈칸에 적절한 뜻을 쓰시오.

07 The story teaches an important <u>moral</u> lesson about honesty.
그 이야기는 정직에 관한 중요한 _____ 교훈을 가르쳐준다.

08 The two paintings were nearly <u>identical</u> in style and composition.
두 그림은 스타일과 구성에서 거의 _____.

09 The company responded with <u>immediate</u> action to address customer complaints about the faulty product.
회사는 불량 제품에 대한 고객 불만을 해결하기 위해 _____ 조치를 취했다.

DAY
18

[해석 ☞ 네이버 카페 '진가영 영어 연구소'에서 확인]

 정답

| 01 immune | 02 inherent | 03 lone | 04 intellectual | 05 judicial |
| 06 minimal | 07 도덕적 | 08 동일했다 | 09 즉각적인 | |

DAY 19 · PREVIEW & DIAGNOSIS TEST

01	neutral		26	profound
02	normal		27	prominent
03	nuclear		28	prompt
04	numerous		29	proper
05	obvious		30	racial
06	odd		31	rapid
07	ordinary		32	rare
08	organic		33	rational
09	overall		34	raw
10	pale		35	regular
11	permanent		36	relevant
12	physical		37	reluctant
13	plain		38	remote
14	polite		39	respective
15	popular		40	responsible
16	positive		41	ridiculous
17	practical		42	rude
18	precious		43	rural
19	precise		44	sacred
20	pregnant		45	scarce
21	previous		46	sensible
22	primary		47	serious
23	primitive		48	several
24	prior		49	severe
25	private		50	shallow

DAY 19 | PREVIEW & DIAGNOSIS TEST ANSWER

01	neutral	중립적인
02	normal	보통의, 평범한, 정상인
03	nuclear	핵의, 원자력의
04	numerous	많은, 다수의
05	obvious	명백한, 확실한
06	odd	이상한, 홀수의
07	ordinary	보통의, 평범한
08	organic	유기농의, 생물의
09	overall	종합적인, 전반적인, 전체의
10	pale	창백한
11	permanent	영구적인
12	physical	신체의, 물질의
13	plain	평원, 평지, 분명한, 평범한
14	polite	예의 바른, 공손한
15	popular	인기 있는, 대중적인
16	positive	긍정적인, 양성(반응)의
17	practical	현실적인, 실용적인, 타당한
18	precious	귀중한, 값비싼
19	precise	정확한, 정밀한
20	pregnant	임신한
21	previous	이전의
22	primary	주된, 주요한, 최초[초기]의
23	primitive	원시의, 태고의
24	prior	사전의, 우선하는
25	private	사유의, 사적인

26	profound	깊은, 심오한
27	prominent	유명한, 중요한, 눈에 잘 띄는
28	prompt	즉각적인, 신속한
29	proper	적절한
30	racial	인종의, 민족의
31	rapid	빠른, 신속한
32	rare	드문, 희귀한
33	rational	합리적인, 이상적인
34	raw	날것의, 가공되지 않은
35	regular	규칙적인, 정기적인, 보통의
36	relevant	관련 있는
37	reluctant	꺼리는, 마지못한
38	remote	외딴, 먼
39	respective	각자의
40	responsible	책임이 있는
41	ridiculous	웃기는, 우스꽝스러운, 터무니없는
42	rude	무례한, 예의 없는
43	rural	시골의, 지방의
44	sacred	성스러운
45	scarce	부족한, 드문
46	sensible	합리적인, 분별 있는
47	serious	진지한, 심각한
48	several	몇몇의, 여러 가지의
49	severe	극심한, 가혹한
50	shallow	얕은, 피상적인

DAY
19

0901	**neutral** [njúːtrəl]	휑 중립적인 In negotiations, it's crucial to maintain a neutral position. 협상에서는 중립적인 위치를 유지하는 것이 중요하다.
0902	**normal** [nɔ́ːrməl]	휑 보통의, 평범한, 정상인 His temperature returned to normal after a few days of rest. 그의 체온은 며칠 쉰 후 정상으로 돌아왔다.
0903	**nuclear** [njúːkliər]	휑 핵의, 원자력의 The possession of nuclear weapons is now prohibited. 핵의 보유는 지금 금지되고 있다.
0904	**numerous** [ˈnuːmərəs]	휑 많은, 다수의 The hot-tempered player received numerous warnings in the game. 다혈질 선수는 경기에서 많은 경고를 받았다.
0905	**obvious** [ɑ́bviəs]	휑 명백한, 확실한 The ending of the movie was so obvious. 그 영화의 결말은 너무나 명백했다.
0906	**odd** [ad]	휑 이상한, 홀수의 He made an odd noise when he laughed. 그는 웃을 때 이상한 소리를 냈다.
0907	**ordinary** [ɔ́ːrdənèri]	휑 보통의, 평범한 My mother wanted to live a ordinary life. 어머니는 평범한 삶을 살기를 원했다.
0908	**organic** [ɔːrgǽnik]	휑 유기농의, 생물의 She preferred to buy organic produce from the local market. 그녀는 현지 시장에서 유기농 식품을 사는 것을 선호했다.
0909	**overall** [ouˈvərɔ̀l]	휑 종합적인, 전반적인, 전체의 The overall cost was higher than expected. 전체 비용은 예상보다 높았다.
0910	**pale** [peil]	휑 창백한 She looked pale. 그녀는 창백해 보였다.

| 0911 | **permanent**
[pə́:rmənənt] | ⑱ 영구적인
The fire left a permanent scar.
그 화재로 인해 영구적인 상처가 생겼다. |

| 0912 | **physical**
[fízikəl] | ⑱ 신체의, 물질의
She was reluctant to make physical contact.
그녀는 신체 접촉을 꺼려했다. |

| 0913 | **plain**
[plein] | ⑲ 평원, 평지 ⑱ 분명한, 평범한
We made it plain that we had to leave the house.
우리는 집을 떠나야 한다는 것을 분명히 했다. |

| 0914 | **polite**
[pəláit] | ⑱ 예의 바른, 공손한
She was always polite to the elderly.
그녀는 어르신들에게 항상 예의가 있었다. |

| 0915 | **popular**
[pápjulər] | ⑱ 인기 있는, 대중적인
The teacher was popular with the students.
선생님은 학생들에게 인기가 있었다. |

| 0916 | **positive**
[pázətiv] | ⑱ 긍정적인, 양성(반응)의
A positive attitude can overcome difficulties.
긍정적인 태도는 어려움을 극복할 수 있다. |

| 0917 | **practical**
[prǽktikəl] | ⑱ 현실적인, 실용적인, 타당한
The tool sold well because it was practical.
그 도구는 실용적이어서 잘 팔렸다. |

| 0918 | **precious**
[préʃəs] | ⑱ 귀중한, 값비싼
Nothing is more precious than human life.
인간의 생명보다 귀중한 것은 없다. |

| 0919 | **precise**
[prisáis] | ⑱ 정확한, 정밀한
Precise details need further discussion.
정확한 세부 사항은 추가 논의가 필요하다. |

| 0920 | **pregnant**
[prégnənt] | ⑱ 임신한
Pregnant women should always move carefully.
임신한 여성들은 항상 조심하게 움직여야 한다. |

DAY
19

0921
previous
[príːviəs]

(형) 이전의

My previous job was better.
이전의 직장이 더 좋았다.

0922
primary
[práimeri]

(형) 주된, 주요한, 최초[초기]의

The primary goal of this project is to persuade people.
이 프로젝트의 주요 목표는 사람들을 설득하는 것이다.

0923
primitive
[prímətiv]

(형) 원시의, 태고의

Primitive societies often relied on agriculture.
원시 사회는 종종 농업에 의존했다.

0924
prior
[práiər]

(형) 사전의, 우선하는

You must have prior approval before starting the project.
프로젝트를 시작하기 전에 사전 승인을 받아야 한다.

0925
private
[práivət]

(형) 사유의, 사적인

The company values private customer information.
회사는 고객의 사적인 정보를 중요하게 생각한다.

0926
profound
[prəfáund]

(형) 깊은, 심오한

She has a profound understanding of philosophy.
그녀는 철학에 대한 깊은 이해를 가지고 있다.

0927
prominent
[prɑ́mənənt]

(형) 유명한, 중요한, 눈에 잘 띄는

He is a prominent lawyer in the city.
그는 그 도시에서 유명한 변호사이다.

0928
prompt
[prɑːmpt]

(형) 즉각적인, 신속한

His prompt action prevented the accident.
그의 신속한 행동이 사고를 예방했다.

0929
proper
[prɑ́pər]

(형) 적절한

It's important to have a proper diet for good health.
좋은 건강을 위해서는 적절한 식단이 중요하다.

0930
racial
[réiʃəl]

(형) 인종의, 민족의

The organization works to promote racial equality.
그 조직은 인종 평등을 촉진하기 위해 노력한다.

0931 rapid
[rǽpid]

(형) 빠른, 신속한

The rapid growth of technology is changing our world.
기술의 빠른 성장은 우리의 세상을 변화시키고 있다.

0932 rare
[rɛər]

(형) 드문, 희귀한

A rare species of bird was spotted in the forest.
숲에서 드문 종류의 새가 발견되었다.

0933 rational
[rǽʃənl]

(형) 합리적인, 이상적인

She provided a rational explanation for her actions.
그녀는 자신의 행동에 대한 합리적인 설명을 제공했다.

0934 raw
[rɔː]

(형) 날것의, 가공되지 않은

Be careful when handling raw meat to avoid contamination.
오염을 피하기 위해 날것의 고기를 다룰 때 주의하세요.

0935 regular
[régjulər]

(형) 규칙적인, 정기적인, 보통의

The train service has regular intervals throughout the day.
그 기차 서비스는 하루 종일 정기적인 간격으로 운행된다.

0936 relevant
[rélэvэnt]

(형) 관련 있는

Please provide relevant examples to clarify your point.
당신의 주장을 명확히 하기 위해 관련 있는 예를 제공해 주세요.

0937 reluctant
[rilʌ́ktэnt]

(형) 꺼리는, 마지못한

He was reluctant to accept the new job offer.
그는 새로운 직업 제안을 받아들이는 것을 꺼려했다.

0938 remote
[rimóut]

(형) 외딴, 먼

They live in a remote village far from the city.
그들은 도시에서 멀리 떨어진 외딴 마을에 산다.

0939 respective
[rispéktiv]

(형) 각자의

They returned to their respective homes after the party.
그들은 파티 후 각자의 집으로 돌아갔다.

0940 responsible
[rispʌ́nsэbl]

(형) 책임이 있는

Parents are responsible for their children's education.
부모는 자녀의 교육에 책임이 있다.

DAY
19

0941 ridiculous
[ridíkjuləs]

혱 웃기는, 우스꽝스러운, 터무니없는
The prices at that store are absolutely ridiculous.
그 가게의 가격은 정말 터무니없다.

0942 rude
[ruːd]

혱 무례한, 예의 없는
It is rude to interrupt someone while they are speaking.
누군가가 말하고 있을 때 방해하는 것은 무례하다.

0943 rural
[rúərəl]

혱 시골의, 지방의
The rural community relies heavily on agriculture.
그 시골 공동체는 농업에 크게 의존한다.

0944 sacred
[séikrid]

혱 성스러운
The temple is considered a sacred place by the locals.
그 사원은 현지인들에 의해 성스러운 장소로 간주된다.

0945 scarce
[skɛərs]

혱 부족한, 드문
Good job opportunities are scarce in this rural area.
이 시골 지역에서는 좋은 직업 기회가 부족하다.

0946 sensible
[sénsəbl]

혱 합리적인, 분별 있는
It's sensible to check the weather before planning a trip.
여행을 계획하기 전에 날씨를 확인하는 것이 합리적이다.

0947 serious
[síəriəs]

혱 진지한, 심각한
The doctor warned that the injury was quite serious.
의사는 그 부상이 상당히 심각하다고 경고했다.

0948 several
[sévərəl]

혱 몇몇의, 여러 가지의
He has several friends who live in different countries.
그는 여러 나라에 사는 몇몇의 친구들이 있다.

0949 severe
[sivíər]

혱 극심한, 가혹한
He suffered from severe pain after the surgery.
그는 수술 후 극심한 통증을 겪었다.

0950 shallow
[ʃǽlou]

혱 얕은, 피상적인
The conversation was shallow and lacked depth.
대화는 얕았고 깊이가 부족했다.

DAY 19 | REVIEW & LEVEL-UP TEST

🕐 제한시간 7분

◎ 괄호 안에 알맞은 단어를 고르시오.

01 The singer released a [popular / permanent] song that topped the charts for weeks.

02 Time with family is more [primitive / precious] than anything else.

03 [Pregnant / Profound] women should avoid certain foods to ensure the baby's health.

◎ 다음 빈칸에 문맥상 적절한 단어를 고르시오.

• ordinary	• prompt	• pale

04 The online diary is meant to be a record of the events of _____ day.

05 His face turned _____ when he heard the bad news.

06 The _____ arrival of the ambulance saved the injured person's life.

◎ 다음 빈칸에 적절한 뜻을 쓰시오.

07 She played a <u>prominent</u> role in the company's success.
그녀는 회사의 성공에 _____ 역할을 했다.

08 The scientist discovered a <u>rare</u> species of butterfly.
그 과학자는 _____ 나비 종을 발견했다.

09 He was <u>reluctant</u> to admit that he had made a mistake.
그는 자신이 실수를 저질렀다고 인정하기를 _____.

DAY
19

[해석 ☞ 네이버 카페 '진가영 영어 연구소'에서 확인]

 정답

01 popular	**02** precious	**03** Pregnant	**04** ordinary	**05** pale
06 prompt	**07** 중요한	**08** 희귀한	**09** 꺼려했다	

DAY 20 | PREVIEW & DIAGNOSIS TEST

제한시간 5분

01	significant	_____	26	tender	_____
02	silent	_____	27	terrible	_____
03	silly	_____	28	terrific	_____
04	similar	_____	29	thorough	_____
05	simultaneous	_____	30	tough	_____
06	smooth	_____	31	toxic	_____
07	social	_____	32	tragic	_____
08	sole	_____	33	tremendous	_____
09	sophisticated	_____	34	typical	_____
10	sore	_____	35	ultimate	_____
11	spare	_____	36	unique	_____
12	specific	_____	37	urban	_____
13	steady	_____	38	urgent	_____
14	steep	_____	39	vague	_____
15	stiff	_____	40	valid	_____
16	strict	_____	41	vast	_____
17	subjective	_____	42	verbal	_____
18	substantial	_____	43	vertical	_____
19	subtle	_____	44	vigorous	_____
20	sudden	_____	45	violent	_____
21	sufficient	_____	46	virtual	_____
22	superb	_____	47	vital	_____
23	superior	_____	48	voluntary	_____
24	swift	_____	49	weird	_____
25	temporary	_____	50	wicked	_____

DAY 20 PREVIEW & DIAGNOSIS TEST ANSWER

01	significant	중요한, 중대한, 의미심장한
02	silent	침묵의, 말을 안 하는
03	silly	어리석은, 바보 같은
04	similar	비슷한, 유사한
05	simultaneous	동시의, 동시에 일어나는
06	smooth	매끈한, 잔잔한
07	social	사회의, 사교적인
08	sole	단독의, 유일한, 하나의
09	sophisticated	정교한, 세련된, 복잡한
10	sore	아픈, 쓰라린
11	spare	여분의, 남는
12	specific	구체적인, 특정한, 명확한
13	steady	꾸준한, 한결같은
14	steep	가파른, 급격한
15	stiff	뻣뻣한
16	strict	엄격한
17	subjective	주관적인
18	substantial	상당한, 견고한, 실체의
19	subtle	미묘한, 교묘한
20	sudden	갑작스러운
21	sufficient	충분한
22	superb	최상의, 최고의
23	superior	상관, 우수한, 상급의
24	swift	신속한, 재빠른
25	temporary	임시의, 일시적인

26	tender	상냥한, 다정한, 연한
27	terrible	끔찍한, 지독한
28	terrific	멋진, 훌륭한
29	thorough	철저한, 빈틈없는
30	tough	힘든, 엄한
31	toxic	유독성의
32	tragic	비극적인
33	tremendous	엄청난, 굉장한
34	typical	전형적인, 대표적인, 일반적인
35	ultimate	궁극적인, 최후[최종]의
36	unique	독특한, 유일(무이)한
37	urban	도시의
38	urgent	긴급한
39	vague	모호한, 희미한
40	valid	유효한, 타당한
41	vast	어마어마한, 막대한
42	verbal	언어의, 구두의
43	vertical	수직의, 세로의
44	vigorous	활발한, 활기찬
45	violent	폭력적인, 격렬한
46	virtual	사실상의, 가상의
47	vital	필수적인, 생명의
48	voluntary	자발적인
49	weird	기이한, 기괴한
50	wicked	사악한, 못된

DAY

20

0951 significant
[signífikənt]

(형) 중요한, 중대한, 의미심장한
It has made a significant contribution to fundraising activities.
모금 활동에 중대한 기여를 했다.

0952 silent
[sáilənt]

(형) 침묵의, 말을 안 하는
The room was silent after the announcement was made.
발표가 끝난 후 방은 조용했다.

0953 silly
[síli]

(형) 어리석은, 바보 같은
It was a silly mistake to forget my keys at home.
집에 열쇠를 두고 오는 것은 어리석은 실수였다.

0954 similar
[símələr]

(형) 비슷한, 유사한
The twins have similar tastes in music.
쌍둥이는 음악 취향이 비슷하다.

0955 simultaneous
[sàiməltéiniəs]

(형) 동시의, 동시에 일어나는
The meeting conducted simultaneous interpretation.
그 회의는 동시 통역을 진행했다.

0956 smooth
[smuːð]

(형) 매끈한, 잔잔한
The surface of the table is very smooth and polished.
그 테이블 표면은 매우 매끈하고 광택이 난다.

0957 social
[sóuʃəl]

(형) 사회의, 사교적인
Social skills are important for building strong relationships.
사회적 기술은 강한 관계를 구축하는 데 중요하다.

0958 sole
[soul]

(형) 단독의, 유일한, 하나의
He is the sole owner of the company.
그는 그 회사의 유일한 소유주이다.

0959 sophisticated
[səfístəkèitid]

(형) 정교한, 세련된, 복잡한
She admired the sophisticated design of the new car.
그녀는 새 차의 정교한 디자인을 감탄했다.

0960 sore
[sɔːr]

(형) 아픈, 쓰라린
Wearing new shoes often makes my feet sore.
새 신발을 신으면 종종 발이 아프다.

0961 spare
[spɛər]
(형) 여분의, 남는
He kept a spare tire in the trunk of his car.
그는 차 트렁크에 여분의 타이어를 보관했다.

0962 specific
[spisífik]
(형) 구체적인, 특정한, 명확한
The doctor gave him a specific diet to follow for his condition.
의사는 그의 상태를 위해 구체적인 식단을 제시했다.

0963 steady
[stédi]
(형) 꾸준한, 한결같은
He maintained a steady pace while running the marathon.
그는 마라톤을 달릴 때 꾸준한 속도를 유지했다.

0964 steep
[sti:p]
(형) 가파른, 급격한
She took a deep breath and climbed the steep staircase.
그녀는 깊게 숨을 들이쉬고 가파른 계단을 올랐다.

0965 stiff
[stif]
(형) 뻣뻣한
His muscles are stiff from sitting at the desk all day.
그는 하루 종일 책상에 앉아 있어서 근육이 뻣뻣하다.

0966 strict
[strikt]
(형) 엄격한
Her parents are very strict about her curfew.
그녀의 부모님은 그녀의 통금 시간에 대해 매우 엄격하다.

0967 subjective
[səbdʒéktiv]
(형) 주관적인
Her evaluation of the music was quite subjective.
그녀의 음악 평가가 꽤 주관적이었다.

0968 substantial
[səbstǽnʃəl]
(형) 상당한, 견고한, 실체의
She received a substantial amount of money as a bonus.
그녀는 보너스로 상당한 금액을 받았다.

0969 subtle
[sʌtl]
(형) 미묘한, 교묘한
I decided to use a more subtle way to succeed.
나는 성공하기 위해 더 교묘한 방법을 사용하기로 결정했다.

0970 sudden
[sʌdn]
(형) 갑작스러운
There was a sudden storm that caught everyone by surprise.
갑작스러운 폭풍이 모든 사람을 놀라게 했다.

DAY
20

0 9 7 1 **sufficient**
[səfíʃənt]

톙 충분한
Make sure you get sufficient rest before the exam.
시험 전에 충분한 휴식을 취하도록 하세요.

0 9 7 2 **superb**
[supə́:rb]

톙 최상의, 최고의
The chef prepared a superb meal for the guests.
그 셰프는 손님들을 위해 최고의 식사를 준비했다.

0 9 7 3 **superior**
[səpíəriər]

톙 상관 톙 우수한, 상급의
The product is superior to other products.
그 제품은 다른 제품들보다 우수하다.

0 9 7 4 **swift**
[swift]

톙 신속한, 재빠른
The police issued a swift response to the emergency situation.
경찰은 긴급 상황에 신속하게 대응했다.

0 9 7 5 **temporary**
[témpərèri]

톙 임시의, 일시적인
Right now, a temporary solution is needed.
지금은 임시적인 해결책이 필요하다.

0 9 7 6 **tender**
[téndər]

톙 상냥한, 다정한, 연한
Tender meat is easy for even the elderly to chew.
연한 고기는 노인들도 씹기 쉽다.

0 9 7 7 **terrible**
[térəbl]

톙 끔찍한, 지독한
He had a terrible headache all day.
그는 하루 종일 끔찍한 두통을 겪었다.

0 9 7 8 **terrific**
[tərífik]

톙 멋진, 훌륭한
She gave a terrific performance in the school play.
그녀는 학교 연극에서 멋진 공연을 했다.

0 9 7 9 **thorough**
[θə́:rou]

톙 철저한, 빈틈없는
The police conducted a thorough investigation into the incident.
경찰은 그 사건에 대해 철저한 조사를 했다.

0 9 8 0 **tough**
[tʌf]

톙 힘든, 엄한
The hike was tough, but the view from the top was worth it.
등산은 힘들었지만 정상에서 본 경치는 가치가 있었다.
cf rough 거친

0981 toxic
[táksik]

형 유독성의

The chemical is very toxic, so you have to be careful.
그 화학 물질은 독성이 매우 강해서 당신은 주의해야 한다.

0982 tragic
[trǽdʒik]

형 비극적인

She shared a tragic story of losing her home in the fire.
그녀는 화재로 그녀의 집을 잃은 비극적인 이야기를 나눴다.

0983 tremendous
[triméndəs]

형 엄청난, 굉장한

The new policy had a tremendous impact on the economy.
새 정책은 경제에 엄청난 영향을 미쳤다.

0984 typical
[típikəl]

형 전형적인, 대표적인, 일반적인

It's typical for him to arrive late to meetings.
그가 회의에 늦게 도착하는 것은 일반적이다.

0985 ultimate
[ʌ́ltəmət]

형 궁극적인, 최후[최종]의

Winning the championship was the ultimate goal of the team.
챔피언십 우승이 팀의 궁극적인 목표였다.

0986 unique
[juːníːk]

형 독특한, 유일(무이)한

His approach to solving problems is quite unique.
그의 문제 해결 접근 방식은 꽤 독특하다.

0987 urban
[ə́ːrbən]

형 도시의

Urban areas often face challenges related to traffic congestion.
도시 지역은 종종 교통 혼잡과 관련된 문제에 직면한다.

0988 urgent
[ə́ːrdʒənt]

형 긴급한

She sent an urgent message requesting immediate assistance.
그녀는 즉각적인 도움이 필요한 긴급 메시지를 보냈다.

0989 vague
[veig]

형 모호한, 희미한

His memory of the event was vague and unclear.
그 사건에 대한 그의 기억은 모호하고 불분명했다.

0990 valid
[vǽlid]

형 유효한, 타당한

The ticket is only valid for one day.
그 티켓은 하루 동안만 유효하다.

DAY
20

0991	**vast** [væst]	휑 어마어마한, 막대한 The company has made a vast profit this quarter. 그 회사는 이번 분기에 막대한 이익을 올렸다.
0992	**verbal** [vɔ́:rbəl]	휑 언어의, 구두의 She received a verbal warning about her behavior at work. 그녀는 직장에서 행동에 대한 구두 경고를 받았다.
0993	**vertical** [vɔ́:rtikəl]	휑 수직의, 세로의 The climber ascended the vertical cliff with great skill. 그 등반가는 매우 능숙하게 수직 절벽을 올랐다.
0994	**vigorous** [vígərəs]	휑 활발한, 활기찬 She took a vigorous walk every morning to stay fit. 그녀는 건강을 유지하기 위해 매일 아침 활발하게 산책했다.
0995	**violent** [váiələnt]	휑 폭력적인, 격렬한 The city experienced a violent storm last night. 그 도시는 어젯밤에 격렬한 폭풍을 경험했다.
0996	**virtual** [vɔ́:rtʃuəl]	휑 사실상의, 가상의 The museum offers virtual tours online. 박물관은 온라인으로 가상 투어를 제공한다.
0997	**vital** [váitl]	휑 필수적인, 생명의 Water is vital for all living things. 물은 모든 생명체에 필수적이다.
0998	**voluntary** [váləntèri]	휑 자발적인 Donations must be voluntary, not compulsory. 기부는 강제가 아닌 자발적이어야 한다.
0999	**weird** [wiərd]	휑 기이한, 기괴한 He began to make weird noises. 그는 기괴한 소리를 내기 시작했다.
1000	**wicked** [wíkid]	휑 사악한, 못된 He played an wicked role in this movie. 그는 이번 영화에서 사악한 역할을 맡았다.

DAY 20 REVIEW & LEVEL-UP TEST

제한시간 7분

◎ 괄호 안에 알맞은 단어를 고르시오.

01 Interpreting art can be highly [subjective / superb], as everyone perceives it differently.

02 The [superior / sudden] appearance of a deer on the road caused the driver to brake abruptly.

03 The patient was rushed to the hospital due to an [urban / urgent] medical condition.

◎ 다음 빈칸에 문맥상 적절한 단어를 고르시오.

• toxic	• spare	• vague

04 She always carries a _____ umbrella in case it rains unexpectedly.

05 Exposure to _____ chemicals can have long-term health effects.

06 Her instructions were _____, so I wasn't sure what she wanted me to do.

◎ 다음 빈칸에 적절한 뜻을 쓰시오.

07 The two brothers have <u>similar</u> interests in sports.
두 형제는 스포츠에 대해 _____ 관심을 가지고 있다.

08 The company has <u>strict</u> guidelines for handling confidential information.
그 회사는 기밀 정보 처리에 대한 _____ 지침을 가지고 있다.

09 Witnesses described a <u>violent</u> scene after the car accident.
목격자들은 차 사고 후의 _____ 장면을 묘사했다.

DAY

20

[해석 ☞ 네이버 카페 '진가영 영어 연구소'에서 확인]

 정답

01 subjective	**02** sudden	**03** urgent	**04** spare	**05** toxic
06 vague	**07** 비슷한	**08** 엄격한	**09** 폭력적인	

New Trend
단기합격 길라잡이

진가영 영어
단기합격 VOCA

진가영 영어연구소 | cafe.naver.com/easyenglish7

02

공무원 핵심 어휘

DAY 21 | PREVIEW & DIAGNOSIS TEST

⏰ 제한시간 5분

01 abuse	26 boost
02 access	27 border
03 accord	28 bother
04 account	29 broadcast
05 advance	30 bully
06 alert	31 bump
07 alien	32 burden
08 ally	33 burst
09 amount	34 capture
10 approach	35 cause
11 arrest	36 censor
12 assault	37 chase
13 attack	38 chemical
14 attempt	39 clash
15 balance	40 classic
16 bar	41 cluster
17 bet	42 combat
18 bias	43 comment
19 blame	44 commission
20 blast	45 complete
21 blend	46 complex
22 blossom	47 conflict
23 blow	48 contract
24 bond	49 contrast
25 boom	50 convert

DAY 21 | PREVIEW & DIAGNOSIS TEST ANSWER

01	abuse	남용, 학대, 남용하다, 학대하다
02	access	접근, 접근하다
03	accord	합의, 부여하다, 부합하다
04	account	설명, 계좌, 간주하다, 여기다
05	advance	전진, 발전, 전진하다, 나아가다
06	alert	경보, 빈틈없는, 경계하는
07	alien	외계인, 이방인, 외국의, 외래의
08	ally	동맹국, 협력자,
		동맹[연합, 제휴]하다
09	amount	양, 액수, (얼마만큼) 되다, 달하다
10	approach	접근, 접근법,
		다가가다, 접근하다
11	arrest	체포, 체포하다
12	assault	공격, 폭행, 폭행하다
13	attack	공격, 공격하다
14	attempt	시도, 시도하다
15	balance	균형, 잔고, 잔액,
		균형을 유지하다
16	bar	술집, 막대기, 봉, 막다, 금지하다
17	bet	내기, 내기를 하다
18	bias	편향, 편견, 편견을 갖게 하다
19	blame	책임, 비난, 탓하다, 비난하다
20	blast	돌풍, 폭발, 폭발시키다
21	blend	혼합, 조합, 섞다
22	blossom	꽃, 개화, 꽃이 피다, 번영하다
23	blow	강타, 충격, 불다, 날리다
24	bond	유대, 결속, 접착하다
25	boom	붐, 호황, 호황을 맞다
26	boost	격려, 힘, 북돋우다, 밀어 올리다
27	border	가장자리, 국경, (국경을) 접하다

28	bother	성가심, 귀찮게 하다, 괴롭히다
29	broadcast	방송, 방송하다
30	bully	괴롭히는 사람, 괴롭히다
31	bump	쿵 소리, 혹, 부딪치다
32	burden	부담, 짐[부담]을 지우다
33	burst	쏟음, 파열, 터지다, 파열하다
34	capture	포획, 구금, 사로잡다, 포획하다
35	cause	원인, 이유, 유발하다, 야기하다
36	censor	검열관, 감찰관, 검열하다
37	chase	추적, 추격, 뒤쫓다
38	chemical	화학 물질, 화학의
39	clash	충돌, 충돌하다, 맞붙다
40	classic	고전, 명작,
		일류의, 전형적인, 고전적인
41	cluster	무리, 군집, 무리를 이루다
42	combat	전투, 싸움, 싸우다
43	comment	논평, 언급,
		논평하다, 견해를 밝히다
44	commission	위원회, 위원단, 수수료,
		의뢰[주문]하다, 위임하다
45	complete	완전한, 완벽한,
		완료하다, 마치다
46	complex	단지, 복합 건물, 복잡한
47	conflict	갈등, 상충하다
48	contract	계약, 계약하다,
		수축하다, 병에 걸리다
49	contrast	대조, 차이,
		대조하다, 차이를 보이다
50	convert	전환자, 개종자, 전환시키다

abuse
1001
[əbjúːz]

(명) 남용, 학대 (동) 남용하다, 학대하다
Verbal abuse can be just as damaging as physical abuse.
언어적 학대는 신체적 학대만큼이나 해로울 수 있다.

access
1002
[ǽkses]

(명) 접근 (동) 접근하다
The app allows users to access their accounts from anywhere in the world.
그 앱은 사용자들이 전 세계 어디서나 계정에 접근할 수 있도록 해준다.

accord
1003
[əkɔ́ːrd]

(명) 합의 (동) 부여하다, 부합하다
His actions were not in accord with the company's policies.
그의 행동은 회사 정책과 부합하지 않았다.

account
1004
[əkáunt]

(명) 설명, 계좌 (동) 간주하다, 여기다
The accountant was responsible for managing the company's financial accounts.
그 회계사는 회사의 재무 계좌를 관리하는 책임이 있었다.

advance
1005
[ædvǽns]

(명) 전진, 발전 (동) 전진하다, 나아가다
The scientists made a significant advance in cancer research.
과학자들은 암 연구에서 중요한 진전을 이루었다.

alert
1006
[əlɔ́ːrt]

(명) 경보 (형) 빈틈없는, 경계하는
The weather center issued an alert for severe thunderstorms in the area.
기상청은 그 지역에 심한 뇌우 경보를 발령했다.

alien
1007
[éiljən]

(명) 외계인, 이방인 (형) 외국의, 외래의
He felt like an alien in his own country after living abroad for many years.
그는 오랜 해외 생활 후 고국에서 이방인처럼 느꼈다.

ally
1008
[əlái]

(명) 동맹국, 협력자 (동) 동맹[연합, 제휴]하다
The two countries decided to ally against their common enemy.
두 나라는 공통의 적에 맞서 동맹을 맺기로 결정했다.

amount
1009
[əmáunt]

명 양, 액수 동 (얼마만큼) 되다, 달하다

She measured the exact amount of flour needed for the recipe.
그녀는 레시피에 필요한 정확한 밀가루 양을 측정했다.

approach
1010
[əpróutʃ]

명 접근, 접근법 동 다가가다, 접근하다

The problem was not solved, so I approached it in a different way.
문제가 해결되지 않아 나는 다른 방법으로 접근했다.

arrest
1011
[ərést]

명 체포 동 체포하다

He was arrested for driving under the influence of alcohol.
그는 술에 취한 상태로 운전한 혐의로 체포되었다.

assault
1012
[əsɔ́ːlt]

명 공격, 폭행 동 폭행하다

Assault against healthcare workers is considered a serious offense.
의료진에 대한 폭행은 심각한 범죄로 간주된다.

attack
1013
[ətǽk]

명 공격 동 공격하다

She survived a vicious shark attack while surfing.
그녀는 서핑 중 잔인한 상어 공격을 견뎌냈다.

attempt
1014
[ətémpt]

명 시도 동 시도하다

The suspect was arrested for attempting to rob the bank.
용의자는 은행을 털려고 시도한 혐의로 체포되었다.

balance
1015
[bǽləns]

명 균형, 잔고, 잔액 동 균형을 유지하다

Finding a balance between savings and spending is crucial for financial stability.
저축과 소비 사이의 균형을 찾는 것은 재정 안정을 위해 중요하다.

1016 bar
[baːr]

몡 술집, 막대기, 봉 통 막다, 금지하다
They bar access to the beach after sunset for safety reasons.
그들은 안전상의 이유로 저녁 이후에는 해변 접근을 막는다.

1017 bet
[bet]

몡 내기 통 내기를 하다
He is betting on the result.
그는 결과를 놓고 내기를 하고 있다.

1018 bias
[báiəs]

몡 편향, 편견 통 편견을 갖게 하다
Her political bias influenced her decision on the matter.
그녀의 정치적 편견이 그 문제에 대한 그녀의 결정에 영향을 미쳤다.

1019 blame
[bleim]

몡 책임, 비난 통 탓하다, 비난하다
He accepted full blame for the misunderstanding.
그는 오해에 대한 모든 책임을 받아들였다.

1020 blast
[blæst]

몡 돌풍, 폭발 통 폭발시키다
More than 30 people were killed and injured in the major blast.
대규모 폭발로 30명 이상이 사망하고 다쳤다.

1021 blend
[blend]

몡 혼합, 조합 통 섞다
Their music is a blend of jazz and classical influences.
그들의 음악은 재즈와 클래식 영향을 혼합한 것이다.
cf bland 단조로운, 재미없는, 부드러운, 온화한

1022 blossom
[blásəm]

몡 꽃, 개화 통 꽃이 피다, 번영하다
The rose trees blossom in April.
장미나무는 4월에 꽃이 핀다.

1023
blow
[blou]

몡 강타, 충격 통 불다, 날리다

There was a strong wind blowing from the north east.
북동쪽에서 강한 바람이 불어오고 있었다.

1024
bond
[band]

몡 유대, 결속 통 접착하다

The brothers and sisters formed a strong bond.
형제 자매는 끈끈한 유대감을 형성했다.

1025
boom
[bu:m]

몡 붐, 호황 통 호황을 맞다

The construction industry is experiencing a boom due to increased demand for housing.
주택 수요 증가로 건설 산업이 번창하고 있다.

1026
boost
[bu:st]

몡 격려, 힘 통 북돋우다, 밀어 올리다

Getting the job greatly boosted his self-esteem.
직업을 얻는 것은 그의 자존감을 크게 북돋우었다.

1027
border
[bɔ́:rdər]

몡 가장자리, 국경 통 (국경을) 접하다

They crossed the border illegally.
그들은 불법으로 국경을 넘었다.

1028
bother
[báðər]

몡 성가심 통 귀찮게 하다, 괴롭히다

He didn't want to bother his parents with his financial troubles.
그는 자신의 재정 문제로 부모님을 귀찮게 하고 싶지 않았다.

1029
broadcast
[brɔ́:dkæst]

몡 방송 통 방송하다

The government broadcasted emergency alerts to residents in the affected areas.
정부는 피해 지역 주민들에게 비상 경보를 방송했다.

1030 bully
[búli]

명 괴롭히는 사람 통 괴롭히다

It shouldn't be to bully friends in school.
학교에서 친구들을 괴롭히는 것이 있어서는 안 된다.

1031 bump
[bʌmp]

명 쿵 소리, 혹 통 부딪치다

She accidentally bumped her head on the low doorway.
그녀는 낮은 문통에 머리를 실수로 부딪쳤다.

1032 burden
[bə́:rdn]

명 부담 통 짐[부담]을 지우다

He felt burdened by the responsibility of managing the project.
그는 프로젝트를 관리하는 책임감으로 인해 부담을 느꼈다.

1033 burst
[bə:rst]

명 쏟음, 파열 통 터지다, 파열하다

The balloon suddenly burst, startling everyone in the room.
풍선이 갑자기 터져서 방 안의 모든 사람들을 깜짝 놀라게 했다.

1034 capture
[kǽptʃər]

명 포획, 구금 통 사로잡다, 포획하다

His speech captured the audience's attention from beginning to end.
그의 연설은 처음부터 끝까지 청중의 관심을 사로잡았다.

1035 cause
[kɔ:z]

명 원인, 이유 통 유발하다, 야기하다

Smoking can cause serious health problems, including lung cancer.
흡연은 폐암을 포함한 심각한 건강 문제를 유발할 수 있다.

1036 censor
[sénsər]

명 검열관, 감찰관 통 검열하다

The government censors certain content on the internet.
정부는 인터넷에서 특정 내용을 검열한다.

chase
1037
[tʃeis]

(명) 추적, 추격　(동) 뒤쫓다

The police chased the suspect through the streets.
경찰은 용의자를 뒤쫓아 거리를 돌아다녔다.

chemical
1038
[kémikəl]

(명) 화학 물질　(형) 화학의

Exposure to certain chemicals can be harmful to your health.
특정 화학 물질에 노출되는 것은 건강에 해로울 수 있다.

clash
1039
[klæʃ]

(명) 충돌　(동) 충돌하다, 맞붙다

The clash of cultures led to misunderstandings and tensions.
문화의 충돌이 오해와 긴장을 야기했다.

classic
1040
[klǽsik]

(명) 고전, 명작　(형) 일류의, 전형적인, 고전적인

"Pride and Prejudice" is considered a classic novel by Jane Austen.
"오만과 편견"은 Jane Austen의 고전 소설로 평가받고 있다.

cluster
1041
[klʌstər]

(명) 무리, 군집　(동) 무리를 이루다

The city had a cluster of skyscrapers in its downtown area.
그 도시는 시내 지역에 초고층 빌딩 무리가 있었다.

combat
1042
[kəmbǽt]

(명) 전투, 싸움　(동) 싸우다

The government launched a campaign to combat illegal drug trafficking.
정부는 불법 마약 밀거래와 싸우기 위한 캠페인을 시작했다.

comment
1043
[kάment]

(명) 논평, 언급　(동) 논평하다, 견해를 밝히다

Please refrain from making negative comments during the meeting.
회의 중에는 부정적인 언급을 삼가주시기 바랍니다.

1044 **commission**
[kəmíʃən]

(명) 위원회, 위원단, 수수료 (통) 의뢰[주문]하다, 위임하다

The government set up a commission to investigate the corruption allegations.
정부는 부패 의혹을 조사하기 위해 위원회를 설립했다.

1045 **complete**
[kəmplíːt]

(형) 완전한, 완벽한 (통) 완료하다, 마치다

The team needs your help to complete the project on time.
팀은 프로젝트를 제시간에 완료하기 위해 당신의 도움이 필요하다.

1046 **complex**
[kəmpléks]

(명) 단지, 복합 건물 (형) 복잡한

He enjoys solving complex mathematical problems in his spare time.
그는 여가 시간에 복잡한 수학 문제를 푸는 것을 즐긴다.
(유) 복잡한 complicated, convoluted, intricate

1047 **conflict**
[kənflíkt]

(명) 갈등 (통) 상충하다

There was a conflict between two rival gangs over territory.
두 라이벌 갱단 사이에 영토를 두고 충돌이 있었다.

1048 **contract**
[kənˊtrækt]

(명) 계약 (통) 계약하다, 수축하다, 병에 걸리다

He reviewed the contract carefully before agreeing to its terms.
그는 계약 조건에 동의하기 전에 계약서를 주의 깊게 검토했다.
(유) 병에 걸리다 develop, catch, come[go] down with

1049 **contrast**
[kəntrǽst]

(명) 대조, 차이 (통) 대조하다, 차이를 보이다

The contrast between the old and new buildings in the city was striking.
그 도시의 오래된 건물과 새 건물 사이의 대조가 두드러졌다.

1050 **convert**
[kənvóːrt]

(명) 전환자, 개종자 (통) 전환시키다

In 10 years, most cars will be converted to electric vehicles.
10년 안에, 대부분의 자동차가 전기 자동차로 전환될 것이다.

DAY 21 REVIEW & LEVEL-UP TEST ⏰ 제한시간 7분

◉ 괄호 안에 알맞은 단어를 고르시오.

01 Animal [abuse / account] is a serious crime that can result in significant fines and imprisonment.

02 He was charged with [alien / assault] after attacking a stranger on the street.

03 The journalist was accused of showing [bias / blossom] in their reporting on the political issue.

◉ 다음 빈칸에 문맥상 적절한 단어를 고르시오.

• balance	• chemical	• arrest

04 The new evidence led to the _____ of the main suspect in the murder case.

05 Yoga helps improve flexibility and _____.

06 The _____ reaction between the two substances produced a colorful gas.

◉ 다음 빈칸에 적절한 뜻을 쓰시오.

07 The noise from the construction site <u>bothered</u> the residents.
건설 현장에서 나오는 소음이 주민들을 _____.

08 Soldiers undergo intense training to prepare for <u>combat</u> situations.
군인들은 _____ 상황에 대비하기 위해 강도 높은 훈련을 받는다.

09 They signed a <u>contract</u> to purchase the house.
그들은 집을 구매하기 위해 _____을 체결했다.

[해석 ☞ 네이버 카페 '진가영 영어 연구소'에서 확인]

단기합격 길라잡이 진가영 영어

DAY 22 | PREVIEW & DIAGNOSIS TEST ⏰ 제한시간 5분

01 coordinate _____   26 envy _____

02 core _____   27 erect _____

03 correct _____   28 escape _____

04 corrupt _____   29 estimate _____

05 counter _____   30 even _____

06 crash _____   31 excess _____

07 cure _____   32 excuse _____

08 dare _____   33 experience _____

09 dash _____   34 export _____

10 defeat _____   35 extract _____

11 deliberate _____   36 extreme _____

12 delight _____   37 faint _____

13 deposit _____   38 fair _____

14 desire _____   39 feature _____

15 despair _____   40 feed _____

16 discharge _____   41 female _____

17 display _____   42 filter _____

18 document _____   43 finance _____

19 dose _____   44 firm _____

20 doubt _____   45 fit _____

21 draft _____   46 flock _____

22 drain _____   47 flood _____

23 ease _____   48 force _____

24 empty _____   49 forecast _____

25 encounter _____   50 freeze _____

DAY 22 PREVIEW & DIAGNOSIS TEST ANSWER

01	coordinate	좌표, 동등한 사람[것], 조직화하다, 조정하다, 동등하게 하다
02	core	핵심, 중심부, 핵심적인, 중요한
03	correct	정확한, 옳은, 바로잡다, 정정하다
04	corrupt	부패한, 타락한, 타락시키다
05	counter	계산대, 판매대, 반대하다, 거스르다, 대응하다
06	crash	충돌, 굉음, 충돌하다, 부딪치다
07	cure	치유약, 치료법, 치유하다, 고치다
08	dare	모험, 도전, ~할 용기가 있다
09	dash	돌진, 질주, 서둘러 가다
10	defeat	패배, 패배시키다
11	deliberate	고의의, 신중한, 숙고하다
12	delight	기쁨, 즐거움, 기쁘게 하다
13	deposit	침전물, 예금, 보증금, 맡기다, 두다, 예금하다
14	desire	요구, 욕망, 바라다, 원하다
15	despair	절망, 절망하다, 체념하다
16	discharge	방출, 배출, 짐을 내리다, 방출하다
17	display	전시, 진열, 전시하다, 드러내다
18	document	문서, 서류, 기록하다
19	dose	복용량, 투약하다, 조제하다
20	doubt	의심, 의혹, 의심하다
21	draft	원고, 초안, 징집, (초안을) 작성하다, 징집하다
22	drain	배수관, 물을 빼다, 고갈시키다
23	ease	안락, 편함, 완화시키다, 편하게 하다
24	empty	비어 있는, 비우다
25	encounter	만남, 접촉, 맞닥뜨리다
26	envy	부러움, 선망, 부러워하다
27	erect	똑바로 선, 세우다, 건립하다
28	escape	탈출, 도피, 탈출하다
29	estimate	추정치, 추산, 추정하다, 추산하다
30	even	~조차, 훨씬, 평평한, 짝수의
31	excess	과도, 지나침, 초과한
32	excuse	변명, 이유, 용서하다, 변명하다
33	experience	경험, 경험하다
34	export	수출, 수출하다
35	extract	추출, 발췌, 추출하다, 뽑아내다
36	extreme	극단, 극한, 극도의, 극심한
37	faint	기절, 희미한, 기절하다
38	fair	박람회, 품평회, 공정한
39	feature	특징, 특징으로 삼다
40	feed	먹이, 먹이를 주다
41	female	여성, 여성의
42	filter	필터, 여과 장치, 여과하다, 거르다
43	finance	재정, 재원, 자금을 대다
44	firm	회사, 견고한, 딱딱한
45	fit	건강한, 적합한, 맞다, 적합하다
46	flock	떼, 무리, 모이다, 떼 지어 가다
47	flood	홍수, 물에 잠기다
48	force	힘, 물리력, 강요하다, 하게 만들다
49	forecast	예보, 예측, 예보하다, 예측하다
50	freeze	동결, 한파, 얼다, 얼리다

1051 coordinate
[kouɔ́ːrdənət]

(명) 좌표, 동등한 사람[것] (동) 조직화하다, 조정하다, 동등하게 하다
They recruited new personnel to coordinate the team's work.
그들은 팀의 업무를 조정할 새로운 인력을 모집했다.

1052 core
[kɔːr]

(명) 핵심, 중심부 (형) 핵심적인, 중요한
The core of the problem lies in miscommunication between departments.
문제의 핵심은 부서 간의 의사 소통 부족에 있다.

1053 correct
[kərékt]

(형) 정확한, 옳은 (동) 바로잡다, 정정하다
She quickly realized her mistake and promptly corrected it.
그녀는 신속히 자신의 실수를 깨닫고 즉시 수정했다.

1054 corrupt
[kərʌpt]

(형) 부패한, 타락한 (동) 타락시키다
The corrupt officials were caught accepting bribes from local businesses.
부패한 공직자들이 지역 기업으로부터 뇌물을 받는 것이 적발되었다.

1055 counter
[káuntər]

(명) 계산대, 판매대 (동) 반대하다, 거스르다, 대응하다
The team developed a strategy to counter the opponent's tactics.
팀은 상대방의 전술에 대응하기 위한 전략을 개발했다.

1056 crash
[kræʃ]

(명) 충돌, 굉음 (동) 충돌하다, 부딪치다
The car crash resulted in significant damage to both vehicles.
차량 충돌로 인해 두 차량 모두 큰 피해를 입었다.

1057 cure
[kjuər]

(명) 치유약, 치료법 (동) 치유하다, 고치다
Researchers are working tirelessly to find a cure for cancer.
연구자들은 암의 치료법을 찾기 위해 끊임없이 노력하고 있다.

1058 dare
[dɛər]

(명) 모험, 도전 (동) ~할 용기가 있다
He didn't dare to speak his mind straight.
그는 감히 자신의 마음을 똑바로 말할 용기가 없었다.

1059 dash
[dæʃ]

(명) 돌진, 질주　(통) 서둘러 가다

You have to dash if you don't want to miss the bus.
버스를 놓치고 싶지 않다면 서둘러 가야 한다.

1060 defeat
[difíːt]

(명) 패배　(통) 패배시키다

He vowed to come back stronger after this defeat.
그는 이 패배 후에 더 강해져서 돌아오겠다고 맹세했다.

1061 deliberate
[dilíbərət]

(형) 고의의, 신중한　(통) 숙고하다

She spoke in a deliberate manner to emphasize her point.
그녀는 자신의 주장을 강조하기 위해 신중한 말투로 말했다.

1062 delight
[diláit]

(명) 기쁨, 즐거움　(통) 기쁘게 하다

He took great delight in solving challenging puzzles.
그는 어려운 퍼즐을 푸는 것에서 큰 기쁨을 느꼈다.

1063 deposit
[dipázit]

(명) 침전물, 예금, 보증금　(통) 맡기다, 두다, 예금하다

When you leave the house, the deposit is returned.
집을 나갈 때 보증금은 반환된다.

1064 desire
[dizáiər]

(명) 요구, 욕망　(통) 바라다, 원하다

Their desire for success motivated them to work hard.
그들의 성공에 대한 욕구가 그들을 열심히 일하게 만들었다.

1065 despair
[dispέər]

(명) 절망　(통) 절망하다, 체념하다

After losing her job, she fell into a deep despair.
일자리를 잃은 후 그녀는 깊은 절망에 빠졌다.

1066	**discharge** [distʃɑ́:rdʒ]	몡 방출, 배출 통 짐을 내리다, 방출하다 The factory was fined for illegally discharging pollutants into the river. 그 공장은 강에 불법으로 오염물질을 배출하여 벌금을 물었다.
1067	**display** [displéi]	몡 전시, 진열 통 전시하다, 드러내다 The museum displayed ancient artifacts. 박물관은 고대 유물들을 전시했다.
1068	**document** [dɑ́kjumənt]	몡 문서, 서류 통 기록하다 She carefully documented every step of her research in a detailed report. 그녀는 자신의 연구 과정을 모두 자세히 기록한 보고서를 작성했다.
1069	**dose** [dous]	몡 복용량 통 투약하다, 조제하다 She accidentally took a double dose of her medication this morning. 그녀는 오늘 아침 실수로 자신의 약을 두 배로 투약했다.
1070	**doubt** [daut]	몡 의심, 의혹 통 의심하다 He expressed doubt about the accuracy of the information provided. 그는 제공된 정보의 정확성에 대해 의심을 표했다.
1071	**draft** [dræft]	몡 원고, 초안, 징집 통 (초안을) 작성하다, 징집하다 He wrote a rough draft of his essay. 그는 대략적인 에세이의 초안을 작성했다.
1072	**drain** [drein]	몡 배수관 통 물을 빼다, 고갈시키다 Heavy rainfall caused the drain outside their house to overflow. 폭우로 인해 그들 집 밖 배수관이 넘쳤다. 🔄 고갈시키다 deplete, exhaust, use up

1073 ease
[iːz]

⑲ 안락, 편함 ⑧ 완화시키다, 편하게 하다

The new medication helped ease her chronic pain.
새로운 약물이 그녀의 만성 통증을 완화하는 데 도움이 되었다.

1074 empty
[émpti]

⑱ 비어 있는 ⑧ 비우다

The stadium seats were empty before the game started.
경기 시작 전에 경기장 좌석은 비어 있었다.

1075 encounter
[inkáuntər]

⑲ 만남, 접촉 ⑧ 맞닥뜨리다

They were surprised to encounter an old friend at the airport.
그들은 공항에서 예전 친구를 만나 놀라웠다.

1076 envy
[énvi]

⑲ 부러움, 선망 ⑧ 부러워하다

I couldn't hide my envy of my friend for buying a new car.
새 차를 산 친구에 대한 부러움을 감추지 못했다.

1077 erect
[irékt]

⑱ 똑바로 선 ⑧ 세우다, 건립하다

The artist erected a sculpture in the center of the town square.
예술가는 마을 광장 중앙에 조각을 세웠다.

1078 escape
[iskéip]

⑲ 탈출, 도피 ⑧ 탈출하다

She managed to escape from the burning building just in time.
그녀는 불나는 건물에서 가까스로 탈출했다.

1079 estimate
[éstəmèit]

⑲ 추정치, 추산 ⑧ 추정하다, 추산하다

The real estate agent gave us an estimate of the market value of the house.
부동산 중개인은 그 집의 시장 가치에 대한 추정치를 제공했다.

1080 even
[íːvən]

🖳 ~조차, 훨씬 📐 평평한, 짝수의

I parked my car on the even ground.
나는 평평한 땅에 주차했다.

1081 excess
[iksés]

명 과도, 지나침 형 초과한

Excess exposure to sunlight can lead to skin damage.
과도한 햇빛 노출은 피부 손상을 일으킬 수 있다.

1082 excuse
[ikskjúːz]

명 변명, 이유 동 용서하다, 변명하다

She made up an excuse to leave the party early.
그녀는 파티를 일찍 떠나기 위해 변명을 만들었다.

1083 experience
[ikspíəriəns]

명 경험 동 경험하다

Traveling abroad allows you to experience different cultures.
해외 여행은 다양한 문화를 경험할 수 있게 해준다.

1084 export
[ikspɔ́ːrt]

명 수출 동 수출하다

China is one of the world's largest exporters of manufactured goods.
중국은 세계에서 가장 큰 제조업품 수출국 중 하나이다.

1085 extract
[ikstrǽkt]

명 추출, 발췌 동 추출하다, 뽑아내다

The book contains extracts from various ancient manuscripts.
그 책에는 다양한 고대 원고에서 발췌한 구절이 포함되어 있다.

1086 extreme
[ikstríːm]

명 극단, 극한 형 극도의, 극심한

She felt extreme joy when she received the news of her promotion.
그녀는 승진 소식을 받았을 때 극도의 기쁨을 느꼈다.

DAY
22

1087 faint
[feint]

명 기절 형 희미한 동 기절하다

He heard a faint sound coming from the other room.
그는 다른 방에서 들리는 희미한 소리를 들었다.

1088 fair
[fɛər]

명 박람회, 품평회 형 공정한

The judge ensured a fair trial for all parties involved.
판사는 관련된 모든 당사자들에게 공정한 재판을 보장했다.

1089 feature
[fíːtʃər]

명 특징 동 특징으로 삼다

The beautiful lake is the main feature of this park.
아름다운 호수가 이 공원의 주요 특징이다.

1090 feed
[fiːd]

명 먹이 동 먹이를 주다

Farmers feed their livestock with nutritious grains.
농부들은 가축에게 영양가 있는 곡물을 먹인다.

1091 female
[fíːmeil]

명 여성 형 여성의

Female students outnumber male students in the biology class.
생물학 수업에는 여학생들이 남학생들보다 더 많다.
반 male 남성, 남성의

1092 filter
[fíltər]

명 필터, 여과 장치 동 여과하다, 거르다

She used a water filter to purify the drinking water.
그녀는 마실 물을 정화하기 위해 필터를 사용했다.

1093 finance
[finǽns]

명 재정, 재원 동 자금을 대다

They are seeking finance to expand their business operations overseas.
그들은 해외 사업 확장을 위해 자금을 조달하고 있다.

1094 firm
[fəːrm]

(명) 회사 (형) 견고한, 딱딱한
She works at a law firm in downtown Manhattan.
그녀는 맨해튼 시내에 있는 법률 회사에서 일한다.

1095 fit
[fit]

(형) 건강한, 적합한 (동) 맞다, 적합하다
The puzzle pieces didn't fit together.
퍼즐 조각들이 서로 맞지 않았다.

1096 flock
[flak]

(명) 떼, 무리 (동) 모이다, 떼 지어 가다
Tourists flocked to the beach to enjoy the sunny weather.
관광객들은 맑은 날씨를 즐기기 위해 해변으로 모였다.

1097 flood
[flʌd]

(명) 홍수 (동) 물에 잠기다
The rescue team arrived quickly to help people stranded by the flood.
구조 팀은 홍수로 인해 고립된 사람들을 돕기 위해 신속하게 도착했다.

1098 force
[fɔːrs]

(명) 힘, 물리력 (동) 강요하다, 하게 만들다
The police used force to break up the rioting crowd.
경찰은 시위하는 사람들을 해산시키기 위해 힘을 사용했다.

1099 forecast
[fɔ'rkæˌst]

(명) 예보, 예측 (동) 예보하다, 예측하다
Economists have revised their growth forecast for the year due to unexpected factors.
경제학자들은 예상치 못한 요인들로 인해 올해의 성장 예측을 수정했다.

1100 freeze
[friːz]

(명) 동결, 한파 (동) 얼다, 얼리다
The pond froze over during the cold winter months.
연못이 추운 겨울 동안 얼었다.

DAY 22 · REVIEW & LEVEL-UP TEST

제한시간 7분

◎ 괄호 안에 알맞은 단어를 고르시오.

01 Please [correct / corrupt] any mistakes you find in the report before submitting it.

02 He made a [despair / deposit] of $500 into his savings account at the bank.

03 His success at such a young age sparked [envy / estimate] among his peers.

◎ 다음 빈칸에 문맥상 적절한 단어를 고르시오.

• defeat	• cure	• escape

04 Antibiotics can _____ bacterial infections when used correctly.

05 The candidate conceded _____ after losing in the election.

06 The prisoner attempted to _____ from the maximum-security prison but was caught.

◎ 다음 빈칸에 적절한 뜻을 쓰시오.

07 The car crashed into a tree after skidding on the icy road.
차는 얼음 길에서 미끄러진 후 나무에 _____.

08 The researchers extracted DNA samples from the blood samples collected.
연구원들은 수집한 혈액 샘플에서 DNA 샘플을 _____.

09 Economists forecast a decline in unemployment rates next year.
경제학자들은 내년에는 실업률이 감소할 것이라고 _____.

[해석 ☞ 네이버 카페 '진가영 영어 연구소'에서 확인]

 정답

01 correct	**02** deposit	**03** envy	**04** cure	**05** defeat
06 escape	**07** 충돌했다	**08** 추출했다	**09** 예측한다	

DAY 23 PREVIEW & DIAGNOSIS TEST

01	frown	_____	26	initial	_____
02	fuel	_____	27	input	_____
03	function	_____	28	insert	_____
04	fund	_____	29	insult	_____
05	fuse	_____	30	interest	_____
06	gain	_____	31	joint	_____
07	gaze	_____	32	judge	_____
08	glare	_____	33	junior	_____
09	glow	_____	34	knot	_____
10	graduate	_____	35	lack	_____
11	grant	_____	36	launch	_____
12	grasp	_____	37	lead	_____
13	grave	_____	38	leak	_____
14	guarantee	_____	39	leap	_____
15	halt	_____	40	license / licence	_____
16	handicap	_____	41	limit	_____
17	handle	_____	42	load	_____
18	harvest	_____	43	loan	_____
19	hire	_____	44	lot	_____
20	honor / honour	_____	45	major	_____
21	host	_____	46	manifest	_____
22	implement	_____	47	mark	_____
23	import	_____	48	marvel	_____
24	increase	_____	49	mass	_____
25	individual	_____	50	master	_____

DAY 23 PREVIEW & DIAGNOSIS TEST ANSWER

01 frown 찌푸림, 찌푸리다
02 fuel 연료, 연료를 공급하다
03 function 기능, 기능하다, 작용하다
04 fund 기금, 기금[자금]을 대다
05 fuse 퓨즈, 도화선, 융합되다
06 gain 증가, 얻다
07 gaze 응시, 시선, 응시하다, 바라보다
08 glare 섬광, 눈부신 빛, 빛나다, 노려보다
09 glow 불빛, 빛나다, 상기되다
10 graduate 대학 졸업자, 졸업하다
11 grant 보조금, 승인하다, 인정하다, 주다
12 grasp 꽉 쥐기, 지배, 이해,
움켜잡다, 파악하다, 이해하다
13 grave 무덤, 심각한
14 guarantee 보증, 확약, 보장하다
15 halt 멈춤, 중단, 중단시키다, 멈추다
16 handicap 장애, 불리한 조건,
불리하게 만들다
17 handle 손잡이, 다루다, 처리하다
18 harvest 수확, 수확물,
거둬들이다, 수확하다
19 hire 빌림, 대여, 고용하다, 빌리다
20 honor / honour 명예, 존경하다, 공경하다
21 host 주인, 주최자[국], 주최하다
22 implement 도구, 용구, 시행하다, 이행하다
23 import 수입, 수입품, 수입하다, 내포하다
24 increase 증가, 인상, 증가하다, 늘다
25 individual 개인, 각각의, 개인의
26 initial 이름의 첫 글자, 처음의, 초기의

27 input 투입, 입력, 입력하다
28 insert 삽입, 끼우다, 넣다
29 insult 모욕, 모욕하다
30 interest 관심, 흥미,
관심을 끌다, 관심을 보이다
31 joint 관절, 이음매, 공동의
32 judge 판사, 심판, 판단하다
33 junior 하급자, 후배, 하급의, 부하의
34 knot 매듭, 묶다, 얽히다
35 lack 부족, 결핍, 부족하다
36 launch 개시, 출시, 착수하다, 출시하다
37 lead 선두, 안내하다, 이끌다
38 leak 새는 곳, 누설, 새다
39 leap 도약, 뛰어오르다
40 license / licence 면허, 자격증, 허가하다
41 limit 제한, 한계, 제한하다
42 load 짐, 하중, 부담, 싣다, 태우다
43 loan 대출, 대여, 빌려주다, 대출하다
44 lot 많음, (토지의) 한 구획,
부지, 제비뽑기
45 major 전공, 주요한, 주된
46 manifest 명백한, 뚜렷한,
명시하다, 드러내다
47 mark 자국, 흔적, 표시하다
48 marvel 경이로운 것, 경이로워하다
49 mass 덩어리, 질량, 대중,
대량의, 모이다
50 master 주인, 숙련자, 석사 (학위),
완전히 익히다, 숙달하다

1101 frown
[fraun]

옝 찌푸림　동 찌푸리다
She frowned when she heard the disappointing news.
그녀는 실망스러운 소식을 들었을 때 눈살을 찌푸렸다.

1102 fuel
[fjúːəl]

옝 연료　동 연료를 공급하다
The car needs more fuel before we can continue our journey.
우리가 여행을 계속하기 전에 차에 연료를 더 넣어야 한다.

1103 function
[fʌŋkʃən]

옝 기능　동 기능하다, 작용하다
Despite the power outage, the function of the hospital was performed normally.
정전에도 불구하고 병원의 기능은 정상적으로 수행되었다.

1104 fund
[fʌnd]

옝 기금　동 기금[자금]을 대다
The government allocated funds for the construction of new schools.
정부는 새 학교 건설을 위한 자금을 할당했다.

1105 fuse
[fjuːz]

옝 퓨즈, 도화선　동 융합되다
The meeting aims to fuse different perspectives into a unified strategy.
회의는 다양한 관점을 통합된 전략으로 융합하려고 한다.

1106 gain
[gein]

옝 증가　동 얻다
She worked hard to gain the trust of her colleagues.
그녀는 동료들의 신뢰를 얻기 위해 열심히 일했다.

1107 gaze
[geiz]

옝 응시, 시선　동 응시하다, 바라보다
The couple sat by the lake, gazing at the sunset.
그 커플은 호수 옆에 앉아 일몰을 바라보았다.

1108 glare
[glɛər]

옝 섬광, 눈부신 빛　동 빛나다, 노려보다
The headlights from the oncoming car created a blinding glare.
다가오는 차의 헤드라이트가 눈부신 빛을 만들었다.

1109	**glow** [glou]	몡 불빛 통 빛나다, 상기되다 The city skyline had a beautiful glow as the sun set behind it. 해가 그 뒤로 지면서 도시의 하늘 선이 아름다운 불빛을 냈다.
1110	**graduate** [grǽdʒuət]	몡 대학 졸업자 통 졸업하다 After years of hard work, he finally graduated from medical school. 수년간의 노력 끝에 그는 드디어 의과 대학을 졸업했다.
1111	**grant** [grænt]	몡 보조금 통 승인하다, 인정하다, 주다 The judge granted the defendant's request for a recess. 판사는 피고인의 휴정 요청을 승인했다.
1112	**grasp** [græsp]	몡 꽉 쥐기, 지배, 이해 통 움켜잡다, 파악하다, 이해하다 She struggled to grasp the concept of quantum mechanics. 그녀는 양자 역학의 개념을 파악하기 어려워 했다.
1113	**grave** [greiv]	몡 무덤 혱 심각한 It is important to address climate change as a grave environmental issue. 기후 변화를 심각한 환경 문제로 인식하는 것이 중요하다.
1114	**guarantee** [gærəntíː]	몡 보증, 확약 통 보장하다 The company offers a one-year guarantee on all its electronic products. 그 회사는 모든 전자 제품에 대해 1년 보증을 제공한다.
1115	**halt** [hɔːlt]	몡 멈춤, 중단 통 중단시키다, 멈추다 The car halted as it slowed down. 차가 속도를 줄이면서 멈췄다.

DAY
23

handicap
[hǽndikæp]
1116

몡 장애, 불리한 조건 통 불리하게 만들다

Despite his handicap, he has achieved great success in his career.
그의 장애에도 불구하고 그는 자신의 경력에서 큰 성공을 거두었다.

handle
[hǽndl]
1117

몡 손잡이 통 다루다, 처리하다

The manager handles all the financial transactions for the company.
매니저는 회사의 모든 재정 거래를 처리한다.

harvest
[hɑ́:rvist]
1118

몡 수확, 수확물 통 거둬들이다, 수확하다

Harvesting the wheat requires a lot of manpower.
밀을 수확하는 데는 많은 인력이 필요하다.

hire
[haiər]
1119

몡 빌림, 대여 통 고용하다, 빌리다

She was hired as the new marketing manager last month.
그녀는 지난달 새로운 마케팅 매니저로 고용되었다.

honor / honour
[ɑ́nər]
1120

몡 명예 통 존경하다, 공경하다

The soldier received a medal of honor for his bravery in battle.
그 군인은 전투에서의 용맹함으로 명예 훈장을 받았다.

host
[houst]
1121

몡 주인, 주최자[국] 통 주최하다

The 2002 World Cup was co-hosted by Korea and Japan.
2002년 월드컵은 한일 양국이 공동 주최한 것이다.

implement
[ímpləmənt]
1122

몡 도구, 용구 통 시행하다, 이행하다

The city council will implement a new recycling program starting next year.
시의회는 내년부터 새로운 재활용 프로그램을 시행할 것이다.

import
[impɔ́:rt]

⑲ 수입, 수입품 ⑧ 수입하다, 내포하다

The company specializes in the import and export of electronics.
그 회사는 전자제품의 수입과 수출을 전문으로 한다.

increase
[inkrí:s]

⑲ 증가, 인상 ⑧ 증가하다, 늘다

The company plans to increase its workforce by 20% next year.
그 회사는 내년에 직원 수를 20% 늘릴 계획이다.

individual
[ìndəvídʒuəl]

⑲ 개인 ⑱ 각각의, 개인의

In our company, we value individual creativity and innovation.
우리 회사에서는 개인의 창의성과 혁신을 중요하게 생각한다.

initial
[iníʃəl]

⑲ 이름의 첫 글자 ⑱ 처음의, 초기의

Before making a decision, we need to discuss the initial cost estimates.
결정을 내리기 전에 초기 비용 추정에 대해 논의해야 한다.

input
[ínpùt]

⑲ 투입, 입력 ⑧ 입력하다

This program mostly accepts input from the word process.
이 프로그램은 대부분 워드 프로세스의 입력을 받는다.
🔄 output 생산량, 출력, 출력해 내다

insert
[insɔ́:rt]

⑲ 삽입 ⑧ 끼우다, 넣다

Please insert the USB drive into the port to transfer the files.
파일을 전송하기 위해 USB 드라이브를 포트에 넣어주세요.

insult
[insʌlt]

⑲ 모욕 ⑧ 모욕하다

Her sarcastic comment was taken as an insult by some of the guests.
그녀의 풍자적인 발언이 몇몇 손님들에게 모욕으로 받아들여졌다.

interest
[íntərəst]
1130

명 관심, 흥미   동 관심을 끌다, 관심을 보이다
His research focuses on the public's interest in renewable energy sources.
그의 연구는 재생 가능 에너지원에 대한 대중의 관심에 집중한다.

joint
[dʒɔint]
1131

명 관절, 이음매   형 공동의
They reached a joint decision to postpone the project until next year.
그들은 내년까지 프로젝트를 연기하기로 공동 결정을 내렸다.

judge
[dʒʌdʒ]
1132

명 판사, 심판   동 판단하다
Try not to judge others without understanding their circumstances.
다른 사람들을 그들의 상황을 이해하지 않고 판단하지 마세요.

junior
[dʒúːnjər]
1133

명 하급자, 후배   형 하급의, 부하의
He is much older than me, but he is junior to school.
그는 나보다 훨씬 나이가 많지만 학교 후배이다.

knot
[nat]
1134

명 매듭   동 묶다, 얽히다
The sailors learned various types of knots to use on the ship.
선원들은 배에서 사용할 다양한 종류의 매듭을 배웠다.

lack
[læk]
1135

명 부족, 결핍   동 부족하다
She failed the exam due to a lack of preparation.
그녀는 준비 부족으로 시험에서 떨어졌다.

launch
[lɔːntʃ]
1136

명 개시, 출시   동 착수하다, 출시하다
The company plans to launch a new product line next month.
그 회사는 다음 달에 새로운 제품 라인을 출시할 계획이다.
유 시작하다 start, initiate, commence

lead
137
[li:d]

(명) 선두 (동) 안내하다, 이끌다

She was chosen to lead the team on their new project.
그녀는 새 프로젝트에서 팀을 이끌 것으로 선택되었다.

leak
138
[li:k]

(명) 새는 곳, 누설 (동) 새다

There was a leak in the roof after the heavy rainstorm.
폭우 후 지붕에 누수가 있었다.

leap
139
[li:p]

(명) 도약 (동) 뛰어오르다

The cat made a graceful leap from the fence onto the roof.
고양이는 울타리에서 지붕으로 우아하게 뛰어올랐다.

license / licence
140
[láisəns]

(명) 면허, 자격증 (동) 허가하다

She earned her teaching license after completing her education degree.
그녀는 교육 학위를 마친 후 교사 자격증을 취득했다.

limit
141
[límit]

(명) 제한, 한계 (동) 제한하다

There is a speed limit of 50 miles per hour on this highway.
이 고속도로의 속도 제한은 시속 50마일이다.

load
142
[loud]

(명) 짐, 하중, 부담 (동) 싣다, 태우다

He lifted the heavy load onto his shoulders and carried it to the truck.
그는 무거운 짐을 어깨에 들어 트럭으로 옮겼다.

loan
143
[loun]

(명) 대출, 대여 (동) 빌려주다, 대출하다

She applied for a bank loan to buy a new car.
그녀는 새 차를 사기 위해 은행 대출을 신청했다.

| 1144 | **lot**
[lat] | 몡 많음, (토지의) 한 구획, 부지, 제비뽑기
She found an empty spot in the parking lot near the entrance.
그녀는 입구 근처 주차장에서 빈 자리를 찾았다. |

| 1145 | **major**
[méidʒər] | 몡 전공 혱 주요한, 주된
He played a major role in organizing the charity event last month.
지난 달 그는 자선 행사 조직에 주요한 역할을 했다. |

| 1146 | **manifest**
[mǽnəfèst] | 혱 명백한, 뚜렷한 통 명시하다, 드러내다
It's a manifest fault to hit people and run away.
사람을 때리고 도망치는 것은 명백한 잘못이다. |

| 1147 | **mark**
[maːrk] | 몡 자국, 흔적 통 표시하다
Please mark the date of the meeting on your calendar.
회의 날짜를 당신의 달력에 표시해 주세요. |

| 1148 | **marvel**
[máːrvəl] | 몡 경이로운 것 통 경이로워하다
The new technology is a marvel of engineering innovation.
그 새로운 기술은 공학 혁신의 경이로움이다. |

| 1149 | **mass**
[mæs] | 몡 덩어리, 질량, 대중 혱 대량의 통 모이다
There was a mass protest in the capital against the new tax laws.
수도에서는 새로운 세법에 반대하는 대규모 시위가 있었다. |

| 1150 | **master**
[mǽstər] | 몡 주인, 숙련자, 석사 (학위) 통 완전히 익히다, 숙달하다
The dog obeyed its master's command without hesitation.
그 개는 망설임 없이 그 주인의 명령을 따랐다. |

REVIEW & LEVEL-UP TEST 🕐 제한시간 7분

✅ 괄호 안에 알맞은 단어를 고르시오.

01 The company decided to [insult / halt] production due to safety concerns.

02 The company plans to [honor / hire] more employees to meet the growing demand.

03 Due to the trade agreement, the [import / host] of certain goods became cheaper.

✅ 다음 빈칸에 문맥상 적절한 단어를 고르시오.

• loan	• judge	• leak

04 The _____ sentenced him to five years in prison for his crimes.

05 The plumber fixed the _____ under the sink.

06 He took out a student _____ to pay for his tuition fees.

✅ 다음 빈칸에 적절한 뜻을 쓰시오.

07 She began to <u>frown</u> as she read the confusing instructions.

그녀는 혼란스러운 설명서를 읽으면서 _____ 시작했다.

08 After <u>graduating</u>, she quickly found a job in her field of study.

_____ 후, 그녀는 자신의 전공 분야에서 빠르게 일자리를 찾았다.

09 The political party plans to <u>launch</u> its election campaign next week.

그 정당은 다음 주에 선거 캠페인을 _____ 계획이다.

[해석 ☞ 네이버 카페 '진가영 영어 연구소'에서 확인]

정답

01 halt	**02** hire	**03** import	**04** judge	**05** leak
06 loan	**07** 찌푸리기	**08** 졸업한	**09** 시작할	

DAY 24 PREVIEW & DIAGNOSIS TEST

제한시간 5분

01	match		26	pity
02	matter		27	plant
03	maximum		28	poison
04	mean		29	polish
05	measure		30	poll
06	medium		31	post
07	mention		32	potential
08	mess		33	practice
09	monitor		34	press
10	murder		35	prime
11	nail		36	principal
12	native		37	privilege
13	noble		38	process
14	notice		39	produce
15	object		40	protest
16	orbit		41	pump
17	own		42	purchase
18	parallel		43	rally
19	pardon		44	range
20	patient		45	rank
21	pause		46	rate
22	pile		47	rear
23	pinch		48	regard
24	pioneer		49	regret
25	pitch		50	relative

DAY 24 PREVIEW & DIAGNOSIS TEST ANSWER

01 match 성냥, 시합, 어울리다, (서로) 맞다

02 matter 문제, 상황, 문제되다, 중요하다

03 maximum 최고, 최대, 최고의, 최대의

04 mean 비열한, 짓궂은, 의미하다, 뜻하다

05 measure 조치, 척도, 측정하다

06 medium 매체, 중간의

07 mention 언급, 언급하다

08 mess 엉망인 상태, 엉망으로 만들다

09 monitor 화면, 모니터, 감시하다, 관찰하다

10 murder 살인, 살인하다

11 nail 손톱, 못, 못으로 박다, 고정하다

12 native 현지인, 출생지의, 선천적인

13 noble 귀족, 고결한, 웅장한

14 notice 주목, 공지, 안내, 주목하다, 알다

15 object 물체, 물건, 반대하다

16 orbit 궤도, 궤도를 돌다

17 own 자신의, 고유한, 소유하다

18 parallel 평행한, 평행, 유사물

19 pardon 사면, 용서, 사면하다, 용서하다

20 patient 환자, 참을성 있는

21 pause 멈춤, 휴지, 중지, 잠시 멈추다, 정지시키다

22 pile 무더기, 더미, 쌓다, 포개다

23 pinch 꼬집기, 꼬집다, 꼭 집다

24 pioneer 개척자, 선구자, 개척하다

25 pitch 정점, 최고조, 던지다

26 pity 연민, 유감, 동정, 불쌍히 여기다, 동정하다

27 plant 식물, 공장, 심다

28 poison 독, 독살하다

29 polish 닦기, 광택, 닦다, 광택을 내다

30 poll 여론 조사, 투표, 득표하다, 여론 조사를 하다

31 post 우편, 우편물, 직책, 기둥, 발송하다, 배치하다, 게시하다

32 potential 가능성, 잠재력, 잠재적인

33 practice 습관, 관습, 연습

34 press 신문, 언론, 인쇄, 누르다, 꽉 쥐다, 강조하다

35 prime 전성기, 주된, 뛰어난

36 principal 교장, 학장, 총장, 주요한, 주된

37 privilege 특권, 특권을 주다

38 process 과정, 진행, 가공하다, 처리하다

39 produce 생산물, 농산물, 생산하다

40 protest 항의, 시위, 항의하다

41 pump 펌프, 퍼 올리다

42 purchase 구입, 구입하다

43 rally 집회, 결집하다

44 range 범위, 정렬하다, 배치하다

45 rank 지위, 계급, 등급, 매기다, 등급을 차지하다

46 rate 비율, 요금, 평가하다

47 rear 뒤쪽, 기르다, 부양하다

48 regard 관심, 존경, 안부, 여기다, 대하다

49 regret 후회, 후회하다, 유감스럽게 생각하다

50 relative 친척, 상대적인

회독 □□□□□

match [mætʃ]	똉 성냥, 시합 똉 어울리다, (서로) 맞다 The puzzle pieces must match perfectly to complete the picture. 퍼즐 조각들은 그림을 완성하기 위해 완벽하게 맞아야 한다.
matter [mǽtər]	똉 문제, 상황 똉 문제되다, 중요하다 Does it really matter who hid it? 누가 숨겼는지가 정말 중요한가요?
maximum [mǽksəməm]	똉 최고, 최대 똉 최고의, 최대의 The maximum speed limit on this highway is 70 miles per hour. 이 고속도로의 최대 속도 제한은 시속 70마일이다. 🔁 minimum 최소, 최저, 최저의, 최소한의
mean [miːn]	똉 비열한, 짓궂은 똉 의미하다, 뜻하다 His stern expression could mean trouble. 그의 엄격한 표정은 곤란을 의미할 수 있다.
measure [méʒər]	똉 조치, 척도 똉 측정하다 How do you measure the amount of air? 공기의 양은 어떻게 측정하나요?
medium [míːdiəm]	똉 매체 똉 중간의 The mass media tends to denigrate politics. 대중 매체는 정치를 폄하하는 경향이 있다.
mention [ménʃən]	똉 언급 똉 언급하다 She mentioned her favorite book during the conversation. 그녀는 대화 중에 자신이 좋아하는 책을 언급했다.
mess [mes]	똉 엉망인 상태 똉 엉망으로 만들다 The living room was in a mess. 거실은 엉망이었다.

monitor
1159
[mάnətər]

명 화면, 모니터 동 감시하다, 관찰하다

The nurse will monitor your vital signs closely after surgery.
수술 후 간호사는 당신의 바이탈 사인을 주의 깊게 관찰할 것이다.

murder
1160
[mə́ːrdər]

명 살인 동 살인하다

The detective solved the murder case.
수개월간의 수사 끝에 형사는 살인 사건을 해결했다.

nail
1161
[neil]

명 손톱, 못 동 못으로 박다, 고정하다

He couldn't find a nail to hang the picture on the wall.
그는 그림을 벽에 걸 못을 찾을 수가 없었다.

native
1162
[néitiv]

명 현지인 형 출생지의, 선천적인

The tribe celebrated their native customs and traditions during the festival.
그 부족은 축제 기간 동안 자신들의 출생지의 풍습과 전통을 축하했다.

noble
1163
[nóubl]

명 귀족 형 고결한, 웅장한

The knight vowed to uphold the noble ideals of courage, justice, and loyalty.
그 기사는 용기, 정의, 충성의 고결한 이상을 지키기로 맹세했다.

notice
1164
[nóutis]

명 주목, 공지, 안내 동 주목하다, 알다

She received a notice from her landlord about the upcoming rent increase.
그녀는 임대인으로부터 다가오는 임대료 인상에 관한 공지를 받았다.

object
1165
[άbdʒikt]

명 물체, 물건 동 반대하다

Many locals object the construction of landfills.
많은 지역 주민들이 매립지 건설에 반대한다.

회독 ☐☐☐☐☐

orbit 1166 [ɔ́:rbit]	명 궤도 동 궤도를 돌다 The moon orbits around the Earth in a slightly elliptical path. 달은 지구 주위를 약간 타원형의 경로로 궤도를 돈다.

own 1167 [oun]	형 자신의, 고유한 동 소유하다 He finally saved enough money to buy his own car. 그는 마침내 자신의 차를 사기에 충분한 돈을 모았다.

parallel 1168 [pǽrəlèl]	형 평행한 명 평행, 유사물 The growth of technology runs in parallel with advancements in medicine. 기술의 발전은 의학의 진보와 평행하게 진행된다.

pardon 1169 [pá:rdn]	명 사면, 용서 동 사면하다, 용서하다 She asked for a pardon when she realized her mistake in accusing him wrongly. 그녀는 그를 잘못 고발한 자신의 실수를 깨닫고 용서를 구했다.

patient 1170 [péiʃənt]	명 환자 형 참을성 있는 The doctor was known for his patience and compassion towards his patients. 의사는 환자들에 대한 인내심과 동정심으로 유명했다.

pause 1171 [pɔ:z]	명 멈춤, 휴지, 중지 동 잠시 멈추다, 정지시키다 He paused his exercise for a moment to catch his breath. 그는 숨을 쉬기 위해 잠시 운동을 멈췄다.

pile 1172 [pail]	명 무더기, 더미 동 쌓다, 포개다 She stumbled over a pile of boxes in the hallway. 그녀는 복도에서 상자 더미에 걸려 넘어졌다.

pinch
1173
[pintʃ]

몡 꼬집기 통 꼬집다, 꼭 집다
She gave him a pinch to wake him up from his nap.
그녀는 낮잠에서 깨우기 위해 그를 꼬집었다.

pioneer
1174
[pàiəníər]

몡 개척자, 선구자 통 개척하다
Steve Jobs is considered a pioneer of the personal computer revolution.
스티브 잡스는 개인 컴퓨터 혁명의 선구자로 여겨진다.

pitch
1175
[pitʃ]

몡 정점, 최고조 통 던지다
She pitched the ball to her teammate during practice.
연습 중에 그녀는 팀원에게 공을 던졌다.

pity
1176
[píti]

몡 연민, 유감, 동정 통 불쌍히 여기다, 동정하다
She felt pity for the stray dog shivering in the cold rain.
그녀는 추운 비 속에서 떨고 있는 유기견에 대해 연민을 느꼈다.

plant
1177
[plænt]

몡 식물, 공장 통 심다
They plan to plant trees along the new highway to reduce noise pollution.
그들은 소음 공해를 줄이기 위해 새 고속도로를 따라 나무를 심을 계획이다.

poison
1178
[póizn]

몡 독 통 독살하다
The snake's venom is a deadly poison that can kill its prey within minutes.
뱀의 독은 몇 분 내에 먹이를 죽일 수 있는 치명적인 독이다.

polish
1179
[púliʃ]

몡 닦기, 광택 통 닦다, 광택을 내다
Please polish the table before you eat.
밥 먹기 전에 테이블을 닦아주세요.

1180 poll
[poul]

몡 여론 조사, 투표   통 득표하다, 여론 조사를 하다
They conducted a poll to gather opinions on the election.
그들은 선거에 대한 의견을 수집하기 위해 여론 조사를 실시했다.

1181 post
[poust]

몡 우편, 우편물, 직책, 기둥   통 발송하다, 배치하다, 게시하다
There is a lot of post the day after the holiday.
연휴 다음날에는 우편물이 많다.

1182 potential
[pəténʃəl]

몡 가능성, 잠재력   혱 잠재적인
She has shown great potential in the field of mathematics from a young age.
그녀는 어린 시절부터 수학 분야에서 큰 잠재력을 보였다.

1183 practice
[prǽktis]

몡 습관, 관습, 연습
He needs practice speaking English to improve his fluency.
그는 유창성을 향상시키기 위해 영어 말하기 연습이 필요하다.

1184 press
[pres]

몡 신문, 언론, 인쇄   통 누르다, 꽉 쥐다, 강조하다
The journalist works for a major press outlet and covers international news.
그 기자는 주요 언론사에서 일하며 국제 뉴스를 다룬다.

1185 prime
[praim]

몡 전성기   혱 주된, 뛰어난
My prime concern is buying luxury goods.
나의 주된 관심사는 명품을 사는 것이다.

1186 principal
[prínsəpəl]

몡 교장, 학장, 총장   혱 주요한, 주된
The principal went to school for the first time since then.
교장선생님은 그 이후로 처음으로 학교에 갔다.

1187 privilege
[prívəlidʒ]

명 특권 동 특권을 주다

It is a privilege to be able to travel to so many different countries.
다양한 나라를 여행할 수 있는 것은 특권이다.

1188 process
[prɑ́ses]

명 과정, 진행 동 가공하다, 처리하다

The manufacturing process involves several stages of production.
제조 과정은 생산의 여러 단계를 포함한다.

1189 produce
[prədjúːs]

명 생산물, 농산물 동 생산하다

Farmers in the region produce a variety of fruits and vegetables.
그 지역 농부들은 다양한 과일과 채소를 생산한다.

1190 protest
[próutest]

명 항의, 시위 동 항의하다

Thousands of people gathered to protest against the government's new policy.
수천 명의 사람들이 정부의 새로운 정책에 항의하기 위해 모였다.

1191 pump
[pʌmp]

명 펌프 동 퍼 올리다

The mechanic used a pump to inflate the flat tire.
정비사는 펑크난 타이어를 팽창시키기 위해 펌프를 사용했다.

1192 purchase
[pə́ːrtʃəs]

명 구입 동 구입하다

They visited several stores before making a purchase decision.
그들은 구입 결정을 내리기 전에 여러 가게를 방문했다.

1193 rally
[ræli]

명 집회 동 결집하다

Supporters gathered in the city center to rally for their candidate.
지지자들은 자신들의 후보를 위해 도심에서 집회를 열었다.

회독 ☐☐☐☐☐

1194 range
[reindʒ]

(명) 범위 (동) 정렬하다, 배치하다
The store offers a wide range of products, from electronics to clothing.
그 가게는 전자제품부터 의류까지 다양한 범위의 제품을 제공한다.

1195 rank
[ræŋk]

(명) 지위, 계급, 등급 (동) 매기다, 등급을 차지하다
She ranked first in the competition, showcasing her exceptional talent.
그녀는 뛰어난 재능을 발휘하여 대회에서 1위를 차지했다.

1196 rate
[reit]

(명) 비율, 요금 (동) 평가하다
The crime rate in the city has decreased significantly over the past decade.
그 도시의 범죄율은 지난 10년 동안 크게 감소했다.

1197 rear
[riər]

(명) 뒤쪽 (동) 기르다, 부양하다
The rear entrance to the building is often used by employees.
건물의 뒤쪽 입구는 종종 직원들이 사용한다.

1198 regard
[rigάːrd]

(명) 관심, 존경, 안부 (동) 여기다, 대하다
I regard him as one of the best writers of our time.
나는 그를 우리 시대 최고의 작가 중 한 명으로 여긴다.

1199 regret
[rigrét]

(명) 후회 (동) 후회하다, 유감스럽게 생각하다
He expressed regret for his harsh words during the argument.
그는 말다툼 중에 한 심한 말들을 후회했다.

1200 relative
[rélətiv]

(명) 친척 (형) 상대적인
My aunt is a close relative who lives in a different city.
나의 이모는 다른 도시에 사는 가까운 친척이다.

DAY 24   REVIEW & LEVEL-UP TEST   ⏱제한시간 7분

◉ 괄호 안에 알맞은 단어를 고르시오.

01 The internet has become a popular [nail / medium] for advertising products globally.

02 The spacecraft successfully entered Mars' [patient / orbit] after a long journey through space.

03 She was a [pioneer / plant] in the field of genetic research, making groundbreaking discoveries.

DAY
24

◉ 다음 빈칸에 문맥상 적절한 단어를 고르시오.

• principal	• privilege	• notice

04 Please put up a _____ about the upcoming meeting on the bulletin board.

05 The _____ of the school announced a new policy regarding student attendance.

06 As a citizen, voting is both a right and a _____ in a democratic society.

◉ 다음 빈칸에 적절한 뜻을 쓰시오.

07 Scientists use specialized tools to <u>measure</u> the acidity of a liquid.
과학자들은 액체의 산도를 _____ 위해 전문 장비를 사용한다.

08 She wrote a letter of <u>protest</u> to the editor of the newspaper about the biased article.
그녀는 그 신문의 편향된 기사에 대해 편집자에게 _____ 편지를 썼다.

09 She decided to <u>purchase</u> a new car after months of saving up.
그녀는 여러 달 동안 저축한 후 새 차를 _____ 결정했다.

[해석 ☞ 네이버 카페 '진가영 영어 연구소'에서 확인]

정답

01 medium	**02** orbit	**03** pioneer	**04** notice	**05** principal
06 privilege	**07** 측정하기	**08** 항의하는	**09** 구입하기로	

DAY 25 | PREVIEW & DIAGNOSIS TEST

제한시간 5분

01 release		26 sentence	
02 remark		27 separate	
03 remedy		28 shade	
04 rent		29 shake	
05 repair		30 shame	
06 rescue		31 shape	
07 rest		32 share	
08 result		33 shelter	
09 retail		34 shield	
10 retreat		35 shoot	
11 reward		36 sign	
12 riot		37 sink	
13 risk		38 slaughter	
14 rival		39 smash	
15 roar		40 subordinate	
16 routine		41 sniff	
17 ruin		42 sort	
18 rule		43 span	
19 rush		44 spark	
20 scan		45 spill	
21 scheme		46 spite	
22 screw		47 split	
23 seal		48 spot	
24 senior		49 squeeze	
25 sense		50 stack	

PREVIEW & DIAGNOSIS TEST ANSWER

01 release 석방, 개봉,
풀어 주다, 방출하다, 개봉하다
02 remark 발언, 주목, 알아차리다, 주목하다
03 remedy 치료, 해결책, 바로잡다, 개선하다
04 rent 집세, 임차료, 빌리다, 세내다
05 repair 수리, 수선, 수리하다
06 rescue 구출, 구조, 구하다, 구출하다
07 rest 나머지, 휴식, 쉬다, 휴식하다
08 result 결과, 발생하다, 생기다
09 retail 소매, 소매하다
10 retreat 퇴각, 후퇴, 퇴각하다, 후퇴하다
11 reward 보상, 보상금, 보상하다
12 riot 폭동, 폭동을 일으키다
13 risk 위험, 위험 요소,
위태롭게 하다, (위험을) 무릅쓰다
14 rival 경쟁자, 필적하다
15 roar 포효, 함성,
으르렁거리다, 함성을 지르다
16 routine 일상, 일상적인
17 ruin 붕괴, 몰락, 망치다
18 rule 규칙, 지배, 통치,
지배하다, 통치하다
19 rush 돌진, 분주함, 서두르다
20 scan 검사, 훑어보기, 살피다, 훑어보다
21 scheme 책략, 계획,
책략을 꾸미다, 획책하다
22 screw 나사, 나사못,
나사로 조이다, 비틀다
23 seal 직인, 인장, 밀봉하다
24 senior 연장자, 선배, 연상의, 선배의
25 sense 감각, 느낌, 느끼다

26 sentence 문장, 선고, 선고하다
27 separate 분리된, 분리하다, 나누다
28 shade 그늘, 그늘지게 하다, 가리다
29 shake 흔들림, 떨림, 흔들다, 떨리게 하다
30 shame 창피함, 수치심,
창피하게 하다, 망신시키다
31 shape 모양, 형체,
(어떤 모양으로) 만들다, 빚다
32 share 몫, 지분, 나누다, 공유하다
33 shelter 주거지, 피난처, 피하다, 보호하다
34 shield 방패, 보호물, 보호하다, 가리다
35 shoot 촬영, 쏘다
36 sign 징후, 신호, 표지판,
서명하다, 신호를 보내다
37 sink 싱크대, 가라앉다, 침몰시키다
38 slaughter 도살, 학살, 도살하다, 학살하다
39 smash 충돌 사고, 박살내다, 부딪치다
40 subordinate 부하, 하급자,
하급의, 종속된, 부차적인
41 sniff 킁킁거림, 코를 훌쩍이다,
킁킁거리다, 냄새를 맡다
42 sort 종류, 유형, 분류하다, 구분하다
43 span 한 뼘, 기간, (기간에) 걸치다
44 spark 스파크, 불꽃,
촉발시키다, 유발하다
45 spill 유출, 유출물, 쏟다, 흘리다
46 spite 악의, 심술, 괴롭히다
47 split 틈, 분열, 쪼개다, 분리시키다
48 spot 점, 얼룩, 발견하다, 찾다
49 squeeze 짜기, 압박, 축소, 짜내다
50 stack 더미, 무더기, 쌓아올리다

Final

회독 ▢▢▢▢▢

1201 release [rilíːs]
명 석방, 개봉 동 풀어 주다, 방출하다, 개봉하다
The movie release date was postponed due to production delays.
영화의 개봉일이 제작 지연으로 연기되었다.

1202 remark [rimɑ́ːrk]
명 발언, 주목 동 알아차리다, 주목하다
He remarked the subtle difference between the two.
그는 두 사람의 미묘한 차이를 주목했다.

1203 remedy [rémədi]
명 치료, 해결책 동 바로잡다, 개선하다
She took a herbal remedy to relieve her headache.
그녀는 두통을 완화하기 위해 허브 치료법을 시도했다.

1204 rent [rent]
명 집세, 임차료 동 빌리다, 세내다
They decided to rent a beach house for their summer vacation.
그들은 여름 휴가를 위해 해변 집을 빌리기로 결정했다.

1205 repair [ripέər]
명 수리, 수선 동 수리하다
She learned how to repair a leaky faucet by watching online tutorials.
그녀는 온라인 강의를 보고 누수하는 수도꼭지를 수리하는 법을 배웠다.

1206 rescue [réskjuː]
명 구출, 구조 동 구하다, 구출하다
The lifeguard dove into the water to rescue the drowning swimmer.
구조원은 물에 빠진 수영자를 구하기 위해 물 속으로 뛰어들었다.

1207 rest [rest]
명 나머지, 휴식 동 쉬다, 휴식하다
She needed to rest for a few minutes before continuing her workout.
그녀는 운동을 계속하기 전에 몇 분 동안 휴식이 필요했다.

1208 result [rizʌ́lt]
명 결과 동 발생하다, 생기다
The experiment produced unexpected results that surprised the researchers.
실험은 연구자들을 놀라게 한 예상치 못한 결과를 도출했다.

222 Part 02 공무원 핵심 어휘 DAY 25

retail
1209
[ríːteil]

몡 소매 통 소매하다

The retail price of the shoes was higher than he expected.
그 신발의 소매 가격은 그가 예상한 것보다 높았다.

retreat
1210
[ritríːt]

몡 퇴각, 후퇴 통 퇴각하다, 후퇴하다

The soldiers were ordered to retreat after facing heavy enemy fire.
병사들은 강력한 적의 공격을 받은 후 후퇴할 것을 명령받았다.

reward
1211
[riwɔ́ːrd]

몡 보상, 보상금 통 보상하다

She received a monetary reward for her outstanding performance at work.
그녀는 직장에서의 탁월한 성과로 금전적 보상을 받았다.

DAY
25

riot
1212
[ráiət]

몡 폭동 통 폭동을 일으키다

The neighborhood was in chaos during the night of the riot.
그 폭동의 밤 동안 그 동네는 혼란 속에 있었다.

risk
1213
[risk]

몡 위험, 위험 요소 통 위태롭게 하다, (위험을) 무릅쓰다

They decided to take the risk and start their own business.
그들은 위험을 감수하고 자신의 사업을 시작하기로 결정했다.
유 danger, hazard, peril

rival
1214
[ráivəl]

몡 경쟁자 통 필적하다

The two companies are fierce rivals in the smartphone industry.
이 두 회사는 스마트폰 산업에서 치열한 경쟁자이다.

roar
1215
[rɔːr]

몡 포효, 함성 통 으르렁거리다, 함성을 지르다

The lion let out a loud roar that echoed through the jungle.
사자는 밀림을 울려 퍼지게 할 정도로 큰 표효를 냈다.

¹²¹⁶ **routine** [ruːtíːn]	몡 일상 몡 일상적인 He felt a bit bored with the routine tasks at work. 그는 직장에서 일상적인 업무에 약간 지루함을 느꼈다.
¹²¹⁷ **ruin** [rúːin]	몡 붕괴, 몰락 동 망치다 His careless remarks ruined their friendship. 그의 부주의한 발언이 그들의 우정을 망쳤다.
¹²¹⁸ **rule** [ruːl]	몡 규칙, 지배, 통치 동 지배하다, 통치하다 It's important to follow the rules of the road to ensure safety. 안전을 위해 도로 규칙을 준수하는 것이 중요하다.
¹²¹⁹ **rush** [rʌʃ]	몡 돌진, 분주함 동 서두르다 They had to rush to catch the bus before it left. 버스가 떠나기 전에 그들은 서두르느라 바쁘게 움직였다.
¹²²⁰ **scan** [skæn]	몡 검사, 훑어보기 동 살피다, 훑어보다 He quickly scanned the room for any signs of his lost keys. 그는 잃어버린 열쇠의 흔적을 찾기 위해 방을 빠르게 살펴보았다.
¹²²¹ **scheme** [skiːm]	몡 책략, 계획 동 책략을 꾸미다, 획책하다 She devised a clever scheme to surprise her best friend on her birthday. 그녀는 생일에 그녀의 가장 친한 친구를 놀라게 할 교묘한 계획을 세웠다.
¹²²² **screw** [skruː]	몡 나사, 나사못 동 나사로 조이다, 비틀다 The mechanic replaced the old screws with new ones to secure the engine cover. 정비공은 엔진 덮개를 고정하기 위해 오래된 나사를 새로운 것으로 교체했다.

1223	**seal** [si:l]	명 직인, 인장 통 밀봉하다 The envelope was sealed shut with glue. 그 봉투는 접착제로 밀봉되어 있었다.

1224	**senior** [síːnjər]	명 연장자, 선배 형 연상의, 선배의 He always offers his seat to seniors on the bus. 그는 버스에서 연장자들에게 항상 자리를 양보한다.

1225	**sense** [sens]	명 감각, 느낌 통 느끼다 He has a keen sense of humor and always makes people laugh. 그는 예리한 유머 감각을 가지고 있어 항상 사람들을 웃게 한다.

1226	**sentence** [séntəns]	명 문장, 선고 통 선고하다 Please write a sentence using each new vocabulary word. 새로운 어휘 단어를 사용하여 한 문장을 써 주세요.

1227	**separate** [sépərèit]	명 분리된 통 분리하다, 나누다 The mountain range separates the two countries geographically. 산맥은 지리적으로 두 나라를 분리한다.

1228	**shade** [ʃeid]	명 그늘 통 그늘지게 하다, 가리다 He prefers to sit in the shade rather than directly under the sun. 그는 햇볕 아래 직접 앉기보다는 그늘에서 앉는 것을 선호한다.

1229	**shake** [ʃeik]	명 흔들림, 떨림 통 흔들다, 떨리게 하다 She likes to shake her hips when she dances. 그녀는 춤을 출 때 엉덩이를 흔드는 것을 좋아한다.

1230 shame
[ʃeim]

(명) 창피함, 수치심 (동) 창피하게 하다, 망신시키다

He couldn't bear the shame of losing the match in front of his fans.
그는 팬들 앞에서 경기에 졌을 때의 창피함을 견딜 수 없었다.

1231 shape
[ʃeip]

(명) 모양, 형체 (동) (어떤 모양으로) 만들다, 빚다

The sculptor used clay to shape a beautiful statue.
조각가는 점토를 사용하여 아름다운 조각을 만들었다.

1232 share
[ʃɛər]

(명) 몫, 지분 (동) 나누다, 공유하다

He shared a funny story that made everyone laugh.
그는 모두를 웃게 만든 재미있는 이야기를 공유했다.

1233 shelter
[ʃéltər]

(명) 주거지, 피난처 (동) 피하다, 보호하다

The homeless man found shelter in an abandoned building during the storm.
노숙자는 폭풍우 동안 버려진 건물에서 피난처를 찾았다.

1234 shield
[ʃiːld]

(명) 방패, 보호물 (동) 보호하다, 가리다

Sunglasses shielded her eyes from the bright sunlight.
선글라스는 그녀의 눈을 강한 햇빛으로부터 보호했다.

1235 shoot
[ʃuːt]

(명) 촬영 (동) 쏘다

He aimed carefully and shot the arrow directly at the target.
그는 신중하게 조준하여 화살을 목표물에 직접 쏘았다.

1236 sign
[sain]

(명) 징후, 신호, 표지판 (동) 서명하다, 신호를 보내다

He saw a sign of hope in the dark clouds clearing.
그는 어두운 구름이 걷히는 것을 희망의 징후로 보았다.

1237 **sink**
[siŋk]

⑲ 싱크대 ⑧ 가라앉다, 침몰시키다

She watched the sunset sink below the horizon.
그녀는 일몰이 지평선 아래로 가라앉는 것을 지켜보았다.

1238 **slaughter**
[slɔ́:tər]

⑲ 도살, 학살 ⑧ 도살하다, 학살하다

The farmer took his livestock to the abattoir for slaughter.
농부는 가축을 도축장으로 데려가 도살했다.

1239 **smash**
[smæʃ]

⑲ 충돌 사고 ⑧ 박살내다, 부딪치다

The car smashed into a tree after skidding on the icy road.
차는 얼음길에서 미끄러진 후 나무에 부딪혔다.

DAY

25

1240 **subordinate**
[səbɔ́:rdənət]

⑲ 부하, 하급자 ⑱ 하급의, 종속된, 부차적인

He gave orders to his subordinates.
그는 부하 직원들에게 지시를 내렸다.

1241 **sniff**
[snif]

⑲ 킁킁거림 ⑧ 코를 훌쩍이다, 킁킁거리다, 냄새를 맡다

The dog sniffed the ground searching for a scent.
개는 흙을 냄새 맡으며 흔적을 찾았다.

1242 **sort**
[sɔːrt]

⑲ 종류, 유형 ⑧ 분류하다, 구분하다

She likes to sort her books by genre on the shelves.
그녀는 책을 장르별로 분류해서 책장에 놓는 것을 좋아한다.

1243 **span**
[spæn]

⑲ 한 뼘, 기간 ⑧ (기간에) 걸치다

The novel spans multiple generations, telling the story of a family over a century.
이 소설은 여러 세대에 걸쳐 하나의 가족 이야기를 전한다.

₁₂₄₄ **spark** [spɑːrk]	영 스파크, 불꽃 동 촉발시키다, 유발하다 The economic downturn sparked protests and demonstrations across the country. 경제 침체는 전국적으로 항의와 시위를 촉발시켰다.
₁₂₄₅ **spill** [spil]	영 유출, 유출물 동 쏟다, 흘리다 Be careful not to spill the milk when you pour it into the glass. 유리잔에 따를 때 우유를 쏟지 않도록 조심하세요.
₁₂₄₆ **spite** [spait]	영 악의, 심술 동 괴롭히다 They're just trying to spite us for no reason. 그들은 아무 이유 없이 우리를 괴롭히려고 할 뿐이다.
₁₂₄₇ **split** [split]	영 틈, 분열 동 쪼개다, 분리시키다 The company split the department into two divisions for better efficiency. 회사는 더 나은 효율성을 위해 그 부서를 두 개의 부문으로 분리시켰다.
₁₂₄₈ **spot** [spat]	영 점, 얼룩 동 발견하다, 찾다 She noticed a small spot of paint on her sleeve. 그녀는 소매에 작은 페인트 얼룩을 발견했다.
₁₂₄₉ **squeeze** [skwiːz]	영 짜기, 압박, 축소 동 짜내다 He squeezed the toothpaste tube to get the last bit out. 그는 마지막 조금 남은 치약을 짜내기 위해 치약 튜브를 조여 사용했다.
₁₂₅₀ **stack** [stæk]	영 더미, 무더기 동 쌓아올리다 He stacked the books neatly on the shelf. 그는 책들을 깔끔하게 책장에 쌓아올렸다.

DAY 25 — REVIEW & LEVEL-UP TEST ⏱ 제한시간 7분

◉ 괄호 안에 알맞은 단어를 고르시오.

01 The coast guard launched a [rescue / rest] operation to save the sailors stranded at sea.

02 The soccer fans started a [riot / screw] after their team lost the championship match.

03 A single mistake can [seal / ruin] a carefully built reputation.

◉ 다음 빈칸에 문맥상 적절한 단어를 고르시오.

• separate	• spill	• shame

04 He brought _____ upon his family by getting involved in illegal activities.

05 Please _____ the recyclables from the regular trash.

06 Be careful not to _____ your coffee on the carpet.

DAY
25

◉ 다음 빈칸에 적절한 뜻을 쓰시오.

07 The police decided to <u>release</u> the suspect due to lack of evidence.
경찰은 증거 부족으로 인해 용의자를 _____ 결정했다.

08 The detective uncovered a complex criminal <u>scheme</u> involving money laundering and identity theft.
형사는 자금 세탁과 신분 도용을 포함한 복잡한 범죄 _____을 밝혀냈다.

09 The <u>slaughter</u> of innocent civilians shocked the entire nation.
무고한 민간인들의 _____은 전국을 충격에 빠뜨렸다.

[해석 ☞ 네이버 카페 '진가영 영어 연구소'에서 확인]

정답 ▷

01 rescue	02 riot	03 ruin	04 shame	05 separate
06 spill	07 석방하기로	08 계획	09 학살	

DAY 26 PREVIEW & DIAGNOSIS TEST

01	stain		26	treasure
02	stamp		27	treat
03	stare		28	trick
04	stick		29	trigger
05	still		30	trim
06	stir		31	trouble
07	stitch		32	trouser
08	strain		33	tune
09	stream		34	twist
10	strike		35	uniform
11	string		36	upset
12	struggle		37	utter
13	suit		38	venture
14	survey		39	virgin
15	swallow		40	vote
16	sweep		41	voyage
17	swing		42	warrant
18	switch		43	whisper
19	tap		44	wire
20	tear		45	witness
21	tense		46	worship
22	thrill		47	worth
23	torture		48	wonder
24	trade		49	wound
25	transport		50	wreck

DAY 26   PREVIEW & DIAGNOSIS TEST ANSWER

01	stain	얼룩, 얼룩지다
02	stamp	우표, 도장, 발을 구르다, 찍다
03	stare	응시, 응시하다, 빤히 쳐다보다
04	stick	채, 스틱, 나뭇가지, 붙이다, 찌르다
05	still	고요한, 아직, 훨씬, 그런데도
06	stir	충격, 섞기, 젓다, 섞다
07	stitch	바늘 한 땀, 뜨개질 한 코, 꿰매다
08	strain	긴장, 중압, 잡아당기다, 혹사하다
09	stream	흐름, 개울, 줄줄 흐르다, 줄줄이 이동하다
10	strike	파업, 타격, 치다, 때리다
11	string	끈, 줄, 묶다, 매달다
12	struggle	투쟁, 분투, 고군분투하다
13	suit	슈트, 의복, 소송, 맞다, 적합하다
14	survey	조사, 살피다, 조사하다
15	swallow	제비, 삼키다
16	sweep	쓸기, 털기, 쓸다, 털다
17	swing	흔들기, 변화, 흔들다, 흔들리다
18	switch	스위치, 전환되다, 바뀌다
19	tap	수도꼭지, 톡톡 두드리다
20	tear	눈물, 찢다
21	tense	시제, 긴장한
22	thrill	전율, 스릴, 열광시키다, 신나게 만들다
23	torture	고문, 고문하다
24	trade	거래, 교역, 거래하다
25	transport	수송, 운송, 수송하다
26	treasure	보물, 대단히 소중히 여기다
27	treat	특별한 것, 대접, 대하다, 치료하다
28	trick	속임수, 속이다
29	trigger	방아쇠, 계기, 발사하다, 유발하다
30	trim	다듬기, 다듬다, 손질하다
31	trouble	골칫거리, 문제, 괴롭히다, 애 먹이다
32	trouser	바지의, 돈을 받다, 돈을 벌다
33	tune	곡조, 선율, 조율하다, 조정하다
34	twist	돌리기, 전환, 구부리다, 비틀다
35	uniform	제복, 유니폼, 동일한, 불변의, 균등한
36	upset	속상한, 속상하게 하다
37	utter	완전한, 순전한, 소리를 내다, 말을 하다
38	venture	모험, 벤처, (위험을 무릅쓰고) 가다
39	virgin	처녀, 동정의, 순결한
40	vote	투표, 투표하다
41	voyage	여행, 항해, 여행하다, 항해하다
42	warrant	보증, 영장, 보증하다, 권한을 주다
43	whisper	속삭임, 속삭이다, 귓속말하다
44	wire	철사, 선, 연결하다, 송금하다
45	witness	목격자, 목격하다
46	worship	예배, 숭배, 예배하다, 숭배하다
47	worth	가치, 값어치, ~의 가치가 있는
48	wonder	경탄, 경이, 궁금해 하다
49	wound	상처, 부상, 상처를 입히다
50	wreck	난파, 조난, 잔해, 난파시키다, 조난시키다

DAY 26

¹²⁵¹ **stain** [stein]	몡 얼룩 통 얼룩지다 She accidentally spilled wine on the carpet, leaving a noticeable stain. 그녀는 실수로 카펫에 와인을 쏟아, 눈에 띄는 얼룩을 남겼다.
¹²⁵² **stamp** [stæmp]	몡 우표, 도장 통 발을 구르다, 찍다 He put a stamp on the envelope before dropping it into the mailbox. 그는 우편함에 넣기 전에 편지 봉투에 우표를 붙였다.
¹²⁵³ **stare** [stɛər]	몡 응시 통 응시하다, 빤히 쳐다보다 When she entered the room, everyone stared at her. 그녀가 방에 들어오자 모든 사람이 그녀를 빤히 쳐다보았다.
¹²⁵⁴ **stick** [stik]	몡 채, 스틱, 나뭇가지 통 붙이다, 찌르다 The mud stuck to his shoes after walking through the wet grass. 그는 젖은 풀을 걸어서 신발에 진흙이 붙었다.
¹²⁵⁵ **still** [stil]	톙 고요한 閉 아직, 훨씬, 그런데도 She is still waiting for his call. 그녀는 그의 전화를 아직 기다리고 있다.
¹²⁵⁶ **stir** [stəːr]	몡 충격, 섞기 통 젓다, 섞다 Simply pour hot water into the soup and stir. 뜨거운 물을 국물에 붓고 저어주기만 하면 된다.
¹²⁵⁷ **stitch** [stiʧ]	몡 바늘 한 땀, 뜨개질 한 코 통 꿰매다 She used a needle and thread to stitch a button onto her shirt. 그녀는 바늘과 실을 사용해 셔츠에 단추를 꿰맸다.
¹²⁵⁸ **strain** [strein]	몡 긴장, 중압 통 잡아당기다, 혹사하다 Despite the strain, he managed to deliver a flawless performance on stage. 긴장에도 불구하고, 그는 무대에서 완벽한 공연을 했다.

stream
1259
[striːm]

몧 흐름, 개울 통 줄줄 흐르다, 줄줄이 이동하다
Tears streamed down his face.
눈물이 그의 얼굴을 타고 줄줄 흘렀다.

strike
1260
[straik]

몧 파업, 타격 통 치다, 때리다
The boxer delivered a powerful strike to his opponent's jaw.
복싱 선수는 상대방의 턱에 강력한 타격을 가했다.

string
1261
[striŋ]

몧 끈, 줄 통 묶다, 매달다
The violinist carefully tuned each string before the concert.
바이올리니스트는 콘서트 전에 각 줄을 신중하게 조정했다.

struggle
1262
[strʌgl]

몧 투쟁, 분투 통 고군분투하다
The child struggled to tie his shoes for the first time.
어린 아이는 처음으로 신발 끈을 묶는 데 고군분투했다.

DAY
26

suit
1263
[suːt]

몧 슈트, 의복, 소송 통 맞다, 적합하다
The role in the play suits her personality perfectly.
연극에서의 그 역할이 그녀의 성격과 완벽하게 맞는다.

survey
1264
[sərvéi]

몧 조사 통 살피다, 조사하다
We need to survey the damage caused by the storm.
우리는 폭풍이 초래한 피해를 조사해야 한다.

swallow
1265
[swάlou]

몧 제비 통 삼키다
The bird caught a fish and swallowed it whole.
그 새는 물고기를 잡아서 통째로 삼켰다.

1266 sweep
[swiːp]

뗑 쓸기, 털기 통 쓸다, 털다
She used a broom to sweep the floor clean.
그녀는 바닥을 깨끗하게 쓸기 위해 빗자루를 사용했다.

1267 swing
[swiŋ]

뗑 흔들기, 변화 통 흔들다, 흔들리다
The pendulum swung back and forth in the clock tower.
시계 추는 시계탑에서 왔다 갔다 흔들렸다.

1268 switch
[switʃ]

뗑 스위치 통 전환되다, 바뀌다
He decided to switch jobs to pursue a new career path.
그는 새로운 경력을 쫓기 위해 직장을 바꾸기로 결정했다.

1269 tap
[tæp]

뗑 수도꼭지 통 톡톡 두드리다
She turned on the tap to fill the glass with water.
그녀는 물을 따르기 위해 수도꼭지를 열었다.

1270 tear
[tiər]

뗑 눈물 통 찢다
She tore up the letter after reading it.
그녀는 그 편지를 읽고 나서 찢어버렸다.

1271 tense
[tens]

뗑 시제 톙 긴장한
The political situation in the country remains tense.
그 나라의 정치 상황은 여전히 긴장 상태에 있다.

1272 thrill
[θril]

뗑 전율, 스릴 통 열광시키다, 신나게 만들다
The crowd was thrilled by the singer's powerful voice.
관객들은 가수의 강렬한 목소리에 열광했다.

1273 torture
[tɔ́ːrtʃər]

옝 고문 통 고문하다

The relentless heat felt like torture during the summer months.
여름 동안 끊임없는 더위는 고문과 같았다.

1274 trade
[treid]

옝 거래, 교역 통 거래하다

The shopkeeper trades goods from all over the world.
그 가게 주인은 전 세계에서 온 상품을 거래한다.

1275 transport
[trænspɔ́ːrt]

옝 수송, 운송 통 수송하다

The goods must have been damaged in transport.
그 상품은 운송 중에 파손되었을 것이다.

1276 treasure
[tréʒər]

옝 보물 통 대단히 소중히 여기다

The pirates searched the island for buried treasure.
해적들은 묻힌 보물을 찾아 섬을 뒤졌다.

DAY
26

1277 treat
[triːt]

옝 특별한 것, 대접 통 대하다, 치료하다

Despite their differences, they always treat each other with respect and kindness.
그들은 서로의 차이를 불구하고 항상 예의와 친절로 대한다.

1278 trick
[trik]

옝 속임수 통 속이다

He fell for her trick and bought more than he had intended.
그는 그녀의 속임수에 넘어가 의도했던 것보다 더 많은 것을 샀다.

1279 trigger
[trígər]

옝 방아쇠, 계기 통 발사하다, 유발하다

The economic downturn triggered a series of layoffs at the company.
경제적 침체가 회사에서 일련의 해고를 유발했다.

1280 trim
[trim]

⑲ 다듬기 ⑧ 다듬다, 손질하다

She decided to trim her hair to shoulder length for a fresh new look.
그녀는 새로운 모습을 위해 머리를 어깨 길이로 다듬기로 결정했다.

1281 trouble
[trʌbl]

⑲ 골칫거리, 문제 ⑧ 괴롭히다, 애 먹이다

He got into trouble with the law after being caught speeding multiple times.
그는 여러 차례의 과속 적발 후 법적 문제에 휘말렸다.

1282 trouser
[tráuzər]

⑲ 바지의 ⑧ 돈을 받다, 돈을 벌다

He wore a crisp white shirt with black trousers to the job interview.
그는 면접 때 흰색 청결한 셔츠에 검은색 바지를 입었다.

1283 tune
[tjuːn]

⑲ 곡조, 선율 ⑧ 조율하다, 조정하다

The mechanic adjusted the engine to ensure it was running smoothly and in tune.
정비공은 엔진을 조정하여 원활하게 작동되고 있는지 확인했다.

1284 twist
[twist]

⑲ 돌리기, 전환 ⑧ 구부리다, 비틀다

He suddenly grabbed my arm and twisted it.
그는 갑자기 내 팔을 잡고 비틀었다.

1285 uniform
[júːnəfɔːrm]

⑲ 제복, 유니폼 ⑲ 동일한, 불변의, 균등한

Employees who do the same work are justified in getting the uniform wages.
같은 일을 하는 직원은 동일한 임금을 받는 것이 정당하다.

1286 upset
[ʌpset]

⑲ 속상한 ⑧ 속상하게 하다

His remarks upset her, but she tried not to show it.
그의 발언으로 그녀는 속상했지만, 그것을 보이지 않으려 했다.

1287 utter
[ʌtər]

(형) 완전한, 순전한 (동) 소리를 내다, 말을 하다
He had an utter disregard for authority and rules.
그는 권위와 규칙을 완전히 무시했다.

1288 venture
[véntʃər]

(명) 모험, 벤처 (동) (위험을 무릅쓰고) 가다
They decided to venture into the unknown territory in search
of new opportunities.
그들은 새로운 기회를 찾기 위해 알려지지 않은 지역으로 모험을 떠
나기로 결정했다.

1289 virgin
[vɔ́ːrdʒin]

(명) 처녀 (형) 동정의, 순결한
The story of the virgin bride was well-known.
순결한 신부의 이야기는 잘 알려져 있었다.

1290 vote
[vout]

(명) 투표 (동) 투표하다
I asked for a vote to decide where to go next.
다음에 갈 곳을 결정하기 위해 투표를 요청했다.

DAY
26

1291 voyage
[vɔ́iidʒ]

(명) 여행, 항해 (동) 여행하다, 항해하다
They embarked on a long voyage across the Atlantic Ocean
to explore new lands.
그들은 새로운 땅을 탐험하기 위해 대서양을 가로질러 긴 항해를 시
작했다.

1292 warrant
[wɔ́ːrənt]

(명) 보증, 영장 (동) 보증하다, 권한을 주다
The police obtained a search warrant to enter the suspect's
home.
경찰은 용의자의 집에 들어가기 위해 수색 영장을 획득했다.

1293 whisper
[hwíspər]

(명) 속삭임 (동) 속삭이다, 귓속말하다
She leaned close to him and whispered a secret into his ear.
그녀는 그에게 가까이 다가가서 비밀을 속삭였다.

1294 wire
[waiər]

(명) 철사, 선 (동) 연결하다, 송금하다
She wired money to her family overseas to help with their medical expenses.
그녀는 해외에 있는 가족에게 의료 비용 지원을 위해 돈을 송금했다.

1295 witness
[wítnis]

(명) 목격자 (동) 목격하다
She witnessed a beautiful sunset over the ocean during her vacation.
그녀는 휴가 중에 바다 위에서 아름다운 일몰을 목격했다.

1296 worship
[wə́ːrʃip]

(명) 예배, 숭배 (동) 예배하다, 숭배하다
They gathered every Sunday morning to worship at the local church.
그들은 지역 교회에서 예배하기 위해 매주 일요일 아침에 모였다.

1297 worth
[wəːrθ]

(명) 가치, 값어치 (형) ~의 가치가 있는
The antique vase was appraised at a worth of several thousand dollars.
그 고미술품 꽃병의 가치는 몇 천 달러로 평가되었다.

1298 wonder
[wʌ́ndər]

(명) 경탄, 경이 (동) 궁금해하다
My son wondered what life would be like on another planet.
내 아들은 다른 행성에서의 삶이 어떨지 궁금해 했다.

1299 wound
[wuːnd]

(명) 상처, 부상 (동) 상처를 입히다
He suffered a deep wound on his leg from the accident.
그는 사고로 다리에 깊은 상처를 입었다.

1300 wreck
[rek]

(명) 난파, 조난, 잔해 (동) 난파시키다, 조난시키다
There were still survivors in the wreck of the crashed plane.
추락한 비행기의 잔해 속에는 아직 생존자들이 있었다.

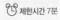

DAY 26   REVIEW & LEVEL-UP TEST   🕐 제한시간 7분

✅ 괄호 안에 알맞은 단어를 고르시오.

01 Airplanes are used to [treat / transport] passengers over long distances quickly.

02 She fell for his [trick / trigger] and ended up losing a significant amount of money.

03 Citizens are encouraged to exercise their right to [voyage / vote] in the upcoming election.

✅ 다음 빈칸에 문맥상 적절한 단어를 고르시오.

• swallow	• stamp	• tense

04 The post office issued a commemorative _____ to honor the famous scientist.

05 Children found it difficult to _____ because of the bitter taste of the medicine.

06 The atmosphere in the room became _____ as they waited for the results.

DAY
26

✅ 다음 빈칸에 적절한 뜻을 쓰시오.

07 The workers decided to go on <u>strike</u> to protest against unfair labor practices.
노동자들은 불공정한 노동 관행에 반발하여 _____을 결정했다.

08 Please <u>switch</u> the TV to channel 3 to watch the news.
뉴스를 보기 위해 TV를 3번 채널로 _____ 주세요.

09 Be careful not to <u>tear</u> the wrapping paper when opening the gift.
선물을 여는 동안 포장지를 _____ 않도록 주의하세요.

[해석 ☞ 네이버 카페 '진가영 영어 연구소'에서 확인]

01 transport	**02** trick	**03** vote	**04** stamp	**05** swallow
06 tense	**07** 파업	**08** 전환해	**09** 찢지	

DAY 27 PREVIEW & DIAGNOSIS TEST

제한시간 5분

01 in conjunction with _____

02 in place of _____

03 pervasive _____

04 persuasive _____

05 disastrous _____

06 reputable _____

07 empirical _____

08 carry on _____

09 passionate _____

10 conspicuous _____

11 passive _____

12 inside out _____

13 tentative _____

14 compose _____

15 publicize _____

16 discern _____

17 request _____

18 disclose _____

19 stand out _____

20 overwhelmed _____

21 depressed _____

22 optimistic _____

23 eligible _____

24 complementary _____

25 innovative _____

26 let down _____

27 indigenous _____

28 contingent on(upon) _____

29 from time to time _____

30 in no time _____

31 pleasant _____

32 confirm _____

33 clothes _____

34 ongoing _____

35 sensitive _____

36 put up with _____

37 revise _____

38 affect _____

39 take over _____

40 take on _____

41 take off _____

42 take after _____

43 enticing _____

44 enhanced _____

45 thrifty _____

46 futile _____

47 seize hold of _____

48 unprecedented _____

49 mediocre _____

50 aloof _____

DAY 27 PREVIEW & DIAGNOSIS TEST ANSWER

01 in conjunction with ~와 함께

02 in place of ~ 대신에

03 pervasive 만연한, 어디에나 있는

04 persuasive 설득력 있는

05 disastrous 비참한, 처참한

06 reputable 평판이 좋은, 존경할 만한

07 empirical 경험적인, 실증적인

08 carry on 계속하다

09 passionate 열정적인, 열렬한

10 conspicuous 눈에 잘 띄는, 뚜렷한

11 passive 수동적인, 소극적인

12 inside out 뒤집어서, 안팎으로, 철저하게, 속속들이

13 tentative 잠정적인, 시험적인, 망설이는

14 compose 구성하다

15 publicize 알리다, 광고하다

16 discern 식별하다, 분별하다, 알아보다, 인식하다

17 request 요청, 신청, 요구, 요청하다, 신청하다

18 disclose 밝히다, 드러내다

19 stand out 빼어나다, 눈에 띄다, 튀어나오다

20 overwhelmed 압도된

21 depressed 침체된, 낙담한

22 optimistic 낙관적인

23 eligible 적격의, 적임의

24 complementary 상호 보완적인

25 innovative 혁신적인

26 let down 실망시키다

27 indigenous 원산의, 토착의

28 contingent on(upon) ~여하에 달린

29 from time to time 때때로, 가끔

30 in no time 즉시, 당장

31 pleasant 즐거운, 기분이 좋은

32 confirm 확인하다, 확증하다

33 clothes 옷, 의복

34 ongoing 계속 진행 중인

35 sensitive 민감한, 섬세한

36 put up with 참다, 견디다

37 revise 개정하다, 정정[교정, 수정]하다

38 affect 영향을 주다, 작용하다, 감염시키다

39 take over 인수하다, 인계받다, 떠맡다

40 take on 떠맡다, 고용하다, 띠다

41 take off 이륙하다, 벗다, 쉬다, 빼다

42 take after ~을 닮다, ~을 쫓아가다[쫓아오다]

43 enticing 유혹적인, 마음을 끄는

44 enhanced 높인, 강화한

45 thrifty 절약[검약]하는

46 futile 헛된, 소용없는, 쓸모없는

47 seize hold of ~을 붙잡다, 잡다

48 unprecedented 전례 없는, 비길 데 없는

49 mediocre 보통의, 평범한

50 aloof 냉담한, 무관심한

1301 **in conjunction with**

~와 함께

This coupon cannot be used in conjunction with other coupons.
이 쿠폰은 다른 쿠폰과 함께 사용할 수 없다.
유 in combination with, along with

1302 **in place of**

~ 대신에

You can use milk in place of cream in this recipe.
이 요리법에서는 크림 대신에 우유를 써도 된다.
유 instead (of)

1303 **pervasive**
[pərvéisiv]

형 만연한, 어디에나 있는

This unconscious bias and racism is pervasive in our society.
이런 무의식적인 편견과 인종차별이 우리 사회에 만연해 있다.
유 widespread, prevalent, prevailing, ubiquitous, omnipresent

1304 **persuasive**
[pərswéisiv]

형 설득력 있는

I think a salesman must have a very persuasive way of talking.
나는 판매원은 설득력 있는 대화술이 있어야 한다고 생각한다.
유 convincing, compelling, cogent

1305 **disastrous**
[dizǽstrəs]

형 비참한, 처참한

There was no hope of escape from her disastrous marriage.
그녀가 비참한 결혼 생활에서 벗어날 희망이 없었다.
유 terrible, tragic, devastating, calamitous, catastrophic

1306 **reputable**
[répjətəbəl]

형 평판이 좋은, 존경할 만한

Reputable hospitals are popular in the area.
평판이 좋은 병원은 그 지역에서 인기가 많다.
유 존경할 만한 respectable
cf refutable 논박할 수 있는

1307 **empirical**
[impírikəl]

형 경험적인, 실증적인

The study is based on empirical data.
그 연구는 실증적 자료에 기초하고 있다.

1308 **carry on**

계속하다

Carry on with your work while I'm away.
내가 없는 동안 일을 계속하세요.
유 keep on, go on, continue

1309 passionate
[pǽʃənit]

형 열정적인, 열렬한

He's also really passionate about the work.
그는 정말로 그 일에 열정적이다.
유 enthusiastic, eager, ardent, zealous, fervent

1310 conspicuous
[kənspíkjuəs]

형 눈에 잘 띄는, 뚜렷한

The advertisements were all posted in a conspicuous place.
그 광고는 모두 눈에 잘 띄는 곳에 붙여져 있었다.
유 obvious, clear, evident, apparent, noticeable, outstanding, salient, striking, remarkable, manifest

1311 passive
[pǽsiv]

형 수동적인, 소극적인

He played a passive role in the relationship without trying to change anything.
그는 어떤 것도 바꾸려고 하지 않은 채 그 관계에서 수동적인 역할을 했다.
유 inactive 반 active 활동적인

1312 inside out

뒤집어서, 안팎으로, 철저하게, 속속들이

Her teacher knows this place inside out.
그녀의 선생님이 이곳을 속속들이 알고 있어.
유 철저하게 thoroughly, completely, totally

1313 tentative
['tentətɪv]

형 잠정적인, 시험적인, 망설이는

I have made tentative plans to take a trip to Seattle in July.
나는 7월에 시애틀 여행을 하기로 잠정적인 계획을 세워 놓았다.
유 잠정적인 provisional
시험적인 experimental

1314 compose
[kəmpóuz]

동 구성하다

Ten men compose the committee.
열 명의 남자들이 그 위원회를 구성하고 있다.
유 comprise, constitute, make up

1315 publicize
[pʌ́bləsàiz]

동 알리다, 광고하다

They flew to Europe to publicize the plight of the refugees.
그들은 난민들의 곤경을 널리 알리기 위해 유럽으로 날아갔다.
유 announce, broadcast, advertise, inform, notify

1316 discern
[disə́:r]

(통) 식별하다, 분별하다, 알아보다, 인식하다

No one can discern the difference between the two.
아무도 둘의 차이점을 식별할 수가 없다.

유 식별하다, 분별하다 distinguish, differentiate, discriminate
알아보다, 인식하다 perceive, detect, make out

1317 request
[rikwést]

(명) 요청, 신청, 요구   (통) 요청하다, 신청하다

He politely declined their request to join the committee.
그는 위원회에 참여하라는 그들의 요청을 공손하게 거절했다.

1318 disclose
[disklóuz]

(통) 밝히다, 드러내다

She refused to disclose any details about the incident.
그녀는 그 사건에 대한 어떤 세부 사항도 밝히기를 거부했다.

1319 stand out

빼어나다, 눈에 띄다, 튀어나오다

Ms. West, the winner of the silver in the women's 1,500 m event, stood out through the race.
여자 1,500미터 경기에서 은메달을 딴 West씨는 경주 내내 눈에 띄었다.

유 be impressive

1320 overwhelmed
[òuvərhwélm]

(형) 압도된

I was overwhelmed by the sheer quantity of information available.
나는 이용할 수 있는 정보의 양적 방대함에 압도되었다.

cf 압도적인 overwhelming

1321 depressed
[diprést]

(형) 침체된, 낙담한

The more she thought about it, the more depressed she became.
그녀는 그것에 대해 생각을 할수록 점점 더 낙담하게 되었다.

유 dismal, despondent, dejected, discouraged

1322 optimistic
[àptəmístik]

(형) 낙관적인

He was always optimistic and affected everyone he met in a positive way.
그는 항상 낙관적이었고 만나는 사람 모두에게 긍정적인 영향을 주었다.

유 sanguine   반 pessimistic 비관적인

eligible
1323
[élidʒəbl]

(형) 적격의, 적임의

The student is eligible for the scholarship.
그 학생은 장학금을 받을 자격이 있다.

complementary
1324
[kàmpləméntəri]

(형) 상호 보완적인

The school's approach must be complementary to that of the parents.
학교의 접근법이 학부모들의 접근법과 상호 보완적이어야 한다.
(유) reciprocal, interdependent

innovative
1325
[ínouvèitiv]

(형) 혁신적인

It is really exciting to be the first to try out new and innovative technology.
새롭고 혁신적인 기술을 맨 처음으로 시도해 본다는 것은 정말로 신나는 일이다.

let down
1326

실망시키다

He promised he wouldn't let his team down during the match.
그는 그 경기 중에 팀에 실망시키지 않겠다고 약속했다.
(유) disappoint, discourage

DAY
27

indigenous
1327
[indídʒənəs]

(형) 원산의, 토착의

The indigenous medical traditions in the area make extensive use of plants.
그 지역의 토착 의학 전통은 식물을 다방면에 걸쳐 이용한다.
(유) native, aboriginal
(cf) ingenious 독창적인

contingent on (upon)
1328

~여하에 달린

His success is contingent on his perseverance.
그의 성공은 인내 여부에 달려 있다.
(유) dependent on

from time to time
1329

때때로, 가끔

She has to work at weekends from time to time.
그녀는 가끔 주말에 일을 해야 한다.
(유) occasionally, sometimes, at times,
    now and then, once in a while

1330	**in no time**	즉시, 당장

The kids will be leaving home in no time.
아이들은 당장 집을 떠날 것이다.
유 at once, immediately, instantly

1331	**pleasant** ['pleznt]	(형) 즐거운, 기분이 좋은

It was pleasant to be alone again.
다시 혼자가 되니 즐거웠다.
유 pleasing, pleasurable, enjoyable, agreeable, delightful

1332	**confirm** [kənfə:rm]	(동) 확인하다, 확증하다

Please write to confirm your reservation.
서면으로 예약을 확인해 주세요.
유 corroborate, validate, verify, affirm

1333	**clothes** [klouz]	(명) 옷, 의복

She packed her clothes for the weekend trip.
그녀는 주말 여행을 위해 옷을 싸다.
유 clothing, costume, dress, outfit, attire, apparel, garment

1334	**ongoing** [a'ngouiŋ]	(형) 계속 진행 중인

Research into the behavioural patterns of abyssal fish is ongoing.
심해어의 행동 패턴에 대한 연구가 계속 진행 중이다.
유 continuing, in progress

1335	**sensitive** [sénsətiv]	(형) 민감한, 섬세한

This is a sensitive topic, so be careful.
이것은 민감한 주제이니, 조심하세요.
cf sensory 감각의, 지각의

1336	**put up with**	(동) 참다, 견디다

At this company, we will not put up with such behavior.
이 회사에서, 우리는 그런 행동을 참지 않을 것이다.
유 tolerate, endure, bear, stand

1337 **revise**
[riváiz]

(동) 개정하다, 정정[교정, 수정]하다

We wanted to revise our last order.
우리는 최근 주문 내용을 수정하고 싶었다.

(유) 바꾸다 change, alter, adjust, adapt, amend

1338 **affect**
[əfékt]

(동) 영향을 주다, 작용하다, 감염시키다

The new law will affect the local businesses.
새로운 법은 지역 사업에 영향을 미칠 것이다.

1339 **take over**

인수하다, 인계받다, 떠맡다

I'm going to take over his former position.
나는 그의 이전 직책을 인계받으려고 한다.

(유) assume

1340 **take on**

떠맡다, 고용하다, 띠다

I can't take on any more work at the moment.
나는 지금 더 많은 일을 떠맡을 수 없다.

(유) assume, undertake

1341 **take off**

이륙하다, 벗다, 쉬다, 빼다

The plane couldn't take off because of the heavy fog.
심한 안개로 비행기가 이륙할 수 없었다.

1342 **take after**

~을 닮다, ~을 쫓아가다[쫓아오다]

I take after mother more than father.
나는 아버지보다 어머니를 더 닮았다.

(유) 닮다 resemble

1343 **enticing**
[intáisiŋ]

(형) 유혹적인, 마음을 끄는

International cuisine would not be complete without its enticing selection of desserts.
국제적인 요리는 유혹적인 디저트 메뉴 없이 완성되지 않을 것이다.

(유) attractive, seductive, tempting, alluring, appealing, fascinating

1344 enhanced
[inhǽnst]

⑱ 높인, 강화한

The government's ability to control the sea is being enhanced.
정부의 해상 통제 능력이 강화되고 있다.

1345 thrifty
[θrífti]

⑱ 절약[검약]하는

His thrifty habits helped him save enough to buy a new car.
그의 절약하는 습관 덕분에 새 차를 사는 데 충분한 금액을 모았다.
😀 frugal, economical

1346 futile
[fjúːtl]

⑱ 헛된, 소용없는, 쓸모없는

Their efforts to revive him were futile.
그를 소생시키려는 그들의 노력은 소용이 없었다.
😀 fruitless, useless, worthless, pointless, vain, sterile, of no use

---

1347 seize hold of

~을 붙잡다, 잡다

She seized hold of my hand.
그녀가 내 손을 붙잡았다.

1348 unprecedented
[ənpreˈsideˌntid]

⑱ 전례 없는, 비길 데 없는

We are now witnessing an unprecedented increase in violent crime.
지금 우리는 전례 없는 폭력 범죄의 증가를 목격하고 있다.
😀 unsurpassed, unparalleled

1349 mediocre
[mìːdióukər]

⑱ 보통의, 평범한

Her school records are mediocre.
그녀의 학교 성적은 보통이다.
😀 ordinary, common, commonplace, average

1350 aloof
[əlúːf]

⑱ 냉담한, 무관심한

She acts aloof toward people because she is very shy.
그녀는 수줍음을 많이 타기 때문에 사람들에게 냉담한 태도를 취한다.
😀 apathetic, callous, indifferent, uninterested, nonchalant

REVIEW & LEVEL-UP TEST   🕐 제한시간 7분

◉ 괄호 안에 알맞은 단어를 고르시오.

01 Her [disastrous / persuasive] arguments convinced the board to approve the new project.

02 The restaurant is known for its [tentative / reputable] service and excellent food.

03 He remained [thrifty / aloof] during the meeting, not engaging in the discussion.

◉ 다음 빈칸에 문맥상 적절한 단어를 고르시오.

• futile	• let down	• in place of

04 They hired a temporary worker _____ the employee who was on leave.

05 The team's poor performance in the final match _____ their fans.

06 When the event was abruptly canceled, months of efforts for the event became _____.

◉ 다음 빈칸에 적절한 뜻을 쓰시오.

07 The influence of social media is <u>pervasive</u> in modern society.
소셜 미디어의 영향력은 현대 사회에서 _____ 있다.

08 It was a <u>pleasant</u> surprise to receive a handwritten letter from him.
그에게서 손으로 쓴 편지를 받아 _____.

09 The engineer needs to <u>revise</u> the design to improve its efficiency.
그 엔지니어는 효율성을 높이기 위해 설계를 _____ 한다.

— [해석 ☞ 네이버 카페 '진가영 영어 연구소'에서 확인]

01 persuasive	**02** reputable	**03** aloof	**04** in place of	**05** let down
06 futile	**07** 만연해	**08** 기분이 좋았다	**09** 수정해야	

DAY
27

DAY 28 PREVIEW & DIAGNOSIS TEST

제한시간 5분

01 unpretentious _____

02 get on _____

03 hit upon _____

04 meticulous _____

05 punctually _____

06 hesitant _____

07 periodically _____

08 brush up on _____

09 pore over _____

10 standard _____

11 discard _____

12 chronological _____

13 aggravate _____

14 meditate _____

15 facilitate _____

16 lenient _____

17 honest _____

18 take down _____

19 review _____

20 pose _____

21 debatable _____

22 reconcilable _____

23 augmentative _____

24 contradictory _____

25 make up _____

26 make over _____

27 make out _____

28 make up for _____

29 regardless of _____

30 with regard to _____

31 on behalf of _____

32 detriment _____

33 exclusive _____

34 impatient _____

35 reserved _____

36 dominate _____

37 insolvent _____

38 distracted _____

39 tranquility _____

40 extinction _____

41 depression _____

42 caution _____

43 fix _____

44 complication _____

45 call for _____

46 pick up _____

47 turn down _____

48 apprehend _____

49 encompass _____

50 insulate _____

DAY 28 PREVIEW & DIAGNOSIS TEST ANSWER

01	unpretentious	가식 없는, 잘난 체하지 않는
02	get on	~에 타다
03	hit upon	~을 (우연히) 생각해 내다
04	meticulous	신중한, 세심한, 꼼꼼한
05	punctually	시간대로, 정각에
06	hesitant	주저하는, 망설이는, 머뭇거리는
07	periodically	정기[주기]적으로
08	brush up on	~을 복습하다
09	pore over	~을 자세히 보다, ~을 조사하다
10	standard	기준, 수준, 일반적인, 보통의
11	discard	버리다, 폐기하다
12	chronological	연대순의, 발생[시간] 순서대로 된
13	aggravate	악화시키다, 화나게 하다
14	meditate	명상하다, 숙고하다
15	facilitate	가능하게[용이하게] 하다, 촉진[조장]하다
16	lenient	관대한
17	honest	정직한, 솔직한
18	take down	내리다, 무너뜨리다, 적어 두다
19	review	재검토하다, 복습하다
20	pose	자세, (문제 등을) 제기하다
21	debatable	논란[논쟁]의 여지가 있는
22	reconcilable	화해[조정]할 수 있는, 조화[일치]시킬 수 있는
23	augmentative	증가[확대]하는
24	contradictory	모순되는
25	make up	화장하다, 꾸며내다, 구성하다, 화해하다
26	make over	~을 양도하다, ~을 고치다

27	make out	~을 이해하다, ~을 알아보다
28	make up for	보상하다, 벌충[만회]하다
29	regardless of	~에 상관없이
30	with regard to	~에 관하여
31	on behalf of	~을 대신하여, ~을 대표하여
32	detriment	상해, 손상, 손해
33	exclusive	독점적인, 배타적인
34	impatient	참을성 없는, 조급한
35	reserved	내성적인, 과묵한, 보류된, 예약된
36	dominate	지배하다, 통치하다
37	insolvent	파산한
38	distracted	(정신이) 산만해진, 마음이 산란한
39	tranquility	고요, 평온
40	extinction	멸종, 소화(消火), 소등
41	depression	우울함, 불경기
42	caution	경고, 조심, 주의, ~에게 경고하다, 주의를 주다
43	fix	해결책, 고정하다, 수리하다
44	complication	문제, 합병증
45	call for	요청하다, 요구하다
46	pick up	다시 시작하다, 회복하다, 정리하다[치우다], 집다, 사다, 알게 되다, 태워주다, 체포하다
47	turn down	거절하다, (소리 · 온도 등을) 낮추다
48	apprehend	이해하다, 체포하다, 염려하다
49	encompass	포함하다, 에워싸다
50	insulate	절연[단열, 방음]하다, 분리[격리]하다

DAY
28

1351 unpretentious
[ə,nprite'nʃəs]

(형) 가식 없는, 잘난 체하지 않는

In common repute, he is unpretentious.
사람들이 평하기로는, 그는 잘난 체하지 않는다.
(유) modest, unassuming (반) pretentious 과시적인

1352 get on

~에 타다

He quickly got on the bus before it left.
그는 버스가 떠나기 전에 재빨리 탔다.

1353 hit upon

~을 (우연히) 생각해 내다

He hit upon the perfect title for her new novel.
그는 그녀의 새 소설의 완벽한 제목을 생각해 냈다.
(유) discover

1354 meticulous
[mətíkjələs]

(형) 신중한, 세심한, 꼼꼼한

She is considered a meticulous person.
그녀는 세심한 사람으로 간주된다.
(유) careful, fastidious, thorough, scrupulous, punctilious

1355 punctually
[pʌŋktʃuəli]

(부) 시간대로, 정각에

The meeting began punctually at 10.
회의는 10시 정각에 시작되었다.
(유) on time

1356 hesitant
[hézətənt]

(형) 주저하는, 망설이는, 머뭇거리는

She's hesitant about signing the contract.
그녀는 그 계약서에 서명하기를 망설이고 있다.
(유) reluctant, indecisive, in two minds

1357 periodically
[pìəriɑ́dikəli]

(부) 정기[주기]적으로

These factories are periodically inspected by government officials.
이들 공장은 정부 공무원이 정기적으로 시찰한다.

1358 brush up on

~을 복습하다

He should brush up on his legal knowledge.
그는 그의 법적 지식을 복습해야 한다.
(유) review, go over

1359 pore over

~을 자세히 보다, ~을 조사하다

I was told to let Jim pore over computer printouts.
나는 Jim이 컴퓨터 인쇄물을 자세히 보도록 하라는 말을 들었다.
유 examine, inspect, investigate, scrutinize, go over,
　　look into, delve into, probe into

1360 standard
[stǽndərd]

영 기준, 수준　형 일반적인, 보통의

The company adheres to strict quality standards for its products.
그 회사는 제품에 엄격한 품질 기준을 준수한다.

1361 discard
[diskɑ́:rd]

동 버리다, 폐기하다

Discard any foods that have come into contact with flood waters.
홍수로 인한 물에 접촉한 음식은 어떤 것이라도 폐기하십시오.
유 abandon, relinquish, dispose of, dispense with,
　　do away with, throw away, get rid of

1362 chronological
[krɑ,nəlɑ'dʒikəl]

형 연대순의, 발생[시간] 순서대로 된

The events in the history book are presented in chronological order.
역사 책에서 사건들은 연대순으로 제시됩니다.

1363 aggravate
[ǽgrəvèit]

동 악화시키다, 화나게 하다

Military intervention will only aggravate the conflict even further.
군사적 개입은 그 갈등을 훨씬 더 악화시킬 뿐이다.
유 exasperate, exacerbate
　　악화시키다 worsen, make worse

1364 meditate
[médətèit]

동 명상하다, 숙고하다

Meditate your way to less stress and better grades.
스트레스를 덜 받고 더 나은 점수를 받기 위해서 명상을 해라.
유 contemplate, ponder

1365 facilitate
[fəsílətèit]

동 가능하게[용이하게] 하다, 촉진[조장]하다

The new trade agreement should facilitate more rapid economic growth.
새로운 무역 협정은 더 빠른 경제 성장을 가능하게 할 것이다.
유 expedite, accelerate, precipitate

DAY
28

1366 lenient
[líːniənt]

(형) 관대한
The judge was far too lenient with him.
판사가 그에게 너무 관대했다.
(유) generous, merciful, magnanimous

1367 honest
[ánist]

(형) 정직한, 솔직한
She always gives honest opinions about everything.
그녀는 항상 모든 것에 대해 솔직한 의견을 준다.

1368 take down

내리다, 무너뜨리다, 적어 두다
Take down the list of medicines now.
이제 약 목록을 받아 적으세요.
(유) 적어 두다 jot down, put down, note down, write down

1369 review
[rivjúː]

(동) 재검토하다, 복습하다
The president reviewed the project he'd suggested.
사장은 그가 제안했던 프로젝트를 재검토했다.
(유) 복습하다 brush up on

1370 pose
[pouz]

(명) 자세 (동) (문제 등을) 제기하다
She posed for a photograph with her family at the beach.
그녀는 해변에서 가족과 함께 사진을 찍기 위해 자세를 취했다.
(유) 제기하다 raise, bring up

1371 debatable
[dɪ'beɪtəbl]

(형) 논란[논쟁]의 여지가 있는
It is debatable whether nuclear weapons actually prevent war.
핵무기가 실제로 전쟁을 막을 것인지에 대해서는 논란의 여지가 있다.
(유) controversial, arguable

1372 reconcilable
[rékənsàiləbl]

(형) 화해[조정]할 수 있는, 조화[일치]시킬 수 있는
I presume that those answers are reconcilable.
내가 추측컨대 그 대답들은 조정할 수 있다.
(유) compatible, consistent, congruous, congruent

1373 augmentative
[ɔːgméntətiv]

(형) 증가[확대]하는

The team implemented augmentative techniques to enhance productivity.
팀은 생산성을 향상시키기 위해 증가 기술을 도입했다.

1374 contradictory
[kàntrədíktəri]

(형) 모순되는

The advice I received was often contradictory.
내가 받는 충고는 흔히 모순적이었다.
(유) conflicting, incompatible

1375 make up

화장하다, 꾸며내다, 구성하다, 화해하다

When children quarrel, they soon make up.
아이들은 싸움하면, 곧 화해한다.

1376 make over

~을 양도하다, ~을 고치다

He made over the property to his eldest son.
그는 재산을 장남에게 양도했다.

1377 make out

~을 이해하다, ~을 알아보다

I could just make out a figure in the darkness.
난 어둠 속에서 어떤 형체가 있다는 것만 간신히 알아볼 수 있었다.

DAY
28

1378 make up for

보상하다, 벌충[만회]하다

She tried to make up for her shabby treatment of him.
그녀는 그를 부당하게 대한 것을 보상해 주려고 했다.
(유) compensate for, reimburse

1379 regardless of

~에 상관없이

Everyone has the right to good medical care regardless of their ability to pay.
모든 사람은 치료비 지불 능력에 상관없이 좋은 치료를 받을 권리가 있다.
(유) irrespective of, without regard to

1380 with regard to
~에 관하여
Don't worry about it with regard to its cost.
그것의 가격에 관해서는 걱정하지 마라.
㈌ regarding, concerning, when it comes to,
with respect to, as to, as for, in terms of

1381 on behalf of
~을 대신하여, ~을 대표하여
On behalf of the department I would like to thank you all.
부서를 대표하여 여러분 모두에게 감사를 드리고 싶습니다.

1382 detriment [détrəmənt]
㈅ 상해, 손상, 손해
He wants to live long without detriment to his health.
그는 자신의 건강을 손상하지 않고 오래 살고 싶어한다.

1383 exclusive [iksklú:siv]
㈅ 독점적인, 배타적인
Students have complained about the exclusive rooms.
학생들은 독점적인 특별실에 대해 불평했다.

1384 impatient [impéiʃənt]
㈅ 참을성 없는, 조급한
As time went on he grew more and more impatient.
시간이 흐를수록 그는 더욱 더 조급해졌다.

1385 reserved [rɪ'zɜ:rvd]
㈅ 내성적인, 과묵한, 보류된, 예약된
She's quiet and reserved, not a demonstrative person.
그 여자는 조용하고 내성적인 사람이지, 감정을 드러내는 사람이 아니다.
㈌ 과묵한 uncommunicative, mute, taciturn, reticent

1386 dominate [dάmənèit]
㈍ 지배하다, 통치하다
In the future, the Oriental style of design will dominate the world.
미래에는 동양적인 스타일의 디자인이 세계를 지배할 것이다.
㈌ govern, control

1387 insolvent [insάlvənt]
형 파산한
The company has been declared insolvent.
그 회사는 파산 선고를 받았다.
유 broke, bankrupt

1388 distracted [dɪˈstræktɪd]
형 (정신이) 산만해진, 마음이 산란한
It's easy to be distracted and let your attention wander.
신경이 흐트러져 주의력이 산만해지기가 쉽다.
유 distraction 주의산만, 오락

1389 tranquility ['træŋkwɪləti]
명 고요, 평온
You can add refinement and tranquility to your residence.
여러분의 주택에 우아함과 평온함을 더 할 수 있을 것입니다.

1390 extinction [ɪkˈstɪŋkʃn]
명 멸종, 소화(消火), 소등
The society was set up to preserve endangered species from extinction.
그 협회는 멸종 위기에 처한 종들이 멸종되지 않도록 보호하기 위해 결성되었다.
유 멸종 extermination, annihilation

1391 depression [dɪpréʃən]
명 우울함, 불경기
Many unemployed people experience feelings of isolation and depression.
많은 실업자들이 고립감과 우울증을 겪는다.
유 불경기 recession, stagnation

1392 caution [kɔ́ːʃən]
명 경고, 조심, 주의 동 ~에게 경고하다, 주의를 주다
The situation is dangerous and the UN is urging caution.
상황이 위험하여 유엔이 강력히 주의를 권고하고 있다.
유 경고 warning

1393 fix [fɪks]
명 해결책 동 고정하다, 수리하다
To fix his car, he needs a new gadget.
차를 수리하려면 그는 새로운 부품이 필요하다.
유 수리하다 mend, repair, remedy, patch up, put right

DAY 28

Part 02 공무원 핵심 어휘 DAY 28   257

| 1394 | **complication**
[kàmpləkéiʃən] | 몡 문제, 합병증
Permanent blindness can be a complication of fungal infections.
영구적인 실명은 곰팡이 감염의 합병증일 수 있다. |

| 1395 | **call for** | 요청하다, 요구하다
A police officer saw a robbery happening and called for back-up.
한 경관이 강도를 목격하고 지원을 요청했다.
🔵 require, request, demand |

| 1396 | **pick up** | 다시 시작하다, 회복하다, 정리하다[치우다], 집다, 사다,
알게 되다, 태워주다, 체포하다
The monorail has stopped to pick up passengers.
모노레일이 승객들을 태우려고 정차했다. |

| 1397 | **turn down** | 거절하다, (소리·온도 등을) 낮추다
The purpose of this letter is to turn down an invitation.
이 편지의 목적은 초대를 거절하기 위한 것이다.
🔵 거절하다 reject, refuse, decline |

| 1398 | **apprehend**
[æprihénd] | 동 이해하다, 체포하다, 염려하다
Its aesthetic significance seems to be very difficult to apprehend.
그것의 미적 의미는 이해하기 매우 어려워 보인다. |

| 1399 | **encompass**
[inkʌ́mpəs] | 동 포함하다, 에워싸다
Our financial support should encompass the whole sector.
우리의 재정 지원은 모든 영역을 포함해야만 한다.
🔵 포함하다 include, involve
에워싸다 surround, enclose |

| 1400 | **insulate**
[ínsəlèit] | 동 절연[단열, 방음]하다, 분리[격리]하다
I insulated a wire with a rubber tube.
나는 전선을 고무 피복으로 절연하였다.
🔵 분리[격리]하다 isolate, seclude, separate, segregate |

DAY 28 REVIEW & LEVEL-UP TEST

🕐 제한시간 7분

◉ 괄호 안에 알맞은 단어를 고르시오.

01 He acts [augmentative / unpretentious] despite his high status.

02 She decided to [dominate / discard] the old clothes she no longer wore.

03 He sought therapy to cope with his [extinction / depression] after experiencing a series of setbacks.

◉ 다음 빈칸에 문맥상 적절한 단어를 고르시오.

• distracted	• impatient	• brush up on

04 I need to _____ my French before my trip to Paris.

05 He grew _____ as the deadline approached.

06 She couldn't focus on her work because she was too _____ by the noisy construction outside.

◉ 다음 빈칸에 적절한 뜻을 쓰시오.

07 He kept <u>meticulous</u> records of all his expenses.

그는 모든 지출에 대해 _____ 기록을 남겼다.

08 The effectiveness of this new drug is <u>debatable</u> among medical experts.

이 새로운 약의 효과에 대해서는 의학 전문가들 사이에서 _____.

09 The politician's promises before the election were <u>contradictory</u> to his actions after taking office.

선거 전에 정치인의 약속들은 그가 취임한 후의 행동과 _____.

DAY

28

[해석 ☞ 네이버 카페 '진가영 영어 연구소'에서 확인!]

정답

01 unpretentious **02** discard **03** depression **04** brush up on **05** impatient
06 distracted **07** 꼼꼼하게 **08** 논쟁의 여지가 있다 **09** 모순되었다

DAY 29 PREVIEW & DIAGNOSIS TEST 제한시간 5분

01 recyclable _____

02 alleviate _____

03 complement _____

04 boast _____

05 ban _____

06 look after _____

07 imitate _____

08 exclude _____

09 excavate _____

10 pack _____

11 erase _____

12 sheer _____

13 scary _____

14 occasional _____

15 manageable _____

16 stabilize _____

17 dump _____

18 paramount _____

19 particular _____

20 confer _____

21 ambitious _____

22 intimidate _____

23 deceptive _____

24 make do with _____

25 susceptible _____

26 overlap _____

27 equivalent _____

28 associative _____

29 turn into _____

30 give up _____

31 serve as _____

32 depend on(upon) _____

33 rule out _____

34 trace _____

35 equate _____

36 provoke _____

37 needy _____

38 whole _____

39 pacify _____

40 tempt _____

41 obsolete _____

42 prevalent _____

43 competent _____

44 nimble _____

45 distinctive _____

46 impressive _____

47 recessive _____

48 offensive _____

49 proficient _____

50 sobriety _____

DAY 29 PREVIEW & DIAGNOSIS TEST ANSWER

01	recyclable	재활용할 수 있는	26	overlap
02	alleviate	완화시키다, 경감하다	27	equivalent
03	complement	보완하다, 보충하다		

01 recyclable　재활용할 수 있는

02 alleviate　완화시키다, 경감하다

03 complement　보완하다, 보충하다

04 boast　뽐내다, 자랑하다

05 ban　금지,금(지)하다

06 look after　~을 돌보다, 보살피다

07 imitate　모방하다, 흉내 내다

08 exclude　제외하다, 배제하다

09 excavate　파다, 발굴하다

10 pack　(짐을) 싸다, 포장하다

11 erase　지우다

12 sheer　순전한, 순수한, 완전한

13 scary　무서운, 겁많은

14 occasional　가끔의, 때때로의

15 manageable　관리할 수 있는

16 stabilize　안정[고정]시키다

17 dump　폐기장, 버리다

18 paramount　가장 중요한, 최고의

19 particular　특정한, 특별한

20 confer　상의하다, 수여하다

21 ambitious　대망을 품은, 야심[야망]을 가진

22 intimidate　겁을 주다, 위협하다

23 deceptive　속이는, 기만적인, 현혹하는

24 make do with　~으로 임시변통하다, 때우다

25 susceptible　민감한, ~에 취약한

26 overlap　겹치다, 포개다

27 equivalent　대응물, 상당 어구, 동등한, 상응하는

28 associative　연합의, 조합하는

29 turn into　~로 바뀌다[되다, 변하다]

30 give up　포기하다, 그만두다

31 serve as　~의 역할을 하다

32 depend on(upon)　~에 의존하다

33 rule out　제외시키다, 배제하다

34 trace　따라가다, 추적하다

35 equate　동일시하다

36 provoke　화나게 하다, 유발하다, 선동하다

37 needy　(경제적으로) 어려운, 궁핍한

38 whole　전체, 전체의, 모든

39 pacify　달래다, 진정시키다

40 tempt　유혹하다, 유도하다

41 obsolete　구식의, 쇠퇴한, 쓸모없는

42 prevalent　널리 퍼져 있는, 유행하는

43 competent　유능한, 적임의

44 nimble　빠른, 민첩한, 영리한

45 distinctive　독특한, 특색이 있는

46 impressive　인상적인, 인상 깊은

47 recessive　열성(劣性)의, 퇴행[역행]의

48 offensive　모욕적인, 불쾌한, 공격적인

49 proficient　능숙한, 숙달된

50 sobriety　취하지 않은 상태, 진지함, 금주

DAY
29

recyclable
1401
[riːˈsaɪkləbl]

(형) 재활용할 수 있는

One solution is to use paper bags because they are recyclable.
한 가지 해결책은 종이 가방을 사용하는 것인데 종이 가방은 재활용이 가능하기 때문이다.

alleviate
1402
[əlíːvièit]

(동) 완화시키다, 경감하다

A number of measures were taken to alleviate the problem.
그 문제를 완화하기 위해 많은 조치가 취해졌다.
(유) reduce, ease, relieve, soothe, allay, assuage,
pacify, placate, mitigate, mollify

complement
1403
[kάmpləmənt]

(동) 보완하다, 보충하다

The administration, legislation, and judicature systems complement one another.
행정, 입법, 사법 시스템은 서로를 보완한다.
(유) supplement

boast
1404
[boust]

(동) 뽐내다, 자랑하다

She likes to boast about her achievements at work.
그녀는 직장에서의 성과를 자랑하기를 좋아한다.

ban
1405
[bæn]

(명) 금지 (동) 금(지)하다

The school banned students from using their phones during class.
학교는 학생들에게 수업 중 핸드폰 사용을 금지했다.

look after
1406

~을 돌보다, 보살피다

She is engaged as a nursemaid to look after the children.
그녀는 아이들을 돌보는 보모로 일한다.
(유) take care of

imitate
1407
[ímitèit]

(동) 모방하다, 흉내 내다

No computer can imitate the complex functions of the human brain.
어떤 컴퓨터도 인간 두뇌의 복잡한 기능을 모방할 수 없다.
(유) copy, mimic, emulate

exclude
1408
[iksklúːd]

(동) 제외하다, 배제하다

We cannot exclude the possibility of a recurrence of terrorist attacks.
우리는 또 다른 테러의 가능성을 배제할 수 없다.
(유) preclude, rule out, factor out

1409 excavate
[ékskəvèit]

동 파다, 발굴하다

It takes a long time to excavate a wall painting.
벽화 한 점을 발굴하는 데는 많은 시간이 걸린다.
유 exhume, unearth, burrow, dig up, dig out

1410 pack
[pæk]

동 (짐을) 싸다, 포장하다

I told him fair and square to pack his bags.
나는 그에게 바로 대놓고 짐을 싸라고 했다.
반 unpack (꾸러미·짐을) 풀다

1411 erase
[iréis]

동 지우다

She tried to erase the memory of that evening.
그녀는 그날 저녁의 기억을 지워 버리려고 애썼다.
유 delete, remove, obliterate, efface, expunge,
eliminate, wipe out, cross out, scratch out

1412 sheer
[ʃiər]

형 순전한, 순수한, 완전한

It was her sheer persistence that wore them down in the end.
결국 그들이 무너진 것은 그녀의 순전한 고집 때문이었다.
유 utter, pure, downright

1413 scary
[skéəri]

형 무서운, 겁많은

He told me a scary story last night.
그는 어젯밤 나에게 무서운 이야기를 했다.

1414 occasional
[əkéiʒənəl]

형 가끔의, 때때로의

We all need an occasional escape from our boring routines.
우리는 모두 가끔씩 지루한 일과로부터의 탈출이 필요하다.

1415 manageable
[mǽnidʒəbl]

형 관리할 수 있는

With proper planning, the project deadlines are manageable.
적절한 계획을 통해 프로젝트의 마감 기한을 관리할 수 있다.

DAY
29

stabilize
[stéibəlàiz]
1416

⑧ 안정[고정]시키다
The government intervened to stabilize the won.
원화를 안정시키려고 정부가 개입했다.

dump
[dʌmp]
1417

⑲ 폐기장 ⑧ 버리다
I decided to dump my old living room furniture.
오래된 거실 가구를 버리기로 결정했다.

paramount
[pǽrəmàunt]
1418

⑱ 가장 중요한, 최고의
The paramount duty of the physician is to do no harm.
내과 의사의 가장 중요한 의무는 아무런 손해를 입히지 않는 것이다.
⑨ chief, supreme, prime, principal, foremost

particular
[pərtíkjulər]
1419

⑱ 특정한, 특별한
She has a particular interest in ancient history.
그녀는 고대 역사에 특별한 관심을 가지고 있다.

confer
[kənfə́:r]
1420

⑧ 상의하다, 수여하다
He conferred with his lawyer before signing the contract.
그는 계약서에 서명하기 전에 변호사와 상의했다.

ambitious
[æmˈbɪʃəs]
1421

⑱ 대망을 품은, 야심[야망]을 가진
They were very ambitious for their children.
그들은 자녀들에 대해서 야심이 컸다.

intimidate
[intímədèit]
1422

⑧ 겁을 주다, 위협하다
People with power should not intimidate weak people.
권력을 가진 사람들은 약자를 위협해서는 안 된다.
⑨ scare, threaten, browbeat, daunt, menace
cf intimate 친밀한, 사적인, 개인적인

1423 deceptive
[diséptiv]

(형) 속이는, 기만적인, 현혹하는
Appearances can be deceptive, so be careful.
겉모습은 속일 수 있으니 조심하세요.

1424 make do with

~으로 임시변통하다, 때우다
I usually make do with bread and milk for breakfast.
나는 아침을 보통 빵과 우유로 때운다.
(유) manage with

1425 susceptible
[səséptəbəl]

(형) 민감한, ~에 취약한
Some of these plants are more susceptible to frost damage than others.
이들 식물 중 일부는 다른 것들보다 서리 피해에 더 민감하다.
(유) vulnerable, weak

1426 overlap
['əʊvəlæp]

(동) 겹치다, 포개다
The shingles overlapped beautifully.
지붕 판자가 아름답게 겹쳐져 있었다.

1427 equivalent
[ikwívələnt]

(명) 대응물, 상당 어구 (형) 동등한, 상응하는
These two diamonds are equivalent in value.
이 두 개의 다이아몬드는 동등한 값어치를 지니고 있다.
(유) 대응물 counterpart

1428 associative
[əsóuʃièitiv]

(형) 연합의, 조합하는
The associative movement had now touched thousands of hearts in this country.
연합 운동은 이제 이 나라의 수천 명의 마음을 감동시켰다.

1429 turn into

~로 바뀌다[되다, 변하다]
But this behavior can turn into a bad habit.
하지만 이런 행동은 나쁜 습관으로 바뀔 수 있다.
(유) convert into, transform into

DAY
29

1430 give up

포기하다, 그만두다
Hypnosis helped me give up smoking.
최면술이 내가 담배를 포기하는 것을 도와주었다.
㊤ abandon, renounce, relinquish, forgo

1431 serve as

~의 역할을 하다
His experience abroad served as a valuable asset.
그의 해외에서의 경험은 귀중한 자산으로서의 역할을 했다.

1432 depend on (upon)

~에 의존하다
Children greatly depend on their parents.
아이들은 부모에게 대단히 의존한다.
㊤ rely on, count on, hinge on, lean on, rest on, fall back on, turn to, look to, resort to

1433 rule out

제외시키다, 배제하다
There are some diseases your doctor will rule out before making a diagnosis.
당신의 의사가 진단을 내리기 전에 제외시킬 일부 질병들이 있다.
㊤ exclude, preclude, factor out

1434 trace [treis]

(동) 따라가다, 추적하다
Our efforts to trace him turned up nothing.
그를 추적하려는 우리의 노력은 아무것도 찾아 내지 못했다.
㊤ track down

1435 equate [ikwéit]

(동) 동일시하다
Some people equate education with exam success.
일부 사람들은 교육을 시험을 잘 치는 것과 동일시한다.

1436 provoke [prəvóuk]

(동) 화나게 하다, 유발하다, 선동하다
Dairy products may provoke allergic reactions in some people.
유제품은 일부 사람들에게 알레르기 반응을 유발할지도 모른다.
㊤ 화나게 하다 irritate, infuriate, incense, enrage

1437 needy
[níːdi]

(형) (경제적으로) 어려운, 궁핍한

His heart moved him to help the needy.
동정심에 이끌려 궁핍한 사람들을 도왔다.

😀 poor, penniless, destitute, deprived,
    impoverished, indigent, impecunious

1438 whole
[houl]

(명) 전체 (형) 전체의, 모든

She ate the whole pizza by herself.
그녀는 혼자서 피자 전체를 다 먹었다.

1439 pacify
[pǽsəfài]

(동) 달래다, 진정시키다

It was difficult for the police to pacify the angry crowd.
경찰이 성난 군중을 진정시키기란 힘든 일이었다.

😀 allay, appease, assuage, calm (down), conciliate,
    soothe, placate, mollify, tranquilize

1440 tempt
[tempt]

(동) 유혹하다, 유도하다

The smell of freshly baked cookies tempted me to have one before dinner.
막 구운 쿠키의 향기가 저녁 전에 하나 먹게 유혹했다.

1441 obsolete
[ɑ̀ːbsəˈliːt]

(형) 구식의, 쇠퇴한, 쓸모없는

With technological changes many traditional skills have become obsolete.
과학 기술 변화로 인해 많은 전통적 기능들이 쓸모가 없어졌다.

😀 outdated, outmoded, old-fashioned, out of fashion,
    out of date

1442 prevalent
[prévələnt]

(형) 널리 퍼져 있는, 유행하는

The use of smartphones is prevalent among teenagers.
스마트폰 사용은 청소년들 사이에서 널리 퍼져 있다.

😀 widespread, pervasive, prevailing, ubiquitous,
    omnipresent

1443 competent
[kɑ́mpətənt]

(형) 유능한, 적임의

I heard that the new employee is competent in financial analysis.
그 신입 사원이 재무 분석에 유능하다고 들었다.

😀 유능한 able, capable, proficient, adept, adroit, skilled, skillful
    적임의 qualified, eligible

DAY
29

1444	**nimble** [ˈnɪmbl]	(형) 빠른, 민첩한, 영리한 She played the guitar with nimble fingers. 그녀는 빠른 손놀림으로 기타를 연주한다. (유) 빠른 speedy, quick
1445	**distinctive** [dɪˈstɪŋktɪv]	(형) 독특한, 특색이 있는 Some people have distinctive characteristics. 어떤 사람들은 독특한 성격을 가졌다. (유) characteristic
1446	**impressive** [imprésiv]	(형) 인상적인, 인상 깊은 The architecture of the ancient cathedral was very impressive. 고대 대성당의 건축은 아주 인상적이었다.
1447	**recessive** [rɪˈsesɪv]	(형) 열성(劣性)의, 퇴행[역행]의 While the dry type is recessive and found among Native American and Asian people. 반면 건조한 타입은 열성이고 북미 원주민(인디언)과 아시아인 중에서 발견된다.
1448	**offensive** [əfénsiv]	(형) 모욕적인, 불쾌한, 공격적인 His comments were considered highly offensive by many people. 그의 발언은 많은 사람들에게 매우 모욕적으로 여겨졌다.
1449	**proficient** [prəfíʃənt]	(형) 능숙한, 숙달된 There are many students in our class who are proficient in several languages. 우리 반에는 몇 개 언어에 능숙한 학생들이 많이 있다. (유) skilled, skillful, deft, adept, adroit, dexterous, capable, competent
1450	**sobriety** [səˈbraɪəti]	(명) 취하지 않은 상태, 진지함, 금주 The solemnity of the occasion filled us with sobriety. 그 사건의 중대함이 우리를 진지하게 만들었다. (유) 금주 temperance 진지함 seriousness

DAY 29 | REVIEW & LEVEL-UP TEST

⏱ 제한시간 7분

◉ 괄호 안에 알맞은 단어를 고르시오.

01 Deep breathing exercises can help [alleviate / complement] stress and promote relaxation.

02 The team worked tirelessly to [excavate / exclude] the buried treasure hidden beneath the ancient ruins.

03 Make sure to separate [recyclable / associative] materials from the regular trash.

◉ 다음 빈칸에 문맥상 적절한 단어를 고르시오.

• scary	• look after	• give up

04 The babysitter was hired to _____ the children while their parents went out for dinner.

05 Walking alone in the dark forest at night can be a _____ experience.

06 She decided to _____ smoking for the sake of her health.

◉ 다음 빈칸에 적절한 뜻을 쓰시오.

07 She couldn't help but <u>boast</u> about her daughter's success.

그녀는 딸의 성공을 _____ 않을 수 없었다.

08 International efforts are needed to <u>stabilize</u> the political situation in the region.

지역의 정치 상황을 _____ 위해 국제적인 노력이 필요하다.

09 Safety is the <u>paramount</u> factor in all workplaces.

모든 직장에서 안전이 _____ 요소이다.

DAY

|29

[해석 ☞ 네이버 카페 '진가영 영어 연구소'에서 확인]

정답

01 alleviate	**02** excavate	**03** recyclable	**04** look after	**05** scary
06 give up	**07** 자랑하지	**08** 안정시키기	**09** 가장 중요한	

DAY 30 | PREVIEW & DIAGNOSIS TEST

⏱ 제한시간 5분

01	concern		26	cheerful
02	drop by		27	volunteer
03	abide by		28	curtail
04	fill up		29	inquiry
05	in no way		30	commotion
06	view		31	assert
07	anonymity		32	spread
08	hospitality		33	pompous
09	disrespect		34	genuine
10	for good		35	disparate
11	respectful		36	faulty
12	profitability		37	imperative
13	predictability		38	reasonable
14	feasibility		39	various
15	pain		40	nocturnal
16	antidote		41	eternal
17	cut back		42	humility
18	keep up		43	inextricably
19	hold back		44	transparent
20	stand for		45	memorable
21	stand up for		46	servile
22	quarrel		47	gregarious
23	pejorative		48	avert
24	extrovert		49	evoke
25	redundant		50	beneficial

DAY 30 PREVIEW & DIAGNOSIS TEST ANSWER

01	concern	관계, 관심, 걱정, 우려, 관련된 것이다, ~를 걱정스럽게 만들다
02	drop by	(잠깐) 들르다
03	abide by	준수하다, 지키다
04	fill up	가득 채우다
05	in no way	결코[조금도] ~ 않다
06	view	보기, 관점, 견해, 보다, 간주하다
07	anonymity	익명(성), 무명
08	hospitality	환대, 후한 대접
09	disrespect	무례, 결례, 경멸
10	for good	영원히
11	respectful	공손한, 경의를 표하는
12	profitability	수익성
13	predictability	예측 가능성
14	feasibility	(실행) 가능성
15	pain	아픔, 고통
16	antidote	해독제, 해결책
17	cut back	축소하다, 삭감하다
18	keep up	계속하다, 유지하다
19	hold back	저지하다, 억제하다, 참다
20	stand for	~을 지지하다, ~을 나타내다, ~을 상징하다
21	stand up for	~을 지지하다, 옹호하다
22	quarrel	말다툼, 언쟁, 싸우다, 언쟁하다
23	pejorative	경멸적인
24	extrovert	외향적인 사람, 외향적인
25	redundant	여분의, 과다한, 장황한, 불필요한

26	cheerful	기분 좋은, 쾌활한, 명랑한
27	volunteer	지원자, 자진하여 하다
28	curtail	줄이다, 축소하다, 삭감하다
29	inquiry	질문, 연구, 조사
30	commotion	동요, 소란, 소동, 혼란
31	assert	주장하다
32	spread	펼치다[펴다], 퍼뜨리다
33	pompous	거만한, 젠체하는
34	genuine	진짜의, 진품의, 진실한
35	disparate	다른, 이질적인
36	faulty	결점[결함]이 있는, 불완전한
37	imperative	필수적인, 긴급한
38	reasonable	합리적인, 타당한, 사리분별이 있는
39	various	다양한, 여러 가지의
40	nocturnal	밤의, 야행성의
41	eternal	영원한, 끊임없는
42	humility	겸손
43	inextricably	불가분하게, 뗄 수 없게
44	transparent	투명한, 명료한
45	memorable	기억할 만한, 현저한, 잊을 수 없는
46	servile	비굴한, 굽실거리는, 아부하는
47	gregarious	사교적인, 집단을 좋아하는
48	avert	피하다, 막다, (눈·얼굴 등을) 돌리다
49	evoke	환기시키다, 불러일으키다, 떠올리게 하다
50	beneficial	유익한, 이익이 되는

회독 ☐☐☐☐☐

1451 concern
[kənsə́ːrn]

⑲ 관계, 관심, 걱정, 우려
⑧ 관련된 것이다, ~를 걱정스럽게 만들다
The President's health was giving serious cause for concern.
대통령의 건강이 심각한 우려 요인이 되고 있었다.
⒞⒡ be concerned with ~와 관련되어 있다,
    be concerned about ~에 관해 걱정하다

1452 drop by

(잠깐) 들르다
I was supposed to drop by there the next day.
나는 다음날 그곳에 들르도록 되어 있었다.
㊌ stop by, come by, swing by

1453 abide by

준수하다, 지키다
You'll have to abide by the rules of the club.
당신은 클럽의 규칙을 지켜야 할 것이다.
㊌ accept, obey, observe, stick to, cling to, adhere to,
    conform to, comply with

1454 fill up

가득 채우다
I fill up the tank with gasoline about once a week.
나는 일주일에 한 번 정도씩 기름 탱크를 가득 채운다.
㊌ top up, replenish

1455 in no way

결코[조금도] ~ 않다
Transit expenses can in no way be negligible.
교통비도 결코 무시할 수 없다.

1456 view
[vjuː]

⑲ 보기, 관점, 견해 ⑧ 보다, 간주하다
This view is irreconcilable with common sense.
이런 견해는 일반 상식과 양립하지 않는다.

1457 anonymity
[æ̀nəníməti]

⑲ 익명(성), 무명
He agreed to give an interview on condition of anonymity.
그는 익명을 조건으로 인터뷰에 응했다.
㊌ namelessness

1458 hospitality
[hὰspətǽləti]

⑲ 환대, 후한 대접
We experienced the full measure of their hospitality.
우리는 그들의 환대를 충분히 받았다.

disrespect [dìsrispékt]
명 무례, 결례, 경멸
It is unacceptable to show disrespect towards elders in our culture.
우리 문화에서 어른들에게 무례를 보이는 것은 받아들일 수 없다.
유 경멸 contempt, disregard, disdain

for good
영원히
The injury him out of footballry may keep for good.
그 부상은 그를 영원히 축구를 못 하게 할지도 모른다.
유 permanently, everlastingly, endlessly, eternally, forever

respectful [rispéktfəl]
형 공손한, 경의를 표하는
The students showed a respectful attitude during the ceremony.
학생들은 행사 중에 공손한 태도를 보였다.
cf respectable 존경할 만한, 훌륭한

profitability [prɑ:fitəbl]
명 수익성
Thus, it shows that Korea's profitability stands highest currently.
그러므로, 한국의 수익성이 현재 가장 높다는 것을 보여주고 있습니다.

predictability [pridìktəbíləti]
명 예측 가능성
The issue of predictability is important.
예측 가능성의 사안은 중요하다.

feasibility [fi:zəbíliti]
명 (실행) 가능성
I doubt the feasibility of the plan.
나는 그 계획의 실행 가능성이 의심스럽다.

pain [pein]
명 아픔, 고통
I took an aspirin and the pain gradually subsided.
내가 아스피린을 한 알 먹었더니 고통이 서서히 가라앉았다.
유 suffering

DAY 30

1466 antidote
[ǽntidòut]

(명) 해독제, 해결책

The scientist discovered an antidote for the new strain of the virus.
과학자는 새로운 바이러스 변종에 대한 해독제를 발견했다.

1467 cut back

축소하다, 삭감하다

The state had to cut back on the university budget.
주(州) 정부는 대학 예산을 삭감해야 했다.
(유) lower, reduce, decrease, diminish, lessen, shorten, curtail

1468 keep up

계속하다, 유지하다

She was unable to keep up the pretence that she loved him.
그녀는 계속 그를 사랑하는 척할 수가 없었다.
(유) keep up with ~에 뒤지지 않다

1469 hold back

저지하다, 억제하다, 참다

Quite a few people were unable to hold back their laughter.
상당히 많은 사람들이 웃음을 참을 수가 없었다.
(유) restrain, curb

1470 stand for

~을 지지하다, ~을 나타내다, ~을 상징하다

The crown stands for royal dignity.
왕관은 왕의 위엄의 상징이다.
(유) 나타내다 represent
상징하다 symbolize

1471 stand up for

~을 지지하다, 옹호하다

You must stand up for your rights.
당신은 반드시 당신의 권리를 옹호해야 한다.
(유) defend, support

1472 quarrel
[kwɔ́ːrəl]

(명) 말다툼, 언쟁 (동) 싸우다, 언쟁하다

They had a quarrel, but they're friends again now.
그들은 말다툼했지만 이제 다시 친구가 되었다.

1473 pejorative
[pidʒɔ́:rətiv]

형 경멸적인

There is nothing pejorative about that phrase.
그 문구에 경멸적인 의미는 없다.
유 derogatory, contemptuous

1474 extrovert
[ékstrouvə̀:rt]

명 외향적인 사람 형 외향적인

He was an extrovert and always hung out with people.
그는 외향적이고 항상 사람들과 어울렸다.
반 introvert 내향적인, 내향적인 사람

1475 redundant
[ridʌ́ndənt]

형 여분의, 과다한, 장황한, 불필요한

That's why I'm always looking for redundant farmsteads.
그것이 내가 항상 여분의 농장을 찾는 이유이다.
유 여분의, 과다한 surplus, superfluous, extra

1476 cheerful
[tʃíərfəl]

형 기분 좋은, 쾌활한, 명랑한

He made a weak attempt to look cheerful.
그가 명랑한 척해 보이려고 약간 애를 썼다.
유 happy, merry, bright, glad, lively, joyful, exuberant, elated

1477 volunteer
[vὰləntíər]

명 지원자 동 자진하여 하다

We managed to scrape together eight volunteers.
우리는 어렵게 8명의 지원자를 모았다.

1478 curtail
[kə:rtéil]

동 줄이다, 축소하다, 삭감하다

She curtailed her social media usage.
그녀는 소셜 미디어 사용을 줄였다.
유 reduce, decrease, diminish, lessen, shorten, cut back

DAY
30

1479 inquiry
[inkwáiəri]

명 질문, 연구, 조사

I submitted an inquiry to the customer service department regarding my order status.
나는 주문 상태에 관한 문의를 고객 서비스 부서에 제출했다.

1480 commotion
[kəmóuʃən]

(명) 동요, 소란, 소동, 혼란
I heard a commotion and went to see what was happening.
나는 소란스러운 소리를 듣고 무슨 일인가 하고 나가 보았다.
(유) chaos, confusion, disorder, turmoil, upheaval, uproar

1481 assert
[əsə́:rt]

(동) 주장하다
He asserted his innocence.
그는 자기의 결백을 강력히 주장했다.

1482 spread
[spred]

(동) 펼치다[펴다], 퍼뜨리다
Ga-yeoung spread the map out on the floor.
가영이가 지도를 바닥에다 펼쳤다.

1483 pompous
[pámpəs]

(형) 거만한, 젠체하는
He thought the pompous colleague was like a pain in the neck.
그는 그 거만한 동료가 마치 골칫거리 같다고 생각했다.
(유) arrogant, haughty, condescending, pretentious, patronizing, presumptuous, supercilious

1484 genuine
[dʒénjuin]

(형) 진짜의, 진품의, 진실한
They were trying to palm the table off as a genuine antique.
그들은 그 탁자를 진짜 골동품이라고 속이려 했다.
(유) authentic, real

1485 disparate
[díspərit, dispǽ-]

(형) 다른, 이질적인
The group consisted of disparate individuals with unique skills.
그 그룹은 독특한 기술을 가진 서로 다른 개인들로 구성되어 있었다.
(유) different, dissimilar, unlike, heterogeneous

1486 faulty
[fɔ́:lti]

(형) 결점[결함]이 있는, 불완전한
Faulty goods should be returned to the manufacturers.
결함이 있는 제품은 제조사로 반송해야 한다.
(유) defective, damaged, flawed

1487 imperative
[impérətiv]

⑧ 필수적인, 긴급한

Punctuality is imperative in your new job.
당신의 새 직장은 시간 엄수가 필수적이다.
🔁 필수적인 essential, crucial, critical, vital, indispensable
긴급한 urgent, pressing

1488 reasonable
[ríːzənəbəl]

⑧ 합리적인, 타당한, 사리분별이 있는

He made us a reasonable offer for the car.
그가 우리에게 그 차에 대해 합리적인 제안을 했다.
🔁 sensible, rational, logical

1489 various
[vέəriəs]

⑧ 다양한, 여러 가지의

He has collected stamps from various countries over the years.
그는 몇 년 동안 여러 가지의 우표를 수집해 왔다.

1490 nocturnal
[nɑktə́ːrnl]

⑧ 밤의, 야행성의

Nocturnal animals sleep by day and hunt by night.
야행성 동물은 낮에 자고 밤에 사냥을 한다.

1491 eternal
[itə́ːrnəl]

⑧ 영원한, 끊임없는

Even the richest man cannot buy eternal youth.
아무리 돈이 많아도 영원한 젊음은 살 수 없다.
🔁 lasting, everlasting, enduring, permanent, perennial, perpetual

1492 humility
[hjuːmíləti]

⑨ 겸손

He needs the humility to accept that their way may be better.
그에게는 그들의 방식이 더 나을 수도 있다는 것을 받아들이는 겸손이 필요하다.
🔁 modesty

DAY
30

1493 inextricably
[ˌɪnɪkˈstrɪkəbli]

⑨ 불가분하게, 뗄 수 없게

Europe's foreign policy is inextricably linked with that of the US.
유럽의 외교 정책은 미국의 그것과 불가분한 관계를 갖는다.
🔁 inseparably

1494 **transparent**
[trænspéərənt]

(형) 투명한, 명료한
The insect's wings are almost transparent.
그 곤충의 날개는 거의 투명하다.
⊕ 투명한 diaphanous, pellucid

1495 **memorable**
[mémərəbəl]

(형) 기억할 만한, 현저한, 잊을 수 없는
Her speech was memorable for its polemic rather than its substance.
그녀의 연설은 그 내용보다는 논쟁술로 더 기억할 만했다.
⊕ unforgettable

1496 **servile**
[sə́ːrvil]

(형) 비굴한, 굽실거리는, 아부하는
The servile spirit still remains a part of them.
비굴한 정신은 그들의 일부로 여전히 남아 있다.
⊕ 아부하는 obsequious, fawning

1497 **gregarious**
[grigέəriəs]

(형) 사교적인, 집단을 좋아하는
He has an outgoing and gregarious personality.
그는 외향적이고 사교적인 성격이다.
⊕ sociable

1498 **avert**
[əvə́ːrt]

(동) 피하다, 막다, (눈·얼굴 등을) 돌리다
His attempt to avert suspicion was successful.
의심을 피하려는 그의 시도가 성공했다.
⊕ avoid, prevent, preclude, head off, ward off, stave off

1499 **evoke**
[ivóuk]

(동) 환기시키다, 불러일으키다, 떠올리게 하다
The music evoked memories of her school days.
그 음악은 그녀의 학창 시절의 추억을 불러일으켰다.
⊕ bring to mind, call to mind

1500 **beneficial**
[bènəfíʃəl]

(형) 유익한, 이익이 되는
Sunshine and moisture are beneficial to plants.
햇빛과 습기는 식물에 유익하다.
⊕ helpful, useful, advantageous, favourable, profitable, wholesome, of use, of benefit

DAY 30 REVIEW & LEVEL-UP TEST ⏰ 제한시간 7분

◉ 괄호 안에 알맞은 단어를 고르시오.

01 The company's [predictability / profitability] increased significantly after implementing cost-cutting measures.

02 The doctor prescribed medication to alleviate the patient's chronic [pain / quarrel].

03 Avoid using [extrovert / pejorative] terms that perpetuate stereotypes and prejudice.

◉ 다음 빈칸에 문맥상 적절한 단어를 고르시오.

• commotion	• anonymity	• genuine

04 The whistleblower requested _____ to protect their identity from retaliation.

05 The loud _____ outside woke up the entire neighborhood in the middle of the night.

06 The painting was authenticated as a _____ Picasso by art experts.

◉ 다음 빈칸에 적절한 뜻을 쓰시오.

07 Due to financial difficulties, the company decided to <u>cut back</u> on employee benefits.

재정적 어려움으로 인해 회사는 직원 혜택을 _____ 결정했다.

08 The professor <u>asserted</u> that the theory had been thoroughly researched and proven.

교수는 그 이론이 철저히 연구되고 입증되었다고 _____.

09 Despite his success, he maintained a sense of <u>humility</u> and treated everyone with respect.

그는 성공에도 불구하고 _____을 유지하며 모든 사람을 존중했다.

[해석 ☞ 네이버 카페 '진가영 영어 연구소'에서 확인]

DAY
30

 정답

01 profitability	**02** pain	**03** pejorative	**04** anonymity	**05** commotion
06 genuine	**07** 축소하기로	**08** 주장했다	**09** 겸손	

DAY 31 | PREVIEW & DIAGNOSIS TEST

제한시간 5분

01 rebellious		26 appease	
02 sporadic		27 include	
03 prodigal		28 communal	
04 unstable		29 enlighten	
05 motivation		30 recite	
06 paucity		31 deforestation	
07 solitary		32 comfort	
08 antipathy		33 acclaim	
09 dormant		34 voracious	
10 alternative		35 industrious	
11 order		36 competition	
12 sacrifice		37 traffic	
13 depict		38 merger	
14 vulnerable		39 inspection	
15 perceptible		40 considerable	
16 persuade		41 solid	
17 conduct		42 diffident	
18 acknowledge		43 willing	
19 squander		44 desirable	
20 fond		45 bankrupt	
21 reject		46 assimilate	
22 notorious		47 bestow	
23 obey		48 decipher	
24 codify		49 curb	
25 disparage		50 abstain	

DAY 31 | PREVIEW & DIAGNOSIS TEST ANSWER

01	rebellious	반항적인, 반역하는
02	sporadic	산발적인, 때때로 일어나는
03	prodigal	낭비하는, 방탕한
04	unstable	불안정한, 변하기 쉬운
05	motivation	자극, 동기부여
06	paucity	결핍, 부족
07	solitary	혼자의, 고독한, 외로운
08	antipathy	반감, 싫어함
09	dormant	잠자는, 활동하지 않고 있는
10	alternative	대안, 양자택일
11	order	순서, 정리, 명령, 주문, 질서, 정리하다, 명령하다, 주문하다
12	sacrifice	희생하다
13	depict	묘사하다, 그리다
14	vulnerable	상처 입기 쉬운, 취약한
15	perceptible	감지[인지]할 수 있는
16	persuade	설득하다, 납득시키다
17	conduct	행동, 수행, 지휘하다, 행동하다, 실시하다
18	acknowledge	인정하다, 감사하다
19	squander	낭비[허비]하다, 함부로 쓰다
20	fond	좋아하는, 애정을 느끼는
21	reject	거부하다, 거절하다
22	notorious	악명 높은
23	obey	따르다, 복종하다
24	codify	성문화하다
25	disparage	폄하하다, 얕보다, 헐뜯다

26	appease	달래다, 진정시키다
27	include	포함하다, 포함시키다
28	communal	공공의, 공동의
29	enlighten	계몽하다, 가르치다, 이해시키다[깨우치다]
30	recite	암송[낭독]하다
31	deforestation	삼림 벌채, 산림 전용
32	comfort	위로, 위안, 위로하다, 위안하다
33	acclaim	갈채[환호]하다, 칭송하다
34	voracious	게걸스러운, 몹시 탐하는
35	industrious	근면한, 부지런한
36	competition	경쟁, 경기
37	traffic	교통, 차량
38	merger	합동, 합병
39	inspection	점검, 조사
40	considerable	상당한, 많은
41	solid	단단한, 고체의, 확실한
42	diffident	자신이 없는, 내성적인, 소심한
43	willing	기꺼이 하는, 자발적인
44	desirable	바람직한, 호감이 가는
45	bankrupt	파산한
46	assimilate	동화되다, 완전히 이해하다[소화하다]
47	bestow	수여[부여]하다, 주다
48	decipher	판독[해독]하다
49	curb	억제[제한]하다
50	abstain	삼가다, 절제하다, 기권하다

1501 rebellious
[ribéljəs]

(형) 반항적인, 반역하는

She has a hard time dealing with her rebellious teenage daughter.
그녀는 반항적인 십대의 딸을 다루는 데 애를 먹고 있다.
(유) defiant, disobedient, resistant

1502 sporadic
[spərǽdik]

(형) 산발적인, 때때로 일어나는

Sporadic gunfire continued throughout the night.
산발적인 총성이 밤새도록 이어졌다.
(유) intermittent, scattered, occasional, irregular

1503 prodigal
[prάdigəl]

(형) 낭비하는, 방탕한

Is it true that he has been prodigal with company funds?
그가 회사 자금을 낭비했다는 것이 사실이에요?
(유) wasteful, lavish, extravagant, spendthrift

1504 unstable
[ʌn'steɪbl]

(형) 불안정한, 변하기 쉬운

Despotocracy rose and public welfare became unstable.
폭군 통치가 일어나고 민생이 불안정해졌다.
(유) 불안정한 unsteady, precarious
　　변하기 쉬운 volatile, changeable, capricious, erratic, fickle

1505 motivation
[mòutəvéiʃən]

(명) 자극, 동기부여

His poor grades are because of his lack of motivation.
그의 형편없는 점수는 동기부여의 결여 때문이다.

1506 paucity
[pɔ́:səti]

(명) 결핍, 부족

There is a paucity of information on the ingredients of many cosmetics.
각종 화장품에 들어가는 원료에 관해서는 정보가 극히 부족하다.
(유) lack, shortage, dearth, scarcity, deficiency

1507 solitary
[sάlitèri]

(형) 혼자의, 고독한, 외로운

Adult male striped skunks are solitary during the summer.
다 자란 수컷 줄무늬스컹크들은 여름 동안 홀로 지낸다.
(유) lone, lonely

1508 antipathy
[æntípəθi]

(명) 반감, 싫어함

He felt a strong antipathy towards her new coworker.
그는 새로운 동료에게 강한 반감을 느꼈다.

dormant
1509
[dɔ́ːrmənt]

⑱ 잠자는, 활동하지 않고 있는
Observers say the volcano appears to be dormant.
관측자들에 따르면 화산이 활동하지 않는 것 같다고 한다.
🈁 잠자는 asleep
　활동하지 않고 있는 inactive, inert

alternative
1510
[ɔːltə́ːrnəti]

⑲ 대안, 양자택일
The only practicable alternative is to postpone the meeting.
실행 가능한 유일한 대안은 회의를 연기하는 것이다.

order
1511
[ɔ́ːrdər]

⑲ 순서, 정리, 명령, 주문, 질서　⑧ 정리하다, 명령하다, 주문하다
He gave the order to abandon ship.
그는 배를 포기하고 떠나라는 명령을 내렸다.

sacrifice
1512
[sǽkrəfàis]

⑧ 희생하다
It's not easy to sacrifice oneself for others.
타인을 위해 자신을 희생하는 것은 쉽지 않다.

depict
1513
[dipíkt]

⑧ 묘사하다, 그리다
The novel vividly depicts life in a bustling city during the 1920s.
이 소설은 1920년대의 번화한 도시 생활을 생생하게 묘사한다.

vulnerable
1514
[vʌ́lnərəbəl]

⑱ 상처 입기 쉬운, 취약한
Young children are particularly vulnerable to food poisoning.
어린 아이들은 특히 식중독에 취약하다.
🈁 weak, susceptible

perceptible
1515
[pərséptəbəl]

⑱ 감지[인지]할 수 있는
Infrared light is not perceptible to human eyes.
적외선은 사람 눈에는 감지되지 않는다.

1516 persuade
[pərswéid]

(동) 설득하다, 납득시키다
He successfully persuaded his boss to approve the project budget.
그는 성공적으로 상사를 설득하여 프로젝트 예산을 승인받았다.

1517 conduct
[kándʌkt]

(명) 행동, 수행 (동) 지휘하다, 행동하다, 실시하다
He was accused of conduct unbecoming to an officer.
그는 장교에게 부적절한 행동을 했다고 비난을 받았다.

1518 acknowledge
[æknálidʒ]

(동) 인정하다, 감사하다
She was quick to acknowledge her mistake and apologize.
그녀는 자신의 실수를 빨리 인정하고 사과했다.

1519 squander
[skwándər]

(동) 낭비[허비]하다, 함부로 쓰다
Don't squander your money on useless things.
쓸데없는 데에 돈을 낭비하지 마라.
(유) waste, fritter away

1520 fond
[fand]

(형) 좋아하는, 애정을 느끼는
The child is very fond of chocolate ice cream.
그 아이는 초콜릿 아이스크림을 매우 좋아한다.

1521 reject
[ridʒékt]

(동) 거부하다, 거절하다
They decided to reject the proposal due to budget constraints.
예산 제한으로 인해 그들은 제안을 거절하기로 결정했다.

1522 notorious
[noutɔ́:riəs]

(형) 악명 높은
The bar has become notorious as a meeting-place for drug dealers.
그 술집은 마약 판매상들의 합류 지점으로 악명 높게 되었다.
(유) infamous
(반) famous, well-known, celebrated, renowned

¹⁵²³ obey
[oubéi]

(동) 따르다, 복종하다

Drivers must obey traffic signals to ensure safety on the roads.
운전자들은 도로 안전을 위해 교통 신호를 따라야 한다.

¹⁵²⁴ codify
[kάdəfài]

(동) 성문화하다

It is the first civil law which is codified.
이것은 성문화된 최초의 민법이다.

¹⁵²⁵ disparage
[dispǽridʒ]

(동) 폄하하다, 얕보다, 헐뜯다

I don't mean to disparage your achievements.
당신의 업적을 폄하할 뜻은 없다.
(유) belittle, depreciate, put down, make light of

¹⁵²⁶ appease
[əpíːz]

(동) 달래다, 진정시키다

The new law was designed to appease the concerns of farmers.
새로운 법은 농부들의 불안감을 달래주기 위한 것이었다.
(유) allay, assuage, calm (down), conciliate, soothe, placate, pacify, mollify, tranquilize

¹⁵²⁷ include
[inklúːd]

(동) 포함하다, 포함시키다

The report includes the research findings.
보고서에는 연구 결과가 포함되어 있다.

¹⁵²⁸ communal
[kəmjúːnəl]

(형) 공공의, 공동의

As a student he tried communal living for a few years.
그는 학생일 때 몇 년 동안 공동생활을 해 보았다.
(유) shared

¹⁵²⁹ enlighten
[enláitn]

(동) 계몽하다, 가르치다, 이해시키다[깨우치다]

The documentary aims to enlighten the public on environmental issues.
그 다큐멘터리는 환경 문제에 대해 대중을 깨우치는 것을 목표로 한다.
(유) educate, instruct

1530 recite
[risáit]

(동) 암송[낭독]하다

Each child had to recite a poem to the class.
아이들 각자가 학급 학생들 앞에서 시를 낭독해야 했다.

1531 deforestation
[di:fɔ:ristéiʃən]

(명) 삼림 벌채, 산림 전용

Deforestation is a major cause of habitat loss for many species.
산림 파괴는 많은 종들의 서식지 손실의 주요 원인이다.

1532 comfort
[kʌ́mfərt]

(명) 위로, 위안 (동) 위로하다, 위안하다

If it's any comfort to you, I'm in the same situation.
이 말을 들으면 좀 위로가 될지 모르겠는데 나도 같은 상황에 처해 있어.

(유) 위로, 위안 consolation

1533 acclaim
[əkléim]

(동) 갈채[환호]하다, 칭송하다

The audience acclaimed the performance with a standing ovation.
관객들은 기립 박수로 공연에 갈채를 보냈다.

1534 voracious
[vɔːréiʃəs]

(형) 게걸스러운, 몹시 탐하는

He has a voracious appetite.
그는 게걸스러운 식욕을 지녔다.

1535 industrious
[indʌ́striəs]

(형) 근면한, 부지런한

Being industrious is key to achieving your goals.
부지런함은 목표를 달성하는 데 중요하다.

(유) hardworking, diligent

1536 competition
[kàmpətíʃən]

(명) 경쟁, 경기

Competition is getting hotter day by day.
경쟁이 날이 갈수록 치열해지고 있다.

1537 traffic
[trǽfik]

(명) 교통, 차량

She was late for work due to unexpected traffic delays.
예상치 못한 교통 지연 때문에 그녀는 출근이 늦어졌다.

1538 merger
[mə́:rdʒər]

(명) 합동, 합병

Two banks underwent a merger and combined into one huge operation.
두 은행은 합병을 거쳐, 하나의 거대한 기업으로 통합되었다.
(유) amalgamation, coalition

1539 inspection
[inspékʃən]

(명) 점검, 조사

Engineers carried out a thorough inspection of the track.
기술자들이 그 선로를 철저히 점검했다.

1540 considerable
[kənsídərəbl]

(형) 상당한, 많은

There was considerable interest in the new product.
신제품에 상당한 관심이 있었다.
(cf) considerate 사려 깊은

1541 solid
[sálid]

(형) 단단한, 고체의, 확실한

The planet Jupiter may have no solid surface at all.
목성에는 단단한 표면이 전혀 없을 수도 있다.
(유) 단단한 firm, hard

1542 diffident
[dífidənt]

(형) 자신이 없는, 내성적인, 소심한

Before the scandal broke, he was a diffident loner.
스캔들이 터지기 전에, 그는 소심한 외톨이였다.
(유) shy, timid, reserved

1543 willing
[wíliŋ]

(형) 기꺼이 하는, 자발적인

The neighbours are always willing to lend a hand.
이웃사람들은 항상 기꺼이 도움을 주려고 한다.
(유) inclined, disposed

회독 □□□□□

1544 desirable
[dizáiərəbl]

형 바람직한, 호감이 가는
A quiet neighborhood is desirable for families.
조용한 동네는 가족들에게 바람직하다.
🔁 desirous 바라는, 원하는

1545 bankrupt
[bǽŋkrʌpt]

형 파산한
The bankrupt retailer closed all its stores across the country.
파산한 소매업체는 전국의 모든 매장을 폐쇄했다.

1546 assimilate
[əsíməlèit]

동 동화되다, 완전히 이해하다[소화하다]
Immigrants have been successfully assimilated into the community.
이민자들이 공동체 내에 성공적으로 동화되어 왔다.

1547 bestow
[bistóu]

동 수여[부여]하다, 주다
The government agreed to bestow them with full authority.
정부는 그들에게 모든 권한을 부여하는 데 동의했다.

1548 decipher
[disáifər]

동 판독[해독]하다
I could only decipher a few words from the document.
그 문서에서 겨우 몇 글자만 해독할 수 있었다.
🔁 decode

1549 curb
[kə:rb]

동 억제[제한]하다
Federal policy is changing to curb the proliferation of nuclear weapons.
연방 정부 정책은 핵무기 확산을 억제하는 쪽으로 바뀌고 있다.
🔁 limit, control, check, restrain, restrict, suppress, inhibit, hinder

1550 abstain
[æbstéin, əbstéin]

동 삼가다, 절제하다, 기권하다
She abstained from eating sweets to improve her health.
그녀는 건강을 개선하기 위해 단 음식을 먹지 않기로 했다.

DAY 31 REVIEW & LEVEL-UP TEST ⏱ 제한시간 7분

✅ 괄호 안에 알맞은 단어를 고르시오.

01 There is a [motivation / paucity] of evidence to support the theory, making it difficult to validate.

02 The elderly are more [notorious / vulnerable] to severe complications from COVID-19.

03 Time is too precious to [squander / codify] on trivial matters.

✅ 다음 빈칸에 문맥상 적절한 단어를 고르시오.

• unstable	• prodigal	• disparage

04 She lived a _____ lifestyle, spending money lavishly on unnecessary luxuries.

05 The political situation in the region remains _____ due to ongoing conflicts.

06 It's not appropriate to _____ someone's beliefs just because they differ from your own.

✅ 다음 빈칸에 적절한 뜻을 쓰시오.

07 As a teenager, he went through a <u>rebellious</u> period of challenging all the rules.

십대 때, 그는 모든 규칙에 도전하는 _____ 시기를 겪었다.

08 She led a <u>solitary</u> life, rarely interacting with her neighbors.

그녀는 이웃들과 거의 교류하지 않고 _____ 삶을 살았다.

09 She felt a strong <u>antipathy</u> towards her new coworker.

그녀는 새로 온 동료에게 강한 _____ 을 느꼈다.

[해석 ☞ 네이버 카페 '진가영 영어 연구소'에서 확인]

 정답

01 paucity	02 vulnerable	03 squander	04 prodigal	05 unstable
06 disparage	07 반항적인	08 고독한	09 반감	

DAY 32 | PREVIEW & DIAGNOSIS TEST

제한시간 5분

01 jealousy _____

02 down-to-earth _____

03 distinct _____

04 profitable _____

05 urge _____

06 utility _____

07 exacerbate _____

08 linger _____

09 proscribe _____

10 critical _____

11 supplement _____

12 reform _____

13 extensive _____

14 negligible _____

15 visible _____

16 instant _____

17 refund _____

18 portable _____

19 intelligent _____

20 adequate _____

21 afflict _____

22 arrogant _____

23 delegate _____

24 uphold _____

25 refute _____

26 unanimous _____

27 synonymous _____

28 predicament _____

29 complacence _____

30 renounce _____

31 nurture _____

32 bizarre _____

33 intrepid _____

34 oblivious _____

35 sedentary _____

36 auspicious _____

37 reiterate _____

38 fade _____

39 deviation _____

40 disinterest _____

41 degrade _____

42 dull _____

43 durable _____

44 ingenuous _____

45 appeal _____

46 compliment _____

47 scrutinize _____

48 court _____

49 approval _____

50 neutralization _____

PREVIEW & DIAGNOSIS TEST ANSWER

01	jealousy	질투, 시샘	26	unanimous	만장일치의, 합의의
02	down-to-earth	실제적인, 현실적인	27	synonymous	동의어의, 같은 뜻의
03	distinct	뚜렷한, 명백한	28	predicament	곤경, 궁지
04	profitable	수익성이 있는, 이득이 되는	29	complacence	자기만족, 안주
05	urge	충동, 욕구, 재촉하다, 촉구하다	30	renounce	버리다, 포기하다
06	utility	유용, 유익	31	nurture	양육하다, 양성하다
07	exacerbate	악화시키다, 화나게 하다	32	bizarre	이상한, 기괴한
08	linger	남다, 꾸물거리다	33	intrepid	용기 있는, 두려움을 모르는
09	proscribe	금지하다, 배척하다	34	oblivious	의식하지 못하는, 잘 잊어버리는
10	critical	중요한, 비판적인	35	sedentary	앉아 있는, 활발하지 않은
11	supplement	보충[추가]물, 보충하다, 추가하다	36	auspicious	길조의, 상서로운
12	reform	개혁[개선], 개혁하다, 개선하다	37	reiterate	반복하다, 되풀이하다
13	extensive	넓은, 광범위한	38	fade	바래다, 희미해지다, 사라지다
14	negligible	무시해도 될 정도의, 사소한, 하찮은	39	deviation	일탈, 탈선
15	visible	(눈에) 보이는, 가시적인	40	disinterest	무관심, 사심이 없음
16	instant	즉각적인	41	degrade	비하하다, 저하시키다
17	refund	환불, 환불하다, 상환하다	42	dull	따분한, 둔한, 둔해지다, 약해지다
18	portable	휴대용의, 간편한	43	durable	내구성이 있는, 오래가는, 튼튼한
19	intelligent	총명한, 지능이 있는	44	ingenuous	순진한, 천진한
20	adequate	충분한, 적절한	45	appeal	항소, 매력, 항소하다, 관심을 끌다
21	afflict	괴롭히다, 시달리게 하다	46	compliment	칭찬하다, 증정하다
22	arrogant	거만한	47	scrutinize	면밀히 조사하다, 세심히 살피다
23	delegate	대표, 사절, 위임하다, 대표로 파견하다	48	court	법정, (테니스 등을 하는) 코트, 구애하다
24	uphold	유지시키다[옹호하다], 지지하다	49	approval	인정, 승인, 찬성
25	refute	논박[반박]하다	50	neutralization	중립화, 무효화

1551 jealousy
[dʒéləsi]

(명) 질투, 시샘

The conversation got into the murky waters of jealousy and relationships.
대화가 질투와 애정 관계라는 비밀스러운 영역으로 접어들었다.
(유) envy

1552 down-to-earth

(형) 실제적인, 현실적인

The financial manager gave down-to-earth advice to his client.
그 재무 관리자는 그의 고객에게 현실적인 조언을 해주었다.
(유) practical, pragmatic

1553 distinct
[distíŋkt]

(형) 뚜렷한, 명백한

Manhattan is divided into distinct neighborhoods.
맨해튼은 구역들이 뚜렷하게 나뉘어져 있다.
(유) clear, obvious, conspicuous, apparent,
　　 evident, manifest, plain, palpable

1554 profitable
[práfitəbəl]

(형) 수익성이 있는, 이득이 되는

It is usually more profitable to sell direct to the public.
대개 사람들에게 직접 파는 것이 더 수익성이 좋다.
(유) lucrative

1555 urge
[ə:rdʒ]

(명) 충동, 욕구　(동) 재촉하다, 촉구하다

I had an uncontrollable urge to laugh.
나는 웃고 싶은 충동을 참을 수가 없었다.
(유) 욕구 craving

1556 utility
[ju:tíləti]

(명) 유용, 유익

The new software's utility makes it essential for our daily operations.
새로운 소프트웨어의 유용성은 우리의 일상적인 업무에 필수적이다.
(유) usefulness

1557 exacerbate
[igzǽsərbèit]

(동) 악화시키다, 화나게 하다

It would just exacerbate the situation.
그것은 상황을 단지 악화시킬 것이다.
(유) exasperate, aggravate
　　 악화시키다 worsen, make worse

1558 linger
[líŋgər]

(동) 남다, 꾸물거리다

Perhaps the event will linger long in our memory.
그 사건은 오래도록 우리의 기억에 남을 것이다.
(유) 남다 remain, stay

DAY
32

1559 proscribe
[prouskráib]

동 금지하다, 배척하다

he feels it necessary to proscribe it entirely, out of the blue.
그는 갑자기 그것을 완전히 금지하는 것이 필요하다고 느낀다.

유 금지하다 prohibit, forbid, ban, bar, embargo, veto

1560 critical
[krítikəl]

형 중요한, 비판적인

Constructive criticism is critical for improvement.
개선을 위해 건설적 비평은 중요하다.

유 중요한 crucial, vital, essential, important

1561 supplement
[sʌ́pləmənt]

명 보충[추가]물 동 보충하다, 추가하다

The goal is to supplement the income of the airport.
그 목적은 공항의 수입을 보충하는 데 있다.

cf supply 공급하다, 지급하다

1562 reform
[rifɔ́:rm]

명 개혁[개선] 동 개혁하다, 개선하다

He has promised to reform.
그는 개선을 하겠다고 약속했다.

유 개선하다 improve, ameliorate, make better

1563 extensive
[ɪk'stensɪv]

형 넓은, 광범위한

He conducted extensive research on the topic before writing
his thesis.
그는 학위 논문을 쓰기 전 주제에 대해 광범위한 연구를 수행했다.

1564 negligible
[néglidʒəbəl]

형 무시해도 될 정도의, 사소한, 하찮은

The difference in experience between the two players is
negligible.
두 선수의 경험 차이는 무시해도 될 정도이다.

유 insignificant, unimportant, inconsequential, minor, petty,
trivial, trifling

1565 visible
[vízəbəl]

형 (눈에) 보이는, 가시적인

The stars were clearly visible in the dark night sky.
별들이 어두운 밤하늘에서 분명히 보였다.

유 perceptible, perceivable

회독 ☐☐☐☐☐

1 5 6 6 instant
[ínstənt]

(형) 즉각적인

The microwave provides instant heat for warming up leftovers.
전자레인지는 남은 음식을 데우기 위한 즉각적인 열을 제공한다.

1 5 6 7 refund
[rí:fʌnd]

(명) 환불　(동) 환불하다, 상환하다

Ask for a refund if the goods are faulty.
상품에 흠이 있으면 환불을 요청하세요.
(유) 상환하다 repay

1 5 6 8 portable
[pɔ́:rtəbəl]

(형) 휴대용의, 간편한

Portable emergency lights are installed at every subway station.
휴대용 비상조명등이 모든 지하철역에 설치되어 있다.
(유) movable, mobile, handy

1 5 6 9 intelligent
[intélədʒənt]

(형) 총명한, 지능이 있는

He has a highly intelligent mind and excels in complex puzzles.
그는 매우 총명한 두뇌를 가지고 있으며 복잡한 퍼즐에서 뛰어나다.

1 5 7 0 adequate
[ǽdikwət]

(형) 충분한, 적절한

The company provided adequate training for all new employees.
그 회사는 모든 신입 직원들에게 충분한 교육을 제공했다.

1 5 7 1 afflict
[əflíkt]

(동) 괴롭히다, 시달리게 하다

Poverty afflicts many communities around the world.
가난은 세계 곳곳의 많은 사회를 괴롭힌다.

1 5 7 2 arrogant
[ǽrəgənt]

(형) 거만한

I hate his arrogant attitude towards his classmates.
나는 그가 친구를 대하는 거만한 태도가 싫다.
(유) haughty, pompous, patronizing, condescending, supercilious

1573 **delegate**
[déligit]

(명) 대표, 사절 (동) 위임하다, 대표로 파견하다

The president can delegate authority to the vice president in emergency.
대통령은 비상시 부통령에게 권한을 위임할 수 있다.
(유) 대표 representative

1574 **uphold**
[ʌphóuld]

(동) 유지시키다[옹호하다], 지지하다

We have a duty to uphold the law.
우리는 그 법을 유지할 의무가 있다.
(유) support, buttress, hold up, prop up

1575 **refute**
[rifjúːt]

(동) 논박[반박]하다

The scientist presented evidence to refute.
과학자는 반박할 증거를 제시했다.
(유) rebut, disprove

1576 **unanimous**
[juːnǽnəməs]

(형) 만장일치의, 합의의

The decision was not unanimous.
그 결정은 만장일치가 아니었다.
(유) in full accord

1577 **synonymous**
[sinǽnəməs]

(형) 동의어의, 같은 뜻의

Honesty is not synonymous with truth.
솔직함은 사실과 같은 뜻이 아니다.
(유) equivalent in meaning

1578 **predicament**
[pridíkəmənt]

(명) 곤경, 궁지

It is obvious that they are in predicament.
그들이 곤경에 처해 있는 것은 분명하다.
(유) difficulty, dilemma, adversity, plight, quandary

1579 **complacence**
[kəmpléisəns]

(명) 자기만족, 안주

The coach warned the team against complacence after their recent victory.
감독은 최근 승리 후 팀에게 안주하지 말라고 경고했다.

1580 renounce
[rináuns]

(동) 버리다, 포기하다

He showed how much he loves this country by renouncing his citizenship.
그는 시민권을 포기함으로써 그가 얼마나 이 나라를 사랑하는 지를 보여줬다.

(유) abandon, abdicate, relinquish, forgo, waive, give up

1581 nurture
[nə́ːrtʃər]

(동) 양육하다, 양성하다

The Smiths nurture their children in a loving environment.
스미스 부부는 자녀들을 사랑의 환경에서 양육한다.

(유) raise, bring up

1582 bizarre
[bizáːr]

(형) 이상한, 기괴한

The movie had a bizarre development in the final scene.
그 영화는 마지막 장면에서 이상한 전개를 보였다.

(유) odd, strange, weird, peculiar, uncanny, eccentric, eerie

1583 intrepid
[intrépəd]

(형) 용기 있는, 두려움을 모르는

He has always been the most intrepid explorer.
그는 언제나 가장 용기 있는 탐험가였다.

(유) brave, bold, courageous, daring, fearless, audacious, valiant, gallant, plucky

1584 oblivious
[əblíviəs]

(형) 의식하지 못하는, 잘 잊어버리는

She was oblivious to the person secretly filming her.
그녀는 몰래 자신을 촬영하고 있는 사람을 의식하지 못했다.

(유) unaware, unconscious, ignorant

1585 sedentary
[sédəntèri]

(형) 앉아 있는, 활발하지 않은

Most of us lead terribly sedentary lives.
우리 대부분은 너무나 심하게 앉아 있는 생활을 한다.

(유) inactive, still, stationary

1586 auspicious
[ɔːspíʃəs]

(형) 길조의, 상서로운

White elephants are regarded auspicious in Buddhism.
불교에서 흰 코끼리는 상서로운 동물로 여겨진다.

(유) favourable(favorable), promising, propitious

DAY
32

1587 reiterate
[riːítərèit]

⑧ 반복하다, 되풀이하다
The government reiterated its refusal to compromise with terrorists.
정부는 테러리스트들과의 협상 거부를 반복했다.
🔗 recapitulate, repeat, restate, iterate

1588 fade
[feid]

⑧ 바래다, 희미해지다, 사라지다
His voice gradually faded as he walked away from us.
그가 우리로부터 멀어지면서 그의 목소리가 점점 사라졌다.

1589 deviation
[dìːviéiʃən]

⑨ 일탈, 탈선
Drug consumption is a deviation from commonly accepted norms.
약물 복용은 일반적으로 통용되는 규범에서 벗어난 일탈이다.
🔗 divergence, digression

1590 disinterest
[disíntərist]

⑨ 무관심, 사심이 없음
The disinterest of young voters in the election was concerning for the politicians.
젊은 유권자들의 선거에 대한 무관심은 정치인들에게 걱정이었다.

1591 degrade
[digréid]

⑧ 비하하다, 저하시키다
The effectiveness of the drug can degrade over time.
약물의 효과는 시간이 지나면 저하될 수 있다.

1592 dull
[dʌl]

⑧ 따분한, 둔한 ⑧ 둔해지다, 약해지다
The lecture was so dull that half the audience fell asleep.
강의가 너무 따분해서 관객의 절반이 잠들었다.

1593 durable
[djúərəbl]

⑧ 내구성이 있는, 오래가는, 튼튼한
Investing in durable furniture is a wise choice for long-term use.
내구성 있는 가구에 투자하는 것은 장기간 사용하는 데 현명한 선택이다.

회독 ☐☐☐☐☐

1594 ingenuous
[indʒénjuːəs]

(형) 순진한, 천진한

Straightforward people tend to be ingenuous.
직설적인 사람은 순진한 경향이 있다.
(유) naive, innocent

1595 appeal
[əpíːl]

(명) 항소, 매력 (통) 항소하다, 관심을 끌다

The defendant's lawyer filed an appeal against the court's decision.
피고인의 변호사가 법원 판결에 대해 항소를 제기했다.

1596 compliment
[kámpləmənt]

(통) 칭찬하다, 증정하다

The doctor gave a compliment to the longanimous patient.
의사가 인내심 있는 환자를 칭찬했다.
(유) 칭찬하다 praise

1597 scrutinize
[skrúːtənàiz]

(통) 면밀히 조사하다, 세심히 살피다

He scrutinized the new employee's resume closely.
그는 신입 사원의 이력서를 세심히 살펴봤다.
(유) examine, inspect, go over, pore over, look into, delve into, probe into

1598 court
[kɔːrt]

(명) 법정, (테니스 등을 하는) 코트 (통) 구애하다

His sentence was overturned by the appeal court.
그에 대한 판결은 항소 법정에서 뒤집혔다.

1599 approval
[əprúːvəl]

(명) 인정, 승인, 찬성

She signified her approval with a smile.
그녀는 미소로 찬성을 나타냈다.
(유) 승인 sanction

1600 neutralization
[njùː-trəlizéiʃən]

(명) 중립화, 무효화

It takes a lot of effort to realize carbon neutralization.
탄소 중립화를 실현하기 위해서는 많은 노력이 필요하다.
(cf) neutralize 중립화하다, 무효로 하다

DAY 32 | REVIEW & LEVEL-UP TEST ⏱ 제한시간 7분

◉ 괄호 안에 알맞은 단어를 고르시오.

01 The tower is [visible / ingenuous] from almost anywhere in the city.

02 This new laptop is lightweight and highly [arrogant / portable].

03 It's difficult to [refute / nurture] such a well-supported argument.

◉ 다음 빈칸에 문맥상 적절한 단어를 고르시오.

• predicament	• bizarre	• refund

04 She requested a _____ after receiving the damaged item.

05 She asked her friends for advice to help her get out of the _____ she was in.

06 It was _____ to see snow in the middle of summer.

◉ 다음 빈칸에 적절한 뜻을 쓰시오.

07 The doctor <u>urged</u> her patient to quit smoking for the sake of his health.
의사는 환자에게 그의 건강을 위해 흡연을 그만두라고 _____.

08 The law <u>proscribes</u> the use of fireworks within city limits due to safety concerns.
법은 안전 문제로 인해 도시 내에서 폭죽 사용을 _____.

09 The jury's verdict was <u>unanimous</u>, declaring the defendant not guilty.
배심원단의 평결은 _____ 피고인을 무죄로 선언했다.

[해석 ☞ 네이버 카페 '진가영 영어 연구소'에서 확인]

DAY 33 | PREVIEW & DIAGNOSIS TEST ⏰ 제한시간 5분

01	sanction		26	grown
02	arbitrary		27	obstinate
03	obscure		28	minute
04	plagiarize		29	upright
05	compromise		30	conscious
06	fancy		31	subsequent
07	versatile		32	stable
08	volatile		33	allude
09	ambiguous		34	embody
10	economical		35	production
11	minimum		36	deduction
12	nebulous		37	response
13	compelling		38	blunt
14	literate		39	bound
15	widow		40	marvelous
16	pretense		41	reconcile
17	strange		42	extend
18	defensive		43	innocuous
19	threshold		44	ambivalent
20	disguise		45	close
21	repeal		46	see off
22	neutralize		47	crucial
23	divulge		48	perpetual
24	appetite		49	conscientious
25	differentiate		50	interrogate

DAY 33 · PREVIEW & DIAGNOSIS TEST ANSWER

01	sanction	승인, 제재, 승인하다, 제재하다
02	arbitrary	임의적인, 제멋대로인
03	obscure	모호한, 이해하기 어려운, 무명의
04	plagiarize	표절하다
05	compromise	타협, 화해, 양보,
		타협하다, 굽히다[양보하다],
		~을 위태롭게 하다
06	fancy	공상, 상상, 생각[상상]하다
07	versatile	다재다능한, 다방면의
08	volatile	변덕스러운, 불안한, 휘발성의
09	ambiguous	모호한, 애매한, 불분명한
10	economical	경제적인, 절약하는
11	minimum	최소의, 최저의
12	nebulous	흐릿한, 모호한, 애매한
13	compelling	강제적인, 설득력 있는
14	literate	글을 읽고 쓸 줄 아는,
		교양 있는, 박식한
15	widow	미망인, 과부
16	pretense	가식, 구실, 핑계
17	strange	낯선, 이상한
18	defensive	방어의, 방어적인
19	threshold	문지방, 문턱, 한계점
20	disguise	변장, 가장, 변장하다, 위장하다
21	repeal	무효로 하다, 폐지하다,
		취소하다, 철회하다
22	neutralize	중립화하다, 무효화하다
23	divulge	(비밀을) 말하다, 누설하다
24	appetite	식욕, 욕구
25	differentiate	구별짓다, 식별하다

26	grown	다 큰, 성인이 된
27	obstinate	고집 센, 완고한
28	minute	분, 잠깐, 미세한, 사소한
29	upright	똑바른, 수직의, 정직한
30	conscious	의식하고 있는, 자각하고 있는
31	subsequent	그 다음의, 이후의
32	stable	마구간, 안정된, 차분한
33	allude	암시하다, 시사하다, 언급하다
34	embody	구체화하다, 구현하다
35	production	생산, 제작, 제조
36	deduction	공제, 추론, 연역
37	response	반응, 대답
38	blunt	무딘, 무뚝뚝한, 직설적인
39	bound	~할 가능성이 큰,
		~할 의무가 있는, ~행의
40	marvelous	놀라운, 믿을 수 없는
41	reconcile	화해시키다, 중재[조정]하다,
		조화[일치]시키다
42	extend	연장하다, 확장하다
43	innocuous	악의 없는, 무해한
44	ambivalent	반대 감정이 양립하는,
		양면가치의
45	close	가까운, 친한, 닫다, 마치다,
		가까이, 밀접하게
46	see off	배웅하다
47	crucial	결정적인, 중대한
48	perpetual	영구적인, 끊임없는
49	conscientious	양심적인, 성실한
50	interrogate	질문하다, 심문하다

1601 sanction
[sǽŋkʃən]

(명) 승인, 제재 (동) 승인하다, 제재하다
These changes will require the sanction of the court.
이들 변경은 법원의 승인을 필요로 한다.
유 승인 approval

1602 arbitrary
[ɑ́ːrbitrèri]

(형) 임의적인, 제멋대로인
He makes unpredictable, arbitrary decisions.
그는 예측할 수 없는, 임의적인 결정을 한다.
유 unplanned, random, haphazard

1603 obscure
[əbskjúər]

(형) 모호한, 이해하기 어려운, 무명의
The origin of the word remains obscure.
그 단어의 기원은 여전히 모호하다.
유 모호한 indistinct, vague, nebulous, blurred
무명의 unknown

1604 plagiarize
[pléidʒiəràiz]

(동) 표절하다
In college, students who plagiarize will probably fail their class.
대학에서는 표절을 하는 학생들은 아마도 그 과목에서 낙제할 것이다.

1605 compromise
[kámprəmàiz]

(명) 타협, 화해, 양보
(동) 타협하다, 굽히다[양보하다], ~을 위태롭게 하다
They reached a compromise after hours of negotiation.
그들은 몇 시간의 협상 끝에 타협에 도달했다.
cf promise 약속, 약속하다

1606 fancy
[fǽnsi]

(명) 공상, 상상 (동) 생각[상상]하다
She fancied that she heard screams.
그녀는 비명소리가 들린다고 생각했다.

1607 versatile
[və́ːrsətl]

(형) 다재다능한, 다방면의
He attempts to play various roles in movies since he is a versatile actor.
그는 다재다능한 배우라서 영화에서 다양한 역할을 하려고 시도한다.
유 multifaceted, many-sided, all-purpose, all-round

1608 volatile
[válətil]

(형) 변덕스러운, 불안한, 휘발성의
The volatile situation made it hard for them to decide which direction they should go.
변덕스러운 상황이 그들이 가야 할 방향을 결정하길 어렵게 만들었다.
유 변덕스러운 capricious, whimsical, fickle, changeable
불안한 unstable, unsettled, unsteady

ambiguous
1609
[æmbígjuəs]

(형) 모호한, 애매한, 불분명한

This part is somewhat ambiguous in law.
이 부분은 법적으로 다소 애매하다.

(유) unclear, obscure, vague, equivocal, ambivalent, nebulous

economical
1610
[èkənámikəl,
i:kənámikəl]

(형) 경제적인, 절약하는

She is very economical with her expenses.
그녀는 자신의 지출을 매우 절약한다.

(cf) economic 경제의, 경제학의

minimum
1611
[mínəməm]

(형) 최소의, 최저의

The class needs a minimum of six students to continue.
그 강의가 계속되려면 최소 6명의 학생이 필요하다.

(유) minimal

nebulous
1612
[nébjələs]

(형) 흐릿한, 모호한, 애매한

What he said was too nebulous to understand.
그의 말은 너무 모호해서 이해할 수 없었다.

(유) unclear, obscure, vague, equivocal, ambivalent, ambiguous

compelling
1613
[kəmpéliŋ]

(형) 강제적인, 설득력 있는

There is no compelling reason to believe him.
그를 믿을 만한 설득력 있는 이유가 없다.

literate
1614
[lítərət]

(형) 글을 읽고 쓸 줄 아는, 교양 있는, 박식한

She is highly literate and enjoys reading complex novels.
그녀는 매우 글을 잘 읽고 복잡한 소설을 즐겨 읽는다.

(cf) literacy (글을) 읽고 쓰는 능력

widow
1615
[wídou]

(명) 미망인, 과부

The widow struggled to adjust to life without her husband.
그 과부는 남편 없는 삶에 적응하는 데 어려움을 겪었다.

DAY
33

¹⁶¹⁶ pretense
[prí:tens]

(명) 가식, 구실, 핑계

She called him under the pretense of needing help with her homework.
그녀는 숙제를 도와달라는 구실로 그에게 전화했다.

¹⁶¹⁷ strange
[streindʒ]

(형) 낯선, 이상한

She had a strange feeling that someone was watching her.
그녀는 누군가가 자신을 쳐다보고 있다는 이상한 느낌이 들었다.

¹⁶¹⁸ defensive
[difénsiv]

(형) 방어의, 방어적인

Their questions about the money put her on the defensive.
그들이 그 돈에 대해 물어보자 그녀는 방어적인 태도를 취했다.
(유) protective

¹⁶¹⁹ threshold
[θréʃhould]

(형) 문지방, 문턱, 한계점

She stood hesitating on the threshold.
그녀는 문지방에서 머뭇거리며 서 있었다.

¹⁶²⁰ disguise
[disgáiz]

(명) 변장, 가장 (동) 변장하다, 위장하다

The robber wore a ski mask as a disguise.
그 강도는 스키 마스크를 쓰고 변장하고 있었다.
(유) camouflage

¹⁶²¹ repeal
[ripí:l]

(동) 무효로 하다, 폐지하다, 취소하다, 철회하다

We're campaigning for a repeal of the abortion laws.
우리는 낙태법을 폐지하기 위해 운동을 펼치고 있다.
(유) cancel, abolish, abrogate, annul, nullify, invalidate, revoke, rescind

¹⁶²² neutralize
[njú:trəlàiz]

(동) 중립화하다, 무효화하다

They also said diplomacy can neutralize a nuclear threat.
그들은 또한 외교가 핵 위협을 무효화시킬 수 있다고 말했다.

divulge
1623
⑧ (비밀을) 말하다, 누설하다
She refused to divulge the reason why she left her school.
그녀는 왜 학교를 떠났는지 이유를 누설하기를 거부했다.
🔁 expose, reveal, disclose, uncover, betray, let on

appetite
1624
[ǽpətàit]
⑲ 식욕, 욕구
The restaurant's diverse menu caters to various appetites.
그 레스토랑의 다양한 메뉴는 다양한 식욕을 충족시킨다.

differentiate
1625
[dìfərénʃièit]
⑧ 구별짓다, 식별하다
We should know how to differentiate good from bad.
우리는 선과 악을 구별할 줄 알아야 한다.
🔁 distinguish, discriminate

grown
1626
[groun]
⑲ 다 큰, 성인이 된
It's pathetic that grown men have to resort to violence like this.
다 큰 남자들이 이런 폭력에 의지해야 한다는 것이 한심하다.

obstinate
1627
[ɑ́bstənət]
⑲ 고집 센, 완고한
If he insists upon being obstinate, ewe will have to settle this in court.
그가 계속 고집을 부린다면, 우리는 이 문제를 법정에서 해결해야 할 것이다.
🔁 inflexible, persistent, tenacious, stubborn, headstrong

minute
1628
[mínit]
⑲ 분, 잠깐 ⑲ 미세한, 사소한
The teacher gave us one minute to answer each question.
선생님은 각 문제에 대해 1분의 시간을 주었다.

upright
1629
[ʌ́pràit]
⑲ 똑바른, 수직의, 정직한
An upright posture is important for a healthy back.
건강한 등을 위해서는 똑바른 자세가 중요하다.

1630 conscious
[kánʃəs]

(형) 의식하고 있는, 자각하고 있는

Health-conscious consumers want more information about the food they buy.
건강을 의식하는 소비자들은 자신들이 사는 식품에 대해 더 많은 정보를 원한다.

(유) aware

1631 subsequent
[sʌ́bsikwənt]

(형) 그 다음의, 이후의

All the events subsequent to the storm were recorded.
폭풍 이후에 일어난 일들은 모두 기록되었다.

(유) following, ensuing, succeeding, successive

1632 stable
[stéibl]

(명) 마구간 (형) 안정된, 차분한

Horses need a stable environment to stay healthy and happy.
말들은 건강하고 행복하게 지내기 위해 안정된 환경이 필요하다.

1633 allude
[əlúːd]

(동) 암시하다, 시사하다, 언급하다

His behavior alludes to something important to us.
그의 행동이 우리에게 중요한 무엇인가를 암시한다.

1634 embody
[imbɑ́di]

(동) 구체화하다, 구현하다

His actions embody the values he believes in.
그의 행동은 그가 믿는 가치를 구체화한다.

1635 production
[prədʌ́kʃən]

(명) 생산, 제작, 제조

It was a new production technique aimed at minimizing wastage.
그것은 낭비를 최소화하기 위한 새로운 생산기법이었다.

(유) manufacture

1636 deduction
[didʌ́kʃən]

(명) 공제, 추론, 연역

I down-loaded the credit card receipt for income deduction from the Internet.
인터넷에서 신용카드 소득 공제 사용확인서를 다운받았다.

1637 response
[rispáns]

⑲ 반응, 대답

His speech called forth an angry response.
그의 연설은 성난 반응을 불러일으켰다.

1638 blunt
[blʌnt]

⑱ 무딘, 무뚝뚝한, 직설적인

The knife had a blunt edge and couldn't cut through the tough meat.
그 칼은 날이 무딘 상태였고, 튼튼한 고기를 자를 수 없었다.

DAY
33

1639 bound
[baund]

⑱ ~할 가능성이 큰, ~할 의무가 있는, ~행의

With his talent and dedication, he is bound to succeed.
그의 재능과 헌신으로 인해 그는 반드시 성공할 가능성이 크다.

1640 marvelous
[máːrvələs]

⑱ 놀라운, 믿을 수 없는

The bridge is a marvelous work of engineering and construction.
그 다리는 공학과 건축이 만들어낸 놀라운 작품이다.
⑪ 믿을 수 없는 incredible

1641 reconcile
[rékənsàil]

⑧ 화해시키다, 중재[조정]하다, 조화[일치]시키다

The workers will soon become reconciled with their employer.
노동자들은 곧 고용주와 화해하게 될 것이다.
⑪ settle, conciliate, reunite, harmonize

1642 extend
[iksténd]

⑧ 연장하다, 확장하다

I decided to extend my vacation for another week.
휴가를 한 주 더 연장하기로 결정했다.

1643 innocuous
[inákjuːəs]

⑱ 악의 없는, 무해한

Some mushrooms look innocuous but are in fact poisonous.
어떤 버섯들은 무해해 보이지만 실제로는 독성이 있다.
⑪ harmless

1644 ambivalent
[æmbívələnt]

(형) 반대 감정이 양립하는, 양면가치의
She seems to feel ambivalent about her new job.
그녀는 자신의 새 직장에 대해 반대 감정이 양립하는 것을 느끼는 것 같다.
(유) equivocal

1645 close
[kloʊs]

(형) 가까운, 친한　(동) 닫다, 마치다　(부) 가까이, 밀접하게
The two buildings are close together.
그 두 건물은 서로 가까이 있다.
(유) 친한 intimate

1646 see off

배웅하다
I've just been to the airport to see off a friend who was leaving for Europe.
나는 유럽으로 떠나는 친구를 배웅하기 위해 막 공항에 다녀왔다.

1647 crucial
[krúːʃəl]

(형) 결정적인, 중대한
Parents play a crucial role in preparing their child for school.
아이의 학교생활 준비에는 부모가 결정적인 역할을 한다.
(유) important, pivotal, critical, essential, key, major, momentous, consequential

1648 perpetual
[pərpétʃuəl]

(형) 영구적인, 끊임없는
My mom suffers from hearing perpetual noises.
우리 엄마는 끊임없는 소음 때문에 고통을 겪는다.
(유) continuous, constant, permanent, perennial, persistent, incessant, endless, eternal, lasting, everlasting

1649 conscientious
[kὰnʃiénʃəs]

(형) 양심적인, 성실한
His reputation as a conscientious judge makes people trust him.
양심적인 재판관이라는 그의 명성은 사람들이 그를 신뢰하게 만든다.
(유) 양심적인 scrupulous

1650 interrogate
[intérəgèit]

(동) 질문하다, 심문하다
The policeman interrogated him about the purpose of his journey.
경찰관은 그에게 여행 목적에 대해서 심문했다.
(유) question

REVIEW & LEVEL-UP TEST ⏱ 제한시간 7분

◉ 괄호 안에 알맞은 단어를 고르시오.

01 They reached a [compromise / fancy] after hours of negotiation.

02 The government decided to [reconcile / repeal] the outdated law.

03 The sponge can [extend / absorb] a large amount of water quickly.

DAY

33

◉ 다음 빈칸에 문맥상 적절한 단어를 고르시오.

• interrogate	• plagiarize	• divulge

04 She was accused of trying to _____ parts of her thesis from online sources.

05 She promised not to _____ his secret to anyone.

06 The officer was trained to _____ witnesses to uncover the truth.

◉ 다음 빈칸에 적절한 뜻을 쓰시오.

07 You need a <u>minimum</u> of three years of experience to apply for this job.
이 직업에 지원하려면 _____ 3년의 경력이 필요하다.

08 She went to the party in <u>disguise</u> so no one would recognize her.
그녀는 아무도 자신을 알아보지 못하게 _____ 파티에 갔다.

09 In his speech, the politician <u>alluded</u> to the challenges facing the nation.
그 정치인은 연설에서 국가가 직면한 도전 과제에 _____.

[해석 ☞ 네이버 카페 '진가영 영어 연구소'에서 확인]

01 compromise	**02** repeal	**03** absorb	**04** plagiarize	**05** divulge
06 interrogate	**07** 최소	**08** 변장하고	**09** 언급했다	

DAY 34 | PREVIEW & DIAGNOSIS TEST

⏱ 제한시간 5분

01 nullify _____

02 fabricate _____

03 take ~ for granted _____

04 carry out _____

05 cope with _____

06 in spite of _____

07 at odds with _____

08 precarious _____

09 gullible _____

10 legitimate _____

11 satisfied _____

12 classify _____

13 dignify _____

14 come into operation _____

15 suspected _____

16 suspend _____

17 devour _____

18 sanitary _____

19 precedented _____

20 discreet _____

21 break down _____

22 settle down _____

23 dilapidated _____

24 go through _____

25 greedy _____

26 altruistic _____

27 weary _____

28 skeptical _____

29 explict _____

30 gutless _____

31 delicate _____

32 successive _____

33 novel _____

34 cover _____

35 cast _____

36 charge _____

37 claim _____

38 erode _____

39 exhort _____

40 challenging _____

41 depressive _____

42 demanding _____

43 conciliatory _____

44 compassionate _____

45 stubborn _____

46 deadlock _____

47 approximation _____

48 receipt _____

49 abnormally _____

50 loud _____

DAY 34 PREVIEW & DIAGNOSIS TEST ANSWER

01	nullify	취소하다, 무효화하다	
02	fabricate	조립하다, 조작하다, 꾸며내다, 위조하다	
03	take ~ for granted	~을 당연하게 여기다	
04	carry out	수행하다, 실행하다	
05	cope with	~에 대처하다, 다루다	
06	in spite of	~에도 불구하고	
07	at odds with	~와 불화하여	
08	precarious	불안정한, 위험한	
09	gullible	잘 속는, 속기 쉬운	
10	legitimate	합법적인, 정당한, 합법[정당]화하다	
11	satisfied	만족한	
12	classify	분류하다, 구분하다	
13	dignify	위엄을 갖추다, 위엄있게 하다	
14	come into operation	작동[가동]하기 시작하다	
15	suspected	의심나는, 의심쩍은	
16	suspend	매달다, 정지하다, 연기하다	
17	devour	게걸스럽게 먹다	
18	sanitary	위생의, 위생적인, 깨끗한	
19	precedented	선례가 있는	
20	discreet	신중한, 분별 있는	
21	break down	고장나다, 부수다	
22	settle down	정착하다, ~을 진정시키다	
23	dilapidated	황폐한, 허물어진, 낡아빠진	
24	go through	겪다, 경험하다, 살펴보다, 조사하다	
25	greedy	탐욕스러운, 욕심 많은	

26	altruistic	이타적인
27	weary	몹시 지친, 피곤한, 싫증난
28	skeptical	의심 많은, 회의적인
29	explict	분명한, 솔직한, 명백한
30	gutless	용기가 없는, 배짱이 없는
31	delicate	연약한, 섬세한, 정교한
32	successive	연속적인, 계속적인
33	novel	소설, 새로운, 참신한
34	cover	덮다, 가리다, 숨기다, 감추다, 보도하다
35	cast	출연자들, 던지다
36	charge	청구하다, 비난하다, 책임을 맡기다, 충전하다
37	claim	주장, 주장하다, (목숨을) 앗아가다
38	erode	침식[풍화]시키다[되다], 약화시키다[되다]
39	exhort	권하다, 권고[훈계]하다
40	challenging	도전적인
41	depressive	우울증의, 우울한
42	demanding	지나친 요구를 하는, 힘든
43	conciliatory	달래는, 회유하는
44	compassionate	동정하는, 인정 많은
45	stubborn	고집 센, 완고한
46	deadlock	교착 상태, 막다름
47	approximation	근사치, 근사
48	receipt	영수증, 증서
49	abnormally	이상하게, 비정상적으로
50	loud	시끄러운

DAY
34

1651	**nullify** [nʌ́ləfài]	⑧ 취소하다, 무효화하다 An unhealthy diet will nullify the effects of training. 건강하지 못한 식습관은 훈련 효과를 무효로 만든다. ㊀ annul, repeal, rescind, revoke, invalidate, negate
1652	**fabricate** [fǽbrikèit]	⑧ 조립하다, 조작하다, 꾸며내다, 위조하다 The witness's statement to the police was fabricated. 경찰에게 한 목격자의 진술은 조작된 것이었다. ㊀ 꾸며내다 concoct, make up 위조하다 fake, forge, falsify
1653	**take ~ for granted**	~을 당연하게 여기다 Often we take for granted the many household items we use every day. 종종 우리는 매일 사용하는 가사 용품들을 당연하게 여긴다.
1654	**carry out**	수행하다, 실행하다 They will carry out the experiment at a depth of 25 feet. 그들은 수심 25피트에서 실험을 실행할 것이다. ㊀ conduct
1655	**cope with**	~에 대처하다, 다루다 They may have to widen the road to cope with the increase in traffic. 그들이 늘어나는 교통량에 대처하기 위해 도로를 넓혀야 할지도 모른다. ㊀ deal with
1656	**in spite of**	~에도 불구하고 They are firm friends in spite of temperamental differences. 그들은 기질적인 차이들에도 불구하고 흔들림 없는 친구 사이이다. ㊀ despite
1657	**at odds with**	~와 불화하여 Are you still at odds with him? 아직 그와 사이가 안 좋아? ㊀ in discord with
1658	**precarious** [prikέəriəs]	⑱ 불안정한, 위험한 He lived in a precarious neighborhood where crime rates were high. 그는 범죄 발생률이 높은 위험한 동네에 살았다. ㊀ unsafe

1659 gullible
[gʌ́ləbl]

(형) 잘 속는, 속기 쉬운

The salesman took advantage of the gullible customer.
그 판매원은 잘 속는 고객을 이용했다.

1660 legitimate
[lidʒítəmit]

(형) 합법적인, 정당한 (동) 합법[정당]화하다

Fee-paid mail would be electronically tagged as legitimate.
요금을 지불한 메일은 합법적인 전자 택을 부착하게 된다.
🔁 합법적인 legal, lawful

1661 satisfied
[sǽtisfàid]

(형) 만족한

She professed herself satisfied with the progress so far.
그녀는 지금까지의 진행에 만족한다고 공언했다.
🔁 gratified, content, contented, complacent

1662 classify
[klǽsəfài]

(동) 분류하다, 구분하다

It is important to cite sources when writing research papers.
연구 논문을 쓸 때 출처를 인용하는 것이 중요하다.

1663 dignify
[dígnəfài]

(동) 위엄을 갖추다, 위엄있게 하다

The general's side-whiskered face made him look dignified.
장군의 긴 구레나룻이 있는 얼굴은 그를 위엄 있어 보이게 했다.

1664 come into operation

작동[가동]하기 시작하다

The new rules come into operation from next week.
그 새 규칙들은 다음주부터 시작된다.

1665 suspected
[səspéktid]

(형) 의심나는, 의심쩍은

They requested tests to confirm the suspected case of food poisoning.
그들은 의심되는 식중독 사례를 확인하기 위해 검사를 요청했다.

(327

clWork11 suspend.

1666 suspend
[səspénd]

(동) 매달다, 정지하다, 연기하다
The restaurant was ordered to suspend its business for one month.
그 식당은 한 달간 영업 정지 명령을 받았다.
(유) 연기하다 delay, postpone, defer, shelve, put off, hold off, hold over

1667 devour
[diváuər]

(동) 게걸스럽게 먹다
The creatures devour dead, infected tissue.
그 생물들은 죽은, 감염된 조직을 게걸스럽게 먹는다.

1668 sanitary
[sǽnətèri]

(형) 위생의, 위생적인, 깨끗한
It's important to use sanitary practices when handling food.
음식을 다룰 때 위생적인 관행을 사용하는 것이 중요하다.
(유) hygienic

1669 precedented
[présədèntid]

(형) 선례가 있는
The clause is well precedented in utility legislation.
그 조항은 공익사업 제정법에 좋은 선례가 된다.

1670 discreet
[diskríːt]

(형) 신중한, 분별 있는
The man made a discreet inquiry about the job opening.
그 남자는 그 일자리 공석에 대해 신중하게 문의했다.
(유) 신중한 careful, circumspect, cautious, wary

1671 break down

고장나다, 부수다
Work came to a halt when the machine broke down.
기계가 고장나서 작업이 중단되었다.

1672 settle down

정착하다, ~을 진정시키다
He settled down in the suburbs after his retirement.
그는 은퇴 후 교외에 정착했다.

dilapidated 1673
[dilǽpədèitid]

(형) 황폐한, 허물어진, 낡아빠진

We have to reform the dilapidated education system before it's too late.
우리는 너무 늦기 전에 황폐화된 교육 제도를 개혁해야 한다.
(유) run down, ruined

go through 1674

겪다, 경험하다, 살펴보다, 조사하다

Most teenagers go through a period of rebelling.
대부분의 십대들이 반항기를 겪는다.

greedy 1675
[grí:di]

(형) 탐욕스러운, 욕심 많은

He stared at the diamonds with greedy eyes.
그는 탐욕스러운 눈으로 그 다이아몬드들을 뚫어져라 쳐다보았다.
(유) avaricious

altruistic 1676
[æltruːístik]

(형) 이타적인

Her motives for donating the money are altruistic.
돈을 기증하는 그녀의 동기는 이타적이다.
(유) unselfish

weary 1677
[wíəri]

(형) 몹시 지친, 피곤한, 싫증난

Students soon grow weary of listening to a parade of historical facts.
학생들은 이어지는 역사적 사실들을 듣는 것에 금방 싫증을 낸다.
(유) 지친, 피곤한 tired, exhausted, drained
(cf) wary 조심성 있는, 주의깊은, 신중한

skeptical 1678
[sképtikəl]

(형) 의심 많은, 회의적인

But the analysts are skeptical about the effectiveness of the plan.
하지만 전문가들은 그 계획의 실효성에 대해 회의적이다.
(유) 의심 많은 doubtful, dubious

explicit 1679
[iksplísit]

(형) 분명한, 솔직한, 명백한

The teacher provided explicit examples to illustrate the difficult concept.
선생님은 어려운 개념을 설명하기 위해 명백한 예시를 제공했다.
(반) implicit 암시된, 내포된

1680 gutless
[gʌ́tlis]

(형) 용기가 없는, 배짱이 없는
He was weak and gutless
그는 약하고 용기가 없었다.

1681 delicate
[délikət]

(형) 연약한, 섬세한, 정교한
The eye is one of the most delicate organs of the body.
눈은 신체에서 가장 연약한 기관 중 하나이다.

1682 successive
[səksésiv]

(형) 연속적인, 계속적인
The company has had three successive quarters of growth.
그 회사는 성장하는 연속적인 세 분기를 보냈다.
(cf) successful 성공한, 성공적인

1683 novel
[nάvəl]

(명) 소설 (형) 새로운, 참신한
The novel ecosystems have no natural analogs.
새로운 생태계는 자연 유사체가 없다.

1684 cover
[kʌ́vər]

(형) 덮다, 가리다, 숨기다, 감추다, 보도하다
I tried to cover up my past and push it away.
난 내 과거를 숨기고 없애려고 노력했다.

1685 cast
[kæst]

(명) 출연자들 (동) 던지다
They cast priceless treasures into the Nile.
그들은 대단히 귀중한 그 보물들을 나일강 속으로 던졌다.
(유) throw, toss, pitch, hurl, fling

1686 charge
[ʧɑːrdʒ]

(동) 청구하다, 비난하다, 책임을 맡기다, 충전하다
He charged a relatively modest fee.
그는 비교적 비싸지 않은 수수료를 청구했다.

claim
1687
[kleim]

(명) 주장 (동) 주장하다, (목숨을) 앗아가다
Bystanders claim they were manhandled by security guards.
옆에서 지켜보던 사람들은 경비원들이 자기들을 거칠게 밀쳤다고 주장한다.

erode
1688
[ɪˈroʊd]

(동) 침식[풍화]시키다[되다], 약화시키다[되다]
Winds can erode, deposit and transport soil.
바람은 흙을 침식시키고, 침전시키고 옮길 수 있다.
(유) wear away, wear down

exhort
1689
[igzɔ́ːrt]

(동) 권하다, 권고[훈계]하다
She exhorted her students to study hard for the upcoming exams.
그녀는 학생들에게 다가오는 시험을 위해 열심히 공부하도록 권했다.
(유) 권고[훈계]하다 admonish, advise

challenging
1690
[ʧǽlindʒiŋ]

(형) 도전적인
Teenagers prefer more challenging jobs.
십대들은 보다 도전적인 직업을 선호한다.

depressive
1691
[diprésiv]

(형) 우울증의, 우울한
He struggled to cope with daily tasks due to his depressive illness.
그는 우울증 질환으로 인해 일상적인 업무를 처리하는 데 어려움을 겪었다.

demanding
1692
[dimǽndiŋ]

(형) 지나친 요구를 하는, 힘든
The kidnappers are demanding a ransom of $1 million.
납치범들이 100만 달러의 몸값을 요구하고 있다.

conciliatory
1693
[kənsíliətɔ̀ːri]

(형) 달래는, 회유하는
I talked to the crying child in a conciliatory tone.
나는 우는 아이에게 달래는 어투로 말을 걸었다.
(유) placatory, appeasing

compassionate
[kəmpǽʃənit]
1694

🔞 동정하는, 인정 많은
The doctor's compassionate demeanor comforted the worried patient.
의사의 인정 많은 태도가 걱정하는 환자를 안심시켰다.
🈠 sympathetic

stubborn
[stʌ́bərn]
1695

🔞 고집 센, 완고한
He was too stubborn to admit that he was wrong.
그는 너무 완고해서 자기 잘못을 인정하지 않았다.
🈠 inflexible, persistent, obstinate, tenacious, headstrong

deadlock
[deˈdlɑ̀k]
1696

🔞 교착 상태, 막다름
They reached a deadlock in the debate.
그들은 토론에서 교착 상태에 도달했다.

approximation
[əprὰksəméiʃən]
1697

🔞 근사치, 근사
The data was just a rough approximation.
그 데이터는 단지 대략의 근사치이다.

receipt
[risíːt]
1698

🔞 영수증, 증서
He checked the receipt to verify the total amount.
그는 총액을 확인하기 위해 영수증을 살펴보았다.

abnormally
[æbnɔ́ːrməli]
1699

🔞 이상하게, 비정상적으로
He is abnormally obsessed with exercise due to his nosemaphobia.
그는 질병 공포증 때문에 운동에 비정상적으로 집착한다.

loud
[laʊd]
1700

🔞 시끄러운
Loud rock music assaulted our ears.
시끄러운 록 음악이 우리 귀를 괴롭혔다.
🈠 noisy, clamorous, vociferous

DAY **34** REVIEW & LEVEL-UP TEST

⏱제한시간 7분

✅ 괄호 안에 알맞은 단어를 고르시오.

01 A technical error in the voting process could [dignify / nullify] the election results.

02 The [greedy / precedented] child refused to share his toys with his younger brother.

03 The customer was not [satisfied / sanitary] with the service and requested a refund.

✅ 다음 빈칸에 문맥상 적절한 단어를 고르시오.

• weary	• dilapidated	• loud

04 The once grand mansion now stood in a _____ state, neglected for years.

05 The soldiers were _____ after weeks of marching through rugged terrain.

06 Please turn down the TV ; it's too _____ for me to concentrate.

✅ 다음 빈칸에 적절한 뜻을 쓰시오.

07 Her <u>novel</u> idea impressed everyone at the meeting.
그녀의 _____ 아이디어는 회의에 있던 모두를 감탄시켰다.

08 The car <u>broke down</u> on the highway, so we had to call for assistance.
차가 고속도로에서 _____ 우리는 도움을 요청해야 했다.

09 The constant rain <u>eroded</u> the coastline over time.
지속적인 비가 시간이 지남에 따라 해안선을 _____.

[해석 ☞ 네이버 카페 '진가영 영어 연구소'에서 확인]

 정답

01 nullify	**02** greedy	**03** satisfied	**04** dilapidated	**05** weary
06 loud	**07** 참신한	**08** 고장나서	**09** 침식시켰다	

DAY 35 | PREVIEW & DIAGNOSIS TEST   ⏱ 제한시간 5분

01 interference _____

02 decline _____

03 leave out _____

04 come up with _____

05 wane _____

06 impair _____

07 impromptu _____

08 luxurious _____

09 advocate _____

10 fluctuate _____

11 duplicate _____

12 favorable _____

13 mild _____

14 obsessed with _____

15 frivolous _____

16 headquarters _____

17 enduring _____

18 disgraceful _____

19 detain _____

20 compare _____

21 attribute _____

22 catch up with _____

23 keep up with _____

24 asymmetrical _____

25 omnivorous _____

26 immutable _____

27 provisional _____

28 drastic _____

29 irresponsible _____

30 prestigious _____

31 impudent _____

32 curious _____

33 criticize _____

34 captivate _____

35 steer clear of _____

36 take up _____

37 impeccable _____

38 scrupulous _____

39 replenish _____

40 withstand _____

41 delusion _____

42 decay _____

43 tenacious _____

44 crack _____

45 argument _____

46 bitter _____

47 disperse _____

48 diminution _____

49 put off _____

50 weigh down _____

DAY 35 PREVIEW & DIAGNOSIS TEST ANSWER

01	interference	간섭, 참견	24	asymmetrical	균형이 잡히지 않은, 비대칭의

01 interference 간섭, 참견

02 decline 감소하다, 거절하다

03 leave out ~을 빼다, 생략하다

04 come up with ~을 생각해내다, 제시하다

05 wane 약해지다, 줄어들다

06 impair 손상시키다, 악화시키다

07 impromptu 즉흥적인, 즉석의

08 luxurious 사치스러운, 호화로운

09 advocate 지지자, 옹호자, 지지하다, 옹호하다

10 fluctuate 변동하다, 오르내리다

11 duplicate 복사, 사본, 복사의, 사본의, 복사[복제]하다

12 favorable 호의적인, 유리한

13 mild 가벼운, 온화한

14 obsessed with ~에 사로잡힌

15 frivolous 우스운, 경솔한, 하찮은

16 headquarters 본부, 본사

17 enduring 지속적인, 영속하는, 참을성 있는

18 disgraceful 수치스러운, 불명예스러운

19 detain 구금하다, 억류하다

20 compare 비교하다

21 attribute 속성, 특질, ~탓으로 하다

22 catch up with ~을 따라잡다

23 keep up with (정보에 대해) 알게 되다, ~을 따르다, ~에 뒤지지 않다, ~와 연락하고 지내다

24 asymmetrical 균형이 잡히지 않은, 비대칭의

25 omnivorous 무엇이나 먹는, 잡식성의

26 immutable 불변의

27 provisional 임시의, 일시적인, 잠정적인

28 drastic 급격한, 격렬한

29 irresponsible 무책임한

30 prestigious 명성 있는

31 impudent 무례한, 버릇없는

32 curious 호기심 있는

33 criticize 비평하다, 비난하다

34 captivate 매혹하다, 사로잡다

35 steer clear of ~을 피하다

36 take up (시간, 공간을) 차지하다

37 impeccable 완벽한, 무결점의

38 scrupulous 양심적인, 꼼꼼한

39 replenish 다시 채우다, 보충하다

40 withstand 저항하다, 견뎌[이겨]내다

41 delusion 망상, 착각

42 decay 썩다, 부패하다, 부패시키다

43 tenacious 고집 센, 완고한

44 crack 갈라지다, 깨지다

45 argument 논쟁, 언쟁, 논의

46 bitter 쓴, 신랄한

47 disperse 흩트리다, 퍼트리다

48 diminution 축소, 감소

49 put off 미루다, 연기하다

50 weigh down 짓누르다, 무겁게 누르다

DAY

35

1701	**interference** [intərfíərəns]	몡 간섭, 참견 They resent foreign interference in the internal affairs of their country. 그들은 자기 국가의 내정에 외국이 간섭하는 것을 불쾌해 하고 있다.
1702	**decline** [dikláin]	동 감소하다, 거절하다 The company reported a small decline in its profits. 그 회사는 수익이 약간 감소했다고 보고했다.
1703	**leave out**	~을 빼다, 생략하다 When filling out this application, be sure not to leave out any information. 지원서를 작성할 때 어떤 항목도 빠지지 않도록 확인해 주세요. 윤 exclude, omit
1704	**come up with**	~을 생각해 내다, 제시하다 You should use your imagination to come up with a good idea. 좋은 아이디어를 생각해 내려면 상상력을 이용해야 한다.
1705	**wane** [wein]	동 약해지다, 줄어들다 His enthusiasm for the project began to wane after several setbacks. 몇 가지 좌절 후 그의 프로젝트에 대한 열정이 줄어들기 시작했다.
1706	**impair** [impéər]	동 손상시키다, 악화시키다 These disorders impair your sense of reality. 이 장애들은 당신의 현실적 감각을 손상시킨다. 윤 harm, damage, undermine, worsen, make worse
1707	**impromptu** [imprámptjuː]	형 즉흥적인, 즉석의 She gave an impromptu violin performance at people's request. 그녀는 사람들의 요청에 즉석에서 바이올린을 연주했다. 윤 spontaneous, improvised, unrehearsed, unprepared, unscripted, on the spot
1708	**luxurious** [lʌgʒúəriəs]	형 사치스러운, 호화로운 The woman was adorned with many luxurious jewels. 그 여자는 많은 사치스러운 보석으로 치장했다. 윤 opulent, affluent, lavish, deluxe, extravagant, sumptuous

advocate
[ǽdvəkit]
1709

(명) 지지자, 옹호자　(동) 지지하다, 옹호하다
The group does not advocate the use of violence.
그 단체는 폭력 사용을 지지하지 않는다.

fluctuate
[flʌ́ktʃuèit]
1710

(동) 변동하다, 오르내리다
Vegetable prices fluctuate according to the season.
채소 가격은 계절에 따라 변동한다.
(유) sway

duplicate
[djúːpləkit]
1711

(명) 복사, 사본　(형) 복사의, 사본의　(동) 복사[복제]하다
I'll make a duplicate of his letter and send it to you.
내가 그의 편지를 복사해서 너에게 보내줄게.
(유) 복사[복제]하다 copy, replicate, reproduce

DAY
35

favorable
[féivərəbəl]
1712

(형) 호의적인, 유리한
I await your favorable reply.
귀하의 호의적인 회신을 기다립니다.

mild
[maild]
1713

(형) 가벼운, 온화한
She received a mild reproof from the teacher.
그녀는 선생님으로부터 가벼운 꾸지람을 들었다.
(유) 온화한 gentle, temperate, amiable

obsessed with
1714

~에 사로잡힌
He is obsessed with the idea of emigrating to Canada.
그는 캐나다로 이민가려는 생각에 사로잡혀 있다.

frivolous
[frívələs]
1715

(형) 우스운, 경솔한, 하찮은
A frivolous attitude won't help you in this profession.
경솔한 태도는 이 직업에는 도움이 되지 않는다.
(유) flippant, facetious, superficial, shallow

1716 headquarters
[heˈdkwɔˌrtərz]

(명) 본부, 본사

The company's headquarters are located in New York City.
그 회사의 본사는 뉴욕에 위치해 있다.

1717 enduring
[indjúəriŋ]

(형) 지속적인, 영속하는, 참을성 있는

Cities are not only the oldest of institutions, they're the most enduring.
도시는 가장 오래된 제도일 뿐 아니라 가장 오래 지속된 제도이다.

(유) persistent, permanent, perpetual, perennial, eternal, lasting, everlasting, continuous, continual, ceaseless, unceasing, incessant

1718 disgraceful
[disgréisfəl]

(형) 수치스러운, 불명예스러운

His behaviour was absolutely disgraceful.
그의 행동은 정말 수치스러웠다.

(유) shameful

1719 detain
[ditéin]

(동) 구금하다, 억류하다

The police detained the suspect to question him about the theft.
경찰은 절도 혐의를 심문하기 위해 용의자를 구금했다.

1720 compare
[kəmpέər]

(동) 비교하다

This house is not compared to the previous one.
이 집은 이전 집과 비교되지 않는다.

1721 attribute
[ətríbjuːt]

(명) 속성, 특질 (동) ~탓으로 하다

They attribute the increase in the infant death rate to environmental pollution.
그들은 유아 사망률의 증가를 환경오염 탓으로 돌린다.

(유) 속성 property, feature, characteristic, trait

1722 catch up with

~을 따라잡다

He quickened his pace to catch up with them.
그는 그들을 따라잡기 위해 걸음을 빨리 했다.

1723 keep up with

(정보에 대해) 알게 되다, ~을 따르다, ~에 뒤지지 않다,
~와 연락하고 지내다
She is trying to keep up with the younger generation.
그녀는 젊은 세대에 뒤지지 않으려고 애쓰고 있다.
🟢 keep abreast of

1724 asymmetrical
[èisimétrik]

(형) 균형이 잡히지 않은, 비대칭의
Her face is asymmetrical.
그녀의 얼굴은 비대칭이다.

1725 omnivorous
[ɑmnívərəs]

(형) 무엇이나 먹는, 잡식성의
Ferrets are omnivorous, so they'll eat just about any type of
food.
족제비는 잡식성이므로 거의 모든 종류의 음식을 먹는다.
🟠 carnivorous 육식성의, 식충성의
🟠 herbivorous 초식의

1726 immutable
[imjúːtəbəl]

(형) 불변의
Some people regard grammar as an immutable set of rules
that must be obeyed.
어떤 사람들은 문법을 반드시 지켜야 할 불변의 규칙으로 여긴다.
🟢 unchanging, unchangeable, unalterable

1727 provisional
[prəvíʒənəl]

(형) 임시의, 일시적인, 잠정적인
You need a provisional driving licence for a light quadricycle.
2인승 경자동차를 운전하기 위해서는 임시 운전면허증이 필요하다.
🟢 temporary, interim

1728 drastic
[drǽstik]

(형) 급격한, 격렬한
Teens go through drastic physical and psychological changes.
10대에는 신체적, 정신적으로 급격한 변화를 겪는다.
🟢 radical

1729 irresponsible
[ìrispánsəbəl]

(형) 무책임한
His irresponsible attitude made me angry.
그의 무책임한 태도가 나를 화나게 했다.
🟢 reckless, careless

DAY
35

회독 ☐☐☐☐☐

1730 prestigious
[prestídʒiəs]

(형) 명성 있는

A number of prestigious persons dined in hall.
많은 명성 있는 사람이 그 파티에 참석했다.

1731 impudent
[ímpjədənt]

(형) 무례한, 버릇없는

It was impudent of him to say so.
그렇게 말하다니 그가 무례했다.
(유) rude, impolite, impertinent, insolent, ill-mannered, disrespectful, discourteous

1732 curious
[kjúəriəs]

(형) 호기심 있는

He is such a curious boy, always asking questions.
그는 아주 호기심이 많은 애라서 늘 질문을 한다.

1733 criticize
[krítisàiz]

(동) 비평하다, 비난하다

We were taught how to criticize poems.
우리는 시를 비평하는 법을 배웠다.
(유) censure, denounce, condemn, find fault with

1734 captivate
[kǽptəvèit]

(동) 매혹하다, 사로잡다

Visitors were captivated by the authenticity of the street.
방문객들은 이 거리의 실제적인 모습에 매혹되었다.
(유) enthrall, fascinate, charm

1735 steer clear of

~을 피하다

Most snakes move at night and steer clear of urban areas.
대부분 뱀들은 야간에 이동하고 도시지역은 피한다.
(유) avoid, avert, evade, shun, eschew, dodge, head off, ward off, stave off

1736 take up

(시간, 공간을) 차지하다

How much disk space will it take up?
그것이 디스크 공간을 얼마나 차지할까?
(유) occupy

impeccable
1737
[impékəbəl]

ⓗ 완벽한, 무결점의
Their impeccable sales strategy resulted in their business success.
그들의 완벽한 영업 전략이 사업을 성공으로 이끌었다.
ⓤ faultless, flawless, unblemished, immaculate

scrupulous
1738
[skrúːpjələs]

ⓗ 양심적인, 꼼꼼한
He was scrupulous in all his business dealings.
그는 사업상의 모든 거래에 있어서 양심적이었다.
ⓤ 양심적인 conscientious
꼼꼼한 meticulous, punctilious, fastidious

replenish
1739
[ripléniʃ]

ⓥ 다시 채우다, 보충하다
The waitress continued to replenish the glasses with water.
그 웨이트리스가 물잔에 물을 계속 다시 채워 주었다.
ⓤ fill up again, top up

DAY
35

withstand
1740
[wiðstǽnd]

ⓥ 저항하다, 견뎌[이겨]내다
The aircraft is designed to withstand turbulent conditions.
그 항공기는 난기류를 만나도 잘 견디도록 설계되어 있다.
ⓤ resist, stand up to

delusion
1741
[dilúːʒən]

ⓝ 망상, 착각
The Truman Show delusion is named after the famous movie, The Truman Show.
트루먼 쇼 망상증은 유명한 영화 트루먼 쇼의 이름을 따서 지은 것이다.

decay
1742
[dikéi]

ⓥ 썩다, 부패하다, 부패시키다
The fruit is injected with chemicals to reduce decay.
과일이 썩는 것을 줄이기 위해 과일에 화학약품이 주입된다.
ⓒⓕ decadence 타락, 퇴폐

tenacious
1743
[tənéiʃəs]

ⓥ 고집 센, 완고한
Her tenacious spirit helped her overcome many obstacles.
그녀의 끈질긴 정신이 그녀가 많은 장애물을 극복하는 데 도움을 주었다.

1744 crack
[kræk]

(동) 갈라지다, 깨지다

Copper is highly malleable and won't crack when hammered or stamped.
구리는 탄성이 강하며 망치질을 하거나 찍었을 때 깨지지 않는다.

1745 argument
[ɑ́ːrɡjumənt]

(명) 논쟁, 언쟁, 논의

She got into an argument with the teacher.
그녀가 그 교사와 논쟁을 벌이게 되었다.

(유) polemic, debate, dispute, contention

1746 bitter
[bítər]

(형) 쓴, 신랄한

Black coffee leaves a bitter taste in the mouth.
블랙커피를 마시면 입에 쓴 맛이 남는다.

1747 disperse
[dispə́ːrs]

(동) 흩트리다, 퍼트리다

After hearing the explosion, the crowd started to disperse.
폭발 소리를 듣자마자 군중이 흩어지기 시작했다.

(유) diffuse, disseminate, spread

1748 diminution
[dìmənjúːʃən]

(명) 축소, 감소

There was a slight diminution in the stock's value.
주식의 가치에 약간의 감소가 있었다.

(유) diminish 줄어들다

1749 put off

미루다, 연기하다

We've had to put off our wedding until September.
우리는 결혼을 9월까지 미뤄야 했다.

(유) delay, postpone, defer, shelve, suspend, hold off, hold over

---

1750 weigh down

짓누르다, 무겁게 누르다

His responsibilities really weigh down on him.
책임감이 정말 그를 짓누르고 있다.

(유) burden

DAY 35 REVIEW & LEVEL-UP TEST 제한시간 7분

◎ 괄호 안에 알맞은 단어를 고르시오.

01 Prices of stocks in the market often [fluctuate / duplicate] based on economic news.

02 She experienced only [luxurious / mild] symptoms after catching a cold.

03 It's [irresponsible / prestigious] to drive under the influence of alcohol.

◎ 다음 빈칸에 문맥상 적절한 단어를 고르시오.

• impeccable	• put off	• keep up with

04 I try to read the news every day to _____ current events.

05 The actor delivered an _____ performance, capturing the essence of the character perfectly.

06 They had to _____ the meeting because the key speaker was unable to attend.

◎ 다음 빈칸에 적절한 뜻을 쓰시오.

07 He <u>compared</u> the two job offers carefully before making a decision.
그는 결정을 내리기 전에 두 개의 취업 제안을 신중하게 _____.

08 She was <u>detained</u> at the airport due to an issue with her visa.
그녀는 비자 문제로 인해 공항에서 _____.

09 She was reprimanded for her <u>impudent</u> behavior towards the teacher.
그녀는 선생님에 대한 _____ 행동으로 비난을 받았다.

[해석 ☞ 네이버 카페 '진가영 영어 연구소'에서 확인]

 정답

01 fluctuate	**02** mild	**03** irresponsible	**04** keep up with	**05** impeccable
06 put off	**07** 비교했다	**08** 구금되었다	**09** 무례한	

DAY 36 PREVIEW & DIAGNOSIS TEST ⏱ 제한시간 5분

01 somnolent		26 stave off	
02 rough		27 recent	
03 husky		28 unequivocal	
04 revamp		29 tangible	
05 restrain		30 commend	
06 consequential		31 ingenuity	
07 yield		32 enroll / enrol	
08 abhor		33 insipid	
09 embezzle		34 influence	
10 flatter		35 rescind	
11 recession		36 refurbish	
12 acquiesce		37 furtive	
13 favor		38 laconic	
14 pledge		39 immaculate	
15 bureaucratic		40 molecule	
16 priceless		41 redress	
17 spurious		42 predisposition	
18 dissimulate		43 resentment	
19 stagnant		44 gratitude	
20 progressive		45 miserable	
21 comprehensible		46 purposeful	
22 rotate		47 feasible	
23 emulate		48 disciplinary	
24 shore up		49 scholarly	
25 assess		50 universal	

DAY 36 | PREVIEW & DIAGNOSIS TEST ANSWER

01	somnolent	졸린, 졸리게 하는		25	assess	평가하다
02	rough	거친, 울퉁불퉁한, 사나운		26	stave off	피하다, 막다
03	husky	목소리가 쉰, 허스키한		27	recent	최근의
04	revamp	개조[개정]하다, 개편하다		28	unequivocal	모호하지 않은, 명백한
05	restrain	억제하다, 제지하다		29	tangible	실체적인, 유형의
06	consequential	결과로서 일어나는, 중대한		30	commend	칭찬하다, 추천하다
07	yield	산출(량), 수확(량), 산출하다, 양보하다, 항복하다		31	ingenuity	기발한 재주, 독창성
				32	enroll / enrol	등록하다, 입학하다, 입대하다
08	abhor	몹시 싫어하다, 혐오하다		33	insipid	맛[풍미]이 없는, 재미없는
09	embezzle	횡령하다		34	influence	영향, ~에 영향을 미치다
10	flatter	아첨하다		35	rescind	폐지하다, 취소하다
11	recession	물러남, 후퇴, 불경기		36	refurbish	새로 꾸미다, 개장하다
12	acquiesce	묵인하다, 따르다, (소극적으로) 동의하다		37	furtive	비밀스러운, 은밀한
				38	laconic	간결한
13	favor	호의, 친절, 호의를 보이다, 찬성하다		39	immaculate	결점 없는, 완전한
				40	molecule	분자
14	pledge	맹세하다, 서약하다		41	redress	바로잡다, 시정하다, 보상하다
15	bureaucratic	관료의, 관료주의적인		42	predisposition	성향, 경향
16	priceless	값을 매길 수 없는, 대단히 귀중한		43	resentment	분함, 억울함, 분개
				44	gratitude	감사
17	spurious	가짜의, 위조의		45	miserable	비참한, 불행한
18	dissimulate	감추다, 숨기다, 위장하다		46	purposeful	목적이 있는, 의도적인, 단호한, 결단력 있는
19	stagnant	불경기의, 침체된, 활기가 없는				
20	progressive	진보적인, 전진하는		47	feasible	실행 가능한, 가능한
21	comprehensible	이해할 수 있는		48	disciplinary	훈육의, 징계의
22	rotate	회전하다, 교대로 하다, 자전하다, 윤작하다		49	scholarly	학자의, 학구적인
				50	universal	보편적인, 일반적인, 전 세계의
23	emulate	모방하다, 경쟁하다, 겨루다				
24	shore up	강화하다				

1751 somnolent
[sάmnələnt]

형 졸린, 졸리게 하는

Because of his somnolent voice students find it difficult to concentrate in his classes.
그의 졸리는 목소리 때문에 학생들은 그의 수업에 집중하기가 어렵다고 생각한다.
유 drowsy, sleepy, dozy

1752 rough
[rʌf]

형 거친, 울퉁불퉁한, 사나운

The road was rough and full of potholes.
도로는 울퉁불퉁하고 움푹 패인 곳들이 가득했다.
유 violent, turbulent

1753 husky
[hʌ́ski]

형 목소리가 쉰, 허스키한

She whispered in a slightly husky voice.
그녀는 약간 허스키한 목소리로 속삭였다.
유 hoarse

1754 revamp
[riːvǽmp]

동 개조[개정]하다, 개편하다

The company must revamp its internal structure.
그 회사는 내부 구조를 개편해야 한다.
유 renovate

1755 restrain
[ristréin]

동 억제하다, 제지하다

The government is taking steps to restrain inflation.
정부에서 인플레이션을 억제하기 위한 조치를 밟고 있다.
유 curb, check, prevent, prohibit

1756 consequential
[kὰnsikwénʃəl]

형 결과로서 일어나는, 중대한

The report discusses a number of consequential matters that are yet to be decided.
그 보고서에서는 아직 결정되지 않은 몇 가지 중대한 문제를 논의하고 있다.

1757 yield
[jiːld]

명 산출(량), 수확(량) 동 산출하다, 양보하다, 항복하다

I hope this year's crop yield will be the highest.
나는 올해의 농작물 수확량이 가장 최고이길 바란다.

1758 abhor
[æbhɔ́ːr]

동 몹시 싫어하다, 혐오하다

They abhor all forms of racism.
그들은 모든 종류의 인종 차별주의를 혐오한다.
유 detest, loathe, hate

embezzle
1759
[embézəl]

(동) 횡령하다
He is not the type to embezzle money.
그는 돈을 횡령할 사람이 아니다.
🔄 peculate

flatter
1760
[flǽtər]

(동) 아첨하다
She doesn't want to flatter people to gain their trust.
그녀는 사람들의 신용을 얻기 위해 아첨하는 것은 원치 않는다.
🔄 play up to, make up to, butter up

recession
1761
[riséʃən]

(명) 물러남, 후퇴, 불경기
The country was mired in recession.
그 나라는 불경기의 수렁에 빠져 있었다.
🔄 불경기 depression

acquiesce
1762
[æ̀kwiés]

(동) 묵인하다, 따르다, (소극적으로) 동의하다
We cannot for long acquiesce in an occupation of a town by an army.
우리는 군대의 마을 점령을 오랫동안 묵인할 수 없다.
🔄 accept, consent

favor
1763
[féivər]

(명) 호의, 친절 (동) 호의를 보이다, 찬성하다
The majority of people in the province are in favor of devolution.
그 지방 사람들 대다수가 양도에 찬성한다.

pledge
1764
[pledʒ]

(동) 맹세하다, 서약하다
We all had to pledge allegiance to the flag.
우리는 모두 국기에 대한 맹세를 해야 했다.
🔄 vow, swear

bureaucratic
1765
[bjùərəkrǽtik]

(형) 관료의, 관료주의적인
Navigating through bureaucratic channels can be frustrating for small businesses.
소기업들에게는 관료주의적인 절차를 통과하는 것이 짜증날 수 있다.

1766 priceless
[práislis]

(형) 값을 매길 수 없는, 대단히 귀중한
The intrinsic value of her diamond is priceless.
그녀의 다이아몬드의 본질적인 가치는 값을 매길 수 없다.
(유) valuable, invaluable, precious

1767 spurious
[spjúəriəs]

(형) 가짜의, 위조의
He created the entirely spurious impression that the company was thriving.
그는 회사가 번창하고 있다는 완전히 가짜의 인상을 만들었다.
(유) fake, false, forged, fraudulent, fabricated, counterfeit, bogus

1768 dissimulate
[disímjəlèit]

(동) 감추다, 숨기다, 위장하다
He has a habitual capacity to overclaim and dissimulate.
그는 과장하고 숨기는 습관적인 능력이 있다.

1769 stagnant
[stǽgnənt]

(형) 불경기의, 침체된, 활기가 없는
In the 1970s, business investment in this country was stagnant.
1970년대 이 나라에 사업투자는 침체되어 있었다.
(유) dormant, sedentary, sluggish, listless, static, lethargic

1770 progressive
[prəgrésiv]

(형) 진보적인, 전진하는
The new president supports progressive education.
새 대통령은 진보적인 교육을 지지한다.

1771 comprehensible
[kàmprihénsəbəl]

(형) 이해할 수 있는
The example sentences of the dictionary are simple and comprehensible.
이 사전의 용례는 간결하고 이해하기 쉽다.
(유) intelligible, understandable

1772 rotate
['routeɪt]

(동) 회전하다, 교대로 하다, 자전하다, 윤작하다
The car wheels rotated quickly.
자동차 바퀴가 빠르게 회전했다.

1773
emulate
[émjulèit]

(동) 모방하다, 경쟁하다, 겨루다

Children emulate their parents' behavior.
아이들은 부모의 행동을 모방한다.
(유) 모방하다 copy, imitate, mimic

1774
shore up

강화하다

She's just trying to shore up her self-esteem.
그녀는 단지 자부심을 강화하려 하고 있다.
(유) strengthen, reinforce, consolidate, solidify, intensify,
bolster, beef up

1775
assess
[əsés]

(동) 평가하다

It is difficult to assess the full extent of the damage.
전체적인 손상 규모를 평가하기는 어렵다.
(유) evaluate, estimate, appraise

1776
stave off

피하다, 막다

White blood cells stave off infection and disease.
백혈구는 감염과 질병을 막아 준다.
(유) avoid, avert, evade, shun, eschew, dodge,
head off, ward off, steer clear of

DAY

36

1777
recent
[ríːsnt]

(형) 최근의

She published a paper on her recent research findings.
그녀는 최근 연구 결과에 대해 논문을 발표했다.

1778
unequivocal
[ə,nikwi'vəkəl]

(형) 모호하지 않은, 명백한

That seems to be clear and unequivocal.
그것은 분명하고 명백한 것 같다.
(유) unambiguous, clear, explicit

1779
tangible
[tǽndʒəbəl]

(형) 실체적인, 유형의

They need far-reaching and tangible help.
그들은 방대하고 실체적인 도움이 필요하다.
(유) concrete, palpable, substantive

1780 commend
[kəménd]

(동) 칭찬하다, 추천하다

The mayor commended the volunteers for their dedication.
시장은 자원봉사자들의 헌신을 칭찬했다.

(유) 칭찬하다 praise, compliment, extol, laud, eulogize

1781 ingenuity
[indʒənjúːəti]

(명) 기발한 재주, 독창성

Some historic painters, so called geniuses, thrived on their own ingenuity.
소위 천재라고 불리는 몇몇 역사적인 화가들은 그들 자신만의 독창성들을 가지고 있었다.

(유) creativity, originality

1782 enroll / enrol
[inróul]

(동) 등록하다, 입학하다, 입대하다

She decided to enroll in a cooking class.
그녀는 요리 수업에 등록하기로 결정했다.

1783 insipid
[insípid]

(형) 맛[풍미]이 없는, 재미없는

After an hour of insipid conversation, I left.
한 시간 동안 재미없는 대화를 나누다가 나는 떠났다.

(유) 맛[풍미]이 없는 flavourless
재미없는 dull

1784 influence
[ínfluəns]

(명) 영향 (동) ~에 영향을 미치다

Her parents had a significant influence on her career choice.
그녀의 부모님은 그녀의 진로 선택에 큰 영향을 미쳤다.

1785 rescind
[risínd]

(동) 폐지하다, 취소하다

The governor has said we're going to rescind the contract.
주지사는 우리는 계약을 취소할 것이라고 말했다.

(유) cancel, annul, repeal, revoke, nullify

1786 refurbish
[riːfɔ́ːrbiʃ]

(동) 새로 꾸미다, 개장하다

We have to refurbish our company image.
우리는 회사의 이미지를 새로 꾸며야 한다.

(유) revamp, renovate

furtive
1787
[fə́ːrtiv]

(형) 비밀스러운, 은밀한

They had a furtive conversation.
그들은 비밀스러운 대화를 나눴다.
(유) secret, covert, clandestine, surreptitious

laconic
1788
[ləkάnik]

(형) 간결한

His laconic speech was clear enough to convey his point of view.
그의 간결한 연설은 그의 관점을 전달하기에 충분히 명확했다.
(유) concise, terse, succinct

immaculate
1789
[imǽkjəlit]

(형) 결점 없는, 완전한

He gave an immaculate performance as the aging hero.
그는 늙어가는 주인공으로서 완벽한 연기를 보여 주었다.
(유) faultless, flawless, spotless, unblemished, impeccable

molecule
1790
[mάləkjùːl]

(명) 분자

A molecule is the smallest unit of a chemical compound.
분자는 화합물의 가장 작은 단위이다.

DAY
36

redress
1791
[ríːdres]

(동) 바로잡다, 시정하다, 보상하다

We should redress the balance in this Budget.
우리는 이 예산에서 균형을 바로잡아야 한다.

predisposition
1792
[ˌpriːdɪspəˈzɪʃn]

(명) 성향, 경향

She showed a predisposition to panic.
그녀는 패닉에 빠지기 쉬운 경향을 보여주었다.

resentment
1793
[rɪˈzentmənt]

(명) 분함, 억울함, 분개

She could not conceal the deep resentment she felt at the way she had been treated.
그녀는 자신이 받은 대우에 대해 느낀 깊은 분노를 감출 수가 없었다.
(유) anger, rage, indignation

회독 ☐☐☐☐☐

1794 gratitude
[|grǽtɪtuːd]

(명) 감사
He smiled at them with gratitude.
그가 감사하며 그들에게 웃어 보였다.
(유) gratefulness, thankfulness

1795 miserable
[mízərəbəl]

(형) 비참한, 불행한
The family endured a miserable existence in a cramped apartment.
그 가족은 비좁은 아파트에서 비참한 생활을 견디고 있었다.
(유) unhappy

1796 purposeful
[pə́ːrpəsfəl]

(형) 목적이 있는, 의도적인, 단호한, 결단력 있는
Purposeful work is an important part of the regime for young offenders.
목적의식을 갖고 하는 근로는 젊은 범죄자들 관리 체제에서 중요한 부분이다.
(유) 단호한, 결단력 있는 determined, resolute, resolved

1797 feasible
[fíːzəbəl]

(형) 실행 가능한, 가능한
This plan seems feasible.
이 계획은 실행 가능해 보인다.
(유) practical, viable

1798 disciplinary
[dísəplənèri]

(형) 훈육의, 징계의
The company will be taking disciplinary action against him.
회사가 그에 대해 징계 조치를 취할 것이다.
(유) penal

1799 scholarly
[skɑ́lərli]

(형) 학자의, 학구적인
Both his parents are from scholarly families.
그는 친가와 외가가 모두 학자 집안이다.
(유) academic

1800 universal
[jùːnəvə́ːrsəl]

(형) 보편적인, 일반적인, 전 세계의
Such problems are a universal feature of old age.
그런 문제들은 노령의 일반적인 특징이다.
(유) 일반적인 general
전 세계의 global, worldwide, international

DAY 36 REVIEW & LEVEL-UP TEST ⏱제한시간 7분

✅ 괄호 안에 알맞은 단어를 고르시오.

01 The police had to [pledge / restrain] the suspect to prevent them from escaping.

02 The soup was so [laconic / insipid] that I couldn't bring myself to finish it.

03 The government decided to [rescind / commend] the controversial law after widespread protests.

✅ 다음 빈칸에 문맥상 적절한 단어를 고르시오.

• unequivocal	• gratitude	• recession

04 The global _____ of 2008 caused widespread economic turmoil and job losses.

05 She gave an _____ answer to the question, leaving no room for doubt.

06 She expressed her _____ to everyone who supported her during difficult times.

✅ 다음 빈칸에 적절한 뜻을 쓰시오.

07 He was convicted of <u>embezzling</u> company funds.

그는 회사 공금을 _____ 것으로 유죄 선고를 받았다.

08 It was hard for him to <u>dissimulate</u> his nervousness during the interview.

그는 면접 중에 긴장을 _____ 어려웠다.

09 The doctor will <u>assess</u> your condition before deciding on the best treatment plan.

의사는 최적의 치료 계획을 결정하기 전에 당신의 상태를 _____ 것이다.

[해석 ☞ 네이버 카페 '진가영 영어 연구소'에서 확인]

정답

01 restrain	**02** insipid	**03** rescind	**04** recession	**05** unequivocal
06 gratitude	**07** 횡령한	**08** 감추기가	**09** 평가할	

DAY 37 | PREVIEW & DIAGNOSIS TEST

제한시간 5분

01	barter	26	distress
02	discrimination	27	exorbitant
03	withdrawal	28	veto
04	collapse	29	come off
05	invasion	30	turn off
06	surrender	31	levy
07	curse	32	abrogate
08	exemplary	33	preclude
09	digress	34	bargain
10	nightmare	35	beat
11	esteem	36	stock
12	mitigate	37	arduous
13	liable	38	pertinent
14	auditory	39	dissipate
15	indispensable	40	conserve
16	reckless	41	secure
17	resilience	42	ferment
18	supernatural	43	attainment
19	harmonious	44	delinquency
20	command	45	scribble
21	stray	46	turn out
22	amenable	47	turn to
23	vociferous	48	turn over
24	perishable	49	proliferation
25	innate	50	recede

DAY 37 PREVIEW & DIAGNOSIS TEST ANSWER

01 barter 물물 교환하다

02 discrimination 구별, 차별

03 withdrawal 철회, 인출, 취소

04 collapse 붕괴, 무너짐, 붕괴되다, 무너지다

05 invasion 침략[침입], (권리 등의) 침해, 침범

06 surrender 항복[굴복], 항복[굴복]하다, (권리 등을) 포기하다

07 curse 욕(설), 악담, 저주

08 exemplary 모범적인, 훌륭한

09 digress 벗어나다, 탈선하다

10 nightmare 악몽

11 esteem 존경, 존경[존중]하다

12 mitigate 완화시키다, 경감하다

13 liable ~할 것 같은, 하기 쉬운

14 auditory 귀의, 청각의

15 indispensable 없어서는 안 될, 필수적인

16 reckless 분별없는, 무모한

17 resilience 탄성, 회복력

18 supernatural 초자연적인, 불가사의한

19 harmonious 조화된, 사이 좋은

20 command 명령, 명령하다, 지휘하다

21 stray 길 잃은, 길을 잃다

22 amenable 순종적인, 유순한

23 vociferous 큰소리로 외치는, 시끄러운

24 perishable 썩기 쉬운, 부패하기 쉬운

25 innate 타고난, 선천적인

26 distress 고통, 고민, 고통스럽게 하다

27 exorbitant 엄청난, 터무니없는

28 veto 거부권, 거부하다

29 come off 성공하다, 이루어지다

30 turn off (전기·가스·수도 등을) 끄다

31 levy (세금 등을) 부과[징수]하다

32 abrogate 폐지하다[철폐하다]

33 preclude 막다, 방지하다, 제외하다

34 bargain 싸게 산 물건, 흥정, 협상[흥정]하다

35 beat 이기다, 치다, 두드리다

36 stock 주식, 재고, 저장

37 arduous 힘든, 고된

38 pertinent 적절한, 관련 있는

39 dissipate 흩뜨리다, 낭비하다, 흩어져 사라지다

40 conserve 보존[유지]하다, 보호하다

41 secure 안전한, 얻어 내다, 획득[확보]하다, 안전하게 하다

42 ferment 발효시키다, 발효하다, 효모, 동요

43 attainment 도달, 달성

44 delinquency 직무 태만, 의무 불이행, 비행, 과실, 범죄

45 scribble 갈겨쓰다

46 turn out 밝혀지다, 나타나다

47 turn to ~에 의지하다

48 turn over ~을 뒤집다, ~을 숙고하다

49 proliferation 확산, 증식

50 recede (서서히) 물러나다[멀어지다], 약해지다, 희미해지다

DAY 37

barter
[báːrtər]

(동) 물물 교환하다

In ancient times, people would barter items instead of using money.
고대에는 사람들이 돈을 사용하는 대신 물물 교환하곤 했다.

---

discrimination
[dɪˌskrɪmɪˈneɪʃn]

(명) 구별, 차별

The government will legislate against discrimination in the workplace.
정부가 일터에서의 차별을 금하는 법률을 제정할 것이다.
🔵 구별 distinction, differentiation

---

withdrawal
[wɪðdrɔ́ːəl]

(명) 철회, 인출, 취소

The newspaper published a withdrawal the next day.
그 신문에서 그 다음날 취소 기사를 실었다.
🔵 retreat

---

collapse
[kəlǽps]

(명) 붕괴, 무너짐 (동) 붕괴되다, 무너지다

She looked ready to collapse at any minute.
그녀는 금방이라도 무너질 것 같았다.

---

invasion
[invéiʒən]

(명) 침략[침입], (권리 등의) 침해, 침범

Farmers are struggling to cope with an invasion of slugs.
농부들이 민달팽이 침입에 맞서 싸우느라 고전하고 있다.
🔵 (권리 등의) 침해, 침범 violation, infringement, breach

---

surrender
[səréndər]

(명) 항복[굴복] (동) 항복[굴복]하다, (권리 등을) 포기하다

The rebel soldiers were forced to surrender.
반란군들은 어쩔 수 없이 항복해야 했다.
🔵 항복[굴복]하다 give in, succumb
　(권리 등을) 포기하다 relinquish

---

curse
[kɜːrs]

(명) 욕(설), 악담, 저주

Winning the first prize on the Lotto can be a blessing and a curse.
로또 1등 당첨은 축복이자 저주가 될 수 있다.

---

exemplary
[igzémpləri]

(형) 모범적인, 훌륭한

Her behaviour was exemplary.
그녀의 행동은 모범적이었다.

digress 1809 [daigrés]	⑧ 벗어나다, 탈선하다

We must be careful not to digress from the topic.
우리는 주제를 벗어나지 않도록 주의해야 한다.
㊀ deviate, stray

nightmare
1810
[náitmɛər]

⑲ 악몽

She had a terrifying nightmare last night.
어젯밤 그녀는 무서운 악몽을 꾸었다.

esteem
1811
[istíːm]

⑲ 존경 ⑧ 존경[존중]하다

She is held in high esteem by her colleagues.
그녀는 동료들의 많은 존경을 받고 있다.
㊀ respect

mitigate
1812
[mítəgèit]

⑧ 완화시키다, 경감하다

It was launched to mitigate the global ecological crisis.
그것은 세계적인 생태 위기를 완화하기 위해 출범했다.
㊀ alleviate, allay, assuage, appease, ease, calm, pacify,
palliate, placate, soothe, mollify, relieve

DAY
37

liable
1813
['laɪəbl]

⑲ ~할 것 같은, 하기 쉬운

We're all liable to make mistakes when we're tired.
우리는 모두 피곤하면 실수를 하기가 쉽다.
㊀ prone

auditory
1814
[ɔ́ːditɔ̀ːri]

⑲ 귀의, 청각의

She has excellent auditory skills.
그녀는 뛰어난 청각 능력을 가지고 있다.

indispensable
1815
[ìndispénsəbəl]

⑲ 없어서는 안 될, 필수적인

She made herself indispensable to the department.
그녀는 자기가 그 부서에 없어서는 안 될 사람이 되도록 했다.
㊀ crucial, essential, requisite

회독 □□□□□

reckless
1816
[réklisnis]

(형) 분별없는, 무모한

He had always been reckless with money.
그는 돈에 대해서는 항상 무모했었다.
(유) careless, thoughtless, heedless, incautious, inattentive

resilience
1817
[rizíljəns]

(명) 탄성, 회복력

A person with a growth mindset has more resilience.
성장의 사고방식을 가진 사람이 더 회복 탄력성이 있다.

supernatural
1818
[sùːpərnǽtʃərəl]

(형) 초자연적인, 불가사의한

The church is the site of a number of supernatural manifestations.
그 교회는 몇 건의 불가사의한 현상이 나타난 현장이다.
(유) paranormal

harmonious
1819
[hɑːrmóuniəs]

(형) 조화된, 사이 좋은

The room was painted in harmonious colors.
그 방은 색이 조화롭게 칠해졌다.
(유) congruous, compatible

command
1820
[kəˈmænd]

(명) 명령 (동) 명령하다, 지휘하다

You must obey the captain's commands.
자넨 선장의 명령에 복종해야 해.

stray
1821
[strei]

(형) 길 잃은 (동) 길을 잃다

Finally, the shepherd found the stray lamb.
마침내 목동은 길 잃은 양을 찾았다.
(유) 길을 잃다 lose one's way

amenable
1822
[əmíːnəbl]

(형) 순종적인, 유순한

I always try to follow my parents' wishes and be an amenable child.
나는 늘 부모님의 바람을 따르고 유순한 아이가 되고자 노력한다.
(유) submissive, compliant, obedient,
    pliant, pliable, flexible, docile

vociferous
1823
[vousífərəs]

형 큰소리로 외치는, 시끄러운
He was a vociferous opponent of the government.
그는 시끄러운 정부 반대자였다.
유 noisy, loud, raucous

perishable
1824
[périʃəbl]

형 썩기 쉬운, 부패하기 쉬운
Those perishable items must go into the refrigerator first.
썩기 쉬운 것들이 냉장고에 먼저 들어가야 한다.
cf perish 죽다, 소멸되다

innate
1825
[inéit]

형 타고난, 선천적인
She has an innate sense of music.
그녀는 음악에 타고난 감각이 있다.
유 natural, congenital, inherited, intrinsic

distress
1826
[distrés]

명 고통, 고민 동 고통스럽게 하다
She was obviously in distress after the attack.
그녀는 그 공격이 있은 후 분명히 고통스러워하고 있었다.
유 고통 pain, agony, torment, torture, suffering, anguish

exorbitant
1827
[igzɔ́:rbətənt]

형 엄청난, 터무니없는
The bill for dinner was exorbitant.
저녁 식사 계산서가 터무니없었다.
유 preposterous

veto
1828
[ví:tou]

명 거부권 동 거부하다
The president used his veto to block the bill.
대통령은 법안을 막기 위해 거부권을 행사했다.

come off
1829

성공하다, 이루어지다
Did the trip to Rome ever come off?
로마로의 여행이 과연 이루어지기는 했나요?

DAY
37

1830 turn off

(전기 · 가스 · 수도 등을) 끄다
He turned off the light.
그는 불을 껐다.

1831 levy
[lévi]

(동) (세금 등을) 부과[징수]하다
The government will levy a tax on sugar.
정부는 설탕에 세금을 부과할 것이다.
(유) impose

1832 abrogate
[ǽbrəgèit]

(동) 폐지하다[철폐하다]
Congress must abrogate the new tax law.
의회는 새로운 조세 법안을 폐지해야 한다.
(유) revoke, repeal, rescind

1833 preclude
[priklú:d]

(동) 막다, 방지하다, 제외하다
Financial difficulties precluded him from going on the trip.
금융적인 어려움이 그의 여행 계획을 막았다.
(유) 막다 prevent
　　제외하다 exclude

1834 bargain
[bá:rgən]

(명) 싸게 산 물건, 흥정　(동) 협상[흥정]하다
The car was a bargain at that price.
그 가격이면 그 차는 싼 것이었다.

1835 beat
[bi:t]

(동) 이기다, 치다, 두드리다
He beat me at chess.
그가 체스에서 나를 이겼다.

1836 stock
[stak]

(명) 주식, 재고, 저장
Grocery stores are running out of stock due to increased demand.
수요 증가로 인해 식료품 점의 재고가 부족하다.
(cf) livestock 가축

1837 arduous
[ɑ́:rdʒuəs]

(형) 힘든, 고된
The work was arduous.
그 일은 몹시 힘들었다.
(유) difficult, demanding, laborious, strenuous

1838 pertinent
[pə́:rtənənt]

(형) 적절한, 관련 있는
I think it is wise to follow his pertinent advice.
나는 그의 적절한 조언을 따르는 것이 현명하다고 생각한다.
(유) relevant, related, appropriate, proper, germane, to the point

1839 dissipate
[dísəpèit]

(동) 흩뜨리다, 낭비하다, 흩어져 사라지다
His anxiety dissipated gradually.
그의 불안감은 점점 사라졌다.
(유) 흩뜨리다 scatter
낭비하다 squander
흩어져 사라지다 disappear, vanish

1840 conserve
[kənsə́:rv]

(동) 보존[유지]하다, 보호하다
It is important to conserve energy.
에너지를 보존하는 것이 중요하다.

DAY
37

1841 secure
[sikjúər]

(형) 안전한 (동) 얻어 내다, 획득[확보]하다, 안전하게 하다
The future of the company looks secure.
그 회사의 미래는 안전한 것 같다.

1842 ferment
[fə́:rment]

(동) 발효시키다, 발효하다 (명) 효모, 동요
The dough needs to ferment overnight to rise properly.
반죽은 제대로 부풀기 위해 하룻밤 동안 발효할 필요가 있다.

1843 attainment
[ətéinmənt]

(명) 도달, 달성
The attainment of his ambitions was still a dream.
그의 야망을 달성하는 것은 아직도 꿈에 지나지 않았다.
(유) procurement

1844 delinquency
[dilíŋkwənsi]

몡 직무 태만, 의무 불이행, 비행, 과실, 범죄
Juvenile delinquency goes on increasing.
청소년 범죄가 늘어가고 있다.
유 범죄 crime, offense, misdeed, wrongdoing

1845 scribble
['skrɪbl]

통 갈겨쓰다
He scribbled on a piece of paper to jot down the address quickly.
그는 그 주소를 빠르게 적기 위해 종이에 갈겨썼다.
유 scrawl

1846 turn out

밝혀지다, 나타나다
The rumors could very well turn out to be true.
소문이 사실로 밝혀질 수도 있다.

1847 turn to

~에 의지하다
She has nobody she can turn to.
그녀는 의지할 수 있는 사람이 아무도 없다.
유 depend on, rely on, count on, hinge on, lean on,
rest on, fall back on, look to, resort to

1848 turn over

~을 뒤집다, ~을 숙고하다
The car skidded on the icy road and turned over.
그 차가 빙판길에 미끄러져 뒤집혔다.

1849 proliferation
[prəlifəréiʃən]

몡 확산, 증식
North Korea was required to confess to covert nuclear proliferation.
북한은 은밀한 핵 확산에 대해 시인하라고 요구받았다.
유 spread, diffusion, expansion, multiplication

1850 recede
[rɪ'siːd]

통 (서서히) 물러나다[멀어지다], 약해지다, 희미해지다
The sound of the truck receded into the distance.
트럭 소리는 차츰 멀어져 갔다.

DAY 37 | REVIEW & LEVEL-UP TEST

⏱ 제한시간 7분

✅ 괄호 안에 알맞은 단어를 고르시오.

01 She made a [reckless / harmonious] decision without considering the consequences.

02 It's important to focus on [pertinent / arduous] information when writing a research paper.

03 It's important to [turn off / come off] the water while brushing your teeth to save water.

✅ 다음 빈칸에 문맥상 적절한 단어를 고르시오.

• levy	• perishable	• indispensable

04 Water is _____ to all forms of life.

05 Milk is a _____ item that needs to be refrigerated.

06 Farmers are protesting against the _____ on agricultural products.

✅ 다음 빈칸에 적절한 뜻을 쓰시오.

07 Racial <u>discrimination</u> in hiring practices is illegal and unethical.
채용 관행에서의 인종 _____은 불법적이고 윤리적으로 문제가 된다.

08 Her <u>innate</u> sense of direction meant she rarely got lost.
그녀의 _____ 방향 감각 덕분에 그녀는 거의 길을 잃지 않았다.

09 The grocery store is out of <u>stock</u> due to high demand this week.
이번 주 수요가 많아서 식품점의 _____가 부족하다.

[해석 ☞ 네이버 카페 '진가영 영어 연구소'에서 확인!]

 정답

01 reckless	**02** pertinent	**03** turn off	**04** indispensable	**05** perishable
06 levy	**07** 차별	**08** 타고난	**09** 재고	

DAY 38 | PREVIEW & DIAGNOSIS TEST
제한시간 5분

01 acquire _____

02 rudimentary _____

03 dilute _____

04 state _____

05 belligerent _____

06 contentious _____

07 sympathy _____

08 exploit _____

09 frankly _____

10 punitive _____

11 sagacious _____

12 inert _____

13 fragile _____

14 allure _____

15 exceptional _____

16 consent _____

17 irrational _____

18 discrepancy _____

19 give in _____

20 put aside _____

21 implant _____

22 eradicate _____

23 eliminate _____

24 displace _____

25 abolish _____

26 avidity _____

27 immoral _____

28 affluent _____

29 destitute _____

30 amiable _____

31 endorse _____

32 diminish _____

33 officer _____

34 recurrent _____

35 reckon _____

36 unjustified _____

37 irregular _____

38 seamlessly _____

39 concrete _____

40 dramatically _____

41 energetically _____

42 selfish _____

43 ubiquitous _____

44 hypocritical _____

45 impertinent _____

46 precipitate _____

47 pull out _____

48 put out _____

49 get away _____

50 momentary _____

DAY 38 PREVIEW & DIAGNOSIS TEST ANSWER

01	acquire	습득하다, 취득하다
02	rudimentary	기본의, 초보의
03	dilute	희석시키다, 약화시키다
04	state	국가, 상태, 주,
		말하다, 진술하다
05	belligerent	적대적인, 호전적인
06	contentious	논쟁[토론]을 좋아하는,
		논쟁[이론]을 불러일으키는
07	sympathy	동정, 연민, 공감
08	exploit	이용하다, 개발하다, 착취하다
09	frankly	솔직히
10	punitive	처벌의, 형벌의
11	sagacious	총명한, 현명한
12	inert	비활성, 둔한
13	fragile	깨지기 쉬운, 약한
14	allure	유혹[매혹]하다, 꾀어내다
15	exceptional	예외적인, 특출한
16	consent	동의, 일치, 동의하다, 승낙하다
17	irrational	불합리한, 분별없는
18	discrepancy	불일치, 모순
19	give in	~에 항복하다, ~에 굴복하다
20	put aside	~을 제쳐두다,
		~을 따로 떼어 놓다[두다]
21	implant	심다, 주입하다, 불어넣다
22	eradicate	근절하다, 박멸하다
23	eliminate	없애다, 제거하다
24	displace	대신하다, 대체하다
25	abolish	(법률·제도·조직을) 폐지하다

26	avidity	(열렬한) 욕망, 갈망, 탐욕
27	immoral	부도덕한
28	affluent	풍부한, 유복한
29	destitute	빈곤한, 결핍된
30	amiable	상냥한, 우호적인
31	endorse	지지하다, 승인하다
32	diminish	줄어들다, 약해지다
33	officer	장교, 공무원, 담당자
34	recurrent	재발하는, 되풀이되는
35	reckon	간주하다, 여기다,
		생각하다, 계산하다
36	unjustified	정당하지 않은, 근거 없는
37	irregular	불규칙한, 고르지 못한
38	seamlessly	끊어짐 없이, 균일하게
39	concrete	구체적인, 실제적인
40	dramatically	극적으로
41	energetically	정력적으로, 힘차게
42	selfish	이기적인
43	ubiquitous	도처에 있는,
		어디에나 존재하는
44	hypocritical	위선의, 위선적인
45	impertinent	무례한, 적절하지 않은,
		관계없는
46	precipitate	촉발시키다, 촉진하다
47	pull out	옆으로 빠져나가다[나오다]
48	put out	~을 내놓다, 불을 끄다
49	get away	벗어나다, 도망치다
50	momentary	순간적인, 잠깐[찰나]의

DAY
38

acquire
1851
[əkwáiər]

동 습득하다, 취득하다
It is essential to acquire skills to live in a technosociety.
기술 사회에서 살아가기 위해 기술을 습득하는 것은 필수적이다.
유 obtain, attain

rudimentary
1852
[rùːdəméntəri]

형 기본의, 초보의
They were given only rudimentary training in the job.
그들은 그 직장에서 가장 기본적인 훈련만 받았다.
유 basic, elementary, introductory, primary, fundamental

dilute
1853
[dilúːt]

동 희석시키다, 약화시키다
Dilute this detergent three to one before use.
이 세제는 3 대 1의 비율로 희석해서 사용하세요.
유 water down, weaken

state
1854
[steit]

명 국가, 상태, 주 동 말하다, 진술하다
The company is in a financially stable state this quarter.
그 회사는 이 분기에 재정적으로 안정된 상태에 있다.

belligerent
1855
[bəlídʒərənt]

형 적대적인, 호전적인
Your belligerent attitude is often the cause for your lack of popularity.
네 적대적인 태도가 네가 인기 없는 원인일 때가 종종 있다.
유 bellicose, hostile, aggressive, antagonistic, contentious, warlike, inimical

contentious
1856
[kənténʃəs]

형 논쟁[토론]을 좋아하는, 논쟁[이론]을 불러일으키는
It's currently a very contentious issue.
그것은 현재 굉장히 논쟁을 일으키는 안건이다.
유 controversial, disputable, debatable, disputed, contended

sympathy
1857
[símpəθi]

명 동정, 연민, 공감
There was no personal sympathy between them.
그들 사이에는 개인적인 공감이 없었다.
유 동정, 연민 compassion

exploit
1858
[éksplɔit]

동 이용하다, 개발하다, 착취하다
We should exploit our own coal resources because the price of oil has surged.
석유값이 급등했기 때문에 우리의 석탄 자원을 이용해야 한다.
유 use, utilize, make use of, take advantage of

| 1859 | **frankly**
[frǽŋkli] | (부) 솔직히
She told me frankly that she didn't like my cooking.
그녀는 솔직히 내 요리를 좋아하지 않는다고 말했다. |

| 1860 | **punitive**
[pjúːnətiv] | (형) 처벌의, 형벌의
The company takes punitive measures if rules are violated.
그 회사는 규칙을 어기면 처벌적 조치를 취한다.
(유) penal, disciplinary |

| 1861 | **sagacious**
[səgéiʃəs] | (형) 총명한, 현명한
Her sagacious decision saved the company from bankruptcy.
그녀의 현명한 결정이 회사를 파산에서 구했다.
(유) wise, clever, intelligent, sensible, judicious |

| 1862 | **inert**
[inə́ːrt] | (형) 비활성, 둔한
I'm trying to render it inert.
나는 그것을 비활성 상태로 만들기 위해 노력 중이다.
(유) listless, indolent, torpid, lethargic, lazy |

| 1863 | **fragile**
[frǽdʒəl] | (형) 깨지기 쉬운, 약한
Glass is fragile, so we must be careful when handling it.
유리는 깨지기 쉬우니 다룰 때 조심해야 한다.
(유) breakable, delicate, brittle, frail, feeble |

| 1864 | **allure**
[əlúr] | (동) 유혹[매혹]하다, 꾀어내다
People think it is bad to allure others with money.
사람들은 돈으로 다른 사람들을 유혹하는 것은 나쁘다고 생각한다.
(유) attract, lure, entice, tempt, charm |

| 1865 | **exceptional**
[iksépʃənli] | (형) 예외적인, 특출한
This deadline will be extended only in exceptional circumstances.
이 기한은 오직 극히 예외적인 상황에서만 연장될 것이다.
(유) unusual |

DAY
38

1866 consent
[kənsént]

(명) 동의, 일치 (동) 동의하다, 승낙하다
She showed her consent by nodding to me.
그녀는 끄덕여 내게 동의를 표시했다.

1867 irrational
[irǽʃənl]

(형) 불합리한, 분별없는
He made an irrational decision.
그는 불합리한 결정을 내렸다.

1868 discrepancy
[diskrépənsi]

(명) 불일치, 모순
There is some discrepancy between the two accounts.
두 설명 사이에는 약간의 모순이 있다.
(유) inconsistency

1869 give in

~에 항복하다, ~에 굴복하다
We must not give in to threats.
위협에 굴복해서는 안 된다.
(유) surrender, yield, capitulate

1870 put aside

~을 제쳐두다, ~을 따로 떼어 놓다[두다]
I put aside half an hour every day to write my diary.
나는 매일 반 시간을 일기 쓰는 시간으로 따로 떼어 둔다.

1871 implant
[implǽnt]

(동) 심다, 주입하다, 불어넣다
The government tried to implant loyalty in its citizens.
정부는 국민에게 애국심을 심어주려고 시도했다.
(유) 주입하다 inject, instill

1872 eradicate
[irǽdəkèit]

(동) 근절하다, 박멸하다
We are determined to eradicate racism from our sport.
우리는 우리 스포츠에서 인종차별주의를 반드시 근절할 것이다.
(유) eliminate, exterminate, annihilate, obliterate,
extinguish, wipe out, stamp out, root out, weed out

eliminate
1873
[ilímənèit]

동 없애다, 제거하다

The goal is to eliminate poverty and hunger in our community.
목표는 우리 지역의 빈곤과 굶주림을 없애는 것이다.

displace
1874
[displéis]

동 대신하다, 대체하다

Technological advances displace low-efficiency production methods.
기술 발전은 저효율 생산 방법을 대체한다.

abolish
1875
[əbάliʃ]

동 (법률·제도·조직을) 폐지하다

The government plans to abolish the tax.
정부는 그 세금을 폐지할 계획이다.

avidity
1876
[əvídəti]

명 (열렬한) 욕망, 갈망, 탐욕

He have a strong avidity for money.
그는 돈을 향한 강한 탐욕을 가지고 있다.
유 voracity

immoral
1877
[imɔ́ːrəl]

명 부도덕한

The politician faced criticism for his immoral actions while in office.
그 정치인은 재임 중에 저지른 부도덕적인 행동들로 비판을 받았다.
유 wicked, unscrupulous, unprincipled, corrupt

affluent
1878
[ǽfluənt]

형 풍부한, 유복한

The society we are living in now is quite affluent.
우리가 살고 있는 사회는 풍족하다.
유 prosperous, wealthy, rich, opulent,
well-off, well to do, made of money

destitute
1879
[déstətjùːt]

형 빈곤한, 결핍된

When he died, his family was left completely destitute.
그가 죽었을 때 그의 가족은 철저한 결핍 속에 내버려지게 되었다.
유 poor, needy, penniless, impoverished, indigent,
impecunious

DAY
38

1880 **amiable** [éimiəbəl]	형 상냥한, 우호적인 She is amiable and gets along with everyone. 그녀는 상냥하여 모두와 잘 지낸다. 유 friendly, amicable, affable, agreeable, genial, cordial, hospitable
1881 **endorse** [indɔ́ːrs]	동 지지하다, 승인하다 I wholeheartedly endorse his remarks. 나는 진심으로 그의 발언을 지지한다.
1882 **diminish** [dimíniʃ]	동 줄어들다, 약해지다 The company's profits began to diminish after the economic downturn. 경제 침체 이후 그 회사의 이익은 줄어들기 시작했다.
1883 **officer** [ɔ́ːfisər]	명 장교, 공무원, 담당자 She spoke to the admissions officer at the university. 그녀는 대학의 입학 담당자와 이야기했다.
1884 **recurrent** [rikɔ́ːrənt]	형 재발하는, 되풀이되는 She is struggling against recurrent cancer. 그녀는 재발한 암에 맞서 싸우고 있다. 유 되풀이되는 repeated, recurring, repetitive, reiterative
1885 **reckon** [rékən]	동 간주하다, 여기다, 생각하다, 계산하다 I reckon him the best swimmer in my class. 그가 반에서 제일 헤엄을 잘 친다고 생각한다. 유 간주하다, 여기다 regard, consider 계산하다 calculate, compute
1886 **unjustified** [ʌndʒʌstəfàid]	형 정당하지 않은, 근거 없는 The criticism was wholly unjustified. 그 비판은 전혀 정당하지 않다.

1887 irregular
[irégjələr]

(형) 불규칙한, 고르지 못한

The heartbeat was feeble and irregular.
심장 박동 소리가 아주 약하고 불규칙했다.

(유) 고르지 못한 uneven

1888 seamlessly
[síːmlisli]

(부) 끊어짐 없이, 균일하게

The movie seamlessly connected various scenes.
그 영화는 다양한 장면들을 끊어짐 없이 연결했다.

(유) smoothly

1889 concrete
[kankríːtli]

(형) 구체적인, 실제적인

It is easier to think in concrete terms rather than in the abstract.
생각은 추상적으로 하는 것보다 구체적으로 하는 것이 더 쉽다.

(유) material, real, physical, tangible, palpable

1890 dramatically
[drəmǽtikəli]

(부) 극적으로

His quality of life has improved dramatically since the operation.
수술 후에 그의 삶의 질이 극적으로 개선되었다.

1891 energetically
[ènərdʒétikəli]

(부) 정력적으로, 힘차게

The volunteers worked energetically.
자원 봉사자들은 힘차게 일했다.

1892 selfish
[sélfiʃli]

(형) 이기적인

It was selfish of him to leave all the work to you.
그가 그 모든 일을 네게 맡긴 것은 이기적이었어.

(유) egocentric, self-centered, self-interested

1893 ubiquitous
[juːbíkwətəs]

(형) 도처에 있는, 어디에나 존재하는

Garlic, sesame, chili powder and chili paste are ubiquitous.
마늘, 참깨, 고춧가루, 고추장은 어디에든 들어간다.

(유) omnipresent, pervasive, prevailing, prevalent, widespread, rampant, rife

DAY
38

1894 hypocritical
[hìpəkrítikəl]

(형) 위선의, 위선적인
Others assert that the government's decision is hypocritical.
다른 이들은 정부의 결정이 위선적이라고도 말한다.

1895 impertinent
[ɪmˈpɜːrtnənt]

(형) 무례한, 적절하지 않은, 관계없는
Would it be impertinent to ask why you're leaving?
왜 떠나시는지 여쭤 보면 무례한 일이 될까요?
(유) 무례한 rude, insolent, impolite, impudent
    적절하지 않은, 관계없는 irrelevant, beside the point,
                    out of place

1896 precipitate
[prisípətèit]

(동) 촉발시키다, 촉진하다
This kind of behavior will precipitate his ruin.
그러한 행동이 그의 파멸을 촉진시킬 것이다.
(유) 촉발시키다 bring on, spark off

1897 pull out

옆으로 빠져나가다[나오다]
He may pull out of it.
그는 그것을 잘 빠져 나갈지도 모른다.

1898 put out

~을 내놓다, 불을 끄다
The cattle were put out to pasture.
그 소들은 목초지에 내놓여져 있었다.

1899 get away

벗어나다, 도망치다
She wanted to get away from the drudgery of their everyday lives.
그녀는 일상생활의 고역스런 일에서 벗어나고 싶었다.

1900 momentary
[móuməntèri]

(형) 순간적인, 잠깐[찰나]의
There was a momentary pause before he continued speaking.
그는 말을 이어가기 전 잠깐 멈췄다.
(cf) momentous 중요한, 중대한

REVIEW & LEVEL-UP TEST ⏰ 제한시간 7분

DAY 38

✅ 괄호 안에 알맞은 단어를 고르시오.

01 The judge imposed [fragile / punitive] measures against the company for violating environmental regulations.

02 The [consent / discrepancy] in their testimonies raised doubts about their reliability as witnesses.

03 His abstract ideas became more [concrete / hypocritical] after discussing them with his colleagues.

✅ 다음 빈칸에 문맥상 적절한 단어를 고르시오.

• impertinent	• immoral	• inert

04 The _____ volcano had not erupted in over a century.

05 She asked _____ questions about his personal life, which made him uncomfortable.

06 Theft is universally condemned as _____ behavior in every society.

✅ 다음 빈칸에 적절한 뜻을 쓰시오.

07 Efforts to <u>eradicate</u> malaria have been ongoing for decades.

말라리아를 _____ 위한 노력이 수십 년간 계속되어 왔다.

08 She greeted us with an <u>amiable</u> smile as we entered the room.

그녀는 우리가 방에 들어오자마자 _____ 미소로 인사했다.

09 Coffee shops are <u>ubiquitous</u> in urban areas.

도시 지역에서는 커피숍이 _____.

DAY

38

[해석 ☞ 네이버 카페 '진가영 영어 연구소'에서 확인]

 정답

01 punitive **02** discrepancy **03** concrete **04** inert **05** impertinent
06 immoral **07** 근절하기 **08** 상냥한 **09** 어디에나 있다

DAY 39   PREVIEW & DIAGNOSIS TEST   제한시간 5분

01 erroneous _____

02 indistinguishable _____

03 statistics _____

04 petrol _____

05 impetus _____

06 obstruction _____

07 hurdle _____

08 repercussion _____

09 incentive _____

10 modernization _____

11 break off _____

12 do away with _____

13 visual _____

14 latent _____

15 robust _____

16 superficial _____

17 evaporate _____

18 decompose _____

19 alienate _____

20 sanitize _____

21 at one's discretion _____

22 whim _____

23 contend _____

24 obtain _____

25 liberate _____

26 infantile _____

27 discourteous _____

28 creative _____

29 moisture _____

30 trivial _____

31 heed _____

32 discuss _____

33 annoy _____

34 benign _____

35 vigilant _____

36 censure _____

37 endue _____

38 collude _____

39 exchange _____

40 brittle _____

41 generate _____

42 procedure _____

43 occupation _____

44 validate _____

45 imprudent _____

46 alteration _____

47 embargo _____

48 reticent _____

49 vibrate _____

50 dissolution _____

DAY 39 PREVIEW & DIAGNOSIS TEST ANSWER

01 erroneous	잘못된, 틀린	26 infantile	어린애 같은, 유치한
02 indistinguishable	구분할 수 없는	27 discourteous	무례한, 버릇없는
03 statistics	통계학, 통계 자료	28 creative	창조적인, 창의적인, 독창적인
04 petrol	휘발유, 가솔린	29 moisture	수분, 습기
05 impetus	자극, 추동력	30 trivial	사소한, 하찮은
06 obstruction	방해, 방해물, 장애물	31 heed	~에 주의하다, 유념하다
07 hurdle	허들, 장애물	32 discuss	토론하다, 논의하다
08 repercussion	영향, (소리의) 반향, (빛의) 반사	33 annoy	짜증나게 하다, 귀찮게 하다
09 incentive	자극, 유인, 동기, 장려책	34 benign	친절한, 상냥한, 온화한
10 modernization	현대화, 근대화	35 vigilant	방심하지 않는, 조심성 있는
11 break off	~을 중단하다	36 censure	비난하다, 책망하다
12 do away with	~을 버리다, ~을 없애다	37 endue	(능력을) 부여하다, 주다
13 visual	시각 자료, 시각의, 눈에 보이는	38 collude	공모하다, 결탁하다
14 latent	잠재하는, 숨어있는	39 exchange	교환, 언쟁, 교환하다
15 robust	튼튼한, 건강한	40 brittle	깨지기 쉬운
16 superficial	표면상의, 피상적인	41 generate	발생시키다, 만들어 내다
17 evaporate	사라지다, 증발하다	42 procedure	절차, 과정, 방법
18 decompose	분해하다, 부패하다	43 occupation	직업, 점령, 점거
19 alienate	~을 멀리하다, 소원하게 하다	44 validate	유효하게 하다, 입증하다, 확인하다
20 sanitize	~을 위생적으로 하다	45 imprudent	경솔한, 조심성이 없는
21 at one's discretion	~의 재량에 따라	46 alteration	변경, 개조
22 whim	변덕, 일시적 기분	47 embargo	통상 금지(령), 금지, 제한, 억제
23 contend	주장하다, 다투다	48 reticent	말이 없는, 과묵한
24 obtain	얻다, 획득하다	49 vibrate	흔들리다, 진동하다
25 liberate	해방하다, 자유롭게 하다	50 dissolution	해산, 분리, 용해

DAY
39

1901 erroneous
[iróuniəs]

(형) 잘못된, 틀린

Erroneous information can cause serious problems.
잘못된 정보는 심각한 문제들을 일으킬 수 있다.
(유) incorrect

1902 indistinguishable
[ìndistíŋgwiʃəbl]

(형) 구분할 수 없는

The male of the species is almost indistinguishable from the female.
그 종의 수컷은 암컷과 거의 구분이 안 된다.

1903 statistics
[stətístiks]

(명) 통계학, 통계 자료

Statistics show a decline in unemployment rates this quarter.
통계 자료는 이번 분기 실업률의 감소를 보여준다.

1904 petrol
[pétrəl]

(명) 휘발유, 가솔린

Petrol is used as a fuel for many vehicles.
휘발유는 많은 차량의 연료로 사용된다.

1905 impetus
[ímpətəs]

(명) 자극, 추동력

His articles provided the main impetus for change.
그의 글은 변화에 주된 추동력을 제공했다.
(유) motivation

1906 obstruction
[əbstrʌ́kʃən]

(명) 방해, 방해물, 장애물

He was arrested for obstruction of a police officer in the execution of his duty.
그는 업무 수행 중인 경찰관을 방해한 혐의로 체포되었다.

1907 hurdle
[hə́:rdl]

(명) 허들, 장애물

His horse fell as it jumped the last hurdle.
그의 말이 마지막 허들을 뛰어넘다가 넘어졌다.
(유) impediment

1908 repercussion
[rì:pərkʌ́ʃən]

(명) 영향, (소리의) 반향, (빛의) 반사

Bossanova rhythm had a great repercussion on other musical forms of Brazil like samba.
보사노바 리듬은 삼바와 같은 브라질의 다른 음악 형태에 커다란 영향을 주었다.

incentive
1909
[inséntiv]

명 자극, 유인, 동기, 장려책
He hasn't much incentive to work hard.
그에게는 열심히 일을 하게 하는 동기가 별로 없다.

modernization
1910
[màdərnizéiʃən]

명 현대화, 근대화
All attempts at modernization were stamped on by senior officials.
현대화하려는 모든 시도는 고위 공무원들에 의해 짓밟혔다.

break off
1911

~을 중단하다
Britain threatened to break off diplomatic relations.
영국이 외교 관계를 중단하겠다고 위협했다.

do away with
1912

~을 버리다, ~을 없애다
I don't wear the baffies anymore, but I can't do away with my shoes.
나는 그 낡고 닳은 슬리퍼를 더는 신지 않지만 내 신발을 버릴 수 없다.

visual
1913
[víʒuəl]

명 시각 자료   형 시각의, 눈에 보이는
The visual effects in the movie were stunning.
그 영화의 시각 효과는 놀라웠다.

DAY
39

latent
1914
[léitənt]

형 잠재하는, 숨어있는
These children have a huge reserve of latent talent.
이 아이들은 잠재된 재능을 엄청나게 많이 지니고 있다.
유 hidden

robust
1915
[roubʌ́st]

형 튼튼한, 건강한
They built a robust fence.
그들은 튼튼한 울타리를 지었다.

1916 superficial
[sùːpərfíʃəl]

⑱ 표면상의, 피상적인

He claims that a lot of journalism is meretricious and superficial.
그는 많은 언론이 저속하며 피상적이라고 주장한다.

1917 evaporate
[ivǽpərèit]

⑲ 사라지다, 증발하다

When a climate heats up, oceans evaporate.
기후가 더워지면, 해양은 증발한다.

1918 decompose
[dìːkəmpóuz]

⑲ 분해하다, 부패하다

As the waste materials decompose, they produce methane gas.
그 폐기물들이 분해되면서 메탄가스를 방출한다.
㊠ 부패하다 decay, rot

1919 alienate
[éiljənèit]

⑲ ~을 멀리하다, 소원하게 하다

Talented children may feel alienated from the others in their class.
재능이 뛰어난 아이들은 학급의 다른 아이들로부터 소외감을 느낄 수도 있다.

1920 sanitize
[sǽnətàiz]

⑲ ~을 위생적으로 하다

Use a germ-killing towelette to sanitize the cart handle.
카트 손잡이의 위생 처리를 위해 살균 냅킨을 사용해라.
㊠ sterilize, disinfect

1921 at one's discretion

~의 재량에 따라

There is no service charge and tipping is at your discretion.
봉사료는 따로 없고 팁은 재량에 따라 주면 된다.
㊠ at one's own free will

1922 whim
[hwim]

⑲ 변덕, 일시적 기분

She hires and fires people at whim.
그녀는 일시적 기분에 따라 사람들을 고용하고 해고한다.
㊠ caprice

| 1923 | **contend**
[kənténd] | (동) 주장하다, 다투다
He contends that he is innocent.
그는 자신이 결백하다고 주장한다. |

| 1924 | **obtain**
[əbtéin] | (동) 얻다, 획득하다
It took him years of hard work to obtain his medical degree.
의학 학위를 얻기 위해 그에게는 몇 년 동안의 노력이 필요했다. |

| 1925 | **liberate**
[líbərèit] | (동) 해방하다, 자유롭게 하다
They said they sent troops in to liberate the country from a dictator.
그들은 그 나라를 독재자에게서 해방시키기 위해 군대를 파견했다고 말했다.
(유) free, set free, release, extricate, emancipate |

| 1926 | **infantile**
[ínfəntàil] | (형) 어린애 같은, 유치한
I thought her nice but rather infantile.
나는 그녀가 멋지지만 꽤 유치하다고 생각했다.
(유) childish, immature |

| 1927 | **discourteous**
[diskə́:rtiəs] | (형) 무례한, 버릇없는
I apologized to you for being discourteous.
무례했던 것에 대해 사과했다.
(유) presumptuous, obtrusive, insolent, impolite, rude, impudent |

DAY
39

| 1928 | **creative**
[kriéitiv] | (형) 창조적인, 창의적인, 독창적인
The artist painted a creative masterpiece.
그 예술가는 창의적인 걸작을 그렸다.
(유) original, ingenious, inventive |

| 1929 | **moisture**
[mɔ́istʃər] | (명) 수분, 습기
Excessive moisture can lead to mold growth.
과도한 수분은 곰팡이 성장을 유도할 수 있다. |

회독 ☐☐☐☐☐

trivial [tríviəl] 1930	(형) 사소한, 하찮은 They spent the afternoon discussing trivial matters. 그들은 오후를 사소한 문제들에 대해 토론하는 데 보냈다.
heed [hi:d] 1931	(동) ~에 주의하다, 유념하다 The accident happened since nobody paid heed to the warning signs. 그 사고는 아무도 경고 표시에 주의를 기울이지 않아 일어났다. (유) pay attention to, take notice of
discuss [diskʌ́s] 1932	(동) 토론하다, 논의하다 We'll discuss it over lunch. 우리는 점심을 먹으면서 그것을 논의할 것이다. (유) debate
annoy [ənói] 1933	(동) 짜증나게 하다, 귀찮게 하다 The noise at the construction site began to annoy the residents. 공사장의 소음이 주민들을 짜증나게 하기 시작했다.
benign [bɪ'naɪn] 1934	(형) 친절한, 상냥한, 온화한 Her benign smile warmed the hearts of the nervous soldiers. 그녀의 친절한 미소가 긴장한 군인들의 마음을 따뜻하게 했다. (유) kind, amiable, agreeable
vigilant [vídʒələnt] 1935	(형) 방심하지 않는, 조심성 있는 He warned web users to be vigilant during the Christmas holidays. 그는 크리스마스 휴가 중에 웹사용자들에게 조심하라고 경고했다. (유) careful, cautious, heedful, alert, aware, attentive, watchful, wary, circumspect
censure [sénʃər] 1936	(동) 비난하다, 책망하다 He became the focus of a public censure. 그는 대중들의 비난의 대상이 되었다. (유) criticize, condemn, blame, denounce, rebuke, reprimand, reproach, scold

endue
[indjú:]
⑧ (능력을) 부여하다, 주다
Endue him with grace, fill him with strength, enlighten his heart.
그에게 품격을 부여하고, 강하게 하며, 굳은 마음을 갖게 하라.
🔁 endow

collude
[kəlú:d]
⑧ 공모하다, 결탁하다
Several people colluded in the murder.
그 살인에는 여러 사람들이 공모했다.
🔁 conspire, plot, scheme

exchange
[ikstʃéindʒ]
⑲ 교환, 언쟁 ⑧ 교환하다
They decided to exchange gifts during the holiday party.
그들은 연말 파티에서 선물을 교환하기로 결정했다.

brittle
[brítl]
⑲ 깨지기 쉬운
Thin glasses are brittle.
얇은 유리는 깨지기 쉽다.
🔁 breakable, fragile, frail

generate
[dʒénərèit]
⑧ 발생시키다, 만들어 내다
Solar devices on the roof generate electricity for the house.
지붕에 있는 태양광 장치는 집을 위한 전기를 발생시킨다.

DAY
39

procedure
[prəsí:dʒər]
⑲ 절차, 과정, 방법
She completed the procedure to obtain her driver's license.
그녀는 운전 면허증을 받기 위한 절차를 완료했다.

occupation
[ὰkjupéiʃən]
⑲ 직업, 점령, 점거
Please state your name, age and occupation below.
아래에 성명, 연령, 직업을 기입하세요.

1944 validate
[vǽlədèit]

(동) 유효하게 하다, 입증하다, 확인하다

Could you validate my parking ticket?

주차권 좀 확인해 주시겠어요?

(반) invalidate 무효로 하다

1945 imprudent
[ɪmˈpruːdnt]

(형) 경솔한, 조심성이 없는

His imprudent remark exacerbated the situation.

그의 경솔한 발언은 문제를 더 악화시켰다.

1946 alteration
[ɔ̀:ltəréiʃən]

(명) 변경, 개조

The house needed extensive alteration when we moved in.

우리가 이사갔을 때 그 집은 대대적인 개조가 필요했다.

1947 embargo
[ɪmˈbɑːrgoʊ]

(명) 통상 금지(령), 금지, 제한, 억제

They lifted the embargo on exporting weapons.

그들은 무기 수출 금지령을 해제하였다.

1948 reticent
[rétəsənt]

(형) 말이 없는, 과묵한

She was shy and reticent.

그녀는 수줍음이 많고 말이 없었다.

(유) reserved, taciturn, uncommunicative

1949 vibrate
[vaɪ|breɪt]

(동) 흔들리다, 진동하다

The leaves continued to vibrate in the breeze.

나뭇잎이 미풍에 계속 흔들렸다.

(유) shake, tremble, quiver

1950 dissolution
[dìsəlúːʃən]

(명) 해산, 분리, 용해

The dissolution of the band made their fans sad.

그 밴드의 해산은 그들의 팬을 슬프게 만들었다.

DAY 39 REVIEW & LEVEL-UP TEST ⏱ 제한시간 7분

◉ 괄호 안에 알맞은 단어를 고르시오.

01 Bacteria help to [decompose / liberate] organic matter into nutrients in the soil.

02 His arrogant behavior managed to [sanitize / alienate] even his closest colleagues.

03 The board of directors will [vibrate / discuss] the budget proposal at their next session.

◉ 다음 빈칸에 문맥상 적절한 단어를 고르시오.

• evaporate	• break off	• discourteous

04 The climbers had to _____ their ascent due to worsening weather conditions.

05 The water in the shallow pond will quickly _____ in the heat of the summer sun.

06 It's _____ to interrupt someone while they're speaking.

◉ 다음 빈칸에 적절한 뜻을 쓰시오.

07 The company invested heavily in <u>modernization</u> to improve production efficiency.

그 회사는 생산 효율을 개선하기 위해 _____에 크게 투자했다.

08 Drivers need to remain <u>vigilant</u> at all times to avoid accidents on the highway.

운전자들은 고속도로에서 사고를 피하기 위해 항상 _____ 할 필요가 있다.

09 The students <u>colluded</u> to cheat on the exam by sharing answers beforehand.

학생들은 시험에서 사전에 답안을 공유하여 부정행위를 _____.

[해석 ☞ 네이버 카페 '진가영 영어 연구소'에서 확인]

DAY

39

 정답

01 decompose	**02** alienate	**03** discuss	**04** break off	**05** evaporate
06 discourteous	**07** 현대화	**08** 조심해야	**09** 공모했다	

DAY 40 PREVIEW & DIAGNOSIS TEST

⏰ 제한시간 5분

01 disintegration _____

02 disruption _____

03 timid _____

04 adaptable _____

05 credible _____

06 exquisite _____

07 disinterested _____

08 reciprocate _____

09 persecution _____

10 perspiration _____

11 proximate _____

12 cordial _____

13 naughty _____

14 nomadic _____

15 stained _____

16 suffocate _____

17 benevolent _____

18 calmness _____

19 premise _____

20 prohibition _____

21 partiality _____

22 transcribe _____

23 count in _____

24 sit in for _____

25 live up to _____

26 underlying _____

27 enigma _____

28 venom _____

29 trepidation _____

30 attentive _____

31 modest _____

32 costly _____

33 abortion _____

34 harassment _____

35 genocide _____

36 inverted _____

37 delay _____

38 fluctuation _____

39 objective _____

40 precocious _____

41 melancholy _____

42 replicate _____

43 contrive _____

44 fortify _____

45 universe _____

46 chop _____

47 founder _____

48 damage _____

49 yardstick _____

50 inadvertent _____

PREVIEW & DIAGNOSIS TEST ANSWER

01	disintegration	분해, 분열, 붕괴	27	enigma	수수께끼, 불가사의한 것
02	disruption	분열, 중단	28	venom	독, 독성
03	timid	소심한, 용기가 없는	29	trepidation	전율, 두려움, 공포
04	adaptable	적응할 수 있는, 융통성 있는	30	attentive	주의 깊은, 조심성 있는
05	credible	믿을 만한, 신뢰할 수 있는	31	modest	보통의, 겸손한
06	exquisite	매우 아름다운, 정교한	32	costly	값비싼, 비용이 많이 드는
07	disinterested	사심 없는, 객관적인	33	abortion	낙태, 유산
08	reciprocate	교환하다, 보답하다	34	harassment	괴롭힘, 희롱
09	persecution	박해, 학대, 괴롭힘	35	genocide	집단[대량] 학살
10	perspiration	땀, 노력	36	inverted	역의, 반대의
11	proximate	가장 가까운, 근사한	37	delay	미룸, 연기, 지연, 지체,
12	cordial	따뜻한, 다정한,			미루다, 연기하다
		마음에서 우러난	38	fluctuation	변동, 동요
13	naughty	장난꾸러기의, 버릇없는,	39	objective	목적, 목표, 목적의, 객관적인
		말을 듣지 않는	40	precocious	조숙한, 어른스러운
14	nomadic	유목의, 방랑의	41	melancholy	우울한, 서글픈
15	stained	얼룩이 묻은, 얼룩진	42	replicate	복사하다, 복제하다
16	suffocate	질식시키다	43	contrive	고안하다, 설계하다
17	benevolent	자비로운, 인정 많은, 인자한	44	fortify	강화하다, 요새화하다
18	calmness	침착, 냉정	45	universe	우주, 세계
19	premise	전제	46	chop	(잘게) 자르다
20	prohibition	금지	47	founder	창립자, 설립자,
21	partiality	편애, 편파			(배가) 침수하여 침몰하다
22	transcribe	기록하다, 옮겨쓰다, 복사하다	48	damage	피해[손상]을 주다,
23	count in	(어떤 활동에) ~를 포함시키다			손상시키다, 손상, 피해
24	sit in for	~을 대신하다	49	yardstick	기준, 척도
25	live up to	~에 부응하다	50	inadvertent	고의가 아닌, 우연한,
26	underlying	근본적인, 기초가 되는			부주의한

DAY
40

1951 disintegration
[disìntəgréiʃən]

⑲ 분해, 분열, 붕괴
The country experienced social disintegration due to civil war.
이 나라는 내전으로 인해 사회적인 붕괴를 경험했다.

1952 disruption
[disrʌpʃən]

⑲ 분열, 중단
Small misunderstandings lead to serious disruption.
작은 오해들이 심각한 분열로 이어진다.

1953 timid
[tímid]

㉠ 소심한, 용기가 없는
The timid child clung to their parent's side.
소심한 아이는 부모님 옆에 붙어 있었다.

1954 adaptable
[ədǽptəbl]

㉠ 적응할 수 있는, 융통성 있는
Tomorrow's workers will have to be more adaptable.
미래의 노동자들은 더 적응을 잘 해야 할 것이다.

1955 credible
[krédəbəl]

㉠ 믿을 만한, 신뢰할 수 있는
Community service is seen as the only credible alternative to imprisonment.
사회봉사가 수감을 대체할, 유일하게 신뢰할 수 있는 대안으로 보인다.
cf 잘 속는 credulous, gullible

1956 exquisite
[ikskwízit]

㉠ 매우 아름다운, 정교한
We admired her exquisite handiwork.
우리는 그녀의 정교한 작품에 감탄했다.

1957 disinterested
[disíntəristid]

㉠ 사심 없는, 객관적인
Her advice appeared to be disinterested.
그녀의 충고는 사심이 없는 것 같았다.
㊌ impartial, objective, unbiased

1958 reciprocate
[risíprəkèit]

⑧ 교환하다, 보답하다
I would like to reciprocate your kindness.
당신의 친절에 보답하고 싶다.

persecution
[pə̀ːrsikjúːʃən]

⑲ 박해, 학대, 괴롭힘
Historically, many racial and religious groups have faced persecution.
역사적으로 많은 인종과 종교 집단들이 박해를 받았다.

perspiration
[pə̀ːrspəréiʃən]

⑲ 땀, 노력
On hot days, the skin becomes wet with perspiration.
더운 날씨에는 피부가 땀으로 젖는다.
⊕ 땀 sweat

proximate
[prɑ́ksəmit]

⑱ 가장 가까운, 근사한
The most proximate planet from Earth is Venus.
지구에서 가장 가까운 행성은 금성이다.
⊕ 근사한 approximate

cordial
[ˈkɔːrdʒəl]

⑱ 따뜻한, 다정한, 마음에서 우러난
Relations between the two leaders are said to be cordial.
두 지도자 사이의 관계는 진심에서 우러나온 관계라고들 한다.

naughty
[ˈnɔːti]

⑱ 장난꾸러기의, 버릇없는, 말을 듣지 않는
The naughty student kept disrupting the class.
그 장난꾸러기 학생은 계속해서 수업을 방해했다.

nomadic
[noumǽdik]

⑱ 유목의, 방랑의
The nomadic life of a foreign correspondent was reported during the special program.
한 외국 통신원의 유목 생활이 특별 프로그램에서 보도되었다.
⊕ wandering

DAY
40

stained
[stéind]

⑱ 얼룩이 묻은, 얼룩진
My dress was stained.
내 드레스에 얼룩이 묻어 있었다.

1966 suffocate
[sʌ́fəkèit]

(동) 질식시키다

A lot of sea saliva can suffocate marine life.
해양 점액이 많아지면 해양 생물을 질식시킬 수 있다.
(유) smother, stifle, choke

1967 benevolent
[bənévələnt]

(형) 자비로운, 인정 많은, 인자한

He is well-known as a benevolent person to everyone in the town.
그는 이 마을에 있는 모든 사람들에게 인정 많은 사람으로 유명하다.
(유) beneficent, charitable

1968 calmness
[kɑ́:mnis]

(명) 침착, 냉정

Calmness is one of his most pleasing traits.
침착함은 그의 가장 호감 가는 특징 중 하나이다.
(유) 침착 composure

1969 premise
[prémis]

(명) 전제

We cannot accept your premise on that occasion.
그러한 경우의 전제는 우리가 받아들일 수 없다.
(유) postulation

1970 prohibition
[pròuhəbíʃən]

(명) 금지

There is a prohibition on smoking in the aircraft.
기내에서는 흡연이 금지되어 있다.
(유) ban, bar

1971 partiality
[pɑ̀:rʃiǽləti]

(명) 편애, 편파

The partiality of parents for their own children is often indefensible.
부모의 자기 아이들에 대한 편애는 변호할 여지가 없는 경우가 많다.

1972 transcribe
[trænskráib]

(동) 기록하다, 옮겨쓰다, 복사하다

Clerks transcribe everything that is said in court.
서기들이 법정에서 진술되는 모든 내용을 기록한다.

1973 count in

(어떤 활동에) ~를 포함시키다

My personal opinions do not count in this.
제 개인적인 의견은 여기에 포함하지 않는다.
😡 count out (어떤 활동에서) ~를 빼다

1974 sit in for

~을 대신하다

I can sit in for him if you like.
너가 좋다면 내가 그를 대신할게.
😀 replace

1975 live up to

~에 부응하다

The event did not live up to expectations.
그 행사는 기대에 부응하지 못했다.

1976 underlying
[ʌndərlàiiŋ]

⑧ 근본적인, 기초가 되는

The underlying trend of inflation is still upwards.
근본적인 인플레이션 추세가 아직도 상승 국면에 있다.
😀 fundamental, basic

1977 enigma
[inígmə]

⑲ 수수께끼, 불가사의한 것

For more than half a century, the actress remained an enigma.
반세기 이상 동안 그 여배우는 수수께끼로 남았다.
😀 mystery, puzzle, riddle

1978 venom
['venəm]

⑲ 독, 독성

The venom of a king cobra is not the most lethal.
킹 코브라의 독은 뱀 중 가장 치명적인 것은 아니다.

DAY
40

1979 trepidation
[trèpədéiʃən]

⑲ 전율, 두려움, 공포

Almost everyone looks at turning 50 with some trepidation.
거의 모든 사람은 50세가 되면 약간의 두려움을 느낀다.
😀 두려움 fear

1980	**attentive** [əténtiv]	휑 주의 깊은, 조심성 있는 Every student in class was attentive to what the teacher said. 교실에 있는 모든 학생들이 선생님의 말씀에 주의를 기울였다. ⑪ careful, watchful, cautious, heedful, alert, aware, vigilant, wary, circumspect
1981	**modest** [mάdist]	휑 보통의, 겸손한 He was known for his modest demeanor despite his wealth. 그는 부유함에도 불구하고 겸손한 태도로 잘 알려져 있었다.
1982	**costly** [kɔ́ːstli]	휑 값비싼, 비용이 많이 드는 Ignoring routine maintenance can lead to costly repairs later on. 정기 점검을 무시하면 나중에 비용이 많이 드는 수리가 필요할 수 있다. ⑪ expensive
1983	**abortion** [əˈbɔːrʃn]	명 낙태, 유산 They are totally opposed to abortion. 그들은 낙태에 전적으로 반대한다. ⑪ miscarriage, feticide, termination
1984	**harassment** [hərǽsmənt]	명 괴롭힘, 희롱 Sexual harassment includes behavior that causes sexual humiliation. 성적인 희롱에는 성적 수치심을 유발하는 행동도 포함된다.
1985	**genocide** [dʒénəsàid]	명 집단[대량] 학살 He may even face trial for genocide. 그는 대량 학살 때문에 법정에까지 서게 될 것이다. ⑪ slaughter, massacre, carnage
1986	**inverted** [invɔ́ːrtid]	휑 역의, 반대의 What seems right to someone may seem inverted to another. 누군가에게 올바르게 보이는 것은, 또 다른 누군가에겐 반대로 보일 수도 있다.

1 9 8 7	**delay** [diléi]	⑲ 미룸, 연기, 지연, 지체 ⑧ 미루다, 연기하다 The delay was due to human error. 그 지연은 사람의 실수 때문이었다. ⟨유⟩ 연기하다 postpone, defer, put off, hold over, lay over, suspend, shelve

1 9 8 8
fluctuation
[flʌktʃuéiʃən]

⑲ 변동, 동요
He hardly understands business cycles, much less economic fluctuation.
그는 경제적 변동은 말할 것도 없고 경기 순환도 이해하지 못한다.
⟨유⟩ 동요 vacillation

1 9 8 9
objective
[əbdʒéktiv]

⑲ 목적, 목표 ⑳ 목적의, 객관적인
Winning is not the prime objective in this sport.
이 스포츠에서는 이기는 것이 주된 목적이 아니다.
⟨반⟩ subjective 주관적인

1 9 9 0
precocious
[prikóuʃəs]

⑳ 조숙한, 어른스러운
I was enchanted by your precocious, adult intelligence.
나는 당신의 조숙하고 어른다운 지성에 매료되었다.

1 9 9 1
melancholy
[mélənkɑ̀li]

⑳ 우울한, 서글픈
A mood of melancholy descended on us.
우울한 기분이 우리를 엄습했다.
⟨유⟩ gloomy, mournful, depressed

1 9 9 2
replicate
[répləkit]

⑧ 복사하다, 복제하다
Chromosomes replicate before cells divide and multiply.
염색체는 세포가 분열 증식되기 전에 복제된다.
⟨유⟩ copy, reproduce, duplicate

DAY
40

1 9 9 3
contrive
[kən'traɪv]

⑧ 고안하다, 설계하다
We must contrive a way to deal with the problem.
우리는 어떻게 해서든지 그 문제를 처리할 방법을 고안해야 한다.
⟨유⟩ devise, invent

1994 fortify
[fɔ́:rtəfài]

동 강화하다, 요새화하다

The company decided to fortify its security measures.
그 회사는 보안 조치를 강화하기로 했다.

유 strengthen, bolster, consolidate, solidify,
reinforce, intensify, beef up, shore up

1995 universe
[júːnəvə̀ːrs]

명 우주, 세계

There are billions of galaxies in the observable universe.
관측 가능한 우주에는 수십억 개의 은하가 있다.

1996 chop
[tʃɑːp]

동 (잘게) 자르다

I can chop up the lettuce quickly.
나는 상추를 빠른 속도로 잘게 자를 수 있다.

1997 founder
['faʊndə(r)]

명 창립자, 설립자 동 (배가) 침수하여 침몰하다

The founders of the school emphasized the importance of education.
그 학교의 창립자들은 교육의 중요성을 강조했다.

1998 damage
['dæmɪdʒ]

동 피해[손상]을 주다, 손상시키다 명 손상, 피해

Oil pollution could damage the fragile ecology of the coral reefs.
기름 오염은 산호초의 연약한 생태계를 손상시킬 수가 있다.

1999 yardstick
[jaˈrdstiˌk]

명 기준, 척도

We use customer satisfaction as a yardstick for success.
우리는 고객 만족도를 성공의 기준으로 사용한다.

2000 inadvertent
[ìnədvə́ːrtnt]

형 고의가 아닌, 우연한, 부주의한

It was an inadvertent mistake to step on his foot.
그의 발을 밟은 것은 우연한 사고였다.

유 우연한 accidental, incidental, unplanned, unintentional

DAY 40 　REVIEW & LEVEL-UP TEST 　제한시간 7분

◎ 괄호 안에 알맞은 단어를 고르시오.

01 [Stained / Nomadic] lifestyles often involve frequent relocation based on seasonal changes.

02 Exercise and proper nutrition are essential to [chop / fortify] the body's immune system.

03 He accidentally dropped his phone, causing [damage / genocide] to the screen.

◎ 다음 빈칸에 문맥상 적절한 단어를 고르시오.

• credible	• perspiration	• enigma

04 The witness provided _____ evidence that supported the defendant's innocence.

05 The intense heat caused heavy perspiration among the workers.

06 The meaning of the ancient inscription remains an _____, despite years of study by scholars.

◎ 다음 빈칸에 적절한 뜻을 쓰시오.

07 The <u>naughty</u> student was often criticized for bullying his teacher.
_____ 학생은 그의 선생님을 괴롭히는 것에 대해 종종 비난을 받았다.

08 The court reporter <u>transcribed</u> every word spoken during the trial for the official record.
법원 속기사는 공식 기록을 위해 재판 과정에서 말한 모든 말을 그대로 _____.

09 The environmental cleanup after the oil spill was <u>costly</u>.
기름 유출 후 환경 정화 작업은 _____ 들었다.

[해석 ☞ 네이버 카페 '진가영 영어 연구소'에서 확인]

New Trend
단기합격 길라잡이

진가영 영어
단기합격 VOCA⁺

진가영 영어연구소 | cafe.naver.com/easyenglish7

03

공무원 실무 어휘

DAY 41 | PREVIEW & DIAGNOSIS TEST

제한시간 5분

01 Ministry of Economy and Finance

_____

02 Ministry of Foreign Affairs

_____

03 ambassador _____

04 embassy _____

05 diplomat _____

06 deduct _____

07 expand _____

08 tax-free _____

09 income _____

10 mortgage _____

11 payment _____

12 pension _____

13 fiscal _____

14 coordination _____

15 duty-free _____

16 implementation _____

17 tax revenue _____

18 oversee _____

19 institution _____

20 crowd funding _____

21 international _____

22 strengthen _____

23 treaty _____

24 advanced _____

25 monetary _____

26 negotiation _____

27 prolong _____

28 tariff _____

29 infrastructure _____

30 scope _____

31 sovereignty _____

32 alliance _____

33 soft power _____

34 deflation _____

35 inflation _____

36 subsidy _____

DAY 41 | PREVIEW & DIAGNOSIS TEST ANSWER

01 Ministry of Economy and Finance
기획재정부

02 Ministry of Foreign Affairs 외교부

03 ambassador 대사, 사절

04 embassy 대사관, 사절단

05 diplomat 외교관

06 deduct 공제하다, 감하다

07 expand 확대[확장, 팽창]되다

08 tax-free 비과세의, 면세의

09 income 소득, 수입

10 mortgage (담보) 대출[융자]금,
저당 잡히다

11 payment 지불, 지급, 납입

12 pension 연금, 생활 보조금, 수당

13 fiscal 국가 재정의, 국고의,
재정상의

14 coordination 조정, 일치, 합동, 조화,
조직(화)

15 duty-free 면세의, 관세가 없는

16 implementation 시행, 이행

17 tax revenue 세수입, 세입

18 oversee 감독하다, 단속하다,
내려다 보다

19 institution 기관, 단체, 제도

20 crowd funding
크라우드 펀딩(웹이나 모바일 네트워크 등을
통해 다수의 개인으로부터 자금을 모으는 행위)

21 international 국제적인

22 strengthen 강화하다, 증강하다

23 treaty 조약

24 advanced 선진의, 고급의

25 monetary 통화의, 화폐의

26 negotiation 협상, 교섭

27 prolong 연장하다, 연장시키다

28 tariff 관세, 세율,
~에 관세를 매기다[부과하다]

29 infrastructure 사회[공공] 기반 시설

30 scope 기회, 범위, 샅샅이 살피다

31 sovereignty 주권, 통치권

32 alliance 동맹, 연합

33 soft power
소프트 파워(정보과학이나 문화·예술 등이
행사하는 영향력)

34 deflation 디플레이션, 통화 수축,
물가 하락

35 inflation 인플레이션, 통화 팽창,
물가 상승률

36 subsidy (국가의) 보조금, 장려금

2001	**Ministry of Economy and Finance**	⑲ 기획재정부 Officials from the Ministry of Economy and Finance met to discuss tax reforms. 기획재정부 관료들은 세제 개혁에 대해 논의하기 위해 만났다. ⓒ ministry 부, 부처
2002	**Ministry of Foreign Affairs**	⑲ 외교부 The Ministry of Foreign Affairs issued a statement on international relations. 외교부는 국제 관계에 관한 성명을 발표했다.
2003	**ambassador** [æmbǽsədər]	⑲ 대사, 사절 She was appointed as the new ambassador to France. 그녀는 프랑스 대사로 임명되었다.
2004	**embassy** [émbəsi]	⑲ 대사관, 사절단 They visited the embassy to apply for their travel visas. 그들은 여행 비자를 신청하기 위해 대사관을 방문했다.
2005	**diplomat** [dípləmæt]	⑲ 외교관 As a skilled diplomat, she handled the sensitive negotiations with great tact. 능숙한 외교관으로서 그녀는 민감한 협상을 매우 신중하게 처리했다.
2006	**deduct** [didʌkt]	⑧ 공제하다, 감하다 You can deduct certain expenses from your taxable income. 특정 비용은 과세 소득에서 공제할 수 있다.
2007	**expand** [ikspǽnd]	⑧ 확대[확장, 팽창]되다 The company plans to expand its operations into new international markets. 그 회사는 새로운 국제 시장으로 사업을 확장할 계획이다.
2008	**tax-free** [tǽksfrìː]	⑱ 비과세의, 면세의 Many tourists take advantage of the tax-free shopping at the airport. 많은 관광객이 공항에서의 면세 쇼핑을 이용한다.

2009 income
[ínkʌm]

(명) 소득, 수입

Her income has increased significantly since she started her new job.
그녀는 새 직장을 시작한 이후로 소득이 크게 증가했다.

2010 mortgage
[mɔ́:rgidʒ]

(명) (담보) 대출[융자]금 (동) 저당 잡히다

He had to mortgage his house to pay his legal costs.
그는 소송 비용을 지불하기 위해 집을 저당 잡혀야 했다.

2011 payment
[péimənt]

(명) 지불, 지급, 납입

She set up automatic payment to ensure her bills are paid on time.
그녀는 청구서가 제때 지불되도록 자동 결제를 설정했다.

2012 pension
[pénʃən]

(명) 연금, 생활 보조금, 수당

After retiring, he began to receive his pension payments monthly.
퇴직 후, 그는 매월 연금 지급을 받기 시작했다.

2013 fiscal
[fískəl]

(형) 국가 재정의, 국고의, 재정상의

The government is preparing its fiscal budget for the upcoming year.
정부는 다가오는 해의 국가 재정 예산을 준비하고 있다.

2014 coordination
[kouɔ̀:rdənéiʃən]

(명) 조정, 일치, 합동, 조화, 조직(화)

They improved coordination to streamline the project workflow.
그들은 프로젝트 작업 흐름을 간소화하기 위해 조정을 개선했다.

2015 duty-free

(형) 면세의, 관세가 없는

They sell perfumes and cosmetics at duty-free prices.
그들은 면세 가격에 향수와 화장품을 판매한다.

2016 implementation
[impləməntéiʃən]

명 시행, 이행

Effective implementation of the plan requires careful planning and coordination.
계획의 효과적인 시행은 신중한 계획과 조정이 필요하다.

2017 tax revenue

명 세수입, 세입

The government increased tax revenue by raising income taxes.
정부는 소득세 인상으로 세수를 증가시켰다.

2018 oversee
[ou'vərsi]

동 감독하다, 단속하다, 내려다 보다

A team of inspectors was assigned to oversee the quality control of the products.
제품의 품질 관리를 감독하기 위해 검사팀이 배정되었다.

2019 institution
[instətjúːʃən]

명 기관, 단체, 제도

The government plans to invest in institutions that provide support for the elderly.
정부는 노인들을 지원하는 기관에 투자할 계획이다.

2020 crowd funding

명 크라우드 펀딩(웹이나 모바일 네트워크 등을 통해 다수의 개인으로부터 자금을 모으는 행위)

Crowdfunding can support small business startups.
크라우드 펀딩은 소규모 창업을 지원할 수 있다.

2021 international
[intərnǽʃənəl]

형 국제적인

The company is expanding its operations to enter the international market.
그 회사는 국제 시장에 진입하기 위해 사업을 확장하고 있다.

2022 strengthen
[stréŋkθən]

동 강화하다, 증강하다

We need to strengthen our security measures.
우리는 보안 조치를 강화할 필요가 있다.

2023
treaty
[trí:ti]

㈐ 조약

The treaty established new trade regulations.
그 조약은 새로운 무역 규정을 세웠다.

2024
advanced
[ædvǽnst]

㈐ 선진의, 고급의

Advanced nations no longer practice this.
선진국가들은 더 이상 이 방법을 쓰지 않는다.

2025
monetary
[mάnətèri]

㈐ 통화의, 화폐의

The country's monetary system is being reformed to stabilize the economy.
그 나라의 통화 시스템은 경제 안정을 위해 개혁되고 있다.

2026
negotiation
[nigòuʃiéiʃən]

㈐ 협상, 교섭

They began the negotiation with the hope of securing a deal.
그들은 거래를 확보하기 위해 협상을 시작했다.

2027
prolong
[prəlɔ́:ŋ, prəlάŋ]

㈐ 연장하다, 연장시키다

They decided to prolong the meeting by an hour.
그들은 회의를 한 시간 연장하기로 결정했다.

2028
tariff
[tǽrif]

㈐ 관세, 세율 ㈐ ~에 관세를 매기다[부과하다]

Tariffs are used to protect domestic industries.
관세는 국내 산업을 보호하기 위해 사용된다.

2029
infrastructure
[infrəstrəˈktʃər]

㈐ 사회[공공] 기반 시설

Poor infrastructure hampers economic growth.
열악한 사회 기반 시설이 경제 성장을 방해한다.

2030 scope
[skoup]

(명) 기회, 범위 (동) 샅샅이 살피다
They are expanding the scope of their research.
그들은 연구 범위를 확장하고 있다.

2031 sovereignty
[sávərənti]

(명) 주권, 통치권
National sovereignty is the ability of a state to govern itself independently.
국가 주권은 국가가 독립적으로 자신을 다스릴 수 있는 능력이다.

2032 alliance
[əláiəns]

(명) 동맹, 연합
The company entered into an alliance with a tech firm.
그 회사는 기술 회사와 동맹을 맺었다.

2033 soft power

(명) 소프트 파워(정보과학이나 문화·예술 등이 행사하는 영향력)
Cultural exchanges enhance a nation's soft power.
문화 교류는 국가의 소프트 파워를 강화한다.

2034 deflation
[difléiʃən]

(명) 디플레이션, 통화 수축, 물가 하락
The central bank implemented measures to combat deflation.
중앙은행은 디플레이션에 대처하기 위한 조치를 시행했다.

2035 inflation
[infléiʃən]

(명) 인플레이션, 통화 팽창, 물가 상승률
Inflation affects the value of currency over time.
인플레이션은 시간이 지남에 따라 통화 가치를 영향을 미친다.

2036 subsidy
[sʌbsədi]

(명) (국가의) 보조금, 장려금
Farmers receive subsidies to offset the costs of agricultural equipment.
농민들은 농업 장비 비용을 상쇄하기 위한 보조금을 받는다.

REVIEW & LEVEL-UP TEST ⏱ 제한시간 7분

☑ 괄호 안에 알맞은 단어를 고르시오.

01 The [embassy / ambassador] met with the president to discuss the new trade agreement.

02 You can [expand / deduct] your charitable donations from your taxable income.

03 Unnecessary delays could [prolong / scope] the construction project by several months.

☑ 다음 빈칸에 문맥상 적절한 단어를 고르시오.

• pension	• oversee	• strengthen

04 Regular exercise can help _____ your muscles and improve overall health.

05 The committee was established to _____ the distribution of funds for community projects.

06 He receives a monthly _____ after retiring from his long career in the military.

☑ 다음 빈칸에 적절한 뜻을 쓰시오.

07 As a <u>diplomat</u>, she specialized in international law and negotiations.

_____으로서, 그녀는 국제법과 협상에 특화되어 있었다.

08 The organization provides <u>monetary</u> assistance to low-income families.

그 기관은 저소득 가정에 _____ 지원을 제공한다.

09 The country's <u>sovereignty</u> is recognized by international law.

그 나라의 _____은 국제법에서 인정받고 있다.

[해석 ☞ 네이버 카페 '진가영 영어 연구소'에서 확인]

01 ambassador	02 deduct	03 prolong	04 strengthen	05 oversee
06 pension	07 외교관	08 통화적	09 주권	

단기합격 길라잡이 진가영 영어

DAY 42 PREVIEW & DIAGNOSIS TEST ⏱ 제한시간 5분

01 surplus _____

02 exposition _____

03 summit meeting _____

04 peninsula _____

05 statement _____

06 Ministry of National Defense

_____

07 Ministry of Unification

_____

08 military _____

09 deterrence _____

10 proactive _____

11 network _____

12 countermeasure _____

13 convene _____

14 battlefield _____

15 surveillance _____

16 complicity _____

17 havoc _____

18 patrol _____

19 fidelity _____

20 triumph _____

21 navy _____

22 air force _____

23 army _____

24 shell _____

25 armed _____

26 invincible _____

27 arms _____

28 radar _____

29 infringe _____

30 salvage _____

31 detector _____

32 offset _____

33 rebel _____

34 mankind _____

35 aerial _____

36 humanitarian _____

DAY 42   PREVIEW & DIAGNOSIS TEST ANSWER

01 surplus   과잉, 여분, 흑자

02 exposition   박람회, 전시회

03 summit meeting   정상 회담

04 peninsula   반도

05 statement   성명, 진술, 서술

06 Ministry of National Defense

        국방부

07 Ministry of Unification 통일부

08 military   군대, 군사의

09 deterrence   제지, 저지, 억제

10 proactive   상황을 앞서서 주도하는,

        주도적인

11 network   망, 통신망, 네트워크

12 countermeasure   대책, 보호 조치

13 convene   소집하다, 회합하다

14 battlefield   싸움터, 전장

15 surveillance   감시, 감독

16 complicity   공모, 연루, 공범

17 havoc   대파괴, 큰 혼란

18 patrol   순찰, 순시,

        순찰[순시, 순회]하다

19 fidelity   충실함, 신의

20 triumph   승리, 대성공

21 navy   해군

22 air force   공군

23 army   육군, 군대

24 shell   껍질, 껍데기, 포탄

25 armed   무장한, 무기[총]를 가진

26 invincible   무적의, 이길 수 없는

27 arms   무기

28 radar   레이더, 전파 탐지기

29 infringe   위반하다, 침해하다, 제한하다

30 salvage   구조, 인양, 구조하다

31 detector   탐지기

32 offset   상쇄하다, 벌충하다

33 rebel   반역자, 반란,

        반항하다, 저항하다

34 mankind   인류, 인간, 사람들

35 aerial   공중의, 대기의,

        항공기에 의한

36 humanitarian   인도주의적인

DAY

42

2037 surplus
[sə́:rplʌs]

명 과잉, 여분, 흑자
A surplus of agricultural goods led to lower prices.
농산물 과잉 공급으로 인해 가격이 하락했다.

2038 exposition
[èkspəzíʃən]

명 박람회, 전시회
The exposition will showcase the latest in sustainable design.
그 전시회는 지속 가능한 디자인의 최신 동향을 선보일 것이다.

2039 summit meeting

명 정상 회담
The summit meeting was focused on climate change and sustainability.
정상 회담은 기후 변화와 지속 가능성에 집중했다.

2040 peninsula
[pənínsjulə]

명 반도
The peninsula is famous for its beautiful coastline.
그 반도는 아름다운 해안으로 유명하다.

2041 statement
[stéitmənt]

명 성명, 진술, 서술
Her statement clarified the details of the agreement.
그녀의 성명이 계약의 세부 사항을 명확히 했다.

2042 Ministry of National Defense

명 국방부
The Ministry of National Defense is planning to upgrade the military equipment.
국방부는 군 장비를 업그레이드할 계획이다.

2043 Ministry of Unification

명 통일부
Officials from the Ministry of Unification met to discuss family reunifications.
통일부 관료들이 가족 상봉에 대해 논의하기 위해 만났다.

2044 military
[mílitèri]

명 군대   형 군사의
The military announced plans to modernize its fleet of aircraft.
군대는 항공기 함대를 현대화할 계획을 발표했다.

DAY
42

deterrence
[ditə́:rəns]

(명) 제지, 저지, 억제
Mutual defense treaties serve as a form of regional war deterrence.
상호 방위 조약은 지역 전쟁 억제의 한 형태로 작용한다.

proactive
[prou'ǽ'ktiv]

(형) 상황을 앞서서 주도하는, 주도적인
A proactive strategy was essential to prevent the crisis.
위기를 방지하기 위해 주도적인 전략이 필수적이었다.

network
[nétwə:rk]

(명) 망, 통신망, 네트워크
The cybersecurity team monitors the network for any suspicious activity.
사이버 보안 팀은 네트워크에서 수상한 활동을 감시한다.

countermeasure
[káuntərmèʒər]

(명) 대책, 보호 조치
The countermeasure proved unnecessary.
그 대책은 불필요하다는 것이 입증되었다.

convene
[kənví:n]

(동) 소집하다, 회합하다
We need to convene a meeting to discuss the project.
우리는 프로젝트를 논의하기 위해 회의를 소집할 필요가 있다.

battlefield
[bǽ'təlfild]

(명) 싸움터, 전장
The soldiers marched onto the battlefield.
군인들이 전장으로 행진했다.

surveillance
[sərvéiləns]

(명) 감시, 감독
Surveillance cameras were installed in key locations for security.
보안을 위해 주요 위치에 감시 카메라가 설치되었다.

2052 complicity
[kəmplísəti]

(명) 공모, 연루, 공범

He was arrested for his complicity in the crime.
그는 범죄에 연루된 혐의로 체포되었다.

2053 havoc
[hǽvək]

(명) 대파괴, 큰 혼란

The computer virus caused havoc in the office.
컴퓨터 바이러스가 사무실에 큰 혼란을 초래했다.

2054 patrol
[pətróul]

(명) 순찰, 순시 (동) 순찰[순시, 순회]하다

The border patrol is responsible for preventing illegal crossings.
국경 순찰대는 불법 월경을 방지하는 책임이 있다.

2055 fidelity
[fidéləti]

(명) 충실함, 신의

The artist's fidelity to detail is remarkable.
그 예술가의 세부 사항에 대한 충실함은 놀랍다.

2056 triumph
[tráiəmf]

(명) 승리, 대성공

The nation rejoiced in the triumph of its athletes at the Olympics.
그 나라는 올림픽에서 선수들의 승리에 환호했다.

2057 navy
[néivi]

(명) 해군

The navy launched a new ship to enhance its fleet.
해군은 함대를 강화하기 위해 새로운 함정을 출항시켰다.

2058 air force

(명) 공군

She trained rigorously to become a pilot in the air force.
그녀는 공군 조종사가 되기 위해 철저히 훈련했다.

DAY
| 42

2059 army
[áːrmi]

⊕ 육군, 군대

He enlisted in the army to protect his country.
그는 자신의 나라를 보호하기 위해 군대에 입대했다.

2060 shell
[ʃel]

⊕ 껍질, 껍데기, 포탄

The tank fired several shells at the enemy position.
탱크는 적의 위치에 여러 발의 포탄을 발사했다.

2061 armed
[aːrmd]

⊕ 무장한, 무기[총]를 가진

Armed security personnel are deployed at critical infrastructure sites.
무장 보안 요원이 중요 인프라 시설에 배치된다.

2062 invincible
[invínsəbl]

⊕ 무적의, 이길 수 없는

The team played with an invincible spirit, winning every match.
그 팀은 무적의 정신으로 경기를 했고, 모든 경기를 승리로 이끌었다.

2063 arms
[aːrmz]

⊕ 무기

The treaty aims to reduce the proliferation of nuclear arms.
그 조약은 핵무기 확산을 줄이는 것을 목표로 한다.

2064 radar
[réidaːr]

⊕ 레이더, 전파 탐지기

Radar technology is crucial for air traffic control.
레이더 기술은 항공 교통 통제에 중요하다.

2065 infringe
[infríndʒ]

⊕ 위반하다, 침해하다, 제한하다

Their actions infringed on our rights.
그들의 행동이 우리의 권리를 침해했다.

2066 salvage
[sǽlvidʒ]

⑲ 구조, 인양 ⑧ 구조하다

Efforts were made to salvage the shipwreck.
그 배의 난파선 구조를 위한 노력이 이루어졌다.
🔳 savage 야만적인, 미개한

2067 detector
[ditéktər]

⑲ 탐지기

The metal detector at the airport ensures passenger safety.
공항의 금속 탐지기는 승객 안전을 보장한다.

2068 offset
[ɔ́ːfsèt]

⑧ 상쇄하다, 벌충하다

The project aims to offset its costs by finding alternative funding sources.
이 프로젝트는 대체 자금원을 찾아 비용을 상쇄하는 것을 목표로 한다.

2069 rebel
[ribél]

⑲ 반역자, 반란 ⑧ 반항하다, 저항하다

The soldiers decided to rebel against the harsh rule.
군인들은 가혹한 통치에 반항하기로 결정했다.

2070 mankind
[mæ'nkai'nd]

⑲ 인류, 인간, 사람들

Science has advanced significantly, benefiting all of mankind.
과학은 크게 발전하여 인류 모두에게 혜택을 주었다.

2071 aerial
[ɛ́əriəl]

⑱ 공중의, 대기의, 항공기에 의한

The aerial bombardment targeted enemy supply lines.
공중 폭격은 적의 보급선을 겨냥했다.

2072 humanitarian
[hjuːmǽnitɛ́əriən]

⑱ 인도주의적인

His humanitarian work earned him international acclaim.
그의 인도주의적 작업은 그에게 국제적인 찬사를 받게 했다.

DAY 42 | REVIEW & LEVEL-UP TEST

⏱ 제한시간 7분

◉ 괄호 안에 알맞은 단어를 고르시오.

01 The presence of police patrols acts as a [deterrence / network] to crime in the neighborhood.

02 The factory produced a [surplus / exposition] of goods.

03 Copying the software would [infringe / salvage] on copyright laws.

◉ 다음 빈칸에 문맥상 적절한 단어를 고르시오.

• triumph	• complicity	• invincible

04 He is currently suspected as an _____ in the murder case.

05 She felt a sense of _____ when she finally completed her first marathon.

06 He believed himself to be _____ after winning the championship three years in a row.

◉ 다음 빈칸에 적절한 뜻을 쓰시오.

07 The committee <u>convened</u> an emergency meeting to respond to the recent crisis.

위원회는 최근 위기 대응을 위해 긴급 회의를 _____.

08 The city installed new cameras for better <u>surveillance</u> of public areas.

그 도시는 공공장소의 더 나은 _____를 위해 새로운 카메라를 설치했다.

09 The organization provides <u>humanitarian</u> aid to refugees.

그 단체는 난민들에게 _____ 지원을 제공한다.

[해석 ☞ 네이버 카페 '진가영 영어 연구소'에서 확인]

DAY 43 | PREVIEW & DIAGNOSIS TEST

⏱ 제한시간 5분

01 deteriorate _____

02 defector _____

03 settlement _____

04 standardize _____

05 invigorate _____

06 tension _____

07 normalize _____

08 denuclearization _____

09 security _____

10 Ministry of Justice _____

11 civil complaint _____

12 wrongdoing _____

13 execution _____

14 clause _____

15 verdict _____

16 prevention _____

17 compliance _____

18 amendment _____

19 petition _____

20 defendant _____

21 plaintiff _____

22 bondage _____

23 prisoner _____

24 perjury _____

25 juvenile _____

26 probation _____

27 parole _____

28 offender _____

29 constitution _____

30 supervision _____

31 violate _____

32 counselor _____

33 legislation _____

34 confidential _____

35 unreasonable _____

36 disposal _____

DAY 43 PREVIEW & DIAGNOSIS TEST ANSWER

01	deteriorate	악화되다, 더 나빠지다
02	defector	탈주자, 망명자
03	settlement	정착, 합의, 해결
04	standardize	표준화하다, 획일화하다
05	invigorate	기운이 나게 하다, 활성화하다
06	tension	긴장, 갈등, 팽팽하게 하다
07	normalize	정상화하다
08	denuclearization	비핵화
09	security	안보, 보안
10	Ministry of Justice	법무부
11	civil complaint	민원
12	wrongdoing	범법[부정] 행위, 비행
13	execution	처형, 사형, 실행, 수행
14	clause	절, 조항, 조목
15	verdict	평결, 판결, 결정
16	prevention	예방, 방지
17	compliance	준수, 따름
18	amendment	개정, 수정

19	petition	청원(서), 탄원(서), 청원[탄원]하다
20	defendant	피고(인)
21	plaintiff	원고, 고소인
22	bondage	구속, 결박
23	prisoner	재소자, 죄수, 포로
24	perjury	위증(죄)
25	juvenile	청소년, 청소년의
26	probation	보호 관찰, 집행 유예, 근신
27	parole	가석방, 가석방하다
28	offender	범죄자, 나쁜 짓을 하는 사람
29	constitution	헌법, 체질, 구성
30	supervision	관리, 감독, 감시
31	violate	위반하다, 침해하다
32	counselor	상담원, 조언자, 변호사
33	legislation	법률의 제정, 입법 행위
34	confidential	비밀의, 기밀의
35	unreasonable	불합리한, 부당한, 지나친
36	disposal	처리, 처분

DAY

|43

2073 deteriorate
[ditíəriərèit]

(동) 악화되다, 더 나빠지다

The patient's condition began to deteriorate rapidly.
환자의 상태가 빠르게 악화되기 시작했다.

2074 defector
[diféktər]

(명) 탈주자, 망명자

The defector sought asylum in a neighboring country.
탈주자는 이웃 나라에 망명을 요청했다.

2075 settlement
[sétlmənt]

(명) 정착, 합의, 해결

The treaty brought a peaceful settlement to the conflict.
조약은 갈등에 평화로운 해결을 가져왔다.

2076 standardize
[stǽndərdàiz]

(동) 표준화하다, 획일화하다

The company aims to standardize its production processes.
회사는 생산 과정을 표준화하는 것을 목표로 하고 있다.

2077 invigorate
[invígərèit]

(동) 기운이 나게 하다, 활성화하다

The new policies aim to invigorate the economy.
새로운 정책은 경제를 활성화하는 것을 목표로 한다.

2078 tension
[ténʃən]

(명) 긴장, 갈등 (동) 팽팽하게 하다

They worked to ease the tension in the area.
그들은 지역의 긴장을 완화하기 위해 노력했다.

2079 normalize
[nɔ́ːrməlàiz]

(동) 정상화하다

She wants to normalize remote work.
그녀는 재택 근무를 정상화하고 싶어한다.

2080 denuclearization
[diːnjùːkliərəzéiʃən]

(명) 비핵화

Denuclearization is key to lasting peace.
비핵화는 지속 가능한 평화의 핵심이다.

DAY
| 43

2081 security
[sikjúərəti]

⑲ 안보, 보안
The new policy enhances national security.
새로운 정책은 국가 안보를 강화한다.

2082 Ministry of Justice

⑲ 법무부
The Ministry of Justice is working on criminal justice reform.
법무부는 형사 사법 개혁을 추진하고 있다.

2083 civil complaint

⑲ 민원
The addressee filed a civil complaint due to this problem.
이 문제로 인해 수취인이 민원을 제기했다.

2084 wrongdoing
[rɔ́ŋduiŋ]

⑲ 범법[부정] 행위, 비행
The investigation uncovered widespread wrongdoing.
조사는 광범위한 부정 행위를 밝혀냈다.

2085 execution
[èksikjúːʃən]

⑲ 처형, 사형, 실행, 수행
The company streamlined its execution process.
회사는 실행 과정을 간소화했다.

2086 clause
[klɔːz]

⑲ 절, 조항, 조목
The lease agreement has a termination clause.
임대 계약서에는 해지 조항이 있다.

2087 verdict
[vɔ́ːrdikt]

⑲ 평결, 판결, 결정
They awaited the verdict with bated breath.
그들은 숨죽여 평결을 기다렸다.

2088 **prevention**
[privénʃən]

ⓜ 예방, 방지

Public awareness is key to crime prevention.
범죄 예방의 핵심은 공공 인식이다.

2089 **compliance**
[kəmpláiəns]

ⓜ 준수, 따름

The company ensures compliance with regulations.
회사는 규정 준수를 보장한다.

2090 **amendment**
[əméndmənt]

ⓜ 개정, 수정

The amendment was made to clarify the policy.
정책을 명확히 하기 위해 개정이 이루어졌다.

2091 **petition**
[pətíʃən]

ⓜ 청원(서), 탄원(서) ⓥ 청원[탄원]하다

She submitted a petition to the court for a review.
그녀는 검토를 요청하는 청원서를 법원에 제출했다.

2092 **defendant**
[diféndənt]

ⓜ 피고(인)

The defendant pleaded not guilty to the charges.
피고는 혐의에 대해 무죄를 주장했다.

2093 **plaintiff**
[pléintif]

ⓜ 원고, 고소인

The plaintiff filed a lawsuit against the company.
원고는 회사에 소송을 제기했다.

2094 **bondage**
[bándidʒ]

ⓜ 구속, 결박

She sought freedom from the bondage of her past.
그녀는 과거의 구속에서 자유를 찾으려 했다.

2095 prisoner
[prízənər]

(명) 재소자, 죄수, 포로
The prisoner was granted parole after serving ten years.
그 죄수는 10년 복역 후 가석방을 허가받았다.

2096 perjury
[pə́ːrdʒəri]

(명) 위증(죄)
The court fined him for committing perjury.
법원은 그에게 위증죄를 저질렀다고 벌금을 부과했다.

2097 juvenile
[dʒúːvənl]

(명) 청소년 (형) 청소년의
Juvenile crime rates have been decreasing.
청소년 범죄율이 감소하고 있다.

2098 probation
[proubéiʃən]

(명) 보호 관찰, 집행 유예, 근신
She is serving a two-year probation period.
그녀는 2년간의 보호 관찰 기간을 받고 있다.

2099 parole
[pəróul]

(명) 가석방 (동) 가석방하다
His parole application is up for review next week.
그의 가석방 신청은 다음주에 검토된다.

2100 offender
[əféndər]

(명) 범죄자, 나쁜 짓을 하는 사람
The offender was sentenced to five years in prison.
범죄자는 5년의 징역을 선고받았다.

2101 constitution
[kɑ̀nstətjúːʃən]

(명) 헌법, 체질, 구성
The constitution guarantees equality before the law for all citizens.
헌법은 모든 시민들에게 법 앞에서의 평등을 보장한다.

2102 supervision
[sùːpərvíʒən]

몡 관리, 감독, 감시
She was released from prison with strict supervision conditions.
그녀는 엄격한 감독 조건하에 감옥에서 석방되었다.

2103 violate
[váiəlèit]

통 위반하다, 침해하다
Their actions violated the terms of the treaty.
그들의 행동은 그 조약 조건을 위반했다.

2104 counselor
[káunsələr]

몡 상담원, 조언자, 변호사
The counselor offered support to troubled students.
상담원은 고민하는 학생들에게 지원을 제공했다.

2105 legislation
[lèdʒisléiʃən]

몡 법률의 제정, 입법 행위
The debate over gun control legislation continues in Congress.
총기 통제 입법 행위에 대한 논쟁이 의회에서 계속된다.

2106 confidential
[kànfədénʃəl]

혱 비밀의, 기밀의
The meeting discussed confidential matters.
회의는 기밀 사항에 대해 논의했다.

2107 unreasonable
[ənriːznəbəl]

혱 불합리한, 부당한, 지나친
The company rejected the unreasonable deadline.
회사는 불합리한 마감 기한을 거부했다.

2108 disposal
[dispóuzəl]

몡 처리, 처분
The company is considering the disposal of its non-profitable assets.
그 회사는 수익을 내지 못하는 자산의 처분을 고려하고 있다.

REVIEW & LEVEL-UP TEST ⏱ 제한시간 7분

✅ 괄호 안에 알맞은 단어를 고르시오.

01 The whistleblower exposed the environmental [wrongdoing / settlement] of the manufacturing plant.

02 The protesters claimed that the new policy would [violate / invigorate] their rights.

03 Regular exercise is key to disease [clause / prevention].

✅ 다음 빈칸에 문맥상 적절한 단어를 고르시오.

• counselor	• petition	• perjury

04 The online _____ gathered thousands of signatures in support of animal rights.

05 He was charged with _____ after lying in court.

06 She works as a school _____, helping students with their problems.

✅ 다음 빈칸에 적절한 뜻을 쓰시오.

07 It took several weeks for the city to <u>normalize</u> following the natural disaster.
자연 재해 후 도시가 _____ 데 몇 주가 걸렸다.

08 Please keep this document <u>confidential</u> until we announce the merger.
합병을 발표할 때까지 이 문서는 _____ 유지해 주세요.

09 Negotiations broke down due to the other party's <u>unreasonable</u> demands.
상대방의 _____ 요구로 인해 협상이 실패했다.

[해석 ☞ 네이버 카페 '진가영 영어 연구소'에서 확인]

DAY 44 · PREVIEW & DIAGNOSIS TEST · 제한시간 5분

01 rectify _____

02 appraisal _____

03 Ministry of the Interior and Safety

_____

04 Ministry of Trade, Industry and Energy

_____

05 minister _____

06 administration _____

07 public _____

08 municipal _____

09 mayor _____

10 autonomous _____

11 empower _____

12 sustainable _____

13 disadvantaged _____

14 policy _____

15 participation _____

16 corruption _____

17 trustworthy _____

18 bribery _____

19 organization _____

20 accountable _____

21 initiative _____

22 pivotal _____

23 industrial _____

24 competitiveness _____

25 greenhouse gas _____

26 supply chain _____

27 investment _____

28 Gross Domestic Product(GDP)

_____

29 Free Trade Agreement(FTA)

_____

30 Ministry of Education

_____

31 Ministry of Science and ICT

_____

32 consolidate _____

33 narrow down _____

34 regional _____

35 entrust _____

36 upper _____

PREVIEW & DIAGNOSIS TEST ANSWER

01 rectify 바로잡다, 수정하다

02 appraisal 평가, 판단

03 Ministry of the Interior and Safety
행정안전부

04 Ministry of Trade, Industry and Energy
산업통상자원부

05 minister 장관, 목사

06 administration 행정(부), 관리, 집행

07 public 대중, 사람들, 대중의, 공공의

08 municipal 지방 자치제의, 시의

09 mayor 시장, 단체장

10 autonomous 자주적인, 자치의

11 empower 권한을 주다, 자율권을 주다

12 sustainable 지속 가능한, 유지 가능한

13 disadvantaged 사회적으로 혜택을 받지 못한

14 policy 정책, 방침

15 participation 참여, 참가

16 corruption 부패, 타락, 오염

17 trustworthy 신뢰할 수 있는

18 bribery 뇌물 수수

19 organization 구조, 조직, 단체, 기구

20 accountable 책임이 있는

21 initiative 계획, 진취성, 주도권

22 pivotal 중심이 되는, 중요한

23 industrial 산업의, 공업의

24 competitiveness 경쟁력

25 greenhouse gas 온실 가스

26 supply chain 공급망

27 investment 투자(금)

28 Gross Domestic Product(GDP)
국내총생산

29 Free Trade Agreement(FTA)
자유무역협정

30 Ministry of Education 교육부

31 Ministry of Science and ICT
과학기술정보통신부

32 consolidate 통합하다, 공고히 하다

33 narrow down 좁히다, 줄이다

34 regional 지방의, 지역의

35 entrust 맡기다, 위임하다

36 upper 위쪽의, 상부의, 상급의

DAY
|44

2109	**rectify** [réktəfài]	(동) 바로잡다, 수정하다 He promised to rectify the mistake as soon as possible. 그는 실수를 최대한 빨리 바로잡겠다고 약속했다.
2110	**appraisal** [əpréizəl]	(명) 평가, 판단 He received a positive performance appraisal from his supervisor. 그는 상사로부터 긍정적인 업무 평가를 받았다.
2111	**Ministry of the Interior and Safety**	(명) 행정안전부 The Ministry of the Interior and Safety manages national disaster response. 행정안전부는 국가 재난 대응을 관리한다.
2112	**Ministry of Trade, Industry and Energy**	(명) 산업통상자원부 The Ministry of Trade, Industry, and Energy supervises trade agreements. 산업통상자원부는 무역 협정을 감독한다.
2113	**minister** [mínəstər]	(명) 장관, 목사 The minister emphasized the importance of innovation in industry. 장관은 산업에서 혁신의 중요성을 강조했다.
2114	**administration** [ədmìnistréiʃən]	(명) 행정(부), 관리, 집행 The administration prioritizes healthcare accessibility for all. 행정부는 모두를 위한 의료 접근성을 우선시한다.
2115	**public** [pʌblik]	(명) 대중, 사람들 (형) 대중의, 공공의 Public transportation is essential for reducing traffic congestion. 대중교통은 교통 체증을 줄이는 데 필수적이다.
2116	**municipal** [mjuːnísəpəl]	(형) 지방 자치제의, 시의 The municipal government implemented new recycling initiatives. 시의회가 새로운 재활용 계획을 실행했다.

mayor
2177
[méiər]

ⓜ 시장, 단체장

The mayor was re-elected for a second term.
시장은 두 번째 임기로 재선되었습니다.

autonomous
2118
[ɔ:tάnəməs]

ⓗ 자주적인, 자치의

Many universities aim to become more autonomous in their governance.
많은 대학들이 그들의 운영에 있어서 더 자주적으로 되기를 목표로 하고 있다.

DAY
|44

empower
2119
[impáuər]

ⓥ 권한을 주다, 자율권을 주다

The new policy aims to empower local communities.
새로운 정책은 지역 사회에 자율권을 주는 것을 목표로 한다.

sustainable
2120
[səstéinəbl]

ⓗ 지속 가능한, 유지 가능한

They promote sustainable farming.
그들은 지속 가능한 농업을 촉진한다.

disadvantaged
2121
[dìsədvǽntidʒd]

ⓗ 사회적으로 혜택을 받지 못한

Support for disadvantaged communities is crucial.
사회적으로 혜택받지 못한 지역 사회에 대한 지원은 중요하다.

policy
2122
[pάləsi]

ⓜ 정책, 방침

The new policy reduces taxes.
새로운 정책은 세금을 줄인다.

participation
2123
[pa:rtìsəpéiʃən]

ⓜ 참여, 참가

His participation increased team morale.
그의 참여가 팀 사기를 높였다.

2124 corruption
[kərʌpʃən]

⑲ 부패, 타락, 오염
Corruption undermines economic growth.
부패는 경제 성장을 저해한다.

2125 trustworthy
[trəˈstwərˌði]

⑱ 신뢰할 수 있는
They need a trustworthy source of information.
그들은 신뢰할 수 있는 정보 출처가 필요하다.

2126 bribery
[bráibəri]

⑲ 뇌물 수수
He was arrested for bribery.
그는 뇌물 수수 혐의로 체포되었다.

2127 organization
[ɔ̀rgən-izéiʃən]

⑲ 구조, 조직, 단체, 기구
The organization is hosting a charity event.
그 단체는 자선 행사를 개최하고 있다.

2128 accountable
[əkáuntəbl]

⑱ 책임이 있는
Leaders must be accountable to the public.
지도자들은 대중에게 책임을 져야 한다.

2129 initiative
[iníʃiətiv]

⑲ 계획, 진취성, 주도권
The company launched an initiative to reduce waste.
그 회사는 쓰레기 감소를 위한 계획을 시작했다.

2130 pivotal
[pívətl]

⑱ 중심이 되는, 중요한
Internet plays a pivotal role, even in the TV industry.
인터넷은 TV 산업에도 중요한 역할을 한다.

| 2131 | **industrial**
[indʌstriəl] | 휑 산업의, 공업의
The city has many industrial parks.
그 도시는 많은 산업 단지를 가지고 있다.. |

| 2132 | **competitiveness**
[kəmpétətivnis] | 몡 경쟁력
Innovation is key to maintaining competitiveness.
혁신은 경쟁력을 유지하는 핵심 요소이다. |

| 2133 | **greenhouse gas** | 몡 온실 가스
The agreement aims to limit greenhouse gas output.
그 협정은 온실 가스 배출을 제한하는 것을 목표로 한다. |

| 2134 | **supply chain** | 몡 공급망
The company improved its supply chain efficiency.
그 회사는 공급망 효율성을 개선했다. |

| 2135 | **investment**
[invéstmənt] | 몡 투자(금)
He made a smart investment in real estate.
그는 부동산에 현명한 투자를 했다. |

| 2136 | **Gross Domestic Product(GDP)** | 몡 국내총생산
The country's GDP grew by 3% last year.
그 나라의 국내총생산은 지난해 3% 성장했다. |

| 2137 | **Free Trade Agreement (FTA)** | 몡 자유무역협정
The FTA aims to reduce tariffs and boost trade.
자유무역협정은 관세를 줄이고 무역을 촉진하는 것을 목표로 한다. |

2138 Ministry of Education

⑲ 교육부

The Ministry of Education sets school policies.
교육부는 학교 정책을 설정한다.

2139 Ministry of Science and ICT

⑲ 과학기술정보통신부

The Ministry of Science and ICT supports tech innovation.
과학기술정보통신부는 기술 혁신을 지원한다.

2140 consolidate
[kənsάlədèit]

⑧ 통합하다, 공고히 하다

The company plans to consolidate its operations.
그 회사는 운영을 통합할 계획이다.

2141 narrow down

⑧ 좁히다, 줄이다

We need to narrow down our list of candidates.
우리는 후보 목록을 좁혀야 한다.

2142 regional
[ríːdʒənl]

⑱ 지방의, 지역의

The company focuses on regional markets.
그 회사는 지역 시장에 집중하고 있다.

2143 entrust
[intrʌst]

⑧ 맡기다, 위임하다

They entrusted the team with the critical task.
그들은 그 팀에게 중요한 업무를 맡겼다.

2144 upper
[ʌpər]

⑱ 위쪽의, 상부의, 상급의

He is an upper-class businessman.
그는 상류층 사업가이다.

DAY 44 REVIEW & LEVEL-UP TEST ⏱ 제한시간 7분

✔ **괄호 안에 알맞은 단어를 고르시오.**

01 The new government [policy / investment] aims to reduce carbon emissions by 30% over the next decade.

02 He is known for being a [industrial / trustworthy] friend who always keeps his promises.

03 The company conducted an annual performance [bribery / appraisal] for all employees.

✔ **다음 빈칸에 문맥상 적절한 단어를 고르시오.**

• mayor	• corruption	• participation

04 Efforts to eradicate _____ require government reform.

05 Active _____ in class discussions enhances learning for all students.

06 Residents gathered at City Hall to voice their concerns to the _____.

✔ **다음 빈칸에 적절한 뜻을 쓰시오.**

07 The <u>municipal</u> elections are scheduled to take place next month.
_____ 선거는 다음 달에 예정되어 있다.

08 The company is committed to adopting <u>sustainable</u> practices to reduce its carbon footprint.
그 회사는 탄소 발자국을 줄이기 위해 _____ 실천 방안을 채택하기로 했다.

09 The company is working to <u>rectify</u> the error in the latest software update.
회사는 최신 소프트웨어 업데이트에서 발생한 오류를 _____ 있다.

[해석 ☞ 네이버 카페 '진가영 영어 연구소'에서 확인!]

 정답

01 policy   **02** trustworthy   **03** appraisal   **04** corruption   **05** participation
06 mayor   **07** 지방 자치제의   **08** 지속 가능한   **09** 수정하고

DAY 45 | PREVIEW & DIAGNOSIS TEST

⏱ 제한시간 5분

01 intermittent _____

02 transcript _____

03 bachelor _____

04 doctor _____

05 kindergarten _____

06 savvy _____

07 prowess _____

08 elementary _____

09 periodical _____

10 puberty _____

11 childhood _____

12 breakthrough _____

13 catalyst _____

14 courseware _____

15 sprout _____

16 tailor _____

17 statistical _____

18 hereditary _____

19 metaverse _____

20 revision _____

21 liquid _____

22 consultative _____

23 fallacy _____

24 classification _____

25 homogeneous _____

26 mammal _____

27 amphibian _____

28 reptile _____

29 Artificial Intelligence(AI)

_____

30 Ministry of Land, Infrastructure, and Transport _____

31 public institution _____

32 innovation _____

33 sightseeing _____

34 residence _____

35 mobility _____

36 convenience _____

DAY 45 PREVIEW & DIAGNOSIS TEST ANSWER

01 intermittent 간헐적인, 간간이 일어나는

02 transcript (학생의) 성적 증명서, 사본

03 bachelor 학사 (학위), 미혼 남자

04 doctor 박사 (학위), 의사

05 kindergarten 유치원, 유아원

06 savvy 요령, 상식, 요령[상식] 있는

07 prowess 기량, 솜씨

08 elementary 초급의, 초등의, 기본적인

09 periodical 정기 간행물(특히 학술지), 정기 간행의

10 puberty 사춘기

11 childhood 어린 시절, 유년기

12 breakthrough 돌파구, 획기적 발전

13 catalyst 촉매, 기폭제

14 courseware (어떤 과목을 가르치기 위한) 교육용 프로그램

15 sprout 생기다, 나타나다, 싹이 나다, 자라기 시작하다

16 tailor 재단사, 맞추다, 조정하다

17 statistical 통계의, 통계적인

18 hereditary 유전적인, 세습되는

19 metaverse 사이버 공간, 가상 공간

20 revision 수정[정정] 사항, 검토, 변경

21 liquid 액체, 액체의, 액상의

22 consultative 고문[자문]의, 상담의

23 fallacy 오류, 틀린 생각

24 classification 분류, 유형, 범주

25 homogeneous 동종의, 동질의

26 mammal 포유동물

27 amphibian 양서류

28 reptile 파충류

29 Artificial Intelligence(AI) 인공 지능

30 Ministry of Land, Infrastructure, and Transport 국토교통부

31 public institution 공공 기관

32 innovation 혁신, 쇄신

33 sightseeing 관광

34 residence 주택, 거주지

35 mobility 이동성, 기동성, 유동성

36 convenience 편의, 편리, 편의 시설

DAY
45

2145 intermittent
[ìntərmítnt]

(형) 간헐적인, 간간이 일어나는
The rain was intermittent throughout the day.
비가 하루 종일 간헐적으로 내렸다.

2146 transcript
[trænskript]

(명) (학생의) 성적 증명서, 사본
She requested a transcript of her academic records.
그녀는 학업 성적 증명서를 요청했다.

2147 bachelor
[bǽtʃələr]

(명) 학사 (학위), 미혼 남자
He earned a bachelor's degree in engineering.
그는 공학 학사를 취득했다.

2148 doctor
[dάktər]

(명) 박사 (학위), 의사
I obtained a doctor's degree last year.
나는 작년에 박사 학위를 취득했다.

2149 kindergarten
[kíndərgὰːrtn]

(명) 유치원, 유아원
She works as a teacher in a kindergarten.
그녀는 유치원 교사로 일한다.

2150 savvy
[sǽvi]

(명) 요령, 상식 (형) 요령[상식] 있는
I think he's more savvy than that.
내 생각엔 그는 그것보다 훨씬 더 요령이 있다.

2151 prowess
[práuis]

(명) 기량, 솜씨
She has great writing prowess.
그녀는 글쓰기 기량은 뛰어나다.

2152 elementary
[èləméntəri]

(형) 초급의, 초등의, 기본적인
She teaches elementary school children.
그녀는 초등학교 아이들을 가르친다.

2153 periodical
[pìəriɑ́dikəl]

몡 정기 간행물(특히 학술지) 톙 정기 간행의
She subscribes to a periodical about science fiction.
그녀는 과학 소설에 관한 정기 간행물을 구독한다.

2154 puberty
[pjúːbərti]

몡 사춘기
Puberty typically begins between ages 9 and 14.
사춘기는 일반적으로 9세에서 14세 사이에 시작한다.

2155 childhood
[ʧáildhùd]

몡 어린 시절, 유년기
Childhood is a critical period for cognitive development.
어린 시절은 인지 발달에 중요한 시기이다.

2156 breakthrough
[breiˈkθruː]

몡 돌파구, 획기적 발전
The scientist made a breakthrough in cancer research.
과학자는 암 연구에서 획기적인 발전을 이뤘다.

2157 catalyst
[kǽtəlist]

몡 촉매, 기폭제
Innovation often serves as a catalyst for progress.
혁신은 종종 발전의 촉매제가 된다.

2158 courseware
[kɔ́ːrswɛər]

몡 (어떤 과목을 가르치기 위한) 교육용 프로그램
She created custom courseware for the online training program.
그녀는 온라인 교육 프로그램을 위해 맞춤형 강의 자료를 만들었다.

2159 sprout
[spraut]

통 생기다, 나타나다, 싹이 나다, 자라기 시작하다
Ideas started to sprout during the discussion.
토론 중에 아이디어들이 생기기 시작했다.

회독 ☐☐☐☐☐

2160 tailor
[téilər]

(명) 재단사 (동) 맞추다, 조정하다
He tailored his presentation to suit the audience's interests.
그는 청중의 관심사에 맞게 프레젠테이션을 조정했다.

2161 statistical
[stətístikəl]

(형) 통계의, 통계적인
Statistical evidence supports the hypothesis.
통계적 증거가 그 가설을 뒷받침한다.

2162 hereditary
[hərédətèri]

(형) 유전적인, 세습되는
The disease is hereditary, passed down through generations.
그 병은 유전적이며 세대를 통해 전해진다.

2163 metaverse
[m'etəv,əːrs]

(명) 사이버 공간, 가상 공간
Virtual concerts in the metaverse are becoming more popular.
가상 공간에서 열리는 가상 콘서트가 점점 더 인기를 끌고 있다.

2164 revision
[rivíʒən]

(명) 수정[정정] 사항, 검토, 변경
he made several revisions to her essay before submitting it.
그녀는 에세이를 제출하기 전에 여러 차례 수정했다.

2165 liquid
[líkwid]

(명) 액체 (형) 액체의, 액상의
The water slowly turned into a liquid state as the ice melted.
얼음이 녹을 때 물이 천천히 액체 상태로 변했다.

2166 consultative
[kənsʌltətiv]

(형) 고문[자문]의, 상담의
The company adopted a consultative approach to decision-making.
그 회사는 의사결정에 상담의 방식을 채택했다.

2167 fallacy
[fǽləsi]

(명) 오류, 틀린 생각

The argument was based on a logical fallacy.
그 논쟁은 논리적인 오류에 기반하고 있었다.

2168 classification
[klæsəfikéiʃən]

(명) 분류, 유형, 범주

Library books follow a classification system.
도서관 책들은 분류 체계를 따른다.

2169 homogeneous
[hòumədʒíːniəs]

(형) 동종의, 동질의

Some governments want a homogeneous national identity.
일부 정부들은 동질적인 국민의 정체성을 원한다.

DAY
45

2170 mammal
[mǽməl]

(명) 포유동물

The whale is the largest mammal on Earth.
고래는 지구상에서 가장 큰 포유동물이다.

2171 amphibian
[æmfíbiən]

(명) 양서류

Amphibians lay eggs in water.
양서류는 물 속에 알을 낳는다.

2172 reptile
[réptil]

(명) 파충류

The snake is a reptile that slithers on the ground.
뱀은 땅 위를 기어 다니는 파충류이다.

2173 Artificial Intelligence(AI)

(명) 인공 지능

AI technology is advancing rapidly.
AI(인공 지능) 기술이 급속히 발전하고 있다.

2174 Ministry of Land, Infrastructure, and Transport

(명) 국토교통부

The Ministry of Land, Infrastructure, and Transport oversees transportation policies.
국토교통부는 교통 정책을 감독한다.

2175 public institution

(명) 공공 기관

Funding for public institutions often comes from government budgets.
공공 기관의 자금은 주로 정부 예산에서 나온다.

2176 innovation
[ìnəvéiʃən]

(명) 혁신, 쇄신

Technological innovation has transformed the way we live and work.
기술 혁신은 우리가 살고 일하는 방식을 변화시켰다.

2177 sightseeing
[sáitsì:iŋ]

(명) 관광

She enjoys sightseeing in natural parks to admire the beauty of nature.
그녀는 자연 공원에서 자연의 아름다움을 감상하기 위해 관광을 즐긴다.

2178 residence
[rézədəns]

(명) 주택, 거주지

His residence is located in the heart of the city.
그의 거주지는 도시의 중심에 위치해 있다.

2179 mobility
[moubíləti]

(명) 이동성, 기동성, 유동성

The smartphone revolutionized personal mobility.
스마트폰은 개인 이동성을 혁신했다.

2180 convenience
[kənví:njəns]

(명) 편의, 편리, 편의 시설

Online shopping offers convenience and accessibility.
온라인 쇼핑은 편리함과 접근성을 제공한다.

DAY 45   REVIEW & LEVEL-UP TEST   ⏱ 제한시간 7분

◉ 괄호 안에 알맞은 단어를 고르시오.

01 [Puberty / Liquid] brings about significant changes in both boys and girls.

02 The [tailor / fallacy] of hasty generalization often leads to incorrect assumptions.

03 She subscribes to a scientific [prowess / periodical] that publishes research articles monthly.

◉ 다음 빈칸에 문맥상 적절한 단어를 고르시오.

• statistical	• breakthrough	• hereditary

04 The _____ in AI technology allowed for more accurate language translation.

05 The researchers conducted a _____ analysis of the survey results to identify trends.

06 Some diseases are caused by _____ factors passed down through generations.

◉ 다음 빈칸에 적절한 뜻을 쓰시오.

07 The author completed the final <u>revision</u> of his manuscript.
저자는 최종 원고 _____ 작업을 마쳤다.

08 The frog is a common <u>amphibian</u> found near freshwater habitats.
개구리는 물가에 서식하는 흔한 _____ 이다.

09 The president's official <u>residence</u> is located in the capital city.
대통령의 공식 _____ 는 수도에 위치해 있다.

[해석 ☞ 네이버 카페 '진가영 영어 연구소'에서 확인]

01 Puberty   **02** fallacy   **03** periodical   **04** breakthrough   **05** statistical
06 hereditary   **07** 수정   **08** 양서류   **09** 거주지

DAY 46 PREVIEW & DIAGNOSIS TEST

제한시간 5분

01 commercialize _____

02 construction _____

03 comfortable _____

04 facilitation _____

05 self-sufficiency _____

06 grocery _____

07 riverside _____

08 coastal _____

09 inland _____

10 ecosystem _____

11 direction _____

12 architecture _____

13 housing _____

14 propel _____

15 aviation _____

16 railway _____

17 trait _____

18 rejuvenate _____

19 village _____

20 disseminate _____

21 green space _____

22 municipality _____

23 geared _____

24 eligible _____

25 rental _____

26 real estate _____

27 fraudulent _____

28 overseas _____

29 natural resource _____

30 connectivity _____

31 Ministry of Culture, Sports and Tourism

_____

32 accommodation _____

33 voucher _____

34 powerhouse _____

35 feast _____

36 ancestor _____

DAY 46 PREVIEW & DIAGNOSIS TEST ANSWER

01 commercialize 상업화하다, 영리화하다

02 construction 건설, 공사, 건축물

03 comfortable 편안한, 쾌적한

04 facilitation 편리화, 간이화, 촉진, 조장

05 self-sufficiency 자급자족

06 grocery 식료 잡화점

07 riverside 강가, 강변

08 coastal 해안의, 연안의

09 inland 내륙의, 국내의, 내륙에 있는

10 ecosystem 생태계

11 direction 방향, 위치

12 architecture 건축학[술], 건축 양식

13 housing 집, 주택 (공급)

14 propel 추진하다, 나아가게 하다

15 aviation 항공(술), 비행

16 railway 철로, 철길, 선로

17 trait 특성, 특징

18 rejuvenate 활기를 되찾게 하다

19 village (시골) 마을, 촌락,
마을 사람들

20 disseminate 퍼뜨리다, 전파하다

21 green space 녹지 공간

22 municipality 지방 자치제

23 geared 설계된, 구성된, 기어가 달린

24 eligible 적임의, 적당한,
~할 자격이 있는

25 rental 사용료, 임대료, 임대, 임차

26 real estate 부동산

27 fraudulent 사기를 치는

28 overseas 해외의, 외국의

29 natural resource 천연자원

30 connectivity 연결(성)

31 Ministry of Culture, Sports and Tourism
문화체육관광부

32 accommodation 숙소, 거처, 숙박

33 voucher 상품권, 할인권

34 powerhouse 발전소, 원동력, 실세 집단

35 feast 연회, 잔치, 축제일,
포식하다

36 ancestor 조상, 선조

DAY
|46

2181 commercialize
[kəmɔ́:rʃəlàiz]

(통) 상업화하다, 영리화하다
The new product will be commercialized next year.
새 제품은 내년에 상업화될 것이다.

2182 construction
[kənstrʌkʃən]

(명) 건설, 공사, 건축물
Construction on the new bridge will begin next month.
새 다리의 건설은 다음 달에 시작된다.

2183 comfortable
[kʌmfərtəbl]

(형) 편안한, 쾌적한
The bed was comfortable and provided a good night's sleep.
침대는 편안했고 푹신한 밤잠을 제공했다.
(유) cozy

2184 facilitation
[fəsìlitéiʃən]

(명) 편리화, 간이화, 촉진, 조장
Facilitation of trade agreements boosted global commerce.
무역 협정의 촉진이 세계 상거래를 촉진했다.

2185 self-sufficiency
[sèlfsəfíʃənsi]

(명) 자급자족
Their goal is self-sufficiency in food production.
그들의 목표는 식량 생산의 자급자족이다.

2186 grocery
[gróusəri]

(명) 식료 잡화점
She went to the grocery store to buy ingredients for dinner.
그녀는 저녁 식사 재료를 사기 위해 식료 잡화점에 갔다.

2187 riverside
[rívərsàid]

(명) 강가, 강변
They enjoyed a picnic by the riverside on a sunny day.
그들은 화창한 날에 강가에서 소풍을 즐겼다.

2188 coastal
[kóustəl]

(형) 해안의, 연안의
The coastal region is famous for its seafood cuisine.
연안 지역은 해산물 요리로 유명하다.

2189 inland
[ínlənd]

(형) 내륙의, 국내의, 내륙에 있는

Inland areas have distinct climates from coastal regions.
내륙 지역은 연안 지역과는 다른 기후를 가지고 있다.

2190 ecosystem
[íˈkousistəm]

(명) 생태계

Pollution threatens the delicate balance of the marine ecosystem.
오염이 해양 생태계의 미묘한 균형을 위협한다.

2191 direction
[dirékʃən, dairékʃən]

(명) 방향, 위치

We need to choose a direction for our future project.
우리는 앞으로의 프로젝트를 위한 방향을 선택해야 한다.

DAY
46

2192 architecture
[áːrkɪtèktʃər]

(명) 건축학[술], 건축 양식

The architecture of the cathedral is breathtaking.
대성당의 건축 양식은 숨막히는 아름다움이다.

2193 housing
[háuziŋ]

(명) 집, 주택 (공급)

Affordable housing is a pressing issue in many urban areas.
저렴한 주택은 많은 도시 지역에서 시급한 문제이다.

2194 propel
[prəpél]

(동) 추진하다, 나아가게 하다

The government propels large-scale projects.
정부는 대규모 프로젝트를 추진한다.

2195 aviation
[èiviéiʃən]

(명) 항공(술), 비행

Aviation seeks eco-friendly fuel alternatives.
항공 산업은 친환경 연료 대안을 탐구한다.

2196 railway
[reiˈlwei]

명 철로, 철길, 선로

The new railway line will connect major cities in the region.
새로운 철도 노선은 지역의 주요 도시를 연결할 것이다.

2197 trait
[treit, trei]

명 특성, 특징

Loyalty is a commendable trait in relationships.
충성은 관계에서 칭찬받을 만한 특성이다.

2198 rejuvenate
[ridʒúːvənèit]

동 활기를 되찾게 하다

Exercise helps rejuvenate both body and mind.
운동은 몸과 마음을 모두 활기를 되찾는 데 도움이 된다.

2199 village
[vílidʒ]

명 (시골) 마을, 촌락, 마을 사람들

The village celebrated its annual harvest festival.
그 마을은 매년 가을 축제를 열었다.

2200 disseminate
[disémənèit]

동 퍼뜨리다, 전파하다

Teachers disseminate knowledge to their students.
선생님들은 학생들에게 지식을 전파한다.

2201 green space

명 녹지 공간

Parks provide essential green space in urban areas.
공원은 도시 지역에서 필수적인 녹지 공간을 제공한다.

2202 municipality
[mjuːnìsəpǽləti]

명 지방 자치제

The municipality is responsible for local services.
지방 자치 단체는 지역 서비스를 담당한다.

2203 geared
[giːrd]

⑲ 설계된, 구성된, 기어가 달린

The program is geared to improve employee productivity.
이 프로그램은 직원 생산성을 향상시키기 위해 설계되었다.

2204 eligible
[élidʒəbl]

⑲ 적임의, 적당한, ~할 자격이 있는

You must meet certain criteria to be eligible for the scholarship.
장학금을 받기 위해 일정한 자격 기준을 충족해야 한다.

2205 rental
[réntl]

⑲ 사용료, 임대료, 임대, 임차

They found a suitable rental apartment near the city center.
그들은 도심 근처에 적합한 임대 아파트를 찾았다.

2206 real estate
[ríːəlestèit]

⑲ 부동산

Real estate prices in the area have been steadily rising.
그 지역의 부동산 가격은 꾸준히 상승해 왔다.

DAY
46

2207 fraudulent
[frɔ́ːdʒulənt]

⑲ 사기를 치는

They uncovered fraudulent activity in the company's finances.
그들은 회사 재무에서의 사기 행위를 발견했다.

2208 overseas
[ou'vərsi'z]

⑲ 해외의, 외국의

The company expanded its operations overseas.
그 회사는 해외에서 사업을 확장했다.

2209 natural resource

⑲ 천연자원

Renewable energy sources rely on natural resources.
재생 가능한 에너지 원천은 천연자원에 의존한다.

connectivity
[kɑ̀nektívəti]

⑲ 연결(성)

High-speed internet enhances connectivity in rural areas.
고속 인터넷은 시골 지역의 연결성을 향상시킨다.

Ministry of Culture, Sports and Tourism

⑲ 문화체육관광부

The Ministry of Culture, Sports, and Tourism supports artistic endeavors.
문화체육관광부는 예술 활동을 지원한다.

accommodation
[əkɑ̀mədéiʃən]

⑲ 숙소, 거처, 숙박

Accommodation is included in the travel package.
숙박은 여행 패키지에 포함되어 있다.

voucher
[váutʃər]

⑲ 상품권, 할인권

She redeemed her voucher for a free movie ticket.
그녀는 영화 티켓 무료 상품권을 사용했다.

powerhouse
[pauˈərhaus]

⑲ 발전소, 원동력, 실세 집단

It is a powerhouse for economic growth in the region.
그것은 그 지역 경제 성장의 원동력이다.

feast
[fiːst]

⑲ 연회, 잔치, 축제일　⑧ 포식하다

The family gathered for a festive feast during the holidays.
가족들은 휴일 동안 축제 분위기의 연회를 위해 모였다.

ancestor
[ǽnsestər]

⑲ 조상, 선조

Our traditions are rooted in the wisdom of our ancestors.
우리의 전통은 우리 선조들의 지혜에 뿌리를 둔다.

DAY 46 | REVIEW & LEVEL-UP TEST

⏰ 제한시간 7분

⊘ 괄호 안에 알맞은 단어를 고르시오.

01 The couch in the living room is very [inland / comfortable], perfect for relaxing after a long day.

02 The path along the [riverside / self-sufficiency] is popular for morning walks.

03 [Voucher / Aviation] technology has revolutionized global travel.

⊘ 다음 빈칸에 문맥상 적절한 단어를 고르시오.

• disseminate	• coastal	• grocery

04 I need to stop by the _____ store on my way home to pick up some milk and bread.

05 _____ erosion is a serious environmental issue that threatens many seaside communities.

06 Teachers use various methods to _____ knowledge effectively to their students.

DAY
46

⊘ 다음 빈칸에 적절한 뜻을 쓰시오.

07 He travels <u>overseas</u> frequently for business meetings with clients.
그는 고객들과의 비즈니스 회의를 위해 자주 _____ 이동한다.

08 Urbanization often leads to disruptions in natural <u>ecosystems</u>.
도시화는 종종 자연 _____의 교란을 일으킨다.

09 In many cultures, honoring <u>ancestors</u> is an important tradition.
많은 문화에서는 _____를 존경하는 것이 중요한 전통이다.

[해석 ☞ 네이버 카페 '진가영 영어 연구소'에서 확인]

 정답

01 comfortable	**02** riverside	**03** Aviation	**04** grocery	**05** Coastal
06 disseminate	**07** 해외로	**08** 생태계	**09** 선조	

DAY 47 | PREVIEW & DIAGNOSIS TEST

제한시간 5분

01 descendant _____

02 masterpiece _____

03 vacation _____

04 broaden _____

05 penetrate _____

06 emigrate _____

07 handicraft _____

08 museum _____

09 library _____

10 isolation _____

11 inherit _____

12 assistance _____

13 on-site _____

14 preferential _____

15 humanity _____

16 fairness _____

17 loneliness _____

18 superstition _____

19 preemptive _____

20 convergence _____

21 disability _____

22 attachment _____

23 showcase _____

24 promotional _____

25 journalist _____

26 abroad _____

27 palace _____

28 fortress _____

29 paralympics _____

30 imbue _____

31 landmark _____

32 Ministry of Agriculture, Food and Rural Affairs _____

33 Ministry of Oceans and Fisheries _____

34 spatial _____

35 companion _____

36 farmer _____

DAY 47 PREVIEW & DIAGNOSIS TEST ANSWER

01	descendant	자손, 후손, 후예	20	convergence 융합, 수렴, 집중
02	masterpiece	걸작, 명작	21	disability (신체적·정신적) 장애
03	vacation	방학, 휴가	22	attachment 애착, 믿음, 지지
04	broaden	넓히다, 넓어지다, 퍼지다	23	showcase 공개 행사, 진열장, 전시하다
05	penetrate	관통하다, 뚫고 들어가다, 침투하다	24	promotional 홍보의, 판촉의
			25	journalist 저널리스트, 기자
06	emigrate	이민을 가다, 이주하다	26	abroad 해외에, 해외로
07	handicraft	수공예(품), 손재주	27	palace 궁전, 왕실, 대저택
08	museum	박물관, 미술관	28	fortress 성벽, 요새
09	library	도서관, 서재	29	paralympics 패럴림픽, 장애인 올림픽
10	isolation	고립, 분리, 격리	30	imbue 가득 채우다, 고취하다, 불어넣다
11	inherit	상속받다, 물려받다		
12	assistance	도움, 원조, 지원	31	landmark 주요 지형지물, 역사적인 건물[장소]
13	on-site	현장의, 현지의		
14	preferential	우선권[특혜]을 주는	32	Ministry of Agriculture, Food and Rural Affairs 농림축산식품부
15	humanity	인류, 인문학, 인간성		
16	fairness	공정, 공평	33	Ministry of Oceans and Fisheries 해양수산부
17	loneliness	외로움, 고독		
18	superstition	미신	34	spatial 공간의, 공간적인
19	preemptive	선제의, 선점적인	35	companion 동반자, 동행, 친구
			36	farmer 농부, 농장주

DAY

47

2217 descendant
[diséndənt]

(명) 자손, 후손, 후예

Many families keep records of their descendants for generations.
많은 가족들이 몇 세대에 걸친 자손들의 기록을 유지한다.

2218 masterpiece
[mæ'stərpis]

(명) 걸작, 명작

The artist's latest painting is considered a masterpiece.
그 예술가의 최신 작품은 걸작으로 여겨진다.

2219 vacation
[veikéiʃən, vəikéiʃən]

(명) 방학, 휴가

They went on vacation to a tropical island.
그들은 열대 섬으로 휴가를 다녀왔다.

2220 broaden
[brɔ́:dn]

(동) 넓히다, 넓어지다, 퍼지다

Traveling can broaden one's perspective on different cultures.
여행은 다른 문화에 대한 시각을 넓힐 수 있다.

2221 penetrate
[pénətrèit]

(동) 관통하다, 뚫고 들어가다, 침투하다

The company aims to penetrate new markets with its products.
그 회사는 제품으로 새로운 시장에 침투하고자 한다.

2222 emigrate
[émigrèit]

(동) 이민을 가다, 이주하다

His family emigrated from Europe to America in the early 20th century.
그의 가족은 20세기 초에 유럽에서 미국으로 이민을 갔다.

2223 handicraft
[hǽndikræft]

(명) 수공예(품), 손재주

She enjoys making handicrafts in her spare time.
그녀는 여가 시간에 손으로 만드는 수공예를 즐긴다.

2224 museum
[mjuːzíːəm]

(명) 박물관, 미술관

The museum exhibits artifacts from ancient civilizations.
박물관은 고대 문명의 유물을 전시한다.

2225 library
[láibrèri]

(명) 도서관, 서재

The library is a place for quiet study and research.
도서관은 조용한 공부와 연구를 위한 장소이다.

2226 isolation
[àisəléiʃən]

(명) 고립, 분리, 격리

Social isolation can have negative effects on mental health.
사회적 고립은 정신 건강에 부정적인 영향을 미칠 수 있다.

2227 inherit
[inhérit]

(동) 상속받다, 물려받다

Children often inherit traits from their parents.
아이들은 종종 부모로부터 특성을 물려받는다.

2228 assistance
[əsístəns]

(명) 도움, 원조, 지원

Can I get some assistance?
도움을 받을 수 있을까요?

DAY
47

2229 on-site

(형) 현장의, 현지의

We need an on-site inspection.
현장 점검이 필요하다.

2230 preferential
[prèfərénʃəl]

(형) 우선권[특혜]을 주는

We offer preferential treatment to loyal customers.
우리는 충성 고객에게 우선권을 주는 서비스를 제공헌다.

2231 humanity
[hjuːmǽnəti]

(명) 인류, 인문학, 인간성

She studied humanities at university.
그녀는 대학에서 인문학을 전공했다.

fairness
2332
[féərnis]

(명) 공정, 공평

Fairness is essential in decision-making.
결정 과정에서 공정함이 중요하다.

loneliness
2333
[lóunlinis]

(명) 외로움, 고독

Loneliness can affect mental health.
외로움은 정신 건강에 영향을 줄 수 있다.

superstition
2334
[sùːpərstíʃən]

(명) 미신

Superstition often influences people's decisions.
미신은 종종 사람들의 결정에 영향을 미친다.

preemptive
2335
[priémptiv]

(형) 선제의, 선점적인

The company took preemptive action to avoid the crisis.
회사는 위기를 피하기 위해 선제 조치를 취했다.

convergence
2336
[kənvə́ːrdʒəns]

(명) 융합, 수렴, 집중

Experts are studying the convergence of different economic trends.
전문가들은 다양한 경제 동향의 융합을 연구하고 있다.

disability
2337
[dìsəbíləti]

(명) (신체적·정신적) 장애

She advocates for the rights of people with disabilities.
그녀는 장애인들의 권리를 지지한다.

attachment
2338
[ətǽʧmənt]

(명) 애착, 믿음, 지지

He has a strong attachment to his childhood home.
그는 어린 시절 집에 대한 강한 애착을 가지고 있다.

2239 showcase
[ʃouˈkeis]

⑲ 공개 행사, 진열장 ⑧ 전시하다

The event will showcase local artists' work.
그 행사는 지역 예술가들의 작품을 전시할 것이다.

2240 promotional
[prəmóuʃənl]

⑱ 홍보의, 판촉의

They launched a promotional campaign for the new product.
그들은 새로운 제품을 위한 판촉 캠페인을 시작했다.

2241 journalist
[dʒə́ːrnəlist]

⑲ 저널리스트, 기자

The journalist reported live from the scene.
기자는 현장에서 생중계로 보도했다.

2242 abroad
[əbrɔ́ːd]

⑱ 해외에, 해외로

They are planning to travel abroad this summer.
그들은 이번 여름에 해외 여행 계획을 세우고 있다.

2243 palace
[pǽlis]

⑲ 궁전, 왕실, 대저택

They visited the ancient palace during their trip.
그들은 여행 중에 고대 궁전을 방문했다.

2244 fortress
[fɔ́ːrtris]

⑲ 성벽, 요새

The fortress was built to defend against invaders.
그 요새는 침입자들로부터 방어하기 위해 지어졌다.

2245 paralympics
[pærəlímpiks]

⑲ 패럴림픽, 장애인 올림픽

She won a gold medal at the Paralympics.
그녀는 패럴림픽에서 금메달을 땄다.

2246 imbue
[imbjúː]

통 가득 채우다, 고취하다, 불어넣다

The novel is imbued with themes of love and loss.
그 소설은 사랑과 상실의 주제로 가득 차 있었다.

2247 landmark
[lǽndmàːrk]

명 주요 지형지물, 역사적인 건물[장소]

The Eiffel Tower is a famous landmark in Paris.
에펠탑은 파리의 유명한 역사적인 건물이다.

2248 Ministry of Agriculture, Food and Rural Affairs

명 농림축산식품부

The Ministry of Agriculture, Food and Rural Affairs supports rural projects.
농림축산식품부가 농촌 프로젝트를 지원한다.

2249 Ministry of Oceans and Fisheries

명 해양수산부

The Ministry of Oceans and Fisheries promotes sustainable fishing.
해양수산부는 지속 가능한 어업을 장려한다.

2250 spatial
[spéiʃəl]

형 공간의, 공간적인

She has a strong spatial awareness.
그녀는 뛰어난 공간 지각 능력을 가지고 있다.

2251 companion
[kəmpǽnjən]

명 동반자, 동행, 친구

He considers his best friend his closest companion.
그는 그의 가장 친한 친구를 가장 가까운 동반자로 생각한다.

2252 farmer
[fáːrmər]

명 농부, 농장주

The farmer grows organic vegetables.
농부는 유기농 채소를 재배한다.

DAY 47 REVIEW & LEVEL-UP TEST ⏱ 제한시간 7분

◉ 괄호 안에 알맞은 단어를 고르시오.

01 Leonardo da Vinci's "Mona Lisa" is considered a [masterpiece / vacation] of Renaissance art.

02 The family's decision to [penetrate / emigrate] was motivated by political instability and concerns for their safety.

03 Children often [inherit / imbue] certain physical traits from their parents, such as eye color or height.

◉ 다음 빈칸에 문맥상 적절한 단어를 고르시오.

• abroad	• loneliness	• museum

04 Visitors were amazed by the collection of rare manuscripts at the national _____.

05 Elderly people living alone often struggle with feelings of _____.

06 The company expanded its operations _____ to tap into new markets.

DAY
47

◉ 다음 빈칸에 적절한 뜻을 쓰시오.

07 Long periods of <u>isolation</u> can have negative effects on mental health.
긴 기간의 _____은 정신 건강에 부정적인 영향을 미칠 수 있다.

08 The construction manager oversees the <u>on-site</u> progress of the new office building.
건설 관리자는 새로운 사무실 건물의 _____ 진행 상황을 감독한다.

09 Infants form strong <u>attachments</u> to their primary caregivers.
유아들은 주 보호자에게 강한 _____을 형성한다.

[해석 ☞ 네이버 카페 '진가영 영어 연구소'에서 확인!]

DAY 48 PREVIEW & DIAGNOSIS TEST ⏱제한시간 5분

01 fisherman _____

02 carbon _____

03 emission _____

04 neutral _____

05 reclaim _____

06 livestock _____

07 irrigate _____

08 machinery _____

09 quarantine _____

10 veterinarian _____

11 fruitful _____

12 productivity _____

13 seasonal _____

14 reservoir _____

15 bilateral _____

16 influential _____

17 diversification _____

18 fertilizer _____

19 livelihood _____

20 seafood _____

21 radiation _____

22 maritime _____

23 vessel _____

24 compensation _____

25 eco-friendly _____

26 navigation _____

27 tonnage _____

28 aquaculture _____

29 water temperature _____

30 fishery _____

31 fine particle _____

32 biodiversity _____

33 debris _____

34 pollutant _____

35 Ministry of Environment
_____

36 Ministry of Health and Welfare
_____

PREVIEW & DIAGNOSIS TEST ANSWER

01	fisherman	어부	
02	carbon	탄소	
03	emission	배출(물), 배기가스	
04	neutral	중립의, 중립적인	
05	reclaim	매립하다, 개간하다, 되찾다	
06	livestock	가축	
07	irrigate	관개하다, 물을 대다	
08	machinery	기계, 조직	
09	quarantine	격리, 검역, 격리하다	
10	veterinarian	수의사	
11	fruitful	생산적인, 유익한, 수확이 많이 나는	
12	productivity	생산성	
13	seasonal	계절적인, 계절에 따라 다른	
14	reservoir	저수지, 급수장, 비축, 저장	
15	bilateral	쌍방의, 양쪽의	
16	influential	영향력 있는, 영향력이 큰	
17	diversification	다양성, 다각화, 변형, 분산	
18	fertilizer	비료	
19	livelihood	생계 (수단)	

20	seafood	해산물
21	radiation	방사선, 복사
22	maritime	바다의, 해양의, 해안의
23	vessel	선박, 배, 그릇
24	compensation	보상, 이득
25	eco-friendly	친환경적인
26	navigation	항해, 운항, 조종
27	tonnage	(선박의) 용적 톤수, 적재량
28	aquaculture	양식(업)
29	water temperature	수온
30	fishery	어업, 수산업
31	fine particle	미립자
32	biodiversity	생물의 다양성
33	debris	잔해, 쓰레기
34	pollutant	오염 물질, 오염원
35	Ministry of Environment	환경부
36	Ministry of Health and Welfare	보건복지부

DAY

48

2253 fisherman
[fíʃərmən]

(명) 어부
The fisherman repaired his nets after the storm.
어부는 폭풍 후 그물망을 수리했다.

2254 carbon
[ká:rbən]

(명) 탄소
The factory reduced its carbon emissions by 20%.
공장은 탄소 배출을 20% 줄였다.

2255 emission
[imíʃən]

(명) 배출(물), 배기가스
Emission standards are set to protect air quality.
배출 기준은 대기 질을 보호하기 위해 설정되었다.

2256 neutral
[njú:trəl]

(형) 중립의, 중립적인
She remained neutral during the debate.
그녀는 토론 중에 중립을 지켰다.

2257 reclaim
[rikléim]

(동) 매립하다, 개간하다, 되찾다
They plan to reclaim the abandoned land for farming.
그들은 버려진 땅을 농업용으로 개간할 계획이다.

2258 livestock
[láivstɑ:k]

(명) 가축
The farm has a variety of livestock, including cows and sheep.
농장에는 소와 양을 포함한 다양한 가축이 있다.

2259 irrigate
[írəgèit]

(동) 관개하다, 물을 대다
Farmers use sprinklers to irrigate their fields.
농부들은 밭을 관개하기 위해 스프링클러를 사용한다.

2260 machinery
[məʃí:nəri]

(명) 기계, 조직
He wore protective gear while operating heavy machinery.
그는 무거운 기계를 작동할 때 보호 장비를 착용했다.

2261 quarantine
[kwɔ́:rəntì:n]

몡 격리, 검역   통 격리하다

The travelers were placed in quarantine for 14 days.
여행자들은 14일 동안 격리되었다.

2262 veterinarian
[vètərənέəriən]

몡 수의사

The veterinarian examined the sick dog.
수의사가 아픈 개를 검사했다.

2263 fruitful
[frú:tfəl]

혱 생산적인, 유익한, 수확이 많이 나는

The meeting was very fruitful, with many ideas shared.
회의는 많은 아이디어가 공유되어 매우 유익했다.

2264 productivity
[pròudʌktívəti]

몡 생산성

Improving workplace conditions can boost productivity.
직장 환경을 개선하면 생산성이 향상될 수 있다.

2265 seasonal
[sí:zənl]

혱 계절적인, 계절에 따라 다른

She enjoys seasonal activities like skiing in winter.
그녀는 겨울에 스키와 같은 계절 활동을 즐긴다.

DAY
48

2266 reservoir
[rézərvwὰːr]

몡 저수지, 급수장, 비축, 저장

The reservoir supplies water to the entire city.
저수지는 도시 전체에 물을 공급한다.

2267 bilateral
[bailǽtərəl]

혱 쌍방의, 양쪽의

The two countries signed a bilateral trade agreement.
두 나라는 양자 무역 협정을 체결했다.

2268 influential
[ìnfluénʃəl]

형 영향력 있는, 영향력이 큰

She is an influential leader in the tech industry.
그녀는 기술 산업에서 영향력 있는 리더이다.

2269 diversification
[divə̀ːrsəfikéiʃən]

명 다양성, 다각화, 변형, 분산

Diversification of crops can improve soil health.
작물의 다양화는 토양 건강을 개선할 수 있다.

2270 fertilizer
[fə́ːrtəlàizər]

명 비료

Farmers use organic fertilizer to enhance soil quality.
농부들은 토양 품질을 향상시키기 위해 유기 비료를 사용한다.

2271 livelihood
[láivlihùd]

명 생계 (수단)

Education is crucial for improving people's livelihoods.
교육은 사람들의 생계를 개선하는 데 중요하다.

2272 seafood
[siːfuːd]

명 해산물

The restaurant is known for its fresh seafood dishes.
그 식당은 신선한 해산물 요리로 유명하다.

2273 radiation
[rèidiéiʃən]

명 방사선, 복사

The scientist measured the radiation levels near the site.
과학자는 그 현장 근처의 방사선 수치를 측정했다.

2274 maritime
[mǽrətàim]

형 바다의, 해양의, 해안의

They are investing in maritime infrastructure to boost trade.
그들은 무역을 촉진하기 위해 해양 인프라에 투자하고 있다.

2275 vessel
[vésəl]

명 선박, 배, 그릇

The vessel sailed smoothly across the ocean.
그 선박은 바다를 따라 순조롭게 항해했다.

2276 compensation
[kɑ̀mpənséiʃən]

명 보상, 이득

She filed a claim for compensation after the accident.
그녀는 사고 후 보상을 청구했다.

2277 eco-friendly

형 친환경적인

She prefers eco-friendly products to protect the environment.
그녀는 환경 보호를 위해 친환경 제품을 선호한다.

2278 navigation
[nævəgéiʃən]

명 항해, 운항, 조종

The derelict craft was a menace to navigation.
버려진 선박은 항해의 방해 요인이었다.

2279 tonnage
[tʌnidʒ]

명 (선박의) 용적 톤수, 적재량

The new regulations limit the tonnage of cargo ships entering the harbor.
새 규정은 항구에 들어오는 화물선의 톤수 제한을 두고 있다.

DAY
48

2280 aquaculture
[ǽkwəkʌltʃər]

명 양식(업)

Aquaculture is growing rapidly to meet the demand for seafood.
양식업은 해산물 수요를 충족하기 위해 빠르게 성장하고 있다.

2281 water temperature

명 수온

Changes in water temperature can affect marine life.
수온의 변화는 해양 생물에 영향을 줄 수 있다.

2282 fishery
[fíʃəri]

(명) 어업, 수산업

The fishery has been experiencing a decline in catch rates.
그 어업은 어획량 감소를 경험하고 있다.

2283 fine particle

(명) 미립자

Exposure to fine particles can lead to respiratory problems.
미립자에 노출되면 호흡기 문제가 발생할 수 있다.

2284 biodiversity
[baioudaivər:səti]

(명) 생물의 다양성

Conserving forests is crucial for maintaining biodiversity.
숲을 보존하는 것은 생물 다양성을 유지하는 데 중요하다.

2285 debris
[dəbrí:]

(명) 잔해, 쓰레기

The storm left a trail of debris across the neighborhood.
폭풍은 동네 곳곳에 잔해를 남겼다.

2286 pollutant
[pəlú:tənt]

(명) 오염 물질, 오염원

Vehicles are a major source of air pollutants in urban areas.
차량은 도시 지역의 대기 오염 물질 주요 원인이다.

2287 Ministry of Environment

(명) 환경부

The Ministry of Environment announced new policies.
환경부가 새로운 정책을 발표했다.

2288 Ministry of Health and Welfare

(명) 보건복지부

The Ministry of Health and Welfare recommended vaccination.
보건복지부에서 예방접종을 권장했다.

REVIEW & LEVEL-UP TEST ⏰ 제한시간 7분

✅ 괄호 안에 알맞은 단어를 고르시오.

01 Vehicle [carbon / fisherman] emissions contribute to air pollution.

02 [Livestock / Machinery] such as cows and pigs are raised for meat production.

03 Farmers use [vessel / fertilizer] to enhance crop growth and yield.

✅ 다음 빈칸에 문맥상 적절한 단어를 고르시오.

• quarantine	• compensation	• veterinarian

04 The hospital implemented a strict _____ policy to prevent the spread of contagious diseases among patients.

05 The _____ examined the dog to determine the cause of its persistent cough.

06 The insurance policy provides _____ for damages caused by natural disasters.

✅ 다음 빈칸에 적절한 뜻을 쓰시오.

07 During the dry season, it is crucial to <u>irrigate</u> the farmland to prevent crop failure.

건기 동안에는 농작물의 실패를 막기 위해 농경지에 _____ 것이 중요하다.

08 The <u>reservoir</u> serves as a habitat for various aquatic species.

_____는 다양한 수생 생물들의 서식지로 기능한다.

09 After the explosion, firefighters searched through the <u>debris</u> for survivors.

폭발 이후 소방관들은 생존자를 찾기 위해 _____ 속을 수색했다.

DAY
48

[해석 ☞ 네이버 카페 '진가영 영어 연구소'에서 확인]

 정답

01 carbon	**02** Livestock	**03** fertilizer	**04** quarantine	**05** veterinarian
06 compensation	**07** 물을 대는	**08** 저수지	**09** 잔해	

01 insurance _____
02 diagnose _____
03 adoption _____
04 permit _____
05 benchmark _____
06 allocation _____
07 adaptive _____
08 waste _____
09 hydrogen _____
10 pollution _____
11 yellow sand _____
_____
12 purifier _____
13 concentrated _____
14 incise _____
15 optical _____
16 numb _____
17 deaf _____
18 transfusion _____

19 elderly _____
20 treatment _____
21 rehabilitate _____
22 wellness _____
23 subsidize _____
24 bruise _____
25 famine _____
26 lethargy _____
27 infectious _____
28 sanitation _____
29 maternal _____
30 paternal _____
31 low-income _____
32 longevity _____
33 demographics _____
34 mortality _____
35 cancer _____
36 cardiovascular _____

DAY 49   PREVIEW & DIAGNOSIS TEST ANSWER

01	insurance	보험, 보험금
02	diagnose	진단하다
03	adoption	입양, 채택
04	permit	허용하다, 허락하다, 가능하게 하다
05	benchmark	기준, 지수
06	allocation	할당, 분배, 배급
07	adaptive	조정의, 적응할 수 있는
08	waste	낭비, 쓰레기, 폐기물, 낭비하다
09	hydrogen	수소
10	pollution	오염, 공해
11	yellow sand	황사
12	purifier	정화 장치
13	concentrated	농축된, 집중된
14	incise	절개하다, 새기다, 조각하다
15	optical	시력의, 시각적인
16	numb	감각이 없는, 마비된
17	deaf	귀가 먹은, 청각 장애가 있는
18	transfusion	수혈, 주입

19	elderly	어르신들, 연세가 드신
20	treatment	치료, 처치, 대우, 처리
21	rehabilitate	재활치료를 하다, 회복시키다
22	wellness	건강
23	subsidize	보조금을 주다, 원조하다
24	bruise	타박상, 타박상을 입히다
25	famine	기근
26	lethargy	무기력
27	infectious	전염성의, 전염되는
28	sanitation	공중위생, 위생 시설
29	maternal	어머니의, 모성의, 모계의
30	paternal	아버지의, 부계의
31	low-income	저소득의
32	longevity	장수, 수명
33	demographics	인구 통계 (자료)
34	mortality	사망자 수, 사망률
35	cancer	암
36	cardiovascular	심혈관의

DAY

49

2289 insurance
[inʃúərəns]

(명) 보험, 보험금

You can make a claim on your insurance policy.
당신은 보험 약관에 따라 청구를 할 수 있다.

2290 diagnose
[dáiəgnòus]

(동) 진단하다

They diagnose patients with advanced technology.
그들은 첨단 기술로 환자들을 진단한다.

2291 adoption
[ədápʃən]

(명) 입양, 채택

Adoption agencies facilitate the adoption process.
입양 기관들은 입양 과정을 촉진한다.

2292 permit
[pərmít]

(동) 허용하다, 허락하다, 가능하게 하다

Small talk is not permitted in the library.
도서관에서는 잡담이 허용되지 않는다.

2293 benchmark
[béntʃmàːrk]

(명) 기준, 지수

They use industry benchmarks to evaluate performance.
그들은 산업 기준을 사용하여 성과를 평가한다.

2294 allocation
[æləkéiʃən]

(명) 할당, 분배, 배급

The government announced the allocation of funds for education.
정부가 교육을 위한 자금 할당을 발표했다.

2295 adaptive
[ədǽptiv]

(형) 조정의, 적응할 수 있는

Adaptive learning techniques personalize education.
적응형 학습 기법은 교육을 개인화한다.

2296 waste
[weist]

(명) 낭비, 쓰레기, 폐기물   (동) 낭비하다

Reduce waste by recycling.
재활용으로 폐기물을 줄여라.

2297 hydrogen
[háidrədʒən]

뗑 수소

Hydrogen is the most abundant element in the universe.
수소는 우주에서 가장 풍부한 원소이다.

2298 pollution
[pəlúːʃən]

뗑 오염, 공해

Pollution poses serious threats to public health.
공해는 대중 건강에 심각한 위협을 제시한다.

2299 yellow sand

뗑 황사

Yellow sand causes respiratory illnesses.
황사는 호흡기 질환을 일으킨다.

2300 purifier
[pjúərəfàiər]

뗑 정화 장치

The water purifier removes impurities, making the water safe to drink.
물 정화 장치는 불순물을 제거하여 물을 마실 수 있게 만든다.

2301 concentrated
[kánsəntrèitid]

휑 농축된, 집중된

The cleaning solution is highly concentrated, so use it sparingly.
청소용액은 매우 농축되어 있으므로 아껴서 사용해라.

2302 incise
[insáiz]

뗑 절개하다, 새기다, 조각하다

Surgeons incise the skin before performing surgery.
수술을 하기 전에 외과 의사는 피부를 절개한다.

2303 optical
[áptikəl]

휑 시력의, 시각적인

Optical effects mesmerize viewers in the artwork.
예술작품에서 시각적인 효과가 관객을 매료시킨다.

DAY
49

2304 numb
[nʌm]

(형) 감각이 없는, 마비된

After the accident, her fingers felt numb.
사고 후에 그녀의 손가락은 마비된 듯했다.

2305 deaf
[def]

(형) 귀가 먹은, 청각 장애가 있는

Hearing aids help many deaf individuals hear better.
보청기는 많은 청각 장애인이 더 잘 들을 수 있게 도와준다.

2306 transfusion
[trænsfjúːʒən]

(명) 수혈, 주입

The patient received a blood transfusion during surgery.
환자는 수술 중에 수혈을 받았다.

2307 elderly
[éldərli]

(명) 어르신들 (형) 연세가 드신

The elderly population is increasing globally.
노인 인구가 전 세계적으로 증가하고 있다.

2308 treatment
[tríːtmənt]

(명) 치료, 처치, 대우, 처리

Early treatment is crucial for a successful recovery.
초기 치료는 성공적인 회복에 중요하다.

2309 rehabilitate
[rìːhəbílətèit]

(동) 재활치료를 하다, 회복시키다

The center specializes in rehabilitating patients with spinal cord injuries.
이 센터는 척수 손상 환자를 재활하는 것을 전문으로 한다.

2310 wellness
[wélnis]

(명) 건강

Mental wellness is just as important as physical health.
정신적 건강은 신체적 건강만큼 중요하다.

subsidize
[sʌbsədàiz]
2311

ⓓ 보조금을 주다, 원조하다
The company subsidizes transportation costs for its employees.
그 회사는 직원들의 교통 비용을 보조한다.

bruise
[bruːz]
2312

ⓜ 타박상 ⓓ 타박상을 입히다
He got a bruise from the collision accident.
그는 그 충돌 사고로 타박상을 입었다.

famine
[fǽmin]
2313

ⓜ 기근
The famine resulted from a prolonged drought in the region.
그 기근은 그 지역의 장기간의 가뭄으로 인해 발생했다.

lethargy
[léθərdʒi]
2314

ⓜ 무기력
The medication she took caused lethargy as a side effect.
그녀가 복용한 약은 부작용으로 무기력함을 유발했다.

infectious
[infékʃəs]
2315

ⓕ 전염성의, 전염되는
Infectious diseases are transmitted through the air.
전염성 질병은 공기를 통해 전파된다.

DAY
49

sanitation
[sænitéiʃən]
2316

ⓜ 공중위생, 위생 시설
Sanitation is essential for maintaining public health.
위생은 공중 보건을 유지하는 데 필수적이다.

maternal
[mətə́ːrnl]
2317

ⓕ 어머니의, 모성의, 모계의
Maternal instincts guide mothers in caring for their infants.
모성 본능은 어머니들이 아이들을 돌보는 데 도움이 된다.

2318 paternal
[pətə́:rnl]

(형) 아버지의, 부계의

His paternal instincts kicked in when he saw his child in danger.

그의 아버지적 본능이 자식이 위험에 처했을 때 발현되었다.

2319 low-income
[lóuínkʌm]

(형) 저소득의

Low-income families often struggle to afford basic necessities.

저소득 가정은 종종 기본 필수품을 구입하는 데 어려움을 겪는다.

2320 longevity
[landʒévəti]

(명) 장수, 수명

Regular exercise is correlated with longevity.

규칙적인 운동은 장수와 관련이 있다.

2321 demographics
[dèməgrǽfiks]

(명) 인구 통계 (자료)

Demographics play a crucial role in shaping public policy decisions.

인구 통계는 공공 정책 결정을 형성하는 데 중요한 역할을 한다.

2322 mortality
[mɔːrtǽləti]

(명) 사망자 수, 사망률

Mortality rates have declined with advancements in medical care.

의료 서비스 발전으로 인한 사망률이 감소했다.

2323 cancer
[kǽnsər]

(명) 암

Cancer is a leading cause of death worldwide.

암은 전 세계적으로 주요한 사망 원인 중 하나이다.

2324 cardiovascular
[kɑ̀ːrdiəvǽskjulər]

(형) 심혈관의

Smoking is a major risk factor for developing cardiovascular diseases.

흡연은 심혈관 질환 발병의 주요 위험 요소이다.

REVIEW & LEVEL-UP TEST ⏱ 제한시간 7분

✅ 괄호 안에 알맞은 단어를 고르시오.

01 Health [insurance / adoption] helps cover the cost of medical treatments and hospital stays.

02 Persistent [lethargy / longevity] prompted her to seek medical advice.

03 The university offers a program to [bruise / subsidize] tuition fees for students from low-income families..

✅ 다음 빈칸에 문맥상 적절한 단어를 고르시오.

• pollution	• permit	• adaptive

04 The company's _____ strategies helped it survive during the economic downturn.

05 Air _____ from factories is a major concern in urban areas.

06 The teacher does not _____ students to use their phones during class.

✅ 다음 빈칸에 적절한 뜻을 쓰시오.

07 The <u>mortality</u> rate in the region has decreased significantly.
그 지역의 _____은 크게 감소했다.

08 The company set a new <u>benchmark</u> for customer service excellence.
그 회사는 고객 서비스 우수성을 위한 새로운 _____을 세웠다.

09 International cooperation is essential in addressing global issues such as <u>famines</u> and food insecurity.
국제적 협력은 _____과 식량 불안정성과 같은 글로벌 문제를 해결하는 데 중요하다.

DAY
49

[해석 ☞ 네이버 카페 '진가영 영어 연구소'에서 확인]

 정답

01 insurance	02 lethargy	03 subsidize	04 adaptive	05 pollution
06 permit	07 사망률	08 기준	09 기근	

DAY 50 PREVIEW & DIAGNOSIS TEST

제한시간 5분

01 Ministry of SMEs and Startups _____

02 Ministry of Employment and Labor _____

03 employment _____

04 manufacture _____

05 smuggle _____

06 monopoly _____

07 regulation _____

08 structural _____

09 entrepreneur _____

10 small and medium enterprise _____

11 endeavor _____

12 act on _____

13 pecuniary _____

14 procurement _____

15 outsource _____

16 formulate _____

17 solvency _____

18 hallmark _____

19 laborious _____

20 vendor _____

21 merchandise _____

22 certification _____

23 overhaul _____

24 shortage _____

25 affiliated _____

26 human capital _____

27 fare _____

28 laboratory _____

29 occupation _____

30 unemployed _____

31 placement _____

32 job-seeker _____

33 recommendation _____

34 vocational _____

35 qualification _____

36 reinforcement _____

PREVIEW & DIAGNOSIS TEST ANSWER

01	Ministry of SMEs and Startups 중소벤처기업부	17	solvency 지불[상환] 능력
02	Ministry of Employment and Labor 고용노동부	18	hallmark 품질 보증 마크, 특징
03	employment 직장, 고용, 취업	19	laborious 힘든, 곤란한
04	manufacture 제조, 제품, 제조하다, 생산하다	20	vendor 행상인, 노점상, 판매 회사
05	smuggle 밀수하다, 밀반입하다	21	merchandise 상품, 물품, 판매하다
06	monopoly 독점, 전매	22	certification 증명, 증명서 교부
07	regulation 규정, 규제, 단속	23	overhaul 점검, 정비, 점검하다, 정비하다
08	structural 구조상의, 구조적인	24	shortage 부족, 결핍
09	entrepreneur 기업가, 사업가	25	affiliated 소속된, 연계된
10	small and medium enterprise 중소기업	26	human capital 인적 자본
11	endeavor 노력, 시도, 노력하다, 시도하다	27	fare 요금, 승객
12	act on ~에 따라 행동하다, 영향을 주다	28	laboratory 실험실, 연구소
13	pecuniary 금전상의, 재정상의	29	occupation 직업, 점령
14	procurement 조달, 입수	30	unemployed 실직한, 실업자인
15	outsource 외부 제작하다, 외주를 주다	31	placement 직업소개, 설치, 배치
16	formulate 만들어 내다, 표현하다, 진술하다	32	job-seeker 구직자
		33	recommendation 권고, 추천, 추천장[서]
		34	vocational 직업과 관련된, 직업상의
		35	qualification 자격, 자질
		36	reinforcement 강화, 증원

DAY

50

2325	**Ministry of SMEs and Startups**	(명) 중소벤처기업부 The Ministry of SMEs and Startups supports startups. 중소벤처기업부는 스타트업을 지원한다.
2326	**Ministry of Employment and Labor**	(명) 고용노동부 The Ministry of Employment and Labor manages labor policies. 고용노동부는 노동 정책을 관리한다.
2327	**employment** [implɔ́imənt]	(명) 직장, 고용, 취업 Employment opportunities vary depending on economic conditions. 경제 상황에 따라 고용 기회는 다양하다.
2328	**manufacture** [mænjufǽktʃər]	(명) 제조, 제품 (동) 제조하다, 생산하다 The factory manufactures toys. 공장은 장난감을 생산한다.
2329	**smuggle** [smʌgl]	(동) 밀수하다, 밀반입하다 Customs officers intercepted the smuggled goods. 세관관들은 밀수된 물품을 검거했다.
2330	**monopoly** [mənɑ́pəli]	(명) 독점, 전매 The company gained a monopoly in the market. 회사가 시장에서 독점을 확보했다.
2331	**regulation** [règjuléiʃən]	(명) 규정, 규제, 단속 Strict regulations govern the use of hazardous materials. 위험 물질의 사용은 엄격한 규정에 따라 관리된다.
2332	**structural** [strʌ́ktʃərəl]	(형) 구조상의, 구조적인 Engineers analyzed the structural integrity of the bridge. 기술자들은 다리의 구조적 튼튼함을 분석했다.

entrepreneur
[ὰːntrəprənə́ːr]
2333

(명) 기업가, 사업가
The entrepreneur launched a successful tech startup.
그 기업가는 성공적인 기술 스타트업을 시작했다.

small and medium enterprise
2334

(명) 중소기업
Small and medium enterprises are in financial trouble.
중소기업은 재정난에 처했다.

endeavor
[indévər]
2335

(명) 노력, 시도 (동) 노력하다, 시도하다
She made every endeavor to succeed in her career.
그녀는 자신의 경력에서 성공하기 위해 모든 노력을 다했다.

act on
2336

(동) ~에 따라 행동하다, 영향을 주다
Governments must act on climate change urgently.
정부는 기후 변화에 즉각적으로 따라 행동해야 한다.
cf action 행동, 조치, 동작, 활동, 영향

pecuniary
[pikjúːnièri]
2337

(형) 금전상의, 재정상의
He faced pecuniary troubles after losing his job.
그는 일자리를 잃은 후 금전상의 문제에 직면했다.

procurement
[proukjúərmənt]
2338

(명) 조달, 입수
The procurement department manages purchasing activities.
조달 부서는 구매 활동을 관리한다.

DAY
50

outsource
[àutsɔ́ːrs]
2339

(동) 외부 제작하다, 외주를 주다
Outsourcing IT support saved the company both time and money.
IT 지원을 외주를 줌으로써 회사는 시간과 비용을 모두 절약했다.

2340 formulate
[fɔ́:rmjulèit]

(동) 만들어 내다, 표현하다, 진술하다
The answer is to formulate a flexible policy.
해답은 융통성 있는 정책을 만드는 것이다.

2341 solvency
[sʌ́lvənsi]

(명) 지불[상환] 능력
Personal financial habits directly impact individual solvency.
개인 재정 습관은 직접 개인의 지불 능력에 영향을 미친다.

2342 hallmark
[ha:lma:rk]

(명) 품질 보증 마크, 특징
Innovation has become a hallmark of their brand.
혁신은 그들 브랜드의 특징이 되었다.

2343 laborious
[ləbɔ́:riəs]

(형) 힘든, 곤란한
Writing a novel can be a laborious process.
소설 쓰기는 힘든 과정일 수 있다.

2344 vendor
[véndər]

(명) 행상인, 노점상, 판매 회사
The vendor supplied fresh produce to the local market.
그 노점상은 지역 시장에 신선한 농산물을 공급했다.

2345 merchandise
[mə́:rtʃəndàiz]

(명) 상품, 물품 (동) 판매하다
Our store doesn't sell high-priced merchandise.
저희 매장은 고가의 상품은 판매하지 않는다.

2346 certification
[sə̀:rtəfikéiʃən]

(명) 증명, 증명서 교부
This certificate guarantees you to work as a lawyer.
이 증명서는 변호사로서 일을 할 것을 보증한다.

2347 overhaul
[ou'vərhɔ:l]

(명) 점검, 정비 (동) 점검하다, 정비하다

The mechanic will overhaul the car's engine.
정비공이 차의 엔진을 점검할 것이다.

2348 shortage
[ʃɔ́:rtidʒ]

(명) 부족, 결핍

There is a shortage of medical supplies in the hospital.
병원에서 의료 용품이 부족하다.

2349 affiliated
[əfílièitid]

(형) 소속된, 연계된

The university is affiliated with several research institutions.
그 대학은 여러 연구 기관과 연계되어 있다.

2350 human capital

(명) 인적 자본

Investing in education and training enhances human capital.
교육과 훈련에 투자하는 것은 인적 자본을 강화한다.

2351 fare
[fɛər]

(명) 요금, 승객

The train fare to the city center is quite affordable.
도심까지의 기차 요금은 꽤 저렴하다.

2352 laboratory
[lǽbərətɔ̀:ri]

(명) 실험실, 연구소

After work, he does biological research in the laboratory.
퇴근 후 그는 실험실에서 생물 연구를 한다.

DAY
50

2353 occupation
[ὰkjupéiʃən]

(명) 직업, 점령

His occupation as a firefighter requires courage and quick thinking.
소방관으로서의 그의 직업은 용기와 빠른 사고를 요구한다.

2354 unemployed
[ə,nemplɔi'd]

⑱ 실직한, 실업자인
Unemployed individuals often face financial hardships.
실직자들은 종종 재정적 어려움에 직면한다.

2355 placement
[pléismənt]

⑲ 직업소개, 설치, 배치
The placement of the furniture in the room made it feel more spacious.
방 안의 가구 배치는 방을 더 넓게 느껴지게 했다.

2356 job-seeker
[dʒʌ́bsì:kər]

⑲ 구직자
Jobseekers search for employment opportunities online.
구직자들은 온라인을 통해 취업 기회를 찾는다.

2357 recommendation
[rèkəməndéiʃən]

⑲ 권고, 추천, 추천장[서]
The professor wrote a recommendation letter for the student.
교수는 학생에게 추천서를 써 줬다.

2358 vocational
[voukéiʃənl]

⑱ 직업과 관련된, 직업상의
She decided to pursue vocational education instead of attending university.
그녀는 대학에 다니는 대신 직업 교육을 받기로 했다.

2359 qualification
[kwàləfikéiʃən]

⑲ 자격, 자질
She has the necessary qualifications to apply for the management position.
그녀는 관리직에 지원하기 위한 필요한 자격을 갖추고 있다.

2360 reinforcement
[rì:infɔ́:rsmənt]

⑲ 강화, 증원
The reinforcement of security measures at the airport is essential.
공항의 보안 조치의 강화는 필수적이다.

DAY 50 | **REVIEW & LEVEL-UP TEST** ⏱ 제한시간 7분

✔ 괄호 안에 알맞은 단어를 고르시오.

01 The government's [employment / regulation] policies aim to reduce joblessness across the nation.

02 He was caught trying to [smuggle / overhaul] drugs across the border.

03 The government imposed regulations to prevent [fare / monopoly] practices that could harm consumers.

✔ 다음 빈칸에 문맥상 적절한 단어를 고르시오.

• reinforcement	• unemployed	• shortage

04 Many people became _____ during the economic downturn caused by the pandemic.

05 The company faced a _____ of raw materials, delaying the production schedule.

06 The _____ of security measures was necessary.

✔ 다음 빈칸에 적절한 뜻을 쓰시오.

07 I followed my friend's <u>recommendation</u> and read the book.
친구의 _____을 따라 그 책을 읽었다.

08 Doctors sent the patient's tissue samples to the <u>laboratory</u> for further testing.
의사들은 환자의 조직 샘플을 추가 검사하기 위해 _____로 보냈다.

09 The contract included a <u>pecuniary</u> penalty clause for late delivery of the goods.
계약에는 상품의 지연 발송에 대한 _____ 벌금 조항이 포함되어 있었다.

[해석 ☞ 네이버 카페 '진가영 영어 연구소'에서 확인]

DAY
|50

 정답

01 employment	02 smuggle	03 monopoly	04 unemployed	05 shortage
06 reinforcement	07 추천	08 실험실	09 금전적	

New Trend
단기합격 길라잡이

진가영 영어
단기합격 VOCA

부 록

001	**admission** 입장, 인정	035	**bullet** 총알
002	**agency** 대리점, 대행사	036	**bunch** 묶음, 다발
003	**aisle** 복도, 통로	037	**bundle** 묶음, 꾸러미
004	**angle** 각도	038	**bush** 덤불
005	**applicant** 지원자	039	**butcher** 도살자
006	**architecture** 건축학	040	**cab** 택시
007	**arrow** 화살	041	**cabin** 객실, 선실
008	**ash** 재	042	**cable** 전선, 케이블
009	**attorney** 변호사, 대리인	043	**cancer** 암
010	**auction** 경매	044	**canvas** 캔버스, 화포
011	**author** 저자	045	**cape** 망토
012	**autobiography** 자서전	046	**caption** 캡션(사진 삽화 등에 붙인 설명)
013	**automobile** 자동차	047	**cathedral** 대성당
014	**barn** 곳간, 헛간, 외양간	048	**cattle** (집합적) 소
015	**bay** 만(灣)	049	**cave** 동굴
016	**beard** 수염	050	**ceiling** 천장
017	**beast** 짐승	051	**cell** 세포, 감방, 건전지
018	**beer** 맥주	052	**century** 100년
019	**behalf** 지지, 이익	053	**chamber** 방
020	**behavior / behaviour** 행동	054	**characteristic** 특징
021	**berry** 베리(딸기류의 열매)	055	**cheek** 볼, 뺨
022	**bible** 성경	056	**chef** 요리사
023	**bin** 쓰레기통	057	**chemistry** 화학
024	**biology** 생물학	058	**chest** 가슴
025	**bishop** 주교	059	**chill** 냉기, 한기
026	**bit** 약간, 조금, 작은 조각	060	**chin** 턱
027	**blanket** 담요	061	**chip** 조각, 토막
028	**breast** 유방, 가슴	062	**chorus** 후렴, 합창단
029	**breeze** 산들바람	063	**cigarette** 담배
030	**brick** 벽돌	064	**circumstance** 상황
031	**bride** 신부	065	**citizen** 시민
032	**brute** 짐승	066	**clause** [문법] 절(節)
033	**bulk** 크기, 부피	067	**clay** 점토
034	**bull** 황소	068	**client** 고객

)69	**cliff** 절벽		103	**decision** 결정, 판단
)70	**clinic** 진료, 치료소		104	**deck** 갑판
)71	**clue** 단서		105	**democrat** 민주주의자
)72	**coal** 석탄		106	**demon** 악령, 악마
)73	**coast** 연안, 해안		107	**desert** 사막
)74	**collar** 옷의 깃, 칼라		108	**destiny** 운명
)75	**column** 기둥, 세로단		109	**devil** 악마
)76	**communist** 공산주의자		110	**diabetes** 당뇨병
)77	**continent** 대륙		111	**disadvantage** 단점
)78	**cord** 끈, 밧줄		112	**discount** 할인
)79	**corn** 곡식		113	**dot** 점
)80	**corridor** 복도, 통로		114	**dozen** 다스(12개짜리 한 묶음), 십여 개
)81	**costume** 의상, 복장		115	**drawer** 서랍
)82	**cottage** 작은 집, 오두막		116	**drug** 약물, 마약
)83	**couch** 긴 의자, 소파		117	**duty** 의무
)84	**cowboy** 카우보이		118	**effort** 수고, 노력
)85	**creek** 개울, 시내		119	**emotion** 감정
)86	**crew** 승무원, 팀, 무리		120	**empire** 제국
)87	**cricket** 크리켓, 귀뚜라미		121	**enemy** 적
)88	**criticism** 비평, 비난		122	**envelope** 봉투
)89	**crop** 작물		123	**episode** 사건, 에피소드
)90	**cruise** 유람선 여행		124	**era** 시대
)91	**crystal** 결정체, 크리스털		125	**eve** 전날
)92	**cupboard** 찬장, 벽장		126	**expert** 전문가
)93	**curriculum** 교육 과정		127	**eyebrow** 눈썹
)94	**curry** 카레		128	**fabric** 직물, 천
)95	**curve** 곡선, 커브		129	**fare** 요금
)96	**dam** 댐		130	**fate** 운명
)97	**darling** 여보, 자기		131	**fee** 요금
)98	**database** 데이터베이스		132	**ferry** 페리, 연락선
)99	**dawn** 새벽, 여명		133	**fiber / fibre** 섬유, 섬유질
100	**deal** 거래, 합의		134	**fist** 주먹
101	**debt** 빚		135	**flesh** 살, 고기
102	**decade** 10년		136	**flight** 여행, 비행

137	**forehead** 이마	171	**hip** 엉덩이, 둔부
138	**format** 구성 방식	172	**hole** 구멍, 구덩이
139	**forum** 포럼, 토론회	173	**hook** 갈고리
140	**fountain** 분수	174	**horn** 뿔
141	**frame** 액자, 틀	175	**hut** 오두막
142	**frost** 서리	176	**hypothesis** 가설, 추측
143	**fur** 털, 모피	177	**index** 색인, 지수
144	**furniture** 가구	178	**inn** 여관, 주막
145	**gang** 갱, 패거리	179	**insect** 곤충
146	**gap** 틈, 공백	180	**institute** 기관, 협회
147	**garage** 차고, 주차장	181	**iron** 철, 쇠
148	**gasoline** 휘발유	182	**island** 섬
149	**gear** 기어	183	**item** 항목, 물품
150	**genre** 장르	184	**jail** 감옥
151	**geography** 지리학	185	**jar** 병
152	**geology** 지질학	186	**jaw** 턱
153	**goat** 염소	187	**jet** 제트기, 분출
154	**grain** 곡물	188	**journal** 저널, 학술지
155	**graphic** 그래픽	189	**journey** 여행
156	**grocery** 식료품 잡화점	190	**kit** 장비(용구)세트
157	**guardian** 수호자, 후견인	191	**knee** 무릎
158	**guest** 손님	192	**knight** 기사
159	**gulf** 만	193	**label** 꼬리표
160	**gun** 총	194	**labor / labour** 노동
161	**gymnasium / gym** 체육관	195	**laboratory / lab** 실험실
162	**half** 절반	196	**ladder** 사다리
163	**hall** 현관, 홀	197	**lamb** 어린 양
164	**hammer** 망치	198	**lamp** 램프, 등
165	**hazard** 위험	199	**lane** 길, 도로
166	**health** 건강	200	**language** 언어
167	**heel** 발뒤꿈치	201	**lap** 한 바퀴, 무릎
168	**height** 높이, 키	202	**laundry** 세탁, 세탁물
169	**hell** 지옥	203	**lawn** 잔디밭
170	**highway** 고속도로	204	**lawyer** 변호사

205	**layer** 층, 단계	239	**nonsense** 말도 안 되는 생각[소리]
206	**leather** 가죽	240	**notion** 개념, 관념
207	**legend** 전설	241	**nun** 수녀
208	**level** 정도, 단계	242	**nut** 견과, 너트
209	**lid** 뚜껑	243	**oak** 오크 나무
210	**log** 일지, 기록, 통나무	244	**olive** 올리브
211	**loss** 분실, 손실	245	**option** 선택, 옵션
212	**lounge** 라운지, 휴게실	246	**orchestra** 오케스트라, 관현악단
213	**lump** 혹, 덩어리	247	**organ** 장기
214	**machine** 기계	248	**origin** 기원, 출신
215	**magazine** 잡지	249	**ounce** 온스(약 28.35 그램)
216	**magnet** 자석	250	**pace** 걸음걸이, 속도
217	**meal** 식사	251	**packet** 소포, 다발, 묶음
218	**mechanic** 정비공	252	**pad** 패드, 보호대
219	**metal** 금속	253	**palm** 손바닥, 야자나무
220	**microphone** 마이크	254	**pan** 냄비, 팬
221	**microwave** 전자레인지, 마이크로파	255	**panel** 패널, 판
222	**mill** 방앗간, 제분소	256	**passenger** 승객
223	**miracle** 기적	257	**passport** 여권
224	**missile** 미사일	258	**patch** 헝겊 조각, 안대, 반창고
225	**mode** 방식, 유형	259	**path** 길, 통로
226	**moment** 잠시, 순간	260	**pattern** 무늬, 모양
227	**monster** 괴물	261	**peasant** 소작농
228	**mood** 기분	262	**pepper** 후추
229	**mud** 진흙	263	**person** 사람
230	**muscle** 근육	264	**pet** 애완동물
231	**mushroom** 버섯	265	**petrol** 휘발유
232	**nanny** 유모, 보모	266	**philosophy** 철학
233	**needle** 바늘	267	**photograph** 사진
234	**neighbor / neighbour** 이웃	268	**phrase** 구, 구절
235	**nephew** 조카	269	**physics** 물리학
236	**nest** 둥지	270	**piece** 조각
237	**net** 그물, 망	271	**pill** 알약
238	**noise** 소리, 잡음	272	**pine** 소나무

273	**plate** 접시, 판		307	**rope** 밧줄
274	**poem** 시		308	**route** 길, 노선, 경로
275	**poet** 시인		309	**row** 줄, 열
276	**pole** 막대기, 기둥, 극		310	**rubber** 고무
277	**policy** 정책		311	**rumor / rumour** 소문
278	**politics** 정치		312	**sack** 부대, 자루
279	**pond** 연못		313	**salon** 응접실, 살롱
280	**pool** 웅덩이		314	**satellite** 위성
281	**pope** 교황		315	**scandal** 스캔들, 추문
282	**pork** 돼지고기		316	**scene** 장면, 현장
283	**port** 항구, 항만		317	**scope** 여지, 범위, 시야
284	**position** 위치, 자리		318	**screen** 화면, 스크린
285	**poster** 포스터		319	**sculpture** 조각품, 조각
286	**pot** 냄비, 솥		320	**seed** 씨앗
287	**powder** 가루, 분말		321	**self** 모습, 자아
288	**pride** 자부심, 자존심		322	**series** 연속, 시리즈
289	**priest** 성직자, 사제		323	**sex** 성, 성별
290	**professor** 교수		324	**shadow** 그림자
291	**profile** 옆얼굴, 윤곽, 개요		325	**sheep** 양
292	**protein** 단백질		326	**sheet** 시트, 커버
293	**psychology** 심리학		327	**shelf** 선반, 책꽂이
294	**pub** 술집		328	**shore** 해안, 기슭
295	**questionnaire** 설문지		329	**shoulder** 어깨
296	**rail** 난간, 철도		330	**silk** 비단, 명주실
297	**rat** 쥐		331	**site** 위치, 장소
298	**recipe** 요리법		332	**situation** 상황, 환경
299	**refrigerator** 냉장고		333	**skill** 기술
300	**region** 지방, 지역		334	**slave** 노예
301	**religion** 종교		335	**slice** 조각
302	**rhythm** 리듬		336	**slope** 경사지, 비탈
303	**rice** 쌀		337	**snake** 뱀
304	**rod** 막대, 지팡이		338	**soap** 비누
305	**role** 역할		339	**society** 사회, 집단
306	**root** 뿌리, 근본		340	**sociology** 사회학

341	software	소프트웨어
342	soil	토양, 흙
343	soldier	군인, 병사
344	soul	영혼
345	spectrum	스펙트럼, 빛띠
346	speech	연설, 담화
347	spouse	배우자
348	stairs	계단
349	station	정거장, 역
350	statue	조각상
351	steel	강철
352	stem	줄기
353	stock	재고, 저장품
354	stomach	위, 복부
355	storm	폭풍
356	stove	난로
357	straw	지푸라기, 빨대
358	stripe	줄무늬
359	submarine	잠수함
360	suite	한 벌, 한 조, 스위트룸
361	sympathy	동정, 연민
362	symphony	교향곡, 심포니
363	system	체제, 시스템
364	tag	꼬리표
365	tale	이야기
366	tattoo	문신
367	tax	세금
368	tea	홍차, 티
369	telegraph	전신, 전보
370	temperature	온도
371	temple	신전, 절
372	terminal	터미널, 종점
373	terrace	테라스
374	theater / theatre	극장

375	thief	도둑, 절도범
376	thread	실, 맥락, 가닥
377	throat	목구멍
378	thumb	엄지손가락
379	tide	조수, 밀물과 썰물
380	timber	목재, 수목
381	tin	주석
382	tip	끝부분, 정보, 팁
383	tire / tyre	타이어
384	title	제목
385	tobacco	담배
386	toe	발가락
387	toilet	화장실, 변기
388	tone	어조, 말투, 논조
389	tongue	혀
390	tool	연장, 도구
391	traffic	교통, 차량
392	trap	덫, 함정
393	tray	쟁반
394	trend	동향, 추세
395	trophy	트로피
396	trunk	나무 줄기, 큰 가방
397	truth	사실, 진상
398	tube	관, 튜브
399	tunnel	터널, 굴
400	turnover	전환, 뒤집힘, 매출액
401	tutor	가정교사, 개인교사
402	twin	쌍둥이
403	university	대학
404	vacation	휴가, 방학
405	valley	계곡, 골짜기
406	van	밴, 승합차
407	verse	운문, 시, 절
408	version	버전, 설명

409	**vessel** 선박, 그릇	443	**constrain** 강요하다, 제한하다
410	**veteran** 전문가, 베테랑	444	**create** 창조하다
411	**veterinarian** 수의사	445	**creep** 살금살금 움직이다
412	**victory** 승리	446	**criticize / criticise** 비난하다, 비평하다
413	**village** 마을	447	**curl** 곱슬곱슬하게 하다
414	**vocabulary** 어휘	448	**degrade** 지위를 낮추다, 저하시키다
415	**vocation** 천직, 소명	449	**depend** 의지하다, 의존하다
416	**volume** 용량, 양	450	**dine** 식사를 하다
417	**wagon** 짐마차, 수레	451	**disappear** 사라지다
418	**warehouse** 창고	452	**discover** 발견하다
419	**warrior** 전사	453	**enroll / enrol** 등록하다
420	**wealth** 부, 부유함	454	**entitle** 제목을 붙이다, 자격을 주다
421	**weed** 잡초	455	**equate** 동일시하다
422	**whale** 고래	456	**excite** 흥분하게 만들다
423	**wheat** 밀	457	**expand** 확대하다, 확장하다
424	**wheel** 바퀴	458	**expect** 기대하다, 예상하다
425	**wing** 날개	459	**extend** 늘리다, 연장하다
426	**wool** 양모(양털)	460	**fade** 바래다, 희미해지다
427	**zone** 지역, 구역	461	**follow** 따라가다
428	**acquire** 얻다, 습득하다	462	**forgive** 용서하다
429	**advertise / advertize** 광고하다	463	**grab** 붙잡다, 움켜쥐다
430	**amuse** 즐겁게 하다, 재미있게 하다	464	**hear** 듣다
431	**assess** 평가하다	465	**innovate** 혁신하다
432	**astonish** 깜짝 놀라게 하다	466	**inspect** 점검하다, 사찰하다
433	**bloom** 꽃피다	467	**insure** 보험에 가입하다
434	**brew** 양조하다	468	**let** 허용하다, 허락하다, 시키다
435	**chew** 씹다	469	**lose** 잃어버리다, 잃다
436	**chop** 썰다, 삭감하다	470	**permit** 허용하다, 허락하다
437	**cite** 인용하다	471	**pop** 펑 튀다, 갑자기 움직이다
438	**combine** 결합하다	472	**pray** 기도하다
439	**compel** 강요하다, 강제하다	473	**propose** 제안하다, 의도하다
440	**compose** 구성하다, 작곡하다	474	**provide** 공급하다
441	**conceive** 상상하다, 생각해 내다	475	**punch** 주먹으로 치다, 구멍을 뚫다
442	**conserve** 보존하다, 유지하다	476	**quit** 그만두다

477	**react** 반응하다		511	**exclusive** 배타적인, 독점적인
478	**reject** 거부하다		512	**expensive** 비싼
479	**reside** 거주하다		513	**explicit** 분명한, 명쾌한
480	**resign** 사직하다		514	**general** 일반적인, 보통의
481	**restrain** 저지하다, 억누르다		515	**gentle** 온화한
482	**retain** 유지하다, 보유하다		516	**genuine** 진짜의, 진실한
483	**retire** 은퇴하다		517	**global** 세계적인
484	**reverse** 뒤바꾸다, 반전시키다		518	**grand** 웅장한
485	**sew** 바느질하다		519	**holy** 신성한
486	**shall** ~일 것이다		520	**huge** 거대한, 엄청난
487	**shine** 빛나다		521	**ill** 아픈, 나쁜, 유해한
488	**shut** 닫다, 덮다, 감다		522	**internal** 내부의
489	**slip** 미끄러지다, 빠져 나가다		523	**international** 국제적인
490	**sneak** 살금살금 움직이다, 몰래 움직이다		524	**liberal** 자유주의의
491	**succeed** 성공하다		525	**loud** 시끄러운
492	**tick** 째깍째깍거리다		526	**main** 주요한, 주된
493	**would** ~일 것이다, ~하겠다		527	**medical** 의학의
494	**able** 할 수 있는		528	**mild** 순한, 온화한
495	**adequate** 적절한, 충분한		529	**mobile** 움직임이 자유로운, 가동성의
496	**asleep** 잠든		530	**modern** 현대의, 근대의
497	**available** 이용 가능한		531	**official** 공식적인
498	**average** 평균의		532	**oral** 구두의, 입의
499	**bitter** 맛이 쓴		533	**orient** 동양의
500	**chief** 우두머리의, 주된		534	**outstanding** 뛰어난, 중요한
501	**credible** 믿을 만한		535	**oversea / overseas** 해외의
502	**divine** 신성한, 훌륭한		536	**perfect** 완벽한
503	**dull** 따분한		537	**pleasant** 쾌적한, 기분 좋은
504	**electric** 전기의		538	**polar** 극지의
505	**electronic** 전자의		539	**possible** 가능한
506	**enormous** 거대한, 막대한		540	**premier** 최고의
507	**equal** 동일한, 동등한		541	**proud** 자랑스러운
508	**ethnic** 민족의		542	**pure** 순수한, 깨끗한
509	**evil** 사악한		543	**purple** 자주색의
510	**excellent** 훌륭한, 탁월한		544	**random** 무작위의

545	real 진짜의		579	especially 특히
546	romantic 로맨틱한, 연애의		580	etc / et cetera 기타 등등
547	round 둥근		581	eventually 결국
548	royal 국왕의		582	ever 지금까지, 언젠가
549	sharp 날카로운, 급격한		583	forth ～에서 멀리, 앞으로
550	simple 간단한		584	forward 앞으로
551	single 단 하나의		585	frankly 솔직히
552	slight 약간의, 경미한		586	furthermore 더욱이
553	slim 날씬한, 호리호리한		587	hardly 거의 ～ 아니다
554	special 특별한, 특수의		588	hence 이런 이유로
555	super 대단한, 굉장히 좋은		589	indeed 정말로, 사실은
556	sure 확신하는		590	instead 대신에
557	sweet 달콤한		591	likewise 비슷하게, 또한
558	teenage 십대의		592	maybe 어쩌면, 아마도
559	thick 두꺼운, 굵은		593	meantime 그동안, 동시에
560	thin 얇은, 마른		594	meanwhile 그동안, 한편
561	tidy 깔끔한		595	moreover 더욱이
562	tight 단단한, 빡빡한		596	nevertheless 그럼에도 불구하고
563	tiny 아주 작은		597	nonetheless 그렇기는 하지만
564	total 총, 전체의		598	nowadays 요즘에는
565	upper 위쪽의, 상부의		599	nowhere 어디에도 ～않다(없다)
566	upward / upwards 위쪽을 향한, 상승하는		600	otherwise 그렇지 않다면
567	various 다양한		601	overhead 머리 위로, 하늘 높이
568	vivid 생생한, 선명한		602	overnight 하룻밤 새
569	weak 약한		603	perhaps 아마도, 어쩌면
570	wide 넓은		604	probably 아마도, 어쩌면
571	wild 야생의		605	quite 꽤, 상당히
572	wise 지혜로운		606	rather 오히려, 꽤, 다소
573	aboard 승차하여, 탑승하여		607	somewhat 다소, 어느 정도
574	abroad 해외로, 해외에		608	soon 곧
575	altogether 완전히, 전적으로		609	straight 똑바로, 곧장
576	apart 떨어져		610	then 그때, 그 다음에
577	aside 한쪽으로		611	therefore 그러므로
578	else 다른		612	thus 따라서, 그러므로, 이처럼

613 **yet** 아직
614 **although** 비록 ~일지라도
615 **though** 비록 ~일지라도
616 **unless** ~하지 않는 한
617 **whereas** 반면
618 **whether** ~인지 아닌지, ~이든 아니든
619 **while** ~하는 동안
620 **alongside** 옆에
621 **among** ~에 둘러싸인
622 **beneath** 아래에
623 **beyond** 너머에, 저편에
624 **despite** ~에도 불구하고
625 **except** 제외하고는
626 **per** ~당, ~마다
627 **plus** 더하여, 덧붙여
628 **through** ~을 통해
629 **toward / towards** ~쪽으로, ~을 향하여
630 **upon** ~위에
631 **versus** ~대
632 **via** ~를 통하여, ~를 거쳐
633 **within** ~이내에, ~안에
634 **without** ~없이
635 **nobody** 아무도 ~ 않다
636 **none** 아무도 ~ 않다
637 **billion** 10억
638 **million** 100만
639 **thousand** 1000, 천
640 **aid** 원조, 도움, 돕다
641 **aim** 목표, 조준, 겨누다, 조준하다
642 **appeal** 호소하다, 간청하다, 매력, 호소
643 **award** 상, 수여하다
644 **bang** 쾅 소리, 쾅 하고 치다
645 **bark** 짖다, 나무껍질, 짖는 소리
646 **beam** 빛줄기, 활짝 웃다, 비추다

647 **benefit** 이익, 유익하다
648 **blink** 깜빡거림, (눈을) 깜빡거리다
649 **blonde** 금발 머리 여자, 금발의
650 **bounce** 튐, 탄력, 튀다
651 **bow** 절, 인사, 절하다, 숙이다
652 **buzz** 윙윙거림, 웅성거림, 윙윙거리다
653 **cast** 던지다, 출연자들
654 **challenge** 도전, 이의를 제기하다, 도전하다
655 **charm** 매력, 매혹하다
656 **chat** 담소, 수다, 수다를 떨다
657 **clap** 박수, 박수를 치다
658 **coach** 코치, 코치하다, 지도하다
659 **consent** 동의, 허락, 동의하다
660 **contact** 연락, 접촉, 연락하다
661 **cough** 기침, 기침하다
662 **counsel** 조언, 상담, 상담하다, 충고하다
663 **criminal** 범죄자, 범죄의
664 **decrease** 감소, 하락, 줄다, 줄이다
665 **demand** 요구, 요구하다
666 **detail** 세부 사항, 상세히 알리다, 열거하다
667 **direct** 직접, 직접적인, 직행으로, ~로 향하다, 감독하다
668 **dispute** 논란, 분쟁, 반박하다
669 **dive** 다이빙, 잠수, 뛰어들다
670 **divorce** 이혼, 분리, 이혼하다
671 **dust** 먼지, 먼지를 털다
672 **each** 각자, 각각의, 각자의
673 **either** 어느 하나, 어느 하나의, (부정문에서) ~도
674 **escort** 호위, 호위자, 호위하다
675 **experiment** 실험, 실험하다
676 **extra** 추가, 추가의, 추가로
677 **fear** 공포, 두려움, 두려워하다
678 **few** 소수, 적은, 거의 없는
679 **final** 결승전, 마지막의

680	**flame** 불꽃, 활활 타오르다
681	**flash** 섬광, 신호를 보내다, 비추다
682	**flavor / flavour** 맛, 풍미, 맛을 더하다
683	**flow** 흐름, 흐르다
684	**flush** 홍조, 붉어지다, 상기되다
685	**gamble** 도박, 도박을 하다, ~을 걸다
686	**grip** 꽉 잡음, 움켜쥠, 꽉 잡다, 움켜쥐다
687	**harm** 손해, 피해, 해치다, 손상시키다
688	**hug** 포옹, 포옹하다
689	**influence** 영향, 영향력, 영향을 미치다
690	**jog** 조깅, 조깅하다
691	**joke** 농담, 농담하다
692	**knock** 노크(소리), 두드리다, 부딪치다
693	**laugh** 웃음, 웃다
694	**lecture** 강의, 강연, 강의하다
695	**lift** 승강기, 들어올리다
696	**link** 연결, 관련, 유대, 연결하다
697	**list** 목록, 명단, (목록을) 작성하다, 열거하다
698	**lock** 자물쇠, 잠그다
699	**male** 남성
700	**military** 군대, 군사의
701	**mistake** 실수, 오해하다, 잘못 판단하다
702	**mix** 혼합, 조합, 섞다
703	**neither** ~도, 어느 것도 ~아니다
704	**nod** 끄덕임, 끄덕이다
705	**nor** ~또한 아니다, ~도 그렇다
706	**novel** 소설, 새로운, 참신한
707	**offer** 제의, 제안, 제공하다, 권하다
708	**once** 한 번, 언젠가, ~할 때, ~하자마자
709	**order** 순서, 질서, 명령, 주문, 명령하다, 주문하다
710	**other** 다른, 다른 사람, 다른 것
711	**ought** 의무, 책임, ~해야 한다, ~일 것이다
712	**overlap** 공통 부분, 겹침, 겹치다, 포개다

713	**pain** 통증, 고통, 고통스럽게 하다
714	**pair** 짝, 짝을 짓다
715	**past** 과거, 지나간, 과거의,
716	**pat** 토닥거리기, 토닥거리다
717	**pave** 포장 도로, (도로 등을) 포장하다
718	**peel** 껍질, 껍질을 벗기다
719	**pin** 핀, 꽂다, 고정시키다
720	**plot** 줄거리, 음모, 음모하다
721	**praise** 칭찬, 찬양, 칭찬하다
722	**price** 가격, 대가, 값을 매기다
723	**pull** 끌기, 영향력, 당기다, 끌다
724	**rage** 분노, 격노, 몹시 화를 내다
725	**reach** 거리, 범위, 도달하다
726	**record** 기록, 기록하다, 녹음하다
727	**reply** 대답, 대응, 대답하다, 응하다
728	**report** 보도, 보도하다, 전하다
729	**request** 요구, 요구하다, 요청하다
730	**research** 연구, 조사, 연구하다, 조사하다
731	**ride** 타고 가기, 타다
732	**rub** 문지르기, 비비기, 문지르다, 비비다
733	**sail** 돛, 항해, 항해하다
734	**scratch** 긁힌 자국, 찰과상, 긁다
735	**scream** 비명, 절규, 비명을 지르다, 소리치다
736	**scrub** 문질러 씻기, 문질러 씻다
737	**search** 수색, 검색, 검색하다, 살펴보다
738	**seat** 좌석, 자리, 앉히다, 앉다
739	**secret** 비결, 비밀의
740	**shift** 변화, 이동, 옮기다, 이동하다
741	**shout** 외침, 고함, 소리치다
742	**shower** 샤워, 샤워기, 샤워하다
743	**silver** 은, 은색의
744	**since** ~이후로, ~ 때문에
745	**slide** 하락, 미끄러짐, 미끄러지다, 내려가다
746	**smoke** 연기, 흡연, 연기를 내다, 흡연하다

747 **solo** 독주, 독창, 단독의, 솔로의

748 **spin** 회전, 돌다, 회전하다

749 **step** 걸음, 움직이다

750 **such** 그런 것, 그러한

751 **till** ~까지

752 **spread** 확산, 전파, 펼치다

753 **square** 정사각형, 정사각형의

754 **state** 상태, 말하다, 진술하다

755 **steam** 증기, 스팀, 김을 내뿜다

756 **still** 고요한, 아직, 훨씬, 그런데도

757 **surprise** 놀람, 뜻밖의 일, 놀라게 하다

758 **survey** 조사, 살피다, 조사하다

759 **swing** 흔들기, 변화, 흔들다, 흔들리다

760 **switch** 스위치, 전환되다, 바뀌다

761 **tap** 수도꼭지, 톡톡 두드리다

762 **tear** 눈물, 찢다

763 **trick** 속임수, 속이다

764 **trouble** 골칫거리, 문제, 괴롭히다, 애 먹이다

765 **trouser** 바지의, 돈을 받다, 돈을 벌다

766 **trust** 신뢰, 신임, 신뢰하다

767 **wrap** 포장지, 포장하다

768 **value** 가치, 가치 있게 생각하다

769 **wave** 파도, 흔들다

770 **whip** 채찍, 채찍질하다, 세게 휘젓다

771 **whistle** 호루라기, 휘파람, 휘파람을 불다

772 **wonder** 경탄, 경이, 궁금해하다

773 **yell** 고함, 외침, 소리지르다

774 **stage** 단계, 무대, (공연 등을) 개최하다

775 **drown** 익사하다, 물에 잠기다

부록 02 공무원 기출 고난도 어휘

001 **in comparison with** ~와 비교하여

002 **in case of** ~의 경우에, ~에 대비하여

003 **deceptive** 기만적인, 현혹하는, 속이는

004 **vexed** 화가 난, 곤란한

005 **callous** 냉담한, 무감각한

006 **break into** 침입하다

007 **candid** 솔직한

008 **logical** 타당한, 논리적인

009 **implicit** 암시된, 내포된

010 **vaporous** 수증기 같은, 수증기가 가득한

011 **vapor** 증기, 증발하다

012 **dangerous** 위험한

013 **eventually** 결국, 마침내

014 **cultural** 문화의

015 **pay tribute to** ~에게 경의를 표하다

016 **join** 가입하다, 연결하다

017 **strengthen** 강하게 하다, 강화되다

018 **systematic** 체계적인, 조직적인

019 **let off** (폭탄을) 터뜨리다, (총을) 발사하다,
～를 봐주다

020 **let up** (강도가) 약해지다, 누그러지다

021 **itinerant** 떠돌아다니는, 순회하는

022 **impoverished** 빈곤한, 가난해진

023 **ravenous** 몹시 굶주린

024 **on a par with** ~와 동등한, ~와 동등하게

025 **a far cry from** ~와 거리가 먼

026 **a prelude to** ~의 서막

027 **malefactor** 악인, 범인

028 **dilettante** 딜레탕트, 호사가, 예술 애호가

029 **pariah** 부랑자, (사회에서) 버림받은 사람

030 **demagogue** 선동가, 선동 정치가

031 **through thick and thin**
좋을 때나 나쁠 때나

032 **detest** 몹시 싫어하다

033 **defend** 방어하다, 수비하다

034 **uncanny** 이상한, 묘한, 초자연적인

035 **offensive** 모욕적인, 불쾌한, 공격적인

036 **record** 기록하다, 기록

037 **scratch the surface of**
~을 피상적으로 다루다,
(~을) 수박 겉핥기식으로 하다[다루다]

038 **hit the nail on the head** 핵심을 찌르다,
정확히 맞는
말을 하다

039 **follow up on** ~을 끝까지 하다

040 **stick one's nose in**
~에 (쓸데없이) 참견[간섭]하다

041 **hurry** 서두르다, 급히 하다

042 **sniff** 코를 훌쩍이다, 냄새를 맡다 (at)

043 **resign** 사직[사임]하다, 체념하다

044 **provocative** 도발적인, 화나게 하는

045 **suggestive** 암시[시사]하는,
~을 생각나게 하는 (of)

046 **incensed** 몹시 화난, 격분한

047 **unbiased** 선입견 없는, 편파적이지 않은

048 **put upon** ~을 속이다, 학대하다

049 **hurriedly** 다급하게, 허둥지둥

050 **decisively** 결정적으로, 단호히

051 **delightful** 매우 기쁜, 즐거운

052 **at the drop of a hat** 즉시

053 **make up to** ~에게 아첨하다

054 **shun away from** ~로부터 피하다

055 **come down with** (병에) 걸리다

056 **correct** 옳은, 정확한, 정정하다

057 **unerring** 틀림없는, 정확한

058 **unreliable** 믿을[신뢰할] 수 없는

059 **gutless** 배짱[용기] 없는

060 **unscientific** 비과학적인

061 **harshly** 엄격히, 가혹하게

062 **thankfully** 고맙게도, 감사하게, 다행스럽게도

063 **iron out** 해결하다

064 **conceive** 상상하다, 생각하다, 임신하다

065 **complacent** 현실에 안주하는, 자기만족적인, 만족한

066 **scornful** 경멸[멸시]하는

067 **simulate** 흉내 내다, ~인 체하다

068 **death** 죽음, 사망

069 **defeat** 타파, 패배, 패배시키다, 이기다

070 **frustration** 좌절, 불만

071 **at the discretion of** ~의 재량대로

072 **at the mercy of** ~에 좌우되는, ~에 휘둘리는

073 **at loose ends** 일정한 직업 없이

074 **at the expense of** ~을 희생하여, ~을 잃어가며

075 **unwieldy** 다루기 힘든, 부피가 큰

076 **inconclusive** 결론에 이르지 못하는, 결정[확정]적이 아닌

077 **outspoken** 솔직한

078 **wordy** 말이 많은, 장황한

079 **retrospective** 회고[회상]하는, 소급 적용되는

080 **as deep as a well** 이해하기 힘든

081 **persuade** 설득하다

082 **satisfy** 만족시키다, 충족시키다

083 **crop up** 불쑥 나타나다

084 **finish** 끝내다, 완성하다

085 **inverted** 역의, 반대의

086 **decode** 해독하다, 이해하다

087 **gratification** 만족

088 **liveliness** 원기, 활기

089 **efficiency** 효율(성), 능률

090 **fall on** ~에 떨어지다

091 **intrude** 침입하다, 끼어들다, 방해하다

092 **inspect** 점검하다, 조사하다

093 **sanitary** 위생의, 위생적인, 깨끗한

094 **waterproof** 방수의, 방수 처리[가공]를 하다

095 **touch off** ~을 촉발하다, ~을 유발하다

096 **keep in contact with** ~와 접촉을 유지하다, ~와 연락하고 지내다

097 **shun** 피하다

098 **punish** 처벌하다

099 **make a case for** ~에 옹호하는 의견을 내다

100 **object to** ~에 반대하다

101 **dream** 꿈, 몽상

102 **celebrate** 축하

103 **be engrossed in** ~에 몰두하다, ~에 열중하다

104 **apathetic** 냉담한, 무관심한

105 **keep abreast of** (소식이나 정보를) 계속 접하다, ~에 뒤지지 않게 하다

106 **have faith in** ~을 믿다

107 **keep away from** ~을 멀리하다

108 **successful** 성공한, 성공적인

109 **mysterious** 신비한, 이해하기 힘든

110 **get cold feet** 겁이 나다, 무서워하다

111 **sad** 슬픈, 슬픔을 나타내는

112 **humorous** 재미있는, 유머러스한

113 **friendly** 친절한, 상냥한

114 **get rid of** ~을 제거하다

115 **let go of** ~을 놓아주다

116 **break up with** ~와 헤어지다

117 **surrogate** 대리인

118 **sentry** 보초, 감시

119 **predecessor** 전임자

120 **plunder** 약탈[강탈]하다, 빼앗다

121 **keep one's feet on the ground**
　　현실적이다, 실제적이다

122 **live in a world of one's own**
　　자기 혼자만의 세계에 틀어박혀 살다

123 **relax** 휴식을 취하다, 편하게 하다, 안심하다

124 **brave** 용감한

125 **on the fence** 애매한 태도를 취하여,
　　　　　　　　결정하지 못한

126 **anguished** 괴로워하는, 고뇌에 찬

127 **enthusiastic** 열렬한, 열광적인

128 **apprehensive** 걱정하는, 불안한, 이해하는

129 **palatable** 맛이 좋은, 입에 맞는

130 **dissolvable** 분해할 수 있는

131 **potable** 마셔도 되는, 음료로 적합한

132 **disparate** 다른, 이질적인

133 **affirmative** 긍정적인, 확언적인, 단정적인

134 **allusive** 암시적인

135 **do without** ~없이 지내다

136 **put on** ~을 입다, ~을 바르다, 살이 찌다,
　　　　　무대에 올리다, 가장하다

137 **figure out** 생각해내다, 이해하다, 계산하다

138 **account for** 설명하다, 차지하다

139 **examine** 조사[검토]하다, 진찰하다, 시험하다

140 **accumulate** 모으다, 축적하다

141 **made of money** 부유한

142 **thrifty** 절약

143 **stingy** (특히 돈에 대해) 인색한

144 **pushy** 지나치게 밀어붙이는, 강요하려 드는

145 **timid** 소심한, 용기가 없는

146 **thrilled** 흥분한, 감격한

147 **unquenchable** 채울 수 없는,
　　　　　　　　충족시킬 수 없는

148 **infallible** 절대 틀리지[실수하지] 않는,
　　　　　　　잘못이 전혀 없는

149 **not dry behind the ears** 미숙한,
　　　　　　　　　　　　풋내기의

150 **know one's way around**
　　~의 지리에 밝다, ~에 정통하다

151 **careful** 주의 깊은, 조심성 있는, 세심한

152 **loquacious** 말이 많은, 수다스러운

153 **eloquent** 웅변의, 유창한

154 **go around** 돌아다니다, 골고루 돌아가다

155 **go back** 돌아가다, 거슬러 올라가다

156 **go down** 넘어지다, 쓰러지다

157 **go into** ~에 들어가다, ~하기 시작하다

158 **presume** 가정[추정]하다

159 **look up** 올려다보다, 나아지다,
　　　　　(낱말을) 찾아보다

160 **look into** ~을 조사하다

161 **look up to** ~을 존경하다

162 **extensive** 넓은, 광범위한

163 **be up to one's eyes in** ~에 몰두하다

164 **be interested in** ~에 관심[흥미]이 있다

165 **be prepared for** ~에 대비하다

166 **be released from** ~에서 석방되다,
　　　　　　　　　풀려나다

167 **turbulent** 사나운, 소란스러운

168 **anguish** (극심한) 괴로움, 비통

169 **solicitude** 불안, 염려, 의혹

170 **put down** 적어 두다, 진압하다, 내려놓다

171 **take place** 일어나다, 발생하다

172 **take care of** ~을 돌보다, 신경쓰다

173 **give way to** 감정에 무너지다,
　　　　　　　~에게 굴복하다

174 **in a big way** 대규모로

175 **convenience** 편의, 편리

176 **get well** 병이 나아지다

177 **treatment** 치료, 처리, 대우

178 **sustainability** 지속 가능성

179 **case** 사례, 경우, 사건

180 **touch** 기운, 기미, 흔적, 약간, 조금, 기법,
만지다, 연락하다, 감동시키다

181 **hold up** ~을 떠받치다, 지지하다,
정체시키다, 강탈하다

182 **stand a chance of** ~의 가능성이 있다

183 **stand by** 대기하다, 지지하다

184 **see eye to eye** 의견이 일치하다

185 **dispute** 논쟁, 논의, 논쟁하다, 논의하다

186 **part** 일부, 부분, 나누다, 분할하다

187 **mandatory** 명령의, 의무적인, 강제적인

188 **suspect** 용의자, 의심하다

189 **uncivilized** 미개한, 야만적인

190 **hover** 맴돌다[머물다], 배회하다

191 **hallucination** 환각, 환영

192 **template** 견본, 본보기

193 **muzzle** 재갈을 물리다, 입막음을 하다,
억압하다

194 **express** 나타내다, 표현하다

195 **casual** 우연한, 부주의한, 평상시의

196 **formal** 격식을 차린, 공식적인, 형식적인

197 **call it a day** 하루 일을 마치다

198 **omnipresent** 편재하는, 어디에나 있는

199 **requisite** 필수품, 필요 조건, 필요한,
없어서 안 될, 필수의

200 **desirable** 바람직한

201 **deplorable** 비참한, 한탄할 만한

202 **inconvenient** 불편한

203 **diurnal** 주행성의(낮 동안에 활동적인)

204 **inanimate** 생명이 없는, 무생물의

205 **ineffective** 효과 없는, 쓸모없는

206 **inconsiderately** 경솔하게, 분별[생각]없이

207 **transient** 일시적인, 순간적인

208 **officious** 쓸데없이 참견하는, 간섭하는

209 **obsequious** 아부하는, 아첨하는

210 **harness** 마구를 채우다, 이용하다

211 **muffle** 감싸다, 덮다, 소리를 죽이다(약하게 하다)

212 **disrespectful** 무례한, 예의 없는

213 **unhelpful** 도움이 되지 않는

214 **forgettable** 잊기 쉬운

215 **delirious** 기뻐 날뛰는, 의식(정신)이 혼미한

216 **perjury** 위증(죄)

217 **pernicious** 치명적인, 해로운

218 **resurgence** 재기, 부활

219 **disappear** 사라지다, 소멸하다

220 **obligation** 의무, 책임

221 **risk** 위험, 모험

222 **commit** 저지르다, 맡기다, 전념하다, 약속하다

223 **expose** 드러내다, 폭로하다, 노출시키다

224 **document** 문서, 서류, 기록하다,
서류로 입증하다

225 **reuse** 다시 이용하다, 재생하다

226 **identical** 똑같은, 동일한, 일치하는

227 **throw** 던지다

228 **dazzling** 눈부신, 현혹적인

229 **seal** 직인, 도장, 봉인하다, 밀봉하다

230 **overrule** 기각하다, 무효로 하다

231 **try** 노력하다, 시도하다, 심리[재판]하다

232 **withstand** 저항하다, 견뎌[이겨]내다

233 **flaw** 결점, 흠, 결함

234 **pitfall** 위험, 함정

235 **come under fire** 비난을 받다

236 **investigate** 조사하다, 연구하다

237 **cramp** (근육의) 경련, 쥐, 속박하다, 구속하다,
막대[방해하다]

238	**circumvent**	피하다, 우회하다, (계략을 써서) 포위하다
239	**reestablish**	재건하다, 복구하다
240	**galvanize**	활기 띠게 하다, 자극하다
241	**corporal**	신체적인
242	**typical**	전형적인, 대표적인
243	**physiological**	생리학의
244	**psychological**	심리적인, 심리학의
245	**divide**	나누다, 가르다
246	**undivided**	분할되지 않은, 완전한, 연속된
247	**efface**	지우다, 삭제하다
248	**construe**	이해
249	**delve into**	~을 (철저하게) 조사하다
250	**corroborate**	확증하다, 입증하다
251	**explicate**	설명
252	**converse**	역의, 반대의, 대화[이야기]를 나누다
253	**emulate**	모방하다, 경쟁하다, 겨루다
254	**afflict**	괴롭히다
255	**substantiate**	입증하다, 실체화하다, 구체화하다
256	**wet behind the ears**	경험이 없는, 미숙한
257	**rookie**	초보자, 신병
258	**misfit**	(환경에) 적응하지 못하는 사람
259	**functionary**	공무원, 공공기관의 직원
260	**vengeance**	복수, 앙갚음
261	**indolence**	나태, 게으름
262	**expulsion**	추방, 축출
263	**mundane**	평범한, 일상적인, 세속적인
264	**annoying**	짜증스러운, 성가신
265	**deep**	깊은, 깊게
266	**dissolve**	용해하다, 분해하다, 해산하다
267	**trial**	재판, 시험
268	**bankruptcy**	파산(상태), 파탄
269	**suspicious**	의심스러운, 의심 많은
270	**secretive**	비밀스러운, 분비의
271	**eloquence**	웅변
272	**deployment**	전개, 배치
273	**oppress**	억압하다, 압박하다
274	**critical**	중요한, 비판적인
275	**venturesome**	모험적인, 대담한
276	**resist**	저항하다, 반항하다
277	**understanding**	이해
278	**give over**	~에 넘기다, 양도하다
279	**give off**	(냄새, 열, 빛 등을) 내대[발하다]
280	**go off**	자리를 뜨다, 발사되다, 폭발하다, 울리다
281	**go about**	~을 시작하다, 돌아다니다
282	**open up**	열다, 마음을 터놓다
283	**put up**	(돈을) 내놓다, 세우다
284	**plight**	역경, 고난
285	**underestimate**	과소평가하다, 경시하다, 얕보다
286	**tardy**	느린, 더딘
287	**gradual**	점진적인, 단계적인, 서서히 하는
288	**coherence**	일관성
289	**helpless**	무력한, 도움이 없는
290	**have pity on**	~을 불쌍히 여기다
291	**get over**	극복하다, 회복하다
292	**irreversible**	되돌릴[철회할] 수 없는
293	**sequel**	(책, 영화, 연극 등의) 속편
294	**suggestion**	제안, 암시, 시사
295	**corrective**	수정의, 교정의, 바로잡는
296	**catchall**	잡동사니 주머니, 포괄적인
297	**legacy**	유산, 유물
298	**defense**	방어, 방위, 수비
299	**ardent**	열렬한, 열정적인

300	**destruction** 파괴, 파멸, 절멸		332	**eclectic** 취사선택하는, 절충적인, 다방면에 걸친
301	**characteristic** 특징, 특질, 특질이 있는, 독특한		333	**placid** 차분한, 잔잔한, 평온한
302	**boaster** 허풍쟁이, 자랑을 잘하는 사람		334	**tally** 부합[일치]하다, 계산하다
303	**prognosticator** 예언자, 점쟁이		335	**deterrent** 제지하는 것, 방해하는
304	**swindler** 사기꾼, 협잡꾼		336	**decency** 체면, 품위, 예절
305	**teaser** 괴롭히는 사람		337	**delicacy** 연약함, 섬세함, 신중함
306	**expensive** 값비싼, 비용이 드는		338	**confession** 자백, 고백
307	**cheap** 싼, 돈이 적게 드는		339	**confine** 제한하다, 감금하다
308	**deliver** 배달하다, 전하다		340	**confutation** 논박, 반증
309	**democracy** 민주주의		341	**ingenious** 기발한, 독창적인
310	**patriotism** 애국심		342	**arouse** 불러일으키다, 자아내다
311	**monarchy** 군주제, 군주정치		343	**improvement** 개선, 향상
312	**capitalism** 자본주의		344	**agreement** 동의, 일치, 합의
313	**socialism** 사회주의		345	**contain** 포함하다, 억누르다, 억제하다
314	**turn a blind eye to** 못 본 체하다, 외면하다		346	**wind up** 결국 ~ 되다/하다, 마무리 짓다
315	**facetious** 익살스러운, 우스운, 경박한		347	**blow up** 폭발하다, 화내다, 부풀다
316	**fanciful** 기발한, 공상적인		348	**use up** 고갈시키다, 다 쓰다
317	**bureaucratic** 관료적인		349	**obliterate** 없애다
318	**jocular** 우스꽝스러운, 우스운		350	**overhead** 머리 위의, 머리 위에
319	**ignorant** 무지한, 무식한		351	**square** 정사각형, 네모지게 만들다, 똑바로
320	**browbeat** 위협하다		352	**encouragement** 격려, 장려
321	**confound** 혼동하다, 당황하게 하다		353	**imperturbable** 쉽게 동요하지 않는, 차분한
322	**compound** 혼합물, 화합물, 합성하다		354	**attenuate** 약하게 하다, 희석시키다
323	**concoct** 꾸며내다, 조작하다		355	**manacle** 수갑[족쇄]를 채우다, 속박하다
324	**confide** (비밀을) 털어놓다, 신임하다, 신뢰하다		356	**incapacitate** 무력화하다, 할 수 없게 하다
325	**abate** 약화시키다, 완화시키다		357	**make fun of** 놀리다
326	**pseudonymous** 익명의, 필명의		358	**perennial** 지속하는, 영구적인, 다년생의
327	**antonymous** 반의어의		359	**identification** 신원 확인, 동일시, 식별
328	**exposition** 설명, 해설, 전시회		360	**idiosyncrasy** 특질, 특징, 특이성
329	**sagacity** 현명, 총명		361	**rapport** 친밀한 관계, 친밀
330	**inundate** 감당 못할 정도로 주다[보내다], 침수시키다		362	**ratify** 비준하다, 재가하다
			363	**rate** 속도, 비율, 등급[순위]를 매기다
331	**blackmail** 갈취(공갈), 협박, 갈취하다, 협박하다		364	**work up** ~을 불러일으키다, 북돋우다

365 **accommodate** 수용하다, 숙박시키다, 적응시키다

366 **annihilate** 전멸[절멸, 멸종]시키다, 폐지하다

367 **gratify** 기쁘게 하다, 충족시키다

368 **sterile** 불모의, 메마른, 불임의, 살균한

369 **thorough** 철저한, 완전한

370 **inadequate** 불충분한, 부족한, 부적당한

371 **maximum** 최고의, 최대의

372 **save** 구하다, 구조하다, 저축하다, 절약하다

373 **spend** 쓰다, 소비하다, (시간을) 보내다

374 **obligatory** 의무적인, 필수의

375 **clumsy** 어설픈, 서투른

376 **mutable** 변하기 쉬운, 변덕스러운

377 **lacking** ~이 없는[부족한], 결핍된

378 **impending** 임박한, 절박한

379 **upcoming** 다가오는, 곧 있을

380 **incipient** 처음의, 초기의

381 **inexorable** 냉혹한, 가차 없는

382 **congenial** 마음이 맞는, 같은 성질의

383 **salutary** 유익한, 효과가 좋은

384 **further** 발전시키다, 더 멀리, 더 나아가

385 **voracious** 게걸스럽게 먹는

386 **defenseless** 무방비의, 방어할 수 없는

387 **denial** 부정, 부인

388 **verify** 확인하다, 입증하다

389 **diverge** 갈라지다, 벗어나다

390 **deluge** 홍수, 폭우, 쇄도[폭주]하다

391 **decry** 매도하다, 비난하다, 헐뜯다

392 **subdue** 정복하다, 진압하다, 억제하다

393 **retain** 보유하다, 유지하다

394 **juvenile** 청소년의, 소년[소녀]의

395 **indisposed** 마음이 내키지 않는, 기분[몸]이 안 좋은

396 **tattered** 낡은, 누더기가 된

397 **dejected** 낙담한, 기가 죽은

398 **opaque** 불투명한, 불분명한

399 **repellent** 불쾌한, 혐오감을 주는

400 **sanguine** 낙관적인, 자신감이 넘치는

401 **run over** (사람, 동물을) 치다

402 **pull over** 차를 길가에 세우다

403 **look over** ~을 대충 훑어보다, 살펴보다

404 **resurrect** 부활시키다

405 **revere** 존경하다, 숭배하다

406 **ameliorate** 개선하다

407 **preliminary** 예비의, 준비의

408 **conspire** 음모를 꾸미다, 공모하다

409 **collide** 충돌하다, 상충하다

410 **malicious** 악의적인, 적의가 있는

411 **malleable** 두들겨 펼 수 있는, 다루기 쉬운, 유순한

412 **close off** ~을 차단

413 **close down** 폐쇄하다

414 **inferior** 하위의, (보다) 낮은

415 **take ~ into account** ~을 고려하다

416 **take away** 제거하다, 치우다

417 **cut off** 잘라내다, 차단하다, 중단하다

418 **count on** ~에 의지하다, ~을 믿다

419 **in discord with** ~와 불화하여, ~와 일치하지 않은

420 **in accordance with** ~에 따라서

421 **sane** 제정신의, 분별있는, 건전한

422 **get above oneself** 분수를 모르다, 자만하다

423 **get out from under** 영향에서 벗어나다, ~의 아래에서 나오다

424 **take it out on** ~에게 화풀이 하다

425 **take out** 꺼내다, 가지고 나가다

426 **suspensive** 미결정의, 중지하는

427	**make against** 불리하게 작용하다	459	**threaten** 위협하다
428	**make up with** ~와 화해하다	460	**reveal** 드러내다, 폭로하다
429	**make away with** ~을 면하다, 벗어나다	461	**protrude** 튀어나오다, 내밀다
430	**abduct** 납치하다, 유괴하다	462	**attractive** 매력적인, 관심을 끄는
431	**carry** 나르다, 운반하다, 휴대하다	463	**perverse** 비뚤어진, 삐딱한
432	**oblige** 강요하다, ~하게 하다	464	**ostentatious** 잘난 체하는, 과시하는
433	**unremarkable** 특별할 것 없는, 평범한	465	**bellicose** 호전적인, 전투적인
434	**distill** 증류하다	466	**lukewarm** 미지근한, 미온적인
435	**break in** 침입하다, 방해하다[끼어들다], 길들이다	467	**multiple** 배수, 많은, 다수의
		468	**maxim** 격언, 좌우명, 금언
436	**disseminate** 퍼트리다, (씨를) 흩뿌리다	469	**by leaps and bounds** 비약적으로, 급속하게
437	**dismay** 실망[낙담]시키다	470	**substantial** 상당한, 실질적인
438	**pending** 미결[미정]인, 계류 중인, 임박한	471	**unbearable** 참을 수 없는, 견딜 수 없는
439	**hasty** 성급한, 서두르는	472	**remorse** 후회, 양심의 가책
440	**divisible** 나눌 수 있는	473	**remonstrance** 항의, 불평
441	**sleep on** ~을 하룻밤 자며 생각하다, ~의 결정을 다음 날까지 미루다	474	**hesitation** 망설임, 주저함
		475	**bottom out**
442	**take a rest** 쉬다		바닥을 치고 나서 다시 상향세를 타대[안정되다]
443	**beef up** 강화하다, 보강하다	476	**go south** 남쪽으로 가다, 하향하다, 나빠지다
444	**dispense with** ~없이 지내다	477	**remove** 치우다, 제거하다
445	**damp down** ~을 줄이다, ~의 기세를 꺾다	478	**regulate** 규제하다, 조정[조절]하다
446	**scratch off** ~에서 지우다	479	**rehearse** 연습하다, 반복하다
447	**blot out** 가리다, (안 좋은 기억, 생각을) 애써 잊다	480	**informal** 비공식의, 격식을 차리지 않는
448	**cater to** ~에 맞추어 주다, ~을 충족시키다	481	**brush aside** 무시하다, 털어내다
449	**analogous** 유사한	482	**elucidate** 설명하다, 명백히 하다
450	**delude** 속이다, 착각하게 하다	483	**depreciate** 가치를 떨어뜨리다, 얕보다, 경시하다
451	**defuse** 완화시키다, 진정시키다		
452	**despond** 낙담하다	484	**addictive** 중독성의
453	**degenerate** 악화되다, 퇴화하다	485	**back down on** 철회하다
454	**exhilarate** 기분을 들뜨게 하다, 활력을 주다	486	**devise** 고안하다, 생각해 내다
455	**out in left field** 이상한, 별난	487	**unfold** 펴다, 펼치다
456	**audacious** 대담한, 무례한, 뻔뻔한	488	**supportive of** ~을 지지하는
457	**feminine** 여성스러운, 여성의	489	**polite** 예의 바른, 공손한, 정중한
458	**consume** 소모하다, 먹다, 마시다	490	**inclusive** 포괄적인

491	**clone** 복제하다	523	**discursion** 종잡을 수 없는 이야기, 산만한 논의
492	**camouflage** 위장, 위장하다, 숨기다	524	**dispatch** 파견, 보내다, 파견하다
493	**domesticate** 길들이다	525	**mull over** 숙고하다
494	**epitomize** ~의 전형이다, 요약하다	526	**creaky** 삐걱거리는
495	**idealize** 이상화하다	527	**reproach** 비난하다, 꾸짖다
496	**aggregate** 합계, 총액, 종합하다, 집합하다, 모으다	528	**colossal** 거대한, 엄청난
497	**enliven** 활기를 띠게 하다, 생기를 돋우다	529	**malignant** 악성의, 악의 있는
498	**cover up with** ~로 감싸다	530	**expound** 자세히 설명하다
499	**congruent with** ~와 일치한	531	**thumb through** 휙휙 넘겨보다, 훑어보다
500	**supplementary to** ~을 보완하는	532	**read through** ~을 꼼꼼히 읽다
501	**incompatible with** ~와 양립할 수 없는, ~와 맞지 않는	533	**peruse** 정독하다, 숙독하다
502	**unabashed** 부끄러워하지 않는, 겁먹지 않는	534	**fluster** 당황하게 하다, 혼란스럽게 하다
503	**unprincipled** 절조 없는, 부도덕한	535	**jubilant** 기뻐하는, 의기양양한
504	**self-disciplined** 자기 훈련이 된	536	**foster** 육성하다, 촉진하다
505	**parasitic** 기생하는	537	**concession** 양보, 양해
506	**virtuous** 덕이 있는, 덕이 높은, 고결한	538	**disconcert** 당황하게 하다, 불안하게 하다
507	**canny** 영리한, 민첩한	539	**condescend** 자신을 낮추다, 잘난 체하다, 거들먹거리다
508	**neglect** 등한시하다, 소홀히 하다	540	**commence** 시작하다, 개시하다
509	**pinnacle** 정점, 절정	541	**get ahead of** ~를 앞지르다, ~을 능가하다
510	**cloy** 물리다, 질리다	542	**make a pass at** ~에게 수작을 걸다
511	**clamp down on** ~을 단속하다	543	**entangle** 얽히게 하다
512	**countenance** 안색, 표정, 지지하다	544	**recommend** 추천하다, 권고하다
513	**aim at** 겨냥하다	545	**shine** 빛나다, 반짝이다
514	**weasel out of** ~에서 손을 빼다	546	**degrade** 비하하다, 격하하다
515	**look back on** ~을 돌아보다	547	**stake out** 감시하다
516	**immoral** 부도덕한	548	**rake up** 긁어모으다, (과거 일을) 들먹이다
517	**allocate** 할당하다, 배치하다	549	**fritter away** 낭비하다
518	**lay over** 들르다, 연기하다	550	**slander** 비방하다, 명예를 훼손하다
519	**muddle** 혼란시키다, 뒤죽박죽을 만들다	551	**bonanza** 횡재, (뜻밖의) 행운
520	**transpire** 일어나다, 발생하다	552	**debacle** 대실패
521	**derision** 조롱, 웃음거리	553	**laid-back** 느긋한, 태평한
522	**gnarl** 비틀다	554	**interfering** 간섭하는, 참견하기 좋아하는

555 **mousy** 칙칙한, 갈색의, 소심한, 내성적인

556 **blithe** 유쾌한, 즐거운, 명랑한

557 **hyaloid** 투명한, 유리 모양의

558 **consonant** ~와 일치하는, 조화하는

559 **commensurate** 어울리는[상응하는], 같은 정도의

560 **interchangeable** 교체[교환]할 수 있는

561 **exploitative** 착취하는

562 **rarely** 드물게, 좀처럼 ~하지 않는

563 **reimburse** 배상하다, 변제하다

564 **pathological** 병적인, 병을 다루는

565 **cardinal** 기본적인, 주요한, 중요한

566 **orator** 연설자, 웅변가

567 **oracle** 신탁, 신탁소

568 **submissive** 복종하는, 순종하는, 유순한

569 **perplexed** 당황한, 어쩔 줄 몰라 하는

570 **invincible** 무적의

571 **calumniate** 비방하다, 중상하다

572 **wangle** (남을 설득하거나 꾀를 부려) 얻어 내다[해내다]

573 **suffuse** 뒤덮다, 가득 채우다

574 **demeanor** 행실, 품행, 태도

575 **desultory** 두서없는, 산만한, 종잡을 수 없는

576 **ascetic** 금욕적인

577 **pellucid** 투명한, 명료한

578 **ad-hoc** 임시의, 즉석의

579 **pretrial** 공판 전의

580 **renaissance** 부흥[부활]

581 **hortatory** 권고의, 충고의

582 **jettison** 버리다

583 **denounce** 비난하다, 고발하다

584 **invigorate** 기운이 나게 하다, 활기를 북돋우다

585 **irredeemable** 바로잡을 수[구제할 길] 없는

586 **impregnable** 난공불락의, 무적의, 확고한

587 **superficiality** 천박, 피상

588 **haughtiness** 건방짐, 오만

589 **sardonic** 냉소적인, 조롱하는, 비웃는

590 **strident** (소리가) 귀에 거슬리는[거친], 삐걱거리는

591 **insistent** 고집[주장]하는, 우기는

592 **exuberant** 활기 넘치는, 풍부한, (식물 등이) 무성한, 우거진

593 **unceasing** 끊임없는, 쉴 새 없는

594 **scour** 샅샅이 뒤지다

595 **flog** 몹시 때리다, 채찍질하다

596 **blue in the face** 격분하여 새파래진, 지쳐서 창백한

597 **out of the woods** 위기를 벗어나, 위험에서 벗어나

598 **a fine kettle of fish** 혼란, 엉망인 상태

599 **baffle** 당황하게 만들다

600 **exoteric** 대중적인

601 **excrete** 배설하다, 분비하다

602 **prerogative** 특권, 특권의, 특권을 가진

603 **find out** 알아내다[알게 되다]

604 **hamper** 방해하다

605 **trade on** ~을 (부당하게) 이용하다

606 **inimical** ~에 해로운, 불리한, 적대적인

607 **apathy** 무관심, 냉담

608 **ferocious** 사나운, 잔인한

609 **intolerant** 편협한, 견딜 수 없는 (of)

610 **suppliance** 공급, 보충, 탄원, 간청

611 **requirement** 요구, 필요

612 **process** 과정, 절차, 가공하다, 처리하다

613 **decumbent** 드러누운, 가로누운

614 **turn out of** ~에서 쫓아내다

615 **reduction** 감소, 절감

616 **preposterous** 터무니없는, 어리석은

617 **acrimony** 신랄함, 악감정

618 **temerity** 무모함

619 **cordiality** 진심, 따뜻한 우정

620 **recollection** 회상, 기억(력)

621 **grapple** 잡다, 쥐다, 붙잡다

622 **ostentatiously** 허세를 부리면서, 과시적으로

623 **confidently** 확신을 갖고, 자신 있게

624 **altercation** 말다툼, 언쟁, 논쟁

625 **fist fight** 주먹다짐, 주먹 싸움

626 **mutual consent** 상호 합의

627 **promulgate** 알리다, 발표[공표]하다

628 **derogate** (명예, 권위, 가치 따위를) 떨어뜨리다,
　　　　　　훼손하다

629 **distorted** 비뚤어진, 왜곡된

630 **unveil** 베일을[덮개를] 벗기다,
　　　　(비밀 따위를) 밝히다, 털어놓다

631 **lay away** 따로

632 **change into** ~으로 바꾸다

633 **semantic** 의미의, 의미론적인

634 **phonetic** 음성의, 말소리의

635 **vitiate** 가치를 떨어뜨리다, 손상시키다

636 **rejuvenate** 활기를 띠게 하다

637 **undeniable** 부인[부정]할 수 없는

638 **spell out** ~을 간결하게[자세히] 설명하다

639 **state** 국가, 나라, 주, 상태, 말하다, 진술하다

640 **unflinching** 움츠리지 않는, 굴하지 않는,
　　　　　　단호한

641 **capitulate** 굴복하다, 항복하다

642 **meander** 굽이쳐 흐르다, 정처없이 거닐다

643 **get out** (~에서) 떠나다

644 **strategy** 전술, 전략

645 **infuriate** 격분시키다

646 **dearly** 대단히, 몹시,
　　　　　비싼 대개[희생/비용]를 치르고

647 **earn** 얻다, 벌다

648 **credit** 신뢰, 신용

649 **manner** 방식, 태도, 예의

650 **abdicate** 버리다, 포기하다, 퇴위하다

651 **reassuring** 안심시키는, 위안을 주는

652 **unexpected** 예기치 않은

653 **unfamiliar** 익숙하지 않은, 낯선

654 **digressive** 주제를 벗어나는, 지엽적인

655 **infected** 감염된, 전염된, 오염된

656 **get over with** ~을 끝내다, 완료하다

657 **get through with** ~을 완수하다

658 **propitious** 좋은, 유리한

659 **flout** 모욕하다, 업신여기다,
　　　(법 등을 공공연히) 어기다[무시하다]

660 **at large** 대체적으로, 아직 잡히지 않은

661 **disengage** 풀다, 해방하다, 자유롭게 하다

662 **discursive** 두서없는, 산만한

663 **excuse** 변명, 이유, 용서하다, 변명하다

664 **adduce** 제시하다, 인용하다

665 **annul** 무효화하다, 취소하다

666 **vindicate** ~의 정당성을 입증하다

667 **extol** 극찬하다, 격찬하다

668 **venal** 부패한, 매수할 수 있는

669 **blasphemous** 신성 모독의

670 **allegiance** 충성

671 **alleviation** 경감, 완화

672 **cavalier** 기사, 호위자, 무신경한, 무심한

673 **snobbish** 속물적인

674 **appalling** 섬뜩한, 끔찍한

675 **insipidness** 재미없음, 지루함

676 **havoc** 대파괴, 큰 혼란[피해]

677	**dereliction** 포기, 태만	711	**eviction** 축출, 쫓아냄
678	**perturbation** 혼란, 동요	712	**harbinger** 전조, 선구자
679	**denigration** 중상, 모욕, 명예훼손	713	**antithesis** 대조, 대립, 정반대
680	**laudation** 칭찬, 찬미	714	**ordeal** 시련, 고통스러운 체험
681	**homage** 존경, 경의	715	**debunk** (정체를) 폭로하다
682	**exuberance** 풍부, 무성함	716	**praise** 칭찬하다
683	**relent** 수그러들다[누그러지다]	717	**delimit** ~의 범위[한계]를 정하다
684	**retaliate** 보복하다, 앙갚음하다	718	**scorn** 경멸, 모욕, 경멸하다, 멸시하다
685	**repudiate** 거부하다, 부인하다	719	**idiosyncratic** 특이한, 색다른
686	**perpetuation** 영구화	720	**cramping** 속박하는
687	**sullen** 시무룩한, 음울한	721	**irksome** 진저리나는, 귀찮은, 성가신
688	**diaphanous** 아주 얇은, 속이 비치는, 투명한	722	**desiccated** 건조한, 분말의, 생기가 없는
689	**sombre(somber)** 어두침침한, 우울한	723	**soak** 담그다, 흡수하다
690	**unscrupulous** 부도덕한, 파렴치한	724	**slice** 얇은 조각, (얇게) 썰다[자르다]
691	**ungrudging** 아끼지 않는, 진심의	725	**on leave** 휴가로, 휴가중인
692	**valiant** 용감한, 씩씩한	726	**movement** 움직임, 행동, 이동, 운동
693	**tractable** 유순한, 온순한, 다루기 쉬운	727	**cramped** 비좁은
694	**insolent** 거만한, 무례한	728	**luggage** 짐[수하물]
695	**apogee** 정점, 절정	729	**render** 만들다, 제공하다, 제시[제출]하다
696	**panacea** 만병통치약	730	**priority** 우선 사항, 우선(권)
697	**glean** 줍다, 수집하다		
698	**make believe** ~인 체하다		
699	**neophyte** 초보자		
700	**ordain** ~을[이라고] 정하다, 임명하다		
701	**denunciation** 비난, 고발		
702	**loath** ~하기를 꺼리는, 싫은		
703	**panegyric** 칭찬, 찬사		
704	**lax** 느슨한 태만한		
705	**ceaseless** 끊임없는		
706	**augment** 증대시키다, 늘다		
707	**supercilious** 거만한, 건방진		
708	**exploitation** 개발, 이용, 착취		
709	**stark** 삭막한, 황량한, (차이가) 극명한		
710	**euphoric** 행복감의		

공무원 영어 동사구 총정리

001 **account for** 설명하다, 차지하다

002 **abide by** 준수하다, 지키다

003 **allow for** 고려하다

004 **attend to** ~을 처리하다, ~에 주의를 기울이다, 돌보다, 시중들다

005 **attend on** 돌보다, 시중들다

006 **allude to** ~을 언급하다, 암시하다

007 **aim at** 겨냥하다

008 **add to** ~에 더하다, ~을 늘리다

009 **add up** 말이 되다, (조금씩) 늘어나다

010 **add up to** 합계[총] ~가 되다

011 **brush up on** 복습하다

012 **break into** 침입하다

013 **bring up** 기르다[양육하다], (화제를) 꺼내다

014 **break in** 침입하다, 끼어들다[방해하다], 길들이다

015 **be fed up with** 진절머리가 나다, 지긋지긋하다

016 **be bound for** (버스 등이) ~행이다

017 **be subject to** ~의 대상이다, 영향을 받다

018 **be devoid of** ~이 없다, 결여되어 있다

019 **be convicted of** ~로 유죄판결을 받다

020 **be engaged in** ~을 하다, ~에 종사하다

021 **be absorbed in** ~에 열중하다

022 **be apt [liable/prone] to** ~하기 쉽다

023 **break up with** ~와 헤어지다

024 **break down** 고장나다, 부수다

025 **beef up** 강화하다

026 **blow up** 폭발하다, 부풀리다, 화내다

027 **bottom out** 바닥을 치고 나서 다시 향상하다, 안정되다

028 **brush aside** 무시하다, 털어내다

029 **lot out** ~을 완전히 덮다[가리다], 지우다

030 **boil down to** 결국 ~이 되다, ~으로 요약되다

031 **burst into** ~을 터뜨리다, 내뿜다

032 **call for** 요구하다

033 **call on** 요청하다, 시키다, 방문하다

034 **call off** 취소하다

035 **catch up with** ~을 따라잡다

036 **call it a day** 하루 일을 마치다, 그만하기로 하다

037 **come into operation** 작동되기 시작하다

038 **carry out** 수행하다, 실행하다

039 **carry on** 계속하다

040 **come up with** ~을 생각해 내다, 제시하다

041 **cover up with** ~로 감싸다

042 **cope with** 다루다

043 **come off** (~에서) 떨어지다, 성공하다

044 **come by** 잠시 들르다, 얻다, 획득하다

045 **come under fire** 비난을 받다

046 **cut off** 잘라내다, 차단하다

047 **come down with** (병에) 걸리다

048 **coincide with** ~와 동시에 일어나다, 일치하다

049 **crop up** 일어나다, 생기다

050 **cater to** ~에 맞추어 주다

051 **clamp down on** ~을 단속하다

052 **damp down** 약화시키다

053 **drive ~ up the wall** ~을 궁지에 몰아넣다, 화나게 하다

054 **dispense with** ~없이 지내다

055 **find out** 알아내다[알게 되다]

056 **fritter away** 낭비하다

057 **drop by** 잠깐 들르다

058 **fall on** ~에 떨어지다

059 **figure out** 생각하다, 이해하다, 계산하다

060 **follow up on** ~을 끝까지 하다

061 **get cold feet** 초조해지다, 겁먹다

062 **get on** ~을 타다

063 **get rid of** ~을 제거하다

064 **get over** ~을 넘다, 극복하다

065 **get ahead of** ~을 앞지르다, 능가하다

066 **get above oneself** 분수를 모르다, 자만하다

067 **get out from under** 영향에서 벗어나다, ~의 아래에서 나오다

068 **give off** (냄새, 열, 빛 등을) 내다[발하다]

069 **give out** (열 · 빛 등을) 내다[발하다], ~을 나눠주다

070 **give up** 포기하다

071 **give way to** (감정에) 못 이기다[무너지다], ~에게 굴복하다

072 **give rise to** ~을 낳다, 일으키다

073 **go through** ~을 겪다, 살펴보다, 검토[고려]하다, 거치다

074 **go around** 돌아다니다

075 **go back** 돌아가다, 거슬러 올라가다

076 **go down** 넘어[쓰러]지다

077 **go into** ~에 들어가다, 시작하다

078 **go about** ~을 시작하다, 일을 보러 다니다

079 **go off** 자리를 뜨다, 발사되다, 폭발하다[터지다], (경보기 등이) 울리다

080 **go south** 남쪽으로 가다, 하향하다, 나빠지다

081 **have faith in** ~을 믿다

082 **have[take] pity on** ~을 불쌍히 여기다

083 **have an eye for** ~을 보는 눈이 있다

084 **hear out** ~의 말을 끝까지 들어주다

085 **hit the nail on the head of** 핵심을 찌르다, 적절한 말을 하다

086 **hit upon** ~을 우연히 생각해 내다

088 **hay[sack]** 잠을 자다

ook 열심히 공부하다,

089 **hit[go** 벼락치기 공부하다

hit[go through the ceiling /

090 **hold water** 합리 **roof** 몹시 화가 나다

091 **hold back** 저지하다 이치에 맞다

092 **hold up** ~을 떠받치다, 견디다, 강탈하다 하다, 참다

093 **iron out** 해결하다

094 **keep abreast of** ~을 알고 있다

095 **keep away from** ~을 멀리하다

096 **keep in contact with** ~와 접촉을 유지하다

097 **keep one's feet on the ground** 현실적이다

098 **keep up** 내려가지 않게 하다, ~을 계속하다

099 **keep ~ to oneself** ~을 비밀로 하다

100 **know ~ inside out** ~을 환하게 알다

101 **keep up with** ~에 뒤지지 않고 맞추어 가다

102 **lose one's temper** 화내다

103 **look up** 올려다 보다, 찾아보다, 나아지다

104 **look up to** ~을 존경하다

105 **look down on** ~을 낮춰보다[얕보다]

106 **look over** ~을 살펴보다

107 **look back on** ~을 돌아보다

108 **let up** (강도가) 약해지다, 누그러지다

109 **let on** (비밀을) 말하다, 누설하다

110 **lay off** ~를 해고[정리 해고]하다

111 **make a case for** ~에 옹호하는 의견을 내다

112 **make do with** ~으로 임시변통하다

113 **make out** ~을 이해하다, 알아보다

114 **make it** 성공하다, 해내다, 시간 맞춰가다

115 **make over** ~을 양도하다, 고치다

116 **make up** 화장하다, 꾸며내다, 구성하다, 화해하다

118 **make up for** 보상하다, 아첨하다

119 **make up to** ~에 아첨하다, 벗어나다

120 **make away with** ~을 가지고 도망가다

121 **make off with** ~을 가지고 도망가다

122 **make ends meet** 수입과 지출의 균형을 맞추다, 겨우 먹고 살 만큼 벌다

123 **make against** 불리하게 작용하다

124 **make sense** 의미가 통하다, 타당하다, 말이 되다

125 **mull over** 심사숙고 하다

126 **open up** 친해지다, 마음을 터놓다

127 **pay tribute to** ~에게 경의를 표하다

128 **pick up** 알게 되다, 태워주다, 체포하다, 회복하다, (물건을) 집다, 사다

129 **pick on** 비난하다, 혹평하다, 괴롭히다

130 **pore over** ~을 자세히 보다

131 **put down** 적다, 진압하다, 내려놓다

132 **put on** ~을 입다, ~을 바르다, 살이 찌다, 무대에 올리다, 가장하다

133 **put up** (돈 등을) 제공하다, 기부하다, 세우다, 올리다

134 **put up with** 참다, 견디다

135 **put upon** ~을 속이다, 학대하다

136 **pull over** 차를 길 한쪽에 세우다

137 **put off** 미루다, 연기하다

138 **rule out** 제외시키다, 배제하다

139 **run over** ~을 치다

140 **run out of** ~을 다 써버리다

141 **run short of** ~이 부족하다[없다]

142 **rake up** 과거 일을 들먹이다

143 **root for** 응원하다

144 **scratch the surface of** ~을 피상적으로 다루다

145 **stand to reason** 당연하다, 도리에 맞다, 합리적이다

146 **seize hold of** ~을 붙잡다

147 **shun away from** ~로부터 피하다

148 **stand a chance of** ~의 가능성이 있다

149 **stand by** 대기하다, 지지하다

150 **stand for** ~을 상징하다, 나타내다, 옹호하다

151 **stand out** 빼어나다, 눈에 띄다, 튀어나오다

152 **stand up for** ~을 지지하다, 옹호하다

153 **stand up to** ~에게 저항하다[맞서다], ~에도 잘 견디다

154 **stick one's nose in** 간섭하다

155 **see off** 배웅하다

156 **scratch off** ~에서 지우다

157 **slack off** 빈둥대다, 게으름을 피우다

158 **shore up** 유지하다, 강화하다

159 **sleep on** ~에 대해서 생각하다

160 **stake out** 감시하다

161 **speak well[ill] of** ~에 대해 좋게[나쁘게] 말하다

162 **see to it that** 꼭 ~하게 하다, ~하도록 마음쓰다

163 **stave off** 피하다, 막다

164 **start over** ~을 다시 시작하다

165 **take after** ~을 닮다

166 **take care of** ~을 돌보다

167 **take down** 내리다, 무너뜨리다, 적어 두다

168 **take off** 이륙하다, 벗다, ~동안을 쉬다, ~을 빼다

169 **take on** 떠맡다, 고용하다, 띠다

170 **take in** 속이다, 섭취하다, 이해하다

171 **take over** ~을 인계받다, 인수하다

172	**take effect**	효과가 나타나다, 시행[발효 / 적용]되다
173	**take place**	발생하다
174	**take the place of**	~을 대신하다
175	**take up**	(시간, 공간을) 차지하다
176	**take a seat**	자리에 앉다
177	**take away**	제거하다, 치우다
178	**take ~ for granted**	~을 당연하게 여기다
179	**take ~ into account**	~을 고려하다
180	**take it out on**	~에게 화풀이 하다
181	**trade on**	~을 (부당하게) 이용하다
182	**take a nosedive**	급강하하다, 폭락하다
183	**touch off**	촉발하다, 유발하다
184	**turn down**	거절하다
185	**turn off**	(전기·가스·수도 등을) 끄다, ~을 지루하게[흥미를 잃게] 만들다
186	**tell ~ apart**	구별하다
187	**turn into**	~로 바뀌다, 되다
188	**turn a blind eye to**	못 본 체하다, 외면하다
189	**use up**	고갈시키다, 다 쓰다
190	**wind up**	결국 ~되다, 마무리 짓다
191	**work up**	~을 불러일으키다[북돋우다]
192	**wear out**	기진맥진하게 만들다
193	**weasel out of**	~에서 손을 빼다, (일을 하지 않으려) 요리조리 잘 빠지다, (의무·약속 등을) 회피하다
194	**weigh down**	~을 무게로 내리눌러 짓누르다
195	**walk on air**	기뻐 날뛰다, 들뜨다
196	**walk on eggshells**	눈치보다, 살얼음판을 걷다
197	**wrap up**	옷을 따뜻하게 챙겨 입다, 마무리 짓다
198	**work out**	운동하다, 해결하다, (일이) 잘 풀리다
199	**yearn for**	~을 열망하다, 갈망하다
200	**zero in on**	~을 겨냥하다

공무원 영어 전치사구 총정리

001	**at the risk of**	~의 위험을 무릅쓰고
002	**at the discretion of**	~의 재량대로, 좋을 대로
003	**at the expense of**	~을 희생하면서, ~을 잃어가며
004	**at the mercy of**	~에 휘둘리는, ~의 처분대로
005	**apart[aside] from**	~을 제외하고
006	**by means of**	~에 의하여
007	**in token of**	~의 표시로
008	**in behalf of**	~을 도우려고, ~을 위해
009	**in case of**	~의 경우에
010	**in comparison with**	~와 비교하여
011	**in conjunction with**	~와 함께
012	**in line with**	~에 따라, ~의 방침에 의거
013	**in charge of**	~을 맡아서, 책임지고 있는
014	**in place of**	~ 대신에
015	**in favor of**	~을 찬성하여, ~을 위해
016	**in spite of**	~에도 불구하고
017	**in terms of**	~한 측면에서, ~에 관해
018	**in the face of**	~에 직면해서, ~에도 불구하고
019	**in exchange for**	~에 대한 대가로, 교환[대신]으로
020	**in accordance with**	~에 따라서
021	**in discord with**	~와 일치하지 않은
022	**in proportion to**	~에 비례하여
023	**irrespective of**	~에 상관없이
024	**on the brink of**	~의 직전에
025	**on a par with**	~와 동등한, 동등하게
026	**on behalf of**	~을 대신하여, 대표하여
027	**regardless of**	~에 상관없이
028	**to the detriment of**	~을 해치면서
029	**with a view to**	~할 목적으로, ~하기 위해서
030	**without regard to**	~와 상관없이

INDEX

INDEX

INDEX

진가영

주요 약력

現) 박문각 공무원 영어 온라인, 오프라인 대표교수
서강대학교 우수 졸업
서강대학교 영미어문 심화 전공
중등학교 정교사 2급 자격증
단기 공무원 영어 전문 강의(개인 운영)

주요 저서

박문각 공무원 진가영 영어 기초탄탄 입문서
박문각 공무원 진가영 영어 단판승 문법 적중 포인트 100
박문각 공무원 진가영 영어 단기합격 VOCA
박문각 공무원 New Trend 진가영 영어 단기합격 독해 All In One
박문각 공무원 New Trend 진가영 영어 반한다 기출 문법·어휘 & 생활영어
박문각 공무원 New Trend 진가영 영어 반한다 기출 독해
박문각 공무원 New Trend 진가영 영어 어휘끝판왕[어판왕]
박문각 공무원 New Trend 진가영 영어 독해끝판왕[독판왕]
박문각 공무원 New Trend 진가영 영어 문법끝판왕[문판왕]
박문각 공무원 New Trend 진가영 영어 진족보 마무리 합격노트
박문각 공무원 진가영 영어 적중동형 국가직·지방직 봉투모의고사 Vol.1
박문각 공무원 진가영 영어 적중동형 봉투모의고사 Vol.2
박문각 공무원 진가영 영어 신독기 구문독해
박문각 공무원 진가영 영어 신경향 어휘 마스터
박문각 공무원 진가영 영어 신경향 독해 마스터 시즌1
박문각 공무원 진가영 영어 신경향 독해 마스터 시즌2
박문각 공무원 진가영 영어 단판승 생활영어 적중 70

진가영 영어 ✦✦ 단기합격 VOCA

초판 발행 2024. 7. 30.
개정 2판 인쇄 2025. 5. 15. | 개정 2판 발행 2025. 5. 20. | 편저자 진가영
발행인 박 용 | 발행처 (주)박문각출판 | 등록 2015년 4월 29일 제2019-000137호
주소 06654 서울시 서초구 효령로 283 서경 B/D 4층 | 팩스 (02)584-2927
전화 교재 문의 (02)6466-7202

저자와의
협의하에
인지생략

정가 26,000원
ISBN 979-11-7262-820-8

동영상 강의 www.pmg.co.kr

New Trend 단기합격 길라잡이

진가영 영어
미니 VOCA

진가영
공무원 영어
APP 제공

진가영 편저

0001	**acid**	산, 산성(酸性)의
0002	**acquisition**	습득, 취득(한 것)
0003	**addict**	중독자, 중독되게 하다
0004	**adolescent**	청소년, 청소년(기)의
0005	**advantage**	장점, 유리한 점
0006	**affair**	일, 사건
0007	**affection**	애착, 애정
0008	**agenda**	안건, 의제
0009	**agent**	대리인, 행위자
0010	**agriculture**	농업
0011	**aircraft**	항공기

0012	**ambition**	야망, 포부
0013	**anchor**	닻, 앵커, 정박하다, 고정시키다
0014	**anniversary**	기념일
0015	**anxiety**	염려, 불안
0016	**apology**	사과
0017	**architect**	건축가
0018	**archive**	기록 보관소, 기록(pl.)
0019	**article**	글, 기사, 물건, (문법) 관사
0020	**aspect**	측면, 관점
0021	**asset**	자산
0022	**athlete**	(운동) 선수
0023	**atmosphere**	대기, 분위기
0024	**atom**	원자, 극히 작은 것

0025	**attention**	주의, 주목
0026	**attitude**	태도
0027	**audience**	관중, 청중
0028	**avenue**	길, 거리
0029	**barrier**	장벽, 장애물
0030	**basis**	근거, 기초, 기반
0031	**biography**	전기, 일대기
0032	**blank**	공백, 여백
0033	**boundary**	경계
0034	**budget**	예산
0035	**candidate**	지원자, 후보자
0036	**capital**	자본, 수도, 대문자, 주요한, 사형의
0037	**career**	경력, 직업

0038	**category**	카테고리, 범주
0039	**celebrity**	유명 인사
0040	**certificate**	증명서, 자격증
0041	**chairman**	의장, 회장
0042	**chaos**	혼돈, 혼란
0043	**character**	성격, 특징, 인물
0044	**charity**	자선단체, 자애, 자비
0045	**choir**	성가대
0046	**circumstance**	상황, 환경
0047	**climate**	기후
0048	**code**	암호, 부호, 코드, 법전
0049	**colleague**	동료
0050	**colony**	식민지, 집단[거주지], 군집

0051	**commerce**	상업, 통상, 무역
0052	**committee**	위원회
0053	**commodity**	상품, 물품
0054	**community**	지역 사회, 공동체
0055	**component**	부품, (구성) 요소
0056	**compound**	화합물, 복합체
0057	**concept**	개념
0058	**congress**	의회
0059	**conscience**	양심, 의식
0060	**consensus**	합의, (의견) 일치
0061	**content**	내용물, 목차(pl.), 만족, 만족한, 만족시키다

0062	context	문맥, 맥락
0063	controversy	논란, 논쟁
0064	convention	관습, 관례
0065	conversation	대화, 회화
0066	copyright	저작권
0067	council	의회, 협의회
0068	counterpart	상대, 대응 관계에 있는 사람[것]
0069	county	군(郡), 주(州)
0070	courage	용기
0071	craft	공예, 기술, 공들여 만들다
0072	creature	생물
0073	credit	신뢰, 신용, 신용하다, 믿다, 공로를 돌리다
0074	crime	범죄, 범행

0075	**crisis**	위기, 고비
0076	**criterion**	기준, 표준
0077	**critic**	평론가, 비평가
0078	**currency**	통화, 화폐
0079	**custody**	보관, 보호, 구금, 감금
0080	**custom**	관습, 풍습, 관세(pl.), 세관(pl.)
0081	**defense**	방어, 수비
0082	**deficiency**	결핍, 결함
0083	**deficit**	적자, 결손
0084	**degree**	정도, 학위, (온도, 각도, 경도의) 도
0085	**democracy**	민주주의
0086	**department**	부서, 학과, 분야
0087	**departure**	출발, 떠남

0088	**dependence**	의지, 의존
0089	**description**	묘사
0090	**destination**	목적지
0091	**destruction**	파괴
0092	**device**	장치
0093	**dictionary**	사전
0094	**dignity**	위엄, 존엄
0095	**dimension**	치수, 크기, 차원
0096	**disaster**	재난, 재앙, 참사
0097	**discipline**	규율, 훈육, 학과
0098	**discourse**	담론, 담화
0099	**disease**	질병
0100	**disgust**	역겨움, 혐오감

0101	**disorder**	엉망, 무질서, 장애
0102	**district**	지역, 지방
0103	**domain**	영토, 분야, 영역, 구역
0104	**economy**	경제
0105	**edge**	가장자리, 모서리, 우세, 강점
0106	**effect**	효과, 영향, 초래하다
0107	**element**	요소, 성분
0108	**emergency**	비상, 응급 상황
0109	**emphasis**	강조, 주안점
0110	**enemy**	적
0111	**enterprise**	기업, 회사

0112	entry	입장, 출입, 들어감, 참가
0113	environment	환경
0114	equipment	장비, 용품
0115	estate	사유지, 토지, 재산
0116	evolution	진화, 발전, 진전
0117	executive	경영진, 조직 간부
0118	expense	(어떤 일에 드는) 돈, 비용
0119	expertise	전문 지식
0120	extent	정도, 크기, 규모
0121	facility	시설
0122	factor	요인, 인자
0123	faculty	능력, 재능, 학부, 교수진
0124	faith	믿음, 신앙

0125	**fame**	명성, 유명하게 하다 (수동태)
0126	**fault**	잘못, 책임
0127	**fellow**	동료, 녀석
0128	**figure**	숫자, 계산, 인물, 중요하다, 생각하다, 계산하다
0129	**flaw**	결함, 결점
0130	**fluid**	유체, 유동체, 유동성의, 변하기 쉬운
0131	**formation**	형성
0132	**formula**	공식
0133	**fortune**	행운, 재산
0134	**foundation**	토대, 기초, 창설, 설립
0135	**fraction**	부분, 일부, 분수
0136	**framework**	뼈대, 틀, 체계
0137	**fright**	놀람, 두려움

0138	**funeral**	장례식
0139	**gender**	성, 성별
0140	**gene**	유전자
0141	**generation**	세대
0142	**genius**	천재, 특별한 재능
0143	**glimpse**	힐끗[언뜻] 봄
0144	**glory**	영광, 영예
0145	**goods**	상품, 재산
0146	**grace**	우아함, 품위
0147	**grade**	등급, 품질, 등급을 나누다
0148	**greed**	탐욕, 욕심
0149	**grief**	큰 슬픔, 비통
0150	**guideline**	지침, 가이드라인

0151	**habitat**	서식지
0152	**harbor / harbour**	항구, 항만
0153	**haste**	서두름, 급함
0154	**heir**	상속자, 계승자
0155	**heritage**	유산
0156	**horizon**	수평선, 지평선
0157	**horror**	공포
0158	**hostage**	인질, 저당, 담보물
0159	**household**	가정
0160	**ideology**	이념, 이데올로기
0161	**illusion**	환상, 착각

0162	impact	영향, 충격
0163	incident	사건
0164	industry	산업
0165	infant	유아, 아기, 유아용의, 초기의
0166	ingredient	재료, 구성 요소
0167	insight	통찰력, 이해
0168	instance	사례, 경우
0169	instinct	본능, 직감
0170	instrument	기구, 악기
0171	interval	간격, 사이
0172	irony	역설적인 상황, 아이러니
0173	jury	배심원단, 심사원, 심사하다
0174	justice	정의, 공정성

0175	landscape	풍경
0176	law	법
0177	lease	임대차 계약, 임대[임차]하다
0178	leisure	여가, 한가한
0179	level	정도, 수준, 단계, 평평한, 평평하게 하다, 동등하게 하다
0180	liberty	자유
0181	logic	논리, 타당성
0182	literature	문학
0183	luxury	사치, 호화로움
0184	majority	다수
0185	manner	방식, 관습, 예절(pl.)
0186	margin	여백, 차이, 가장자리
0187	mate	친구, 동료, 짝짓기를 하다

0188	material	재료, 자료, 물질의, 중요한
0189	mechanism	기계 장치, 방법, 메커니즘
0190	medicine	의학, 의료, 의술, 약물
0191	merchant	상인
0192	merit	훌륭함, 장점
0193	method	방법, 방식
0194	miner	광부
0195	mineral	광물, 무기물, 미네랄
0196	mission	임무, 사절(단)
0197	monument	기념물
0198	motion	움직임, 운동, 동작
0199	motive	동기, 동인(動因)
0200	myth	신화, 통념

0201	**norm**	표준, 기준, 규범
0202	**occasion**	때, 기회, 행사
0203	**opportunity**	기회
0204	**optimist**	낙관론자, 낙천주의자
0205	**origin**	기원, 출신
0206	**outcome**	결과
0207	**outline**	개요, 윤곽
0208	**outrage**	격분, 폭행, 난폭
0209	**panic**	극심한 공포, 공황
0210	**paragraph**	단락, 절
0211	**parliament**	의회, 국회

0212	**particle**	입자, 조각
0213	**passage**	통로, 구절
0214	**passion**	열정, 격정
0215	**patent**	특허권, 특허의, 특허를 얻다
0216	**peak**	정점, 절정, 꼭대기
0217	**peer**	동등한 사람, 동료, ~에 필적하다, 응시하다
0218	**penalty**	처벌, 불이익
0219	**period**	기간, 주기
0220	**personality**	성격, 개성
0221	**perspective**	관점, 시각, 원근법
0222	**phase**	단계, 상
0223	**phenomenon**	현상, 경이로운 것[사람]
0224	**planet**	행성

0225	**platform**	승강장, 연단
0226	**pleasure**	기쁨, 즐거움
0227	**plenty**	많은, 충분한
0228	**population**	인구, 주민
0229	**portion**	부분, 일부
0230	**portrait**	초상화
0231	**predator**	포식자, 육식 동물
0232	**prejudice**	편견, 편견을 갖게 하다
0233	**premium**	상금, 할증금, 보험료
0234	**presence**	존재, 참석
0235	**president**	대통령, 장
0236	**prey**	먹이, 희생자, 먹이로 하다
0237	**priest**	성직자, 사제

0238	principle	원리, 원칙
0239	prison	감옥, 교도소
0240	privacy	사생활
0241	profession	직업, 공언, 선언
0242	proof	증거, 증명
0243	property	재산, 부동산, 속성, 특성
0244	prospect	가망, 전망
0245	province	주, 지방, 지역, 분야
0246	pupil	학생, 제자, 눈동자, 동공
0247	purpose	목적, 의도
0248	quantity	양, 수량
0249	reception	수령, 환영
0250	republic	공화국

Day 06 - 공무원 필수 어휘 교육부 지정 독해 필수 어휘

0251	reputation	명성, 평판
0252	resort	의지, 수단, 휴양지, 의지하다
0253	resource	자원, 재료
0254	revenge	복수, 보복
0255	revolution	혁명, 회전, (천문학) 공전
0256	scale	규모, 범위, 등급, 비늘, 저울, 체중계
0257	scholar	학자, 장학생
0258	secretary	비서, (각 부의) 장관(S-)
0259	sector	부문, 영역
0260	sensation	느낌, 감각
0261	sentiment	정서, 감정

0262	**sequence**	순서, 연속
0263	**session**	기간, 개회, 학기
0264	**sight**	시력, 시각, 시야
0265	**sin**	죄
0266	**source**	원천, 근원, 출처, 자료
0267	**species**	종(種)
0268	**spectacle**	장관, 구경거리
0269	**sphere**	구, 구체
0270	**spirit**	정신, 영혼, 기분, 마음
0271	**status**	신분, 지위
0272	**strategy**	계획, 전략
0273	**stroke**	타격, 치기, 쓰다듬다
0274	**structure**	구조, 구조물

0275	**stuff**	물건, 것, 채우다
0276	**subject**	주제, 과목, 피실험자, 주어, 신하, 국민, 지배받는, ~하기 쉬운
0277	**substance**	물질, 실체, 본질
0278	**substitute**	대체물, 대리자, 대신하다
0279	**suburb**	교외
0280	**suicide**	자살
0281	**sum**	합계, 액수, 합하다, 요약하다
0282	**summary**	요약
0283	**summit**	꼭대기, 절정, 정점, 정상 회담
0284	**surface**	표면, 나타나다
0285	**surgery**	수술
0286	**symbol**	부호, 상징
0287	**symptom**	증상, 징후

0288	talent	재능
0289	target	목표, 표적, 과녁, 목표로 삼다
0290	task	일, 과제
0291	tenant	세입자, 임차인
0292	term	용어, 학기, 기간, 관계(pl.)
0293	territory	영토, 지역, 영역
0294	theme	주제, 테마
0295	theory	이론
0296	therapy	치료, 요법
0297	threat	협박, 위협, 위험
0298	tissue	화장지, 조직
0299	tradition	전통
0300	trail	자취, 흔적

0301	**transition**	이전, 전이
0302	**trial**	재판, 실험
0303	**tribe**	부족, 집단
0304	**troop**	병력, 군대, 부대
0305	**union**	조합, 협회
0306	**unit**	구성 단위, 한 개, 부대
0307	**vacuum**	진공, 진공의, (진공 청소기로) 청소하다
0308	**vehicle**	탈것, 차량
0309	**vice**	범죄, 악
0310	**victim**	피해자, 희생자
0311	**virtue**	미덕, 선

0312	**wage**	임금, 급료
0313	**weapon**	무기
0314	**welfare**	복지, 안녕
0315	**wit**	재치
0316	**abandon**	버리다
0317	**abort**	유산하다, 낙태시키다
0318	**absorb**	흡수하다
0319	**accelerate**	가속화하다
0320	**accept**	받아들이다, 수용하다
0321	**accommodate**	수용하다, 숙박시키다, 적응시키다
0322	**accompany**	동반하다, 동행하다
0323	**accomplish**	달성하다, 성취하다
0324	**accumulate**	모으다, 축적하다

0325	**accuse**	고발[고소]하다, 비난하다
0326	**achieve**	달성하다
0327	**acquaint**	익히다, 숙지하다
0328	**activate**	활성화시키다
0329	**adapt**	적응하다, 맞추다, 조정하다, 각색하다
0330	**adjust**	적응하다, 조정하다
0331	**administer**	관리하다, 운영하다
0332	**admire**	존경하다, 칭찬하다
0333	**admit**	인정[시인]하다, 입장을 허락하다
0334	**adopt**	채택하다, 입양하다
0335	**affiliate**	제휴하다, 연계되다
0336	**afford**	~할 여유가 있다
0337	**allocate**	할당하다, 배분하다

0338	allow	허락하다, 허용하다
0339	alter	변경하다, 바꾸다
0340	amaze	놀라게 하다
0341	amplify	증폭시키다, 확대하다, 상세히 설명하다
0342	analyze / analyse	분석하다
0343	announce	발표하다, 알리다
0344	anticipate	기대하다, 예상하다
0345	appear	나타나다, 발생하다
0346	apply	신청하다, 지원하다, 적용하다
0347	appoint	임명하다, 지명하다
0348	appreciate	평가하다, 인정하다, 감사하다, 감상하다
0349	approve	찬성하다, 승인하다
0350	argue	주장하다

0351	**arise**	생기다, 발생하다
0352	**aspire**	열망하다
0353	**assemble**	모으다, 집합시키다, 조립하다
0354	**assign**	맡기다, 배정하다
0355	**assist**	돕다
0356	**associate**	연상하다, 연관 짓다
0357	**assume**	가정하다, 추정하다, 맡다
0358	**assure**	보증[보장]하다, 확신시키다
0359	**attach**	붙이다, 첨부하다
0360	**attain**	이루다, 달성하다
0361	**attend**	참석하다, 주의하다, 시중들다

0362	attract	마음을 끌다, 끌어당기다
0363	avoid	피하다
0364	await	기다리다
0365	beg	빌다, 애원하다, 간청하다
0366	behave	행동하다, (잘) 처신하다
0367	belong	(~에) 속하다, (~의) 소유물이다
0368	bend	굽히다, 구부리다
0369	betray	배신하다, 누설하다
0370	bind	묶다, 감다
0371	bless	축복하다
0372	boil	끓이다, 끓다
0373	bore	지루하게 하다
0374	breathe	숨 쉬다, 호흡하다

0375	**breed**	기르다, 낳다, 사육하다, 번식시키다
0376	**bury**	묻다, 매장하다
0377	**calculate**	계산하다, 산출하다
0378	**cancel**	취소하다
0379	**carve**	새기다, 조각하다
0380	**cater**	음식을 공급하다, ~에 응하다, 만족을 주다(to)
0381	**cease**	중단되다, 그치다, 끝나다
0382	**celebrate**	축하하다
0383	**cheer**	응원하다, 환호하다
0384	**circulate**	순환하다, 유통하다, 순회하다, 유포되다
0385	**clarify**	명확하게 하다
0386	**cling**	매달리다, 꼭 붙잡다
0387	**coincide**	동시에 일어나다, 일치하다

0388	collaborate	협력하다
0389	commit	저지르다, 범하다, 전념하다, 약속하다, 맡기다
0390	communicate	의사소통하다, 전달하다
0391	compensate	보상하다
0392	compete	경쟁하다
0393	compile	모으다, 편집하다
0394	complain	불평하다, 투정하다
0395	complicate	복잡하게 만들다
0396	comprise	구성하다
0397	conceal	숨기다
0398	concentrate	집중하다
0399	conclude	결론을 내리다, 끝내다
0400	condemn	비난하다, 유죄 판결을 내리다

0401	**confess**	고백하다, 자백하다
0402	**confine**	한정하다, 제한하다
0403	**conform**	따르다, 순응하다
0404	**confront**	맞서다, 직면하다
0405	**confuse**	혼란스럽게 만들다
0406	**connect**	연결하다, 잇다
0407	**consider**	고려하다, 간주하다, 여기다
0408	**consist**	~로 구성되다(of), ~에 있다(in), ~와 일치하다(with)
0409	**constitute**	구성하다, 제정하다
0410	**construct**	건설하다, 구성하다
0411	**consult**	상담하다

0412	consume	소비하다, 소모하다, 먹다, 마시다
0413	contain	포함하다, 억제하다
0414	continue	계속하다
0415	contradict	반박하다, 모순되다
0416	contribute	기여하다, 기부하다
0417	convey	전달하다, 운반하다, 실어 나르다
0418	convict	유죄를 선고하다, 죄인, 기결수
0419	convince	납득시키다, 확신시키다
0420	cooperate	협력하다
0421	cope	대항하다, 대처하다(with)
0422	correspond	일치하다(with), 상응하다(to)
0423	count	세다, 계산하다, 중요하다
0424	crawl	기어가다

0425	**crush**	눌러 부수다, 으스러뜨리다
0426	**cultivate**	경작하다, 재배하다
0427	**declare**	선언하다
0428	**decorate**	장식하다, 꾸미다
0429	**dedicate**	헌신하다, 바치다
0430	**defend**	방어하다, 수비하다
0431	**define**	정의하다, 규정하다
0432	**delete**	삭제하다
0433	**deliver**	배달하다, 분만하다
0434	**demonstrate**	입증하다, 보여주다
0435	**deny**	부인하다, 부정하다
0436	**depress**	우울하게 만들다, 침체시키다
0437	**deprive**	빼앗다, 면직[파면]하다

0438	**derive**	끌어내다, 획득하다, (결론을) 도출하다
0439	**descend**	내려가다
0440	**describe**	묘사하다
0441	**deserve**	자격이 있다, 받을 만하다
0442	**designate**	지명하다, 지정하다
0443	**destroy**	파괴하다
0444	**detach**	분리하다, 떼어내다
0445	**detect**	발견하다, 감지하다
0446	**determine**	결정하다, 알아내다
0447	**develop**	발달하다, 개발하다
0448	**devise**	고안하다
0449	**devote**	헌신하다, 바치다
0450	**dictate**	받아쓰게 하다

0451	**dig**	파다
0452	**dip**	살짝 담그다
0453	**disagree**	일치하지 않다, 동의하지 않다
0454	**disappoint**	실망시키다
0455	**discriminate**	식별하다, 차별하다
0456	**dismiss**	해산시키다, 해고하다
0457	**dispose**	처리하다, 배치하다
0458	**disrupt**	방해하다
0459	**distort**	왜곡하다, 일그러뜨리다
0460	**distract**	산만하게 하다, 주의를 돌리다
0461	**distribute**	분배하다, 나누어 주다

0462	**disturb**	방해하다, 불안하게 만들다
0463	**donate**	기부하다
0464	**drag**	끌다, 끌기, (물리학) 저항
0465	**dread**	두려워하다
0466	**drown**	익사하다, 잠기게 하다
0467	**dwell**	거주하다, 살다
0468	**earn**	벌다, 얻다
0469	**edit**	편집하다, 수정하다
0470	**educate**	가르치다, 교육하다
0471	**elect**	선출하다, 선택하다
0472	**embarrass**	당황스럽게 하다, 난처하게 하다
0473	**embrace**	포옹하다, 받아들이다, 포괄하다
0474	**emerge**	나오다, 나타나다, 드러나다, 출현하다

0475	**emit**	내뿜다, 방출하다
0476	**employ**	고용하다, 사용하다
0477	**enclose**	둘러싸다, 동봉하다
0478	**encourage**	격려하다, 용기를 북돋우다
0479	**endure**	견디다, 참다
0480	**enforce**	강요하다, 집행하다
0481	**engage**	끌다, 사로잡다, 몰두시키다, 고용하다, 약속하다, 약혼시키다
0482	**enhance**	높이다, 향상시키다
0483	**ensure**	보증하다, 보장하다, 확실하게 하다
0484	**entertain**	즐겁게 하다, 접대하다
0485	**establish**	설립하다, 제정하다
0486	**evacuate**	대피시키다, 떠나다
0487	**evaluate**	평가하다, 감정하다

0488	evolve	진화하다, 발달하다
0489	exaggerate	과장하다
0490	examine	조사하다, 검사하다
0491	exceed	넘다, 초과하다
0492	exclude	배제하다, 제외하다
0493	exhaust	기진맥진하게 하다, 고갈시키다
0494	exhibit	전시하다, 나타내다, 전시(품)
0495	exist	존재하다, 실재하다
0496	explain	설명하다
0497	explode	폭발하다, 터지다
0498	explore	탐험하다, 탐구하다
0499	expose	노출시키다, 드러내다, 폭로하다
0500	express	표현하다, 나타내다

0501	**fascinate**	매혹하다, 마음을 사로잡다
0502	**fasten**	매다, 고정시키다
0503	**flee**	달아나다, 도망하다
0504	**flip**	뒤집다, 젖히다, 톡 치다
0505	**float**	떠가다, 뜨다
0506	**flourish**	번창하다, 번성하다
0507	**fold**	접다, 구부리다
0508	**forbid**	금지하다
0509	**foster**	조성하다, 육성하다
0510	**frustrate**	좌절시키다, 방해하다
0511	**fulfill**	이행하다, 완료하다, 달성하다

0512	**furnish**	제공하다, 공급하다, 비치하다
0513	**gather**	모으다, 수집하다
0514	**glance**	힐끗 보다, 힐끗 봄
0515	**govern**	통치하다, 지배하다
0516	**greet**	인사하다, 환영하다
0517	**happen**	발생하다, 일어나다
0518	**haunt**	계속 떠오르다, (귀신 등이) 나타나다
0519	**heal**	낫다, 치유하다, 고치다
0520	**hesitate**	망설이다, 주저하다
0521	**hide**	감추다, 숨기다
0522	**hurt**	다치게 하다, 아프다
0523	**identify**	발견하다, 확인하다, 동일시하다
0524	**ignore**	무시하다

0525	illustrate	삽화를 쓰다, 설명하다, 실증하다
0526	imagine	상상하다, 생각해 내다
0527	immigrate	이민을 오다, 이주해 오다
0528	imply	암시하다, 함축하다
0529	impose	부과하다, 강요하다, 속이다(on, upon)
0530	impress	감동을 주다, 깊은 인상을 주다
0531	improve	나아지다, 개선하다, 향상시키다
0532	incline	~하고 싶은 마음이 들게 하다, 기울다
0533	incorporate	통합시키다, 설립하다, 통합하다, 포함하다
0534	indicate	나타내다, 가리키다
0535	induce	설득하다, 유발하다, 유도하다
0536	infect	감염시키다, 오염시키다
0537	infer	추론하다, 암시하다

0538	inflate	부풀리다, 과장하다
0539	inform	알리다, 통지하다
0540	inhabit	거주하다, 서식하다
0541	inhibit	~하지 못하게 하다, 억제하다
0542	initiate	개시하다, 시작하다
0543	inject	주입하다, 주사하다
0544	injure	부상[상처]을 입히다, 해치다
0545	inquire	묻다, 문의하다
0546	insist	고집하다, 주장하다
0547	inspire	고무하다, 영감을 주다
0548	install	설치하다
0549	instruct	지시하다, 가르치다
0550	integrate	통합시키다, 결합시키다

0551	intend	의도하다, 작정하다, 의미하다
0552	interact	상호 작용하다, 소통하다
0553	interfere	간섭하다(in), 방해하다(with)
0554	interpret	해석하다, 이해하다
0555	interrupt	방해하다, 중단시키다
0556	intervene	끼어들다, 개입하다
0557	intrigue	음모를 꾸미다, 호기심을 돋우다
0558	invade	침입하다, 침해하다
0559	invent	발명하다
0560	invest	투자하다
0561	investigate	조사하다, 연구하다

0562	involve	포함하다, 관련시키다
0563	irritate	짜증나게 하다, 거슬리다
0564	isolate	고립시키다, 분리하다
0565	justify	정당화하다
0566	lay	놓다, 두다
0567	lean	기울다, 기대다
0568	leave	떠나다, 그만두다, 남겨두다
0569	legislate	법률을 제정하다
0570	lend	빌려주다
0571	locate	위치하다, 자리잡다
0572	maintain	유지하다, 주장하다
0573	manage	해내다, 관리하다, 살아 나가다
0574	manipulate	조종하다, 조작하다, 다루다

0575	**mediate**	중재하다, 조정하다
0576	**melt**	녹다
0577	**merge**	합병하다, 합치다
0578	**migrate**	이동하다, 이주하다
0579	**mock**	조롱, 가짜, 거짓의, 가짜의, 놀리다, 조롱하다, 무시하다
0580	**modify**	수정하다, 바꾸다
0581	**mount**	오르다, 증가하다
0582	**multiply**	곱하다
0583	**narrate**	이야기를 하다[들려 주다]
0584	**neglect**	무시하다, 방치하다
0585	**negotiate**	협상하다
0586	**nominate**	지명하다, 임명하다
0587	**oblige**	강요하다, 의무를 지게 하다

0588	observe	관찰하다, 지키다, 준수하다
0589	obsess	사로잡다, ~에 집착하게 하다
0590	occupy	차지하다, 거주하다
0591	occur	일어나다, 발생하다, 존재하다
0592	offend	기분 상하게[불쾌하게] 하다, 범죄를 저지르다
0593	operate	작동하다, 수술하다
0594	oppose	반대하다, 겨루다
0595	organize	조직하다, 정리하다
0596	overcome	극복하다
0597	overlook	간과하다, 눈감아 주다, 감독하다, 감시하다
0598	overwhelm	압도하다, 제압하다
0599	owe	빚지고 있다, 탓으로[덕택으로] 하다
0600	participate	참여하다

0601	**perceive**	지각하다, 인지하다
0602	**perform**	수행하다, 공연하다
0603	**persist**	고집하다, 지속하다
0604	**pollute**	오염시키다
0605	**possess**	소유하다, 지니다
0606	**pour**	붓다, 쏟다, 따르다
0607	**preach**	설교하다, 설파하다
0608	**precede**	~에 앞서다, 선행하다, 우선하다
0609	**predict**	예측하다, 예언하다
0610	**prefer**	선호하다, 좋아하다
0611	**prepare**	준비하다, 대비하다

0612	prescribe	처방하다, 규정하다
0613	preserve	보존하다, 지키다
0614	presume	추정하다, 간주하다
0615	pretend	~인 체하다
0616	prevail	만연하다, 유행하다, 승리하다(over), 설득하다(on, with)
0617	prevent	막다, 예방하다
0618	proceed	계속하다, 진행하다
0619	prohibit	금지하다
0620	promote	촉진하다, 홍보하다
0621	pronounce	발음하다, 선언하다
0622	prosper	번창하다, 번영하다
0623	protect	보호하다
0624	prove	증명하다, 입증하다, 드러나다, 판명되다

0625	**publish**	출판하다, 공표하다
0626	**punish**	처벌하다
0627	**pursue**	추구하다, 뒤쫓다
0628	**qualify**	자격을 얻다, 자격[권리]을 주다
0629	**quote**	인용하다, 인용구
0630	**raise**	들어 올리다, 일으키다, 기르다
0631	**realize**	깨닫다, 실현시키다
0632	**recall**	기억해 내다, 상기하다
0633	**receive**	받다, 받아들이다
0634	**recognize**	인식하다, 알아보다, 인정하다
0635	**recommend**	추천하다, 권하다, 충고하다
0636	**recover**	회복하다, 되찾다
0637	**recruit**	모집하다, 신병[신참자]

0638	**recycle**	재활용하다
0639	**reduce**	줄이다, 낮추다
0640	**refer**	참조하다, 언급하다
0641	**refine**	정제하다, 개선하다
0642	**reflect**	비추다, 반사하다, 반영하다, 숙고하다(on)
0643	**refuse**	거절하다, 거부하다
0644	**register**	등록하다, 기록부, 명부
0645	**regulate**	규제하다, 조절하다
0646	**reinforce**	강화하다, 보강하다
0647	**relate**	관련시키다, 관계되다
0648	**relax**	휴식을 취하다, 진정하다
0649	**relieve**	완화하다, 줄이다, 덜어 주다
0650	**rely**	의지하다, 의존하다(on)

Day **14**- 공무원 필수 어휘

교육부 지정 독해 필수 어휘

0651	**remain**	남다, 유물(pl.), 유적(pl.)
0652	**remind**	상기시키다
0653	**remove**	제거하다
0654	**repeat**	반복하다
0655	**replace**	대신하다, 교체하다
0656	**represent**	대표하다, 대신하다
0657	**require**	요구하다, 필요로 하다
0658	**resemble**	닮다, 비슷하다
0659	**reserve**	예약하다, 비축하다, 유보하다
0660	**resist**	저항하다, 참다
0661	**resolve**	해결하다, 결심하다, 분해[용해]하다

0662	**respond**	대답하다, 반응하다
0663	**restore**	회복시키다, 복구하다
0664	**restrict**	제한하다, 한정하다
0665	**resume**	이력서, 재개하다, 다시 시작하다
0666	**reveal**	드러내다, 폭로하다
0667	**revive**	부활시키다, 소생시키다
0668	**rid**	없애다, 제거하다
0669	**roast**	굽다
0670	**rob**	털다, 강탈하다
0671	**roll**	구르다, 회전하다
0672	**satisfy**	만족시키다
0673	**scare**	겁주다, 놀라게 하다, 무서워하다
0674	**scatter**	흩뿌리다, 쫓아 버리다

0675	**scold**	꾸짖다
0676	**scramble**	뒤섞다, 긁어모으다
0677	**sculpt**	조각하다
0678	**seek**	찾다, 추구하다
0679	**seem**	~인 것 같다, ~처럼 보이다
0680	**seize**	붙잡다, 움켜잡다, 장악하다, 체포하다
0681	**select**	선택하다
0682	**serve**	제공하다, 섬기다
0683	**settle**	해결하다, 결정하다, 정착하다(in)
0684	**shave**	면도하다, 깎다
0685	**shrink**	줄어들다, 오그라들다
0686	**simulate**	흉내 내다, 가장하다, ~인 체하다
0687	**skip**	건너뛰다, 생략하다, 팔짝팔짝 뛰다

0688	soak	적시다, 담그다, 흡수하다
0689	solve	해결하다, 풀다
0690	spell	철자를 말하다, 철자를 쓰다
0691	spend	(시간, 돈을) 쓰다, 보내다
0692	spit	뱉다
0693	splash	튀기다, 첨벙거리다
0694	spoil	망치다, 손상시키다
0695	starve	굶주리다, 굶기다
0696	steal	훔치다
0697	stimulate	자극하다, 고무하다
0698	stretch	늘이다, 뻗다
0699	strip	옷을 벗다, 벗기다, 빼앗다
0700	submit	제출하다, 항복하다, 말하다, 진술하다

0701	**subscribe**	구독하다, 가입하다
0702	**suck**	빨다
0703	**suffer**	고통받다, 시달리다
0704	**suggest**	제안하다, 암시하다, 시사하다
0705	**supervise**	감독하다, 지도하다
0706	**suppose**	가정하다, 추측하다
0707	**surround**	둘러싸다, 에워싸다
0708	**survive**	살아남다, 생존하다
0709	**suspend**	연기하다, 중단하다, 정직[정학]시키다, 매달다
0710	**sustain**	지탱하다, 버티다, 견디다
0711	**swear**	맹세하다, 욕을 하다

0712	swell	붓다, 부풀다, 부어오르다
0713	tackle	부딪치다, 논쟁하다
0714	tease	놀리다, 괴롭히다
0715	tend	~하는 경향이 있다, 돌보다
0716	terminate	끝내다, 종료하다
0717	testify	증언하다, 입증하다
0718	throw	던지다, 내다버리다
0719	tie	묶다
0720	toss	던지다, 내던지다
0721	transact	거래하다
0722	transform	변형시키다, 바꾸다
0723	translate	번역하다, 해석하다, 설명하다
0724	transmit	전송하다, 전달하다, 전도하다

0725	**undergo**	겪다, 받다
0726	**underlie**	~의 기초가 되다, 기저를 이루다
0727	**undermine**	약화시키다, 훼손하다
0728	**undertake**	착수하다, 맡다
0729	**unify**	통합하다, 통일하다
0730	**unite**	연합하다, 통합시키다
0731	**update**	갱신하다, 새롭게 하다
0732	**utilize**	활용하다, 이용하다
0733	**vanish**	사라지다
0734	**vary**	다르다, 변하다, 변화를 주다
0735	**wander**	돌아다니다, 배회하다
0736	**warn**	경고하다
0737	**weave**	짜다, 엮다

0738	weigh	무게를 달다, 누르다, 따져 보다
0739	wipe	닦다
0740	withdraw	철수하다, 인출하다, 취소하다
0741	absent	부재한, 결석한
0742	absolute	완전한, 절대적인
0743	abstract	추상적인, 추상, 요약[초록], 발췌하다, 요약하다
0744	absurd	우스꽝스러운, 터무니없는
0745	abundant	풍부한, 많은
0746	accurate	정확한, 정밀한
0747	actual	실제의, 현실의
0748	acute	심한, 급성의, 예리한, 예민한
0749	adverse	불리한, 부정적인
0750	aesthetic	미학적인, 심미적인

0751	**aggressive**	공격적인
0752	**alike**	닮은, 비슷한
0753	**alive**	살아 있는
0754	**ancient**	고대의
0755	**annual**	매년의, 연례의, 연간의
0756	**anxious**	불안해하는, 염려하는(about), 열망하는(for)
0757	**apparent**	명백한, 분명한
0758	**appropriate**	적절한, 도용[전용]하다
0759	**approximate**	근사치인, 거의 정확한, 가까워지다, 접근하다
0760	**artificial**	인공적인, 모조의
0761	**authentic**	진짜인, 진품의

0762	**automatic**	자동의
0763	**awake**	깨어 있는, 잠들지 않은, 깨우다, 불러일으키다
0764	**aware**	알고 있는, 의식하고 있는
0765	**awesome**	굉장한, 엄청난
0766	**awful**	끔찍한, 형편없는
0767	**awkward**	어색한, 서투른
0768	**bare**	벌거벗은, 벌거벗기다, 드러내다
0769	**blind**	눈이 먼, 맹인인
0770	**bold**	용감한, 대담한
0771	**brief**	짧은, 간단한
0772	**brilliant**	훌륭한, 뛰어난
0773	**broad**	넓은
0774	**capable**	할 수 있는, 유능한, (할) 능력이 있는

0775	**casual**	평상시의, 임시의, 우연한
0776	**causal**	인과 관계의, 원인의
0777	**chronic**	만성적인, 장기간에 걸친
0778	**civil**	시민의
0779	**compatible**	호환이 되는, 양립할 수 있는
0780	**comprehensive**	포괄적인, 광범위한, 이해력이 있는
0781	**compulsory**	의무적인, 강제적인
0782	**confident**	자신 있는, 확신하는
0783	**conscious**	의식하는, 지각하는
0784	**consistent**	일관된, ~와 일치하는
0785	**constant**	일정한, 끊임없는, 상수
0786	**contemporary**	현대의, 동시대의
0787	**contrary**	반대되는, 다른

0788	**convenient**	편리한
0789	**corporate**	기업[회사]의, 법인의, 공동의
0790	**crisp**	바삭바삭한
0791	**crucial**	중대한, 결정적인
0792	**cruel**	잔혹한, 잔인한
0793	**current**	현재의, 지금의
0794	**cynical**	냉소적인, 부정적인
0795	**dairy**	유제품의, 낙농(업)의
0796	**damp**	축축한, 눅눅한
0797	**decent**	적당한, 훌륭한
0798	**definite**	확실한, 명확한
0799	**delicate**	연약한, 섬세한
0800	**dense**	밀집한, 빽빽한

0801	**desperate**	절망적인, 필사적인
0802	**disabled**	장애를 가진
0803	**distant**	먼, 떨어져 있는
0804	**diverse**	다양한
0805	**domestic**	가정의, 국내의, 길들여진
0806	**dominant**	지배적인, 우세한
0807	**dual**	이중의
0808	**due**	~때문에, ~할 예정인, 만기가 된
0809	**dynamic**	역동적인, 힘, 원동력
0810	**eager**	열렬한, 간절히 바라는, 열심인
0811	**effective**	효과적인

0812	efficient	효율적인, 능률적인
0813	elaborate	정교한, 복잡한, 공들여 만들다, 자세히 설명하다
0814	elegant	우아한, 품격 있는
0815	enthusiastic	열광적인, 열렬한
0816	entire	전체의
0817	essential	필수적인, 본질적인, 중요한
0818	ethical	윤리적인, 도덕적인
0819	evident	분명한, 눈에 띄는
0820	exact	정확한, 정밀한
0821	exotic	외국의, 이국적인
0822	external	외부의, 밖의
0823	extinct	멸종된, 사라진
0824	extraordinary	놀라운, 비범한

0825	**false**	틀린, 거짓의
0826	**familiar**	친숙한, 익숙한, 잘 알려진, 알고 있는
0827	**fatal**	치명적인, 운명의
0828	**federal**	연방제의
0829	**fertile**	비옥한, 풍부한, 생식력 있는
0830	**fierce**	사나운, 격렬한, 극심한
0831	**finite**	한정된, 유한한
0832	**flat**	평평한, 납작한
0833	**flexible**	유연한, 융통성 있는
0834	**folk**	민속의, 민간의, 사람들(pl.)
0835	**fond**	좋아하는, 즐기는
0836	**foreign**	외국의, 이질의
0837	**formal**	정중한, 공식적인, 격식 있는

0838	**former**	이전의, 과거의, 앞선
0839	**fortunate**	운 좋은, 다행한
0840	**frequent**	빈번한, 잦은, 자주 가다
0841	**fundamental**	근본적인, 필수적인, 기본, 근본, 원리(pl.)
0842	**furious**	몹시 화난, 맹렬한
0843	**generous**	후한, 너그러운
0844	**gorgeous**	아주 멋진, 아름다운
0845	**gradual**	점진적인, 단계적인
0846	**grateful**	감사하는 (사람), 기분 좋은 (사물)
0847	**gross**	총, 전체의
0848	**guilty**	죄책감을 느끼는, 유죄의
0849	**harsh**	혹독한, 가혹한
0850	**hostile**	적대적인

0851	ideal	이상적인
0852	identical	동일한, 똑같은
0853	immediate	즉각적인
0854	immense	엄청난, 어마어마한
0855	immune	면역성이 있는, 면역이 된
0856	imperial	제국의, 황제의
0857	incredible	믿을 수 없는
0858	independent	독립적인
0859	inevitable	필연적인, 불가피한
0860	informal	격식에 얽매이지 않는, 편안한
0861	inherent	내재하는, 본래의, 타고난

0862	**innocent**	무죄의, 결백한
0863	**intellectual**	지적인, 지능의
0864	**intense**	극심한, 강렬한, 치열한
0865	**intent**	관심을 보이는, 몰두하는, 의도
0866	**intermediate**	중간의, 중급의
0867	**intimate**	친밀한, 사적인
0868	**judicial**	사법의, 재판의
0869	**keen**	예민한, 예리한, 열심인, 열정적인
0870	**latter**	후자의, 후반의, 마지막의
0871	**legal**	합법적인, 법률의
0872	**likely**	~할 것 같은, ~할 가능성이 있는
0873	**linguistic**	언어의
0874	**literal**	문자의, 문자 그대로의

0875	**local**	지역의, 현지의
0876	**lone**	혼자인, 단독의
0877	**loose**	느슨한, 풀린, 느슨하게 하다
0878	**loyal**	충성스러운, 충실한
0879	**magnificent**	참으로 아름다운, 훌륭한
0880	**marine**	해양의, 바다의, 해상의
0881	**mature**	성숙한, 어른스러운, 성숙하다, 성숙[발달]시키다
0882	**medieval**	중세의
0883	**mental**	정신적인
0884	**mere**	~에 불과한, 겨우 ~의
0885	**metropolitan**	대도시의
0886	**minimal**	최소의, 아주 적은
0887	**minor**	작은, 미성년자, 부전공

0888	moderate	보통의, 중간의
0889	moral	도덕상의, 윤리의
0890	mortal	죽을 운명의, 치명적인
0891	multiple	다수의, 복합적인
0892	mutual	상호간의, 서로의
0893	naive	순진한, 천진난만한, 잘 속는
0894	naked	벌거벗은
0895	narrow	좁은, 한정된, 좁아지다
0896	nasty	끔찍한, 못된
0897	neat	정돈된, 깔끔한
0898	necessary	필요한, 필수의
0899	negative	부정적인, 음성의
0900	nervous	불안해하는, 초조한

0901	**neutral**	중립적인
0902	**normal**	보통의, 평범한, 정상인
0903	**nuclear**	핵의, 원자력의
0904	**numerous**	많은, 다수의
0905	**obvious**	명백한, 확실한
0906	**odd**	이상한, 홀수의
0907	**ordinary**	보통의, 평범한
0908	**organic**	유기농의, 생물의
0909	**overall**	종합적인, 전반적인, 전체의
0910	**pale**	창백한
0911	**permanent**	영구적인

0912	**physical**	신체의, 물질의
0913	**plain**	분명한, 평범한, 평원, 평지
0914	**polite**	예의 바른, 공손한
0915	**popular**	인기 있는, 대중적인
0916	**positive**	긍정적인, 양성(반응)의
0917	**practical**	현실적인, 실용적인, 타당한
0918	**precious**	귀중한, 값비싼
0919	**precise**	정확한, 정밀한
0920	**pregnant**	임신한
0921	**previous**	이전의
0922	**primary**	주된, 주요한, 최초[초기]의
0923	**primitive**	원시의, 태고의
0924	**prior**	사전의, 우선하는

0925	**private**	사유의, 사적인
0926	**profound**	깊은, 심오한
0927	**prominent**	저명한, 중요한
0928	**prompt**	즉각적인, 신속한
0929	**proper**	적절한
0930	**racial**	인종의, 민족의
0931	**rapid**	빠른, 신속한
0932	**rare**	드문, 희귀한
0933	**rational**	합리적인, 이상적인
0934	**raw**	날것의, 가공되지 않은
0935	**regular**	규칙적인, 정기적인, 보통의
0936	**relevant**	관련 있는
0937	**reluctant**	꺼리는, 마지못한

0938	**remote**	외딴, 먼
0939	**respective**	각자의
0940	**responsible**	책임이 있는
0941	**ridiculous**	웃기는, 우스꽝스러운
0942	**rude**	무례한, 예의 없는
0943	**rural**	시골의, 지방의
0944	**sacred**	성스러운
0945	**scarce**	부족한, 드문
0946	**sensible**	합리적인, 분별 있는
0947	**serious**	진지한, 심각한
0948	**several**	몇몇의, 여러 가지의
0949	**severe**	극심한, 가혹한
0950	**shallow**	얕은, 피상적인

0951	**significant**	중요한, 의미심장한
0952	**silent**	침묵의, 말을 안 하는
0953	**silly**	어리석은, 바보 같은
0954	**similar**	비슷한, 유사한
0955	**simultaneous**	동시의, 동시에 일어나는
0956	**smooth**	매끈한, 잔잔한
0957	**social**	사회의, 사교적인
0958	**sole**	단독의, 유일한, 하나의
0959	**sophisticated**	정교한, 세련된, 복잡한
0960	**sore**	아픈, 쓰라린
0961	**spare**	여분의, 남는

0962	**specific**	구체적인, 특정한, 명확한
0963	**steady**	꾸준한, 한결같은
0964	**steep**	가파른, 급격한
0965	**stiff**	뻣뻣한
0966	**strict**	엄격한
0967	**subjective**	주관적인
0968	**substantial**	상당한, 견고한, 실체의
0969	**subtle**	미묘한, 교묘한
0970	**sudden**	갑작스러운
0971	**sufficient**	충분한
0972	**superb**	최상의
0973	**superior**	우수한, 상급의, 상관
0974	**swift**	신속한, 재빠른

0975	**temporary**	임시의, 일시적인
0976	**tender**	상냥한, 다정한, 연한
0977	**terrible**	끔찍한
0978	**terrific**	멋진, 훌륭한
0979	**thorough**	철저한, 빈틈없는
0980	**tough**	힘든, 엄한
0981	**toxic**	유독성의
0982	**tragic**	비극적인
0983	**tremendous**	엄청난, 굉장한
0984	**typical**	전형적인, 대표적인
0985	**ultimate**	궁극적인, 최후[최종]의
0986	**unique**	독특한, 유일(무이)한
0987	**urban**	도시의

0988	**urgent**	긴급한
0989	**vague**	모호한, 희미한
0990	**valid**	유효한, 타당한
0991	**vast**	어마어마한, 막대한
0992	**verbal**	언어의, 구두의
0993	**vertical**	수직의, 세로의
0994	**vigorous**	활발한, 활기찬
0995	**violent**	폭력적인
0996	**virtual**	사실상의, 가상의
0997	**vital**	필수적인, 생명의
0998	**voluntary**	자발적인
0999	**weird**	기이한, 기괴한
1000	**wicked**	사악한, 못된

1001	**abuse**	남용, 학대, 남용하다, 학대하다
1002	**access**	접근, 접근하다
1003	**accord**	합의, 부여하다, 부합하다
1004	**account**	설명, 계좌, 간주하다, 여기다
1005	**advance**	전진, 발전, 전진하다, 나아가다
1006	**alert**	경보, 빈틈없는, 경계하는
1007	**alien**	외계인, 이방인, 외국의, 외래의
1008	**ally**	동맹국, 협력자, 지지하다
1009	**amount**	양, 액수, (얼마만큼) 되다, 달하다
1010	**approach**	접근, 접근법, 다가가다, 접근하다
1011	**arrest**	체포, 체포하다

1012	assault	공격, 폭행, 폭행하다
1013	attack	공격, 공격하다
1014	attempt	시도, 시도하다
1015	balance	균형, 잔고, 잔액, 균형을 유지하다
1016	bar	술집, 막대기, 봉, 막다, 금지하다
1017	bet	내기, 내기를 하다
1018	bias	편향, 편견을 갖게 하다
1019	blame	책임, 비난, 탓하다, 비난하다
1020	blast	돌풍, 폭발, 폭발시키다
1021	blend	혼합, 조합, 섞다
1022	blossom	꽃, 개화, 꽃피다, 번영하다
1023	blow	강타, 충격, 불다, 날리다
1024	bond	유대, 결속, 접착하다

1025	**boom**	붐, 호황, 호황을 맞다
1026	**boost**	격려, 힘, 북돋우다, 밀어 올리다
1027	**border**	가장자리, 경계, (국경을) 접하다
1028	**bother**	성가심, 귀찮게 하다, 괴롭히다
1029	**broadcast**	방송, 방송하다
1030	**bully**	괴롭히는 사람, 괴롭히다
1031	**bump**	쿵 소리, 혹, 부딪치다
1032	**burden**	부담, 짐[부담]을 지우다
1033	**burst**	쏟음, 파열, 터지다, 파열하다
1034	**capture**	포획, 구금, 사로잡다, 포획하다
1035	**cause**	원인, 이유, 유발하다, 야기하다
1036	**censor**	검열관, 감찰관, 검열하다
1037	**chase**	추적, 추격, 뒤쫓다

1038	**chemical**	화학 물질, 화학의
1039	**clash**	충돌, 충돌하다, 맞붙다
1040	**classic**	고전, 명작, 일류의, 전형적인, 고전적인
1041	**cluster**	무리, 군집, 무리를 이루다
1042	**combat**	전투, 싸움, 싸우다
1043	**comment**	논평, 언급, 논평하다, 견해를 밝히다
1044	**commission**	위원회, 위원단, 수수료, 의뢰[주문]하다, 위임하다
1045	**complete**	완전한, 완벽한, 완료하다, 마치다
1046	**complex**	복잡한, 단지, 복합 건물
1047	**conflict**	갈등, 상충하다
1048	**contract**	계약, 계약하다, 수축하다, 병에 걸리다
1049	**contrast**	대조, 차이, 대조하다, 차이를 보이다
1050	**convert**	전환자, 개종자, 전환시키다

1051	**coordinate**	좌표, 동등한 사람[것], 조직화하다, 조정하다, 동등하게 하다
1052	**core**	핵심, 중심부, 핵심적인, 중요한
1053	**correct**	정확한, 옳은, 바로잡다, 정정하다
1054	**corrupt**	부패한, 타락한, 타락시키다
1055	**counter**	계산대, 판매대, 반대하다, 거스르다, 대항하다
1056	**crash**	충돌, 굉음, 충돌하다, 부딪치다
1057	**cure**	치유약, 치료법, 치유하다, 고치다
1058	**dare**	모험, 도전, ~할 용기가 있다
1059	**dash**	돌진, 질주, 서둘러 가다
1060	**defeat**	패배, 패배시키다
1061	**deliberate**	고의의, 신중한, 숙고하다

1062	delight	기쁨, 즐거움, 기쁘게 하다
1063	deposit	침전물, 예금, 맡기다, 두다, 예금하다
1064	desire	요구, 욕망, 바라다, 원하다
1065	despair	절망, 절망하다, 체념하다
1066	discharge	방출, 배출, 짐을 내리다, 방출하다
1067	display	전시, 진열, 전시하다, 드러내다
1068	document	문서, 서류, 기록하다
1069	dose	복용량, 투약하다, 조제하다
1070	doubt	의심, 의혹, 의심하다
1071	draft	원고, 초안, 징집, (초안을) 작성하다, 징집하다
1072	drain	배수관, 물을 빼다, 고갈시키다
1073	ease	안락, 편함, 완화시키다, 편하게 하다
1074	empty	비어 있는, 비우다

1075	**encounter**	만남, 접촉, 맞닥뜨리다
1076	**envy**	부러움, 선망, 부러워하다
1077	**erect**	똑바로 선, 세우다, 건립하다
1078	**escape**	탈출, 도피, 탈출하다
1079	**estimate**	추정치, 추산, 추정하다, 추산하다
1080	**even**	~조차, 훨씬, 평평한, 짝수의
1081	**excess**	과도, 지나침, 초과한
1082	**excuse**	변명, 이유, 용서하다, 변명하다
1083	**experience**	경험, 경험하다
1084	**export**	수출, 수출하다
1085	**extract**	추출, 발췌, 추출하다, 뽑아내다
1086	**extreme**	극단, 극한, 극도의, 극심한
1087	**faint**	기절, 희미한, 기절하다

1088	fair	박람회, 품평회, 공정한
1089	feature	특징, 특징으로 삼다
1090	feed	먹이, 먹이를 주다
1091	female	여성, 여성의
1092	filter	필터, 여과 장치, 여과하다, 거르다
1093	finance	재정, 재원, 자금을 대다
1094	firm	회사, 견고한, 딱딱한
1095	fit	건강한, 적합한, 맞다, 적합하다
1096	flock	떼, 무리, 모이다, 떼 지어 가다
1097	flood	홍수, 물에 잠기다
1098	force	힘, 물리력, 강요하다, ~하게 만들다
1099	forecast	예보, 예측, 예보하다, 예측하다
1100	freeze	동결, 한파, 얼다, 얼리다

1101	**frown**	찌푸림, 찌푸리다
1102	**fuel**	연료, 연료를 공급하다
1103	**function**	기능, 기능하다, 작용하다
1104	**fund**	기금, 기금[자금]을 대다
1105	**fuse**	퓨즈, 도화선, 융합되다
1106	**gain**	증가, 얻다
1107	**gaze**	응시, 시선, 응시하다, 바라보다
1108	**glare**	섬광, 눈부신 빛, 빛나다, 노려보다
1109	**glow**	불빛, 빛나다, 상기되다,
1110	**graduate**	대학 졸업자, 졸업하다
1111	**grant**	보조금, 승인하다, 인정하다, 주다

1112	**grasp**	꽉 쥐기, 지배, 이해, 움켜잡다, 파악하다, 이해하다
1113	**grave**	무덤, 심각한
1114	**guarantee**	보증, 확약, 보장하다
1115	**halt**	멈춤, 중단, 중단시키다, 멈추다
1116	**handicap**	장애, 불리한 조건, 불리하게 만들다
1117	**handle**	손잡이, 다루다, 처리하다
1118	**harvest**	수확, 수확물, 거둬들이다, 수확하다
1119	**hire**	빌림, 대여, 고용하다, 빌리다
1120	**honor / honour**	명예, 존경하다, 공경하다
1121	**host**	주인, 주최자[국], 주최하다
1122	**implement**	도구, 용구, 시행하다, 이행하다
1123	**import**	수입, 수입품, 수입하다, 내포하다
1124	**increase**	증가, 인상, 증가하다, 늘다

1125	**individual**	개인, 각각의, 개인의
1126	**initial**	이름의 첫 글자, 처음의, 초기의
1127	**input**	투입, 입력, 입력하다
1128	**insert**	삽입, 끼우다, 넣다
1129	**insult**	모욕, 모욕하다
1130	**interest**	관심, 흥미, 관심을 끌다, 관심을 보이다
1131	**joint**	관절, 이음매, 공동의
1132	**judge**	판사, 심판, 판단하다
1133	**junior**	하급자, 후배, 하급의, 부하의
1134	**knot**	매듭, 묶다, 얽히다
1135	**lack**	부족, 결핍, 부족하다
1136	**launch**	개시, 출시, 착수하다, 출시하다
1137	**lead**	선두, 안내하다, 이끌다

1138	leak	새는 곳, 누설, 새다
1139	leap	도약, 뛰어오르다
1140	license / licence	면허, 자격증, 허가하다
1141	limit	제한, 한계, 제한하다
1142	load	짐, 하중, 부담, 싣다, 태우다
1143	loan	대출, 대여, 빌려주다, 대출하다
1144	lot	많음, (토지의) 한 구획, 부지, 제비뽑기
1145	major	전공, 주요한, 주된
1146	manifest	명백한, 뚜렷한, 명시하다, 드러내다
1147	mark	자국, 흔적, 표시하다
1148	marvel	경이로운 것, 경이로워하다
1149	mass	덩어리, 질량, 대중, 대량의, 모이다
1150	master	주인, 숙련자, 석사 (학위), 완전히 익히다, 숙달하다

1151	**match**	성냥, 시합, 어울리다, (서로) 맞다
1152	**matter**	문제, 상황, 문제되다, 중요하다
1153	**maximum**	최고, 최대, 최고의, 최대의
1154	**mean**	비열한, 짓궂은, 의미하다, 뜻하다
1155	**measure**	조치, 척도, 측정하다
1156	**medium**	매체, 중간의
1157	**mention**	언급, 언급하다
1158	**mess**	엉망인 상태, 엉망으로 만들다
1159	**monitor**	화면, 모니터, 감시하다, 관찰하다
1160	**murder**	살인, 살인하다
1161	**nail**	손톱, 못, 못으로 박다, 고정하다

1162	**native**	현지인, 출생지의, 선천적인
1163	**noble**	귀족, 고결한, 웅장한
1164	**notice**	주목, 공지, 안내, 주목하다, 알다
1165	**object**	물체, 물건, 반대하다
1166	**orbit**	궤도, 궤도를 돌다
1167	**own**	자신의, 고유한, 소유하다
1168	**parallel**	평행한, 평행, 유사물
1169	**pardon**	사면, 용서, 사면하다, 용서하다
1170	**patient**	환자, 참을성 있는
1171	**pause**	멈춤, 중지, 휴지, 잠시 멈추다, 정지시키다
1172	**pile**	무더기, 더미, 쌓다, 포개다
1173	**pinch**	꼬집기, 꼬집다, 꼭 집다
1174	**pioneer**	개척자, 선구자, 개척하다

1175	**pitch**	정점, 최고조, 던지다
1176	**pity**	연민, 유감, 동정, 불쌍히 여기다, 동정하다
1177	**plant**	식물, 공장, 심다
1178	**poison**	독, 독살하다
1179	**polish**	닦기, 광택, 닦다, 광택을 내다
1180	**poll**	여론 조사, 투표, 득표하다, 여론 조사를 하다
1181	**post**	우편, 우편물, 직책, 기둥, 발송하다, 배치하다, 게시하다
1182	**potential**	가능성, 잠재력, 잠재적인
1183	**practice**	습관, 관습, 연습
1184	**press**	신문, 언론, 인쇄, 누르다, 꽉 쥐다, 강조하다
1185	**prime**	전성기, 주된, 뛰어난
1186	**principal**	교장, 학장, 총장, 주요한, 주된
1187	**privilege**	특권, 특권을 주다

1188	**process**	과정, 진행, 가공하다, 처리하다
1189	**produce**	생산물, 농산물, 생산하다
1190	**protest**	항의, 시위, 항의하다
1191	**pump**	펌프, 퍼 올리다
1192	**purchase**	구입, 구입하다
1193	**rally**	집회, 결집하다
1194	**range**	범위, 정렬하다, 배치하다
1195	**rank**	지위, 계급, 등급, 매기다, 등급을 차지하다
1196	**rate**	비율, 요금, 평가하다
1197	**rear**	뒤쪽, 기르다, 부양하다
1198	**regard**	관심, 존경, 안부, 여기다, 대하다
1199	**regret**	후회, 후회하다, 유감스럽게 생각하다
1200	**relative**	친척, 상대적인

1201	**release**	석방, 개봉, 풀어 주다, 방출하다, 개봉하다
1202	**remark**	발언, 주목, 알아차리다, 주목하다
1203	**remedy**	치료, 해결책, 바로잡다, 개선하다
1204	**rent**	집세, 임차료, 빌리다, 세내다
1205	**repair**	수리, 수선, 수리하다
1206	**rescue**	구출, 구조, 구하다, 구출하다
1207	**rest**	나머지, 휴식, 쉬다, 휴식하다
1208	**result**	결과, 발생하다, 생기다
1209	**retail**	소매, 소매하다
1210	**retreat**	퇴각, 후퇴, 퇴각하다, 후퇴하다
1211	**reward**	보상, 보상금, 보상하다

1212	riot	폭동, 폭동을 일으키다
1213	risk	위험, 위험 요소, 위태롭게 하다, (위험을) 무릅쓰다
1214	rival	경쟁자, 필적하다
1215	roar	포효, 함성, 으르렁거리다, 함성을 지르다
1216	routine	일상, 일상적인
1217	ruin	붕괴, 몰락, 망치다
1218	rule	규칙, 지배, 통치, 지배하다, 통치하다
1219	rush	돌진, 분주함, 서두르다
1220	scan	검사, 훑어보기, 살피다, 훑어보다
1221	scheme	책략, 계획, 책략을 꾸미다, 획책하다
1222	screw	나사, 나사못, 나사로 조이다, 비틀다
1223	seal	직인, 인장, 밀봉하다
1224	senior	연장자, 선배, 연상의, 선배의

1225	**sense**	감각, 느낌, 느끼다
1226	**sentence**	문장, 선고, 선고하다
1227	**separate**	분리된, 분리하다, 나누다
1228	**shade**	그늘, 그늘지게 하다, 가리다
1229	**shake**	흔들림, 떨림, 흔들다, 떨리게 하다
1230	**shame**	창피함, 수치심, 창피하게 하다, 망신시키다
1231	**shape**	모양, 형체, (어떤 모양으로) 만들다, 빚다
1232	**share**	몫, 지분, 나누다, 공유하다
1233	**shelter**	주거지, 피난처, 피하다, 보호하다
1234	**shield**	방패, 보호물, 보호하다, 가리다
1235	**shoot**	촬영, 쏘다
1236	**sign**	징후, 신호, 표지판, 서명하다, 신호를 보내다
1237	**sink**	싱크대, 가라앉다, 침몰시키다

1238	slaughter	도살, 학살, 도살하다, 학살하다
1239	smash	충돌 사고, 박살내다, 부딪치다
1240	subordinate	부하, 하급자, 하급의, 종속된, 부차적인
1241	sniff	킁킁거림, 코를 훌쩍이다, 킁킁거리다, 냄새를 맡다
1242	sort	종류, 유형, 분류하다, 구분하다
1243	span	한 뼘, 기간, (기간에) 걸치다
1244	spark	스파크, 불꽃, 촉발시키다, 유발하다
1245	spill	유출, 유출물, 쏟다, 흘리다
1246	spite	악의, 심술, 괴롭히다
1247	split	틈, 분열, 쪼개다, 분리시키다
1248	spot	점, 얼룩, 발견하다, 찾다
1249	squeeze	짜기, 압박, 축소, 짜내다
1250	stack	더미, 무더기, 쌓아올리다

1251	stain	얼룩, 얼룩지다
1252	stamp	우표, 도장, 발을 구르다, 찍다
1253	stare	응시, 응시하다, 빤히 쳐다보다
1254	stick	채, 스틱, 나뭇가지, 붙이다, 찌르다
1255	still	고요한, 아직, 훨씬, 그런데도
1256	stir	충격, 섞기, 젓다, 섞다
1257	stitch	바늘 한 땀, 뜨개질 한 코, 꿰매다
1258	strain	긴장, 중압, 잡아당기다, 혹사하다
1259	stream	흐름, 개울, 줄줄 흐르다, 줄줄이 이동하다
1260	strike	파업, 타격, 치다, 때리다
1261	string	끈, 줄, 묶다, 매달다

1262	struggle	투쟁, 분투, 고군분투하다
1263	suit	슈트, 의복, 소송, 맞다, 적합하다
1264	survey	조사, 살피다, 조사하다
1265	swallow	제비, 삼키다
1266	sweep	쓸기, 털기, 쓸다, 털다
1267	swing	흔들기, 변화, 흔들다, 흔들리다
1268	switch	스위치, 전환되다, 바뀌다
1269	tap	수도꼭지, 톡톡 두드리다
1270	tear	눈물, 찢다
1271	tense	시제, 긴장한
1272	thrill	전율, 스릴, 열광시키다, 신나게 만들다
1273	torture	고문, 고문하다
1274	trade	거래, 교역, 거래하다

1275	**transport**	수송, 운송, 수송하다
1276	**treasure**	보물, 대단히 소중히 여기다
1277	**treat**	특별한 것, 대접, 대하다, 치료하다
1278	**trick**	속임수, 속이다
1279	**trigger**	방아쇠, 계기, 발사하다, 유발하다
1280	**trim**	다듬기, 다듬다, 손질하다
1281	**trouble**	골칫거리, 문제, 괴롭히다, 애 먹이다
1282	**trouser**	바지의, 돈을 받다, 돈을 벌다
1283	**tune**	곡조, 선율, 조율하다, 조정하다
1284	**twist**	돌리기, 전환, 구부리다, 비틀다
1285	**uniform**	제복, 유니폼, 동일한, 불변의, 균등한
1286	**upset**	속상한, 속상하게 하다
1287	**utter**	완전한, 순전한, 소리를 내다, 말을 하다

1288	venture	모험, 벤처, (위험을 무릅쓰고) 가다
1289	virgin	처녀, 동정의, 순결한
1290	vote	투표, 투표하다
1291	voyage	여행, 항해, 여행하다, 항해하다
1292	warrant	보증, 권한, 보증하다, 권한을 주다
1293	whisper	속삭임, 속삭이다, 귓속말하다
1294	wire	철사, 선, 연결하다, 송금하다
1295	witness	목격자, 목격하다
1296	worship	예배, 숭배, 예배하다, 숭배하다
1297	worth	가치, 값어치, ~의 가치가 있는
1298	wonder	경탄, 경이, 궁금해하다
1299	wound	상처, 부상, 상처를 입히다
1300	wreck	난파, 조난, 잔해 난파시키다, 조난시키다

1301	in conjunction with	~와 함께
1302	in place of	~ 대신에
1303	pervasive	만연한, 어디에나 있는
1304	persuasive	설득력 있는
1305	disastrous	비참한, 처참한
1306	reputable	평판이 좋은, 존경할 만한
1307	empirical	경험적인, 실증적인
1308	carry on	계속하다
1309	passionate	열정적인, 열렬한
1310	conspicuous	눈에 잘 띄는, 뚜렷한
1311	passive	수동적인, 소극적인

1312	inside out	뒤집어서, 안팎으로, 철저하게, 속속들이
1313	tentative	잠정적인, 시험적인, 망설이는
1314	compose	구성하다
1315	publicize	알리다, 광고하다
1316	discern	식별하다, 분별하다, 알아보다, 인식하다
1317	request	요청, 신청, 요구, 요청하다, 신청하다
1318	disclose	밝히다, 드러내다
1319	stand out	빼어나다, 눈에 띄다, 튀어나오다
1320	overwhelmed	압도된
1321	depressed	침체된, 낙담한
1322	optimistic	낙관적인
1323	eligible	적격의, 적임의
1324	complementary	상호 보완적인

1325	innovative	혁신적인
1326	let down	실망시키다
1327	indigenous	원산의, 토착의
1328	contingent on(upon)	~여하에 달린
1329	from time to time	때때로, 가끔
1330	in no time	즉시, 당장
1331	pleasant	즐거운, 기분이 좋은
1332	confirm	확인하다, 확증하다
1333	clothes	옷, 의복
1334	ongoing	계속 진행 중인
1335	sensitive	민감한, 섬세한
1336	put up with	참다, 견디다
1337	revise	개정하다, 정정[교정, 수정]하다

1338	affect	영향을 주다, 작용하다, 감염시키다
1339	take over	인수하다, 인계받다, 떠맡다
1340	take on	떠맡다, 고용하다, 띠다
1341	take off	이륙하다, 벗다, 쉬다, 빼다
1342	take after	~을 닮다, ~을 쫓아가다[쫓아오다]
1343	enticing	유혹적인, 마음을 끄는
1344	enhanced	높인, 강화한
1345	thrifty	절약[검약]하는
1346	futile	헛된, 소용없는, 쓸모없는
1347	seize hold of	~을 붙잡다, 잡다
1348	unprecedented	전례 없는, 비길 데 없는
1349	mediocre	보통의, 평범한
1350	aloof	냉담한, 무관심한

1351	**unpretentious**	가식 없는, 잘난 체하지 않는
1352	**get on**	~에 타다
1353	**hit upon**	~을 (우연히) 생각해 내다
1354	**meticulous**	신중한, 세심한, 꼼꼼한
1355	**punctually**	시간대로, 정각에
1356	**hesitant**	주저하는, 망설이는, 머뭇거리는
1357	**periodically**	정기[주기]적으로
1358	**brush up on**	~을 복습하다
1359	**pore over**	~을 자세히 보다, ~을 조사하다
1360	**standard**	기준, 수준, 일반적인, 보통의
1361	**discard**	버리다, 폐기하다

1362	chronological	연대순의, 발생[시간] 순서대로 된
1363	aggravate	악화시키다, 화나게 하다
1364	meditate	명상하다, 숙고하다
1365	facilitate	가능하게[용이하게] 하다, 촉진[조장]하다
1366	lenient	관대한
1367	honest	정직한, 솔직한
1368	take down	내리다, 무너뜨리다, 적어 두다
1369	review	재검토하다, 복습하다
1370	pose	자세, (문제 등을) 제기하다
1371	debatable	논란[논쟁]의 여지가 있는
1372	reconcilable	화해[조정]할 수 있는, 조화[일치]시킬 수 있는
1373	augmentative	증가[확대]하는
1374	contradictory	모순되는

1375	**make up**	화장하다, 꾸며내다, 구성하다, 화해하다
1376	**make over**	~을 양도하다, ~을 고치다
1377	**make out**	~을 이해하다, ~을 알아보다
1378	**make up for**	보상하다, 벌충[만회]하다
1379	**regardless of**	~에 상관없이
1380	**with regard to**	~에 관하여
1381	**on behalf of**	~을 대신하여, ~을 대표하여
1382	**detriment**	상해, 손상, 손해
1383	**exclusive**	독점적인, 배타적인
1384	**impatient**	참을성 없는, 조급한
1385	**reserved**	내성적인, 과묵한, 보류된, 예약된
1386	**dominate**	지배하다, 통치하다
1387	**insolvent**	파산한

1388	distracted	(정신이) 산만해진, 마음이 산란한
1389	tranquility	고요, 평온
1390	extinction	멸종, 소화(消火), 소등
1391	depression	우울함, 불경기
1392	caution	경고, 조심, 주의, ~에게 경고하다, 주의를 주다
1393	fix	해결책, 고정하다, 수리하다
1394	complication	문제, 합병증
1395	call for	요청하다, 요구하다
1396	pick up	다시 시작하다, 회복하다, 정리하다[치우다], 집다, 사다, 알게 되다, 태워주다, 체포하다
1397	turn down	거절하다, (소리·온도 등을) 낮추다
1398	apprehend	이해하다, 체포하다, 염려하다
1399	encompass	포함하다, 에워싸다
1400	insulate	절연[단열, 방음]하다, 분리[격리]하다

1401	**recyclable**	재활용할 수 있는
1402	**alleviate**	완화시키다, 경감하다
1403	**complement**	보완하다, 보충하다
1404	**boast**	뽐내다, 자랑하다
1405	**ban**	금지, 금(지)하다
1406	**look after**	~을 돌보다, 보살피다
1407	**imitate**	모방하다, 흉내내다
1408	**exclude**	제외하다, 배제하다
1409	**excavate**	파다, 발굴하다
1410	**pack**	(짐을) 싸다, 포장하다
1411	**erase**	지우다

1412	sheer	순전한, 순수한, 완전한
1413	scary	무서운, 겁많은
1414	occasional	가끔의, 때때로의
1415	manageable	관리할 수 있는
1416	stabilize	안정[고정]시키다
1417	dump	폐기장, 버리다
1418	paramount	가장 중요한, 최고의
1419	particular	특정한, 특별한
1420	confer	상의하다, 수여하다
1421	ambitious	대망을 품은, 야심[야망]을 가진
1422	intimidate	겁을 주다, 위협하다
1423	deceptive	속이는, 기만적인, 현혹하는
1424	make do with	~으로 임시변통하다, 때우다

1425	**susceptible**	민감한, ~에 취약한
1426	**overlap**	겹치다, 포개다
1427	**equivalent**	대응물, 상당 어구 동등한, 상응하는
1428	**associative**	연합의, 조합하는
1429	**turn into**	~로 바뀌다[되다, 변하다]
1430	**give up**	포기하다, 그만두다
1431	**serve as**	~의 역할을 하다
1432	**depend on(upon)**	~에 의존하다
1433	**rule out**	제외시키다, 배제하다
1434	**trace**	따라가다, 추적하다
1435	**equate**	동일시하다
1436	**provoke**	화나게 하다, 유발하다, 선동하다
1437	**needy**	(경제적으로) 어려운, 궁핍한

1438	whole	전체, 전체의, 모든
1439	pacify	달래다, 진정시키다
1440	tempt	유혹하다, 유도하다
1441	obsolete	구식의, 쇠퇴한, 쓸모없는
1442	prevalent	널리 퍼져 있는, 유행하는
1443	competent	유능한, 적임의
1444	nimble	빠른, 민첩한, 영리한
1445	distinctive	독특한, 특색이 있는
1446	impressive	인상적인, 인상 깊은
1447	recessive	열성(劣性)의, 퇴행[역행]의
1448	offensive	모욕적인, 불쾌한, 공격적인
1449	proficient	능숙한, 숙달된
1450	sobriety	취하지 않은 상태, 진지함, 금주

1451	concern	관계, 관심, 걱정, 우려, 관련된 것이다, ~를 걱정스럽게 만들다
1452	drop by	(잠깐) 들르다
1453	abide by	준수하다, 지키다
1454	fill up	가득 채우다
1455	in no way	결코[조금도] ~ 않다
1456	view	보기, 관점, 견해, 보다, 간주하다
1457	anonymity	익명(성), 무명
1458	hospitality	환대, 후한 대접
1459	disrespect	무례, 결례, 경멸
1460	for good	영원히
1461	respectful	공손한, 경의를 표하는

1462	**profitability**	수익성
1463	**predictability**	예측 가능성
1464	**feasibility**	(실행) 가능성
1465	**pain**	아픔, 고통
1466	**antidote**	해독제, 해결책
1467	**cut back**	축소하다, 삭감하다
1468	**keep up**	계속하다, 유지하다
1469	**hold back**	저지하다, 억제하다, 참다
1470	**stand for**	~을 지지하다, ~을 나타내다, ~을 상징하다
1471	**stand up for**	~을 지지하다, 옹호하다
1472	**quarrel**	말다툼, 언쟁, 싸우다, 언쟁하다
1473	**pejorative**	경멸적인
1474	**extrovert**	외향적인 사람, 외향적인

1475	redundant	여분의, 과다한, 장황한, 불필요한
1476	cheerful	기분 좋은, 쾌활한, 명랑한
1477	volunteer	지원자, 자진하여 하다
1478	curtail	줄이다, 축소하다, 삭감하다
1479	inquiry	질문, 연구, 조사
1480	commotion	동요, 소란, 소동, 혼란
1481	assert	주장하다
1482	spread	펼치다[펴다], 퍼뜨리다
1483	pompous	거만한, 젠체하는
1484	genuine	진짜의, 진품의, 진실한
1485	disparate	다른, 이질적인
1486	faulty	결점[결함]이 있는, 불완전한
1487	imperative	필수적인, 긴급한

1488	reasonable	합리적인, 타당한, 사리분별이 있는
1489	various	다양한, 여러 가지의
1490	nocturnal	밤의, 야행성의
1491	eternal	영원한, 끊임없는
1492	humility	겸손
1493	inextricably	불가분하게, 뗄 수 없게
1494	transparent	투명한, 명료한
1495	memorable	기억할 만한, 현저한, 잊을 수 없는
1496	servile	비굴한, 굽실거리는, 아부하는
1497	gregarious	사교적인, 집단을 좋아하는
1498	avert	피하다, 막다, (눈·얼굴 등을) 돌리다
1499	evoke	환기시키다, 불러일으키다
1500	beneficial	유익한, 이익이 되는

1501	**rebellious**	반항적인, 반역하는
1502	**sporadic**	산발적인, 때때로 일어나는
1503	**prodigal**	낭비하는, 방탕한
1504	**unstable**	불안정한, 변하기 쉬운
1505	**motivation**	자극, 동기부여
1506	**paucity**	결핍, 부족
1507	**solitary**	혼자의, 고독한, 외로운
1508	**antipathy**	반감, 싫어함
1509	**dormant**	잠자는, 활동하지 않고 있는
1510	**alternative**	대안, 양자택일
1511	**order**	순서, 정리, 명령, 주문, 질서, 정리하다, 명령하다, 주문하다

1512	sacrifice	희생하다
1513	depict	묘사하다, 그리다
1514	vulnerable	상처 입기 쉬운, 취약한
1515	perceptible	감지[인지]할 수 있는
1516	persuade	설득하다, 납득시키다
1517	conduct	행동, 수행 지휘하다, 행동하다, 실시하다
1518	acknowledge	인정하다, 감사하다
1519	squander	낭비[허비]하다, 함부로 쓰다
1520	fond	좋아하는, 애정을 느끼는
1521	reject	거부하다, 거절하다
1522	notorious	악명 높은
1523	obey	따르다, 복종하다
1524	codify	성문화하다

1525	**disparage**	폄하하다, 얕보다, 헐뜯다
1526	**appease**	달래다, 진정시키다
1527	**include**	포함하다, 포함시키다
1528	**communal**	공공의, 공동의
1529	**enlighten**	계몽하다, 가르치다, 이해시키다[깨우치다]
1530	**recite**	암송[낭독]하다
1531	**deforestation**	삼림 벌채, 산림 전용
1532	**comfort**	위로, 위안 위로하다, 위안하다
1533	**acclaim**	갈채[환호]하다, 칭송하다
1534	**voracious**	게걸스러운, 몹시 탐하는
1535	**industrious**	근면한, 부지런한
1536	**competition**	경쟁, 경기
1537	**traffic**	교통, 차량

1538	merger	합동, 합병
1539	inspection	점검, 조사
1540	considerable	상당한, 많은
1541	solid	단단한, 고체의, 확실한
1542	diffident	자신이 없는, 내성적인, 소심한
1543	willing	기꺼이 하는, 자발적인
1544	desirable	바람직한, 호감이 가는
1545	bankrupt	파산한
1546	assimilate	동화되다, 완전히 이해하다[소화하다]
1547	bestow	수여[부여]하다, 주다
1548	decipher	판독[해독]하다
1549	curb	억제[제한]하다
1550	abstain	삼가다, 절제하다, 기권하다

1551	**jealousy**	질투, 시샘
1552	**down-to-earth**	실제적인, 현실적인
1553	**distinct**	뚜렷한, 명백한
1554	**profitable**	수익성이 있는, 이득이 되는
1555	**urge**	충동, 욕구, 재촉하다, 촉구하다
1556	**utility**	유용, 유익
1557	**exacerbate**	악화시키다, 화나게 하다
1558	**linger**	남다, 꾸물거리다
1559	**proscribe**	금지하다, 배척하다
1560	**critical**	중요한, 비판적인
1561	**supplement**	보충[추가]물, 보충하다, 추가하다

1562	**reform**	개혁[개선], 개혁하다, 개선하다
1563	**extensive**	넓은, 광범위한
1564	**negligible**	무시해도 될 정도의, 사소한, 하찮은
1565	**visible**	(눈에) 보이는, 가시적인
1566	**instant**	즉각적인
1567	**refund**	환불, 환불하다, 상환하다
1568	**portable**	휴대용의, 간편한
1569	**intelligent**	총명한, 지능이 있는
1570	**adequate**	충분한, 적절한
1571	**afflict**	괴롭히다, 시달리게 하다
1572	**arrogant**	거만한
1573	**delegate**	대표, 사절, 위임하다, 대표로 파견하다
1574	**uphold**	유지시키다[옹호하다], 지지하다

1575	refute	논박[반박]하다
1576	unanimous	만장일치의, 합의의
1577	synonymous	동의어의, 같은 뜻의
1578	predicament	곤경, 궁지
1579	complacence	자기만족, 안주
1580	renounce	버리다, 포기하다
1581	nurture	양육하다, 양성하다
1582	bizarre	이상한, 기괴한
1583	intrepid	용기 있는, 두려움을 모르는
1584	oblivious	의식하지 못하는, 잘 잊어버리는
1585	sedentary	앉아 있는, 활발하지 않은
1586	auspicious	길조의, 상서로운
1587	reiterate	반복하다, 되풀이하다

1588	fade	바래다, 희미해지다, 사라지다
1589	deviation	일탈, 탈선
1590	disinterest	무관심, 사심이 없음
1591	degrade	비하하다, 저하시키다
1592	dull	따분한, 둔한, 둔해지다, 약해지다
1593	durable	내구성이 있는, 오래가는, 튼튼한
1594	ingenuous	순진한, 천진한
1595	appeal	항소, 매력, 항소하다, 관심을 끌다
1596	compliment	칭찬하다, 증정하다
1597	scrutinize	면밀히 조사하다, 세심히 살피다
1598	court	법정, (테니스 등을 하는) 코트, 구애하다
1599	approval	인정, 승인, 찬성
1600	neutralization	중립화, 무효화

1601	**sanction**	승인, 제재, 승인하다, 제재하다
1602	**arbitrary**	임의적인, 제멋대로인
1603	**obscure**	모호한, 이해하기 어려운, 무명의
1604	**plagiarize**	표절하다
1605	**compromise**	타협, 화해, 양보, 타협하다, 굽히다[양보하다], ~을 위태롭게 하다
1606	**fancy**	공상, 상상, 생각[상상]하다
1607	**versatile**	다재다능한, 다방면의
1608	**volatile**	변덕스러운, 불안한, 휘발성의
1609	**ambiguous**	모호한, 애매한, 불분명한
1610	**economical**	경제적인, 절약하는
1611	**minimum**	최소의, 최저의

1612	nebulous	흐릿한, 모호한, 애매한
1613	compelling	강제적인, 설득력 있는
1614	literate	글을 읽고 쓸 줄 아는, 교양 있는, 박식한
1615	widow	미망인, 과부
1616	pretense	가식, 구실, 핑계
1617	strange	낯선, 이상한
1618	defensive	방어의, 방어적인
1619	threshold	문지방, 문턱, 한계점
1620	disguise	변장, 가장, 변장하다, 위장하다
1621	repeal	무효로 하다, 폐지하다, 취소하다, 철회하다
1622	neutralize	중립화하다, 무효화하다
1623	divulge	(비밀을) 말하다, 누설하다
1624	appetite	식욕, 욕구

1625	**differentiate**	구별짓다, 식별하다
1626	**grown**	다 큰, 성인이 된
1627	**obstinate**	고집 센, 완고한
1628	**minute**	분, 잠깐, 미세한, 사소한
1629	**upright**	똑바른, 수직의, 정직한
1630	**conscious**	의식하고 있는, 자각하고 있는
1631	**subsequent**	그 다음의, 이후의
1632	**stable**	마구간, 안정된, 차분한
1633	**allude**	암시하다, 시사하다, 언급하다
1634	**embody**	구체화하다, 구현하다
1635	**production**	생산, 제작, 제조
1636	**deduction**	공제, 추론, 연역
1637	**response**	반응, 대답

1638	blunt	무딘, 무뚝뚝한, 직설적인
1639	bound	~할 가능성이 큰, ~할 의무가 있는, ~행의
1640	marvelous	놀라운, 믿을 수 없는
1641	reconcile	화해시키다, 중재[조정]하다, 조화[일치]시키다
1642	extend	연장하다, 확장하다
1643	innocuous	악의 없는, 무해한
1644	ambivalent	반대 감정이 양립하는, 양면가치의
1645	close	가까운, 친한, 닫다, 마치다, 가까이, 밀접하게
1646	see off	배웅하다
1647	crucial	결정적인, 중대한
1648	perpetual	영구적인, 끊임없는
1649	conscientious	양심적인, 성실한
1650	interrogate	질문하다, 심문하다

1651	nullify	취소하다, 무효화하다
1652	fabricate	조립하다, 조작하다, 꾸며내다, 위조하다
1653	take ~ for granted	~을 당연하게 여기다
1654	carry out	수행하다, 실행하다
1655	cope with	~에 대처하다, 다루다
1656	in spite of	~에도 불구하고
1657	at odds with	~와 불화하여
1658	precarious	불안정한, 위험한
1659	gullible	잘 속는, 속기 쉬운
1660	legitimate	합법적인, 정당한, 합법[정당]화하다
1661	satisfied	만족한

1662	**classify**	분류하다, 구분하다
1663	**dignify**	위엄을 갖추다, 위엄있게 하다
1664	**come into operation**	작동[가동]하기 시작하다
1665	**suspected**	의심나는, 의심쩍은
1666	**suspend**	매달다, 정지하다, 연기하다
1667	**devour**	게걸스럽게 먹다
1668	**sanitary**	위생의, 위생적인, 깨끗한
1669	**precedented**	선례가 있는
1670	**discreet**	신중한, 분별 있는
1671	**break down**	고장나다, 부수다
1672	**settle down**	정착하다, ~을 진정시키다
1673	**dilapidated**	황폐한, 허물어진, 낡아빠진
1674	**go through**	겪다, 경험하다, 살펴보다, 조사하다

1675	**greedy**	탐욕스러운, 욕심 많은
1676	altruistic	이타적인
1677	**weary**	몹시 지친, 피곤한, 싫증난
1678	skeptical	의심 많은, 회의적인
1679	explicit	분명한, 솔직한, 명백한
1680	gutless	용기가 없는, 배짱이 없는
1681	delicate	연약한, 섬세한, 정교한
1682	successive	연속적인, 계속적인
1683	novel	소설, 새로운, 참신한
1684	**cover**	덮다, 가리다, 숨기다, 감추다, 보도하다
1685	cast	던지다, 출연자들
1686	charge	청구하다, 비난하다, 책임을 맡기다, 충전하다
1687	claim	주장, 주장하다, (목숨을) 앗아가다

1688	**erode**	침식[풍화]시키다[되다], 약화시키다[되다]
1689	**exhort**	권하다, 권고[훈계]하다
1690	**challenging**	도전적인
1691	**depressive**	우울증의, 우울한
1692	**demanding**	지나친 요구를 하는, 힘든
1693	**conciliatory**	달래는, 회유하는
1694	**compassionate**	동정하는, 인정 많은
1695	**stubborn**	고집 센, 완고한
1696	**deadlock**	교착 상태, 막다름
1697	**approximation**	근사치, 근사
1698	**receipt**	영수증, 증서
1699	**abnormally**	이상하게, 비정상적으로
1700	**loud**	시끄러운

1701	interference	간섭, 참견
1702	decline	감소하다, 거절하다
1703	leave out	~을 빼다, 생략하다
1704	come up with	~을 생각해 내다, 제시하다
1705	wane	약해지다, 줄어들다
1706	impair	손상시키다, 악화시키다
1707	impromptu	즉흥적인, 즉석의
1708	luxurious	사치스러운, 호화로운
1709	advocate	지지자, 옹호자, 지지하다, 옹호하다
1710	fluctuate	변동하다, 오르내리다
1711	duplicate	복사, 사본, 복사의, 사본의, 복사[복제]하다

1712	**favorable**	호의적인, 유리한
1713	**mild**	가벼운, 온화한
1714	**obsessed with**	~에 사로잡힌
1715	**frivolous**	우스운, 경솔한, 하찮은
1716	**headquarters**	본부, 본사
1717	**enduring**	지속적인, 영속하는, 참을성 있는
1718	**disgraceful**	수치스러운, 불명예스러운
1719	**detain**	구금하다, 억류하다
1720	**compare**	비교하다
1721	**attribute**	속성, 특질, ~탓으로 하다
1722	**catch up with**	~을 따라잡다
1723	**keep up with**	(정보에 대해) 알게 되다, ~을 따르다, ~에 뒤지지 않다, ~와 연락하고 지내다
1724	**asymmetrical**	균형이 잡히지 않은, 비대칭의

1725	**omnivorous**	무엇이나 먹는, 잡식성의
1726	**immutable**	불변의
1727	**provisional**	임시의, 일시적인, 잠정적인
1728	**drastic**	급격한, 격렬한
1729	**irresponsible**	무책임한
1730	**prestigious**	명성 있는
1731	**impudent**	무례한, 버릇없는
1732	**curious**	호기심 있는
1733	**criticize**	비평하다, 비난하다
1734	**captivate**	매혹하다, 사로잡다
1735	**steer clear of**	~을 피하다
1736	**take up**	(시간, 공간을) 차지하다
1737	**impeccable**	완벽한, 무결점의

1738	scrupulous	양심적인, 꼼꼼한
1739	replenish	다시 채우다, 보충하다
1740	withstand	저항하다, 견뎌[이겨]내다
1741	delusion	망상, 착각
1742	decay	썩다, 부패하다, 부패시키다
1743	tenacious	고집 센, 완고한
1744	crack	갈라지다, 깨지다
1745	argument	논쟁, 언쟁, 논의
1746	bitter	쓴, 신랄한
1747	disperse	흩트리다, 퍼트리다
1748	diminution	축소, 감소
1749	put off	미루다, 연기하다
1750	weigh down	짓누르다, 무겁게 누르다

1751	**somnolent**	졸린, 졸리게 하는
1752	**rough**	거친, 사나운
1753	**husky**	목소리가 쉰, 허스키한
1754	**revamp**	개조[개정]하다, 개편하다
1755	**restrain**	억제하다, 제지하다
1756	**consequential**	결과로서 일어나는, 중대한
1757	**yield**	산출(량), 수확(량), 산출하다, 양보하다, 항복하다
1758	**abhor**	몹시 싫어하다, 혐오하다
1759	**embezzle**	횡령하다
1760	**flatter**	아첨하다
1761	**recession**	물러남, 후퇴, 불경기

1762	acquiesce	묵인하다, 따르다, (소극적으로) 동의하다
1763	favor	호의, 친절, 호의를 보이다, 찬성하다
1764	pledge	맹세하다, 서약하다
1765	bureaucratic	관료의, 관료주의적인
1766	priceless	값을 매길 수 없는, 대단히 귀중한
1767	spurious	가짜의, 위조의
1768	dissimulate	감추다, 숨기다, 위장하다
1769	stagnant	불경기의, 침체된, 활기가 없는
1770	progressive	진보적인, 전진하는
1771	comprehensible	이해할 수 있는
1772	rotate	회전하다, 교대로 하다, 자전하다, 윤작하다
1773	emulate	모방하다, 경쟁하다, 겨루다
1774	shore up	강화하다

1775	**assess**	평가하다
1776	**stave off**	피하다, 막다
1777	**recent**	최근의
1778	**unequivocal**	모호하지 않은, 명백한
1779	**tangible**	실체적인, 유형의
1780	**commend**	칭찬하다, 추천하다
1781	**ingenuity**	기발한 재주, 독창성
1782	**enroll / enrol**	등록하다, 입학하다, 입대하다
1783	**insipid**	맛[풍미]이 없는, 재미없는
1784	**influence**	영향, ~에 영향을 미치다
1785	**rescind**	폐지하다, 취소하다
1786	**refurbish**	새로 꾸미다, 개장하다
1787	**furtive**	비밀스러운, 은밀한

1788	laconic	간결한
1789	immaculate	결점 없는, 완전한
1790	molecule	분자
1791	redress	바로잡다, 시정하다, 보상하다
1792	predisposition	성향, 경향
1793	resentment	분함, 억울함, 분개
1794	gratitude	감사
1795	miserable	비참한, 불행한
1796	purposeful	목적이 있는, 의도적인, 단호한, 결단력 있는
1797	feasible	실행 가능한, 가능한
1798	disciplinary	훈육의, 징계의
1799	scholarly	학자의, 학구적인
1800	universal	보편적인, 일반적인, 전 세계의

1801	**barter**	물물 교환하다
1802	**discrimination**	구별, 차별
1803	**withdrawal**	철회, 인출, 취소
1804	**collapse**	붕괴, 무너짐, 붕괴되다, 무너지다
1805	**invasion**	침략[침입], (권리 등의) 침해, 침범
1806	**surrender**	항복[굴복], 항복[굴복]하다, (권리 등을) 포기하다
1807	**curse**	욕(설), 악담, 저주
1808	**exemplary**	모범적인, 훌륭한
1809	**digress**	벗어나다, 탈선하다
1810	**nightmare**	악몽
1811	**esteem**	존경, 존경[존중]하다

1812	mitigate	완화시키다, 경감하다
1813	liable	~할 것 같은, 하기 쉬운
1814	auditory	귀의, 청각의
1815	indispensable	없어서는 안 될, 필수적인
1816	reckless	분별없는, 무모한
1817	resilience	탄성, 회복력
1818	supernatural	초자연적인, 불가사의한
1819	harmonious	조화된, 사이 좋은
1820	command	명령, 명령하다, 지휘하다
1821	stray	길 잃은, 길을 잃다
1822	amenable	순종적인, 유순한
1823	vociferous	큰소리로 외치는, 시끄러운
1824	perishable	썩기 쉬운, 부패하기 쉬운

1825	**innate**	타고난, 선천적인
1826	**distress**	고통, 고민, 고통스럽게 하다
1827	**exorbitant**	엄청난, 터무니없는
1828	**veto**	거부권, 거부하다
1829	**come off**	성공하다, 이루어지다
1830	**turn off**	(전기·가스·수도 등을) 끄다
1831	**levy**	(세금 등을) 부과[징수]하다
1832	**abrogate**	폐지하다[철폐하다]
1833	**preclude**	막다, 방지하다, 제외하다
1834	**bargain**	싸게 산 물건, 흥정, 협상[흥정]하다
1835	**beat**	이기다, 치다, 두드리다
1836	**stock**	주식, 재고, 저장
1837	**arduous**	힘든, 고된

1838	pertinent	적절한, 관련 있는
1839	dissipate	흩뜨리다, 낭비하다, 흩어져 사라지다
1840	conserve	보존[유지]하다, 보호하다
1841	secure	안전한, 얻어 내다, 획득[확보]하다, 안전하게 하다
1842	ferment	효모, 동요 발효시키다, 발효하다,
1843	attainment	도달, 달성
1844	delinquency	직무 태만, 의무 불이행, 비행, 과실, 범죄
1845	scribble	갈겨쓰다
1846	turn out	밝혀지다, 나타나다
1847	turn to	~에 의지하다
1848	turn over	~을 뒤집다, ~을 숙고하다
1849	proliferation	확산, 증식
1850	recede	(서서히) 물러나다[멀어지다], 약해지다, 희미해지다

1851	**acquire**	습득하다, 취득하다
1852	**rudimentary**	기본의, 초보의
1853	**dilute**	희석시키다, 약화시키다
1854	**state**	국가, 상태, 주, 말하다, 진술하다
1855	**belligerent**	적대적인, 호전적인
1856	**contentious**	논쟁[토론]을 좋아하는, 논쟁[이론]을 불러일으키는
1857	**sympathy**	동정, 연민, 공감
1858	**exploit**	이용하다, 개발하다, 착취하다
1859	**frankly**	솔직히
1860	**punitive**	처벌의, 형벌의
1861	**sagacious**	총명한, 현명한

1862	**inert**	비활성, 둔한
1863	**fragile**	깨지기 쉬운, 약한
1864	**allure**	유혹[매혹]하다, 꾀어내다
1865	**exceptional**	예외적인, 특출한
1866	**consent**	동의, 일치, 동의하다, 승낙하다
1867	**irrational**	불합리한, 분별없는
1868	**discrepancy**	불일치, 모순
1869	**give in**	~에 항복하다, ~에 굴복하다
1870	**put aside**	~을 제쳐두다, ~을 따로 떼어 놓다[두다]
1871	**implant**	심다, 주입하다, 불어넣다
1872	**eradicate**	근절하다, 박멸하다
1873	**eliminate**	없애다, 제거하다
1874	**displace**	대신하다, 대체하다

1875	**abolish**	(법률·제도·조직을) 폐지하다
1876	**avidity**	(열렬한) 욕망, 갈망, 탐욕
1877	**immoral**	부도덕한
1878	**affluent**	풍부한, 유복한
1879	**destitute**	빈곤한, 결핍된
1880	**amiable**	상냥한, 우호적인
1881	**endorse**	승인하다
1882	**diminish**	줄어들다, 약해지다
1883	**officer**	장교, 공무원, 담당자
1884	**recurrent**	재발하는, 되풀이되는
1885	**reckon**	간주하다, 여기다, 생각하다, 계산하다
1886	**unjustified**	정당하지 않은, 근거 없는
1887	**irregular**	불규칙한, 고르지 못한

1888	seamlessly	끊어짐 없이, 균일하게
1889	concrete	구체적인, 실제적인
1890	dramatically	극적으로
1891	energetically	정력적으로, 힘차게
1892	selfish	이기적인
1893	ubiquitous	도처에 있는, 어디에나 존재하는
1894	hypocritical	위선의, 위선적인
1895	impertinent	무례한, 적절하지 않은, 관계없는
1896	precipitate	촉발시키다, 촉진하다
1897	pull out	옆으로 빠져나가다[나오다]
1898	put out	~을 내놓다, 불을 끄다
1899	get away	벗어나다, 도망치다
1900	momentary	순간적인, 잠깐[찰나]의

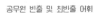
1901	**erroneous**	잘못된, 틀린
1902	**indistinguishable**	구분할 수 없는
1903	**statistics**	통계학, 통계 자료
1904	**petrol**	휘발유, 가솔린
1905	**impetus**	자극, 추동력
1906	**obstruction**	방해, 방해물, 장애물
1907	**hurdle**	허들, 장애물
1908	**repercussion**	영향, (소리의) 반향, (빛의) 반사
1909	**incentive**	자극, 유인, 동기
1910	**modernization**	현대화, 근대화
1911	**break off**	~을 중단하다

1912	**do away with**	~을 버리다, ~을 없애다
1913	**visual**	시각의, 눈에 보이는, 시각 자료
1914	**latent**	잠재하는, 숨어있는
1915	**robust**	튼튼한, 건강한
1916	**superficial**	표면상의, 피상적인
1917	**evaporate**	사라지다, 증발하다
1918	**decompose**	분해하다, 부패하다
1919	**alienate**	~을 멀리하다, 소원하게 하다
1920	**sanitize**	~을 위생적으로 하다
1921	**at one's discretion**	~의 재량에 따라
1922	**whim**	변덕, 일시적 기분
1923	**contend**	주장하다, 다투다
1924	**obtain**	얻다, 획득하다

1925	**liberate**	해방하다, 자유롭게 하다
1926	**infantile**	어린애 같은, 유치한
1927	**discourteous**	무례한, 버릇없는
1928	**creative**	창조적인, 창의적인, 독창적인
1929	**moisture**	수분, 습기
1930	**trivial**	사소한, 하찮은
1931	**heed**	~에 주의하다, 유념하다
1932	**discuss**	토론하다, 논의하다
1933	**annoy**	짜증나게 하다, 귀찮게 하다
1934	**benign**	친절한, 상냥한, 온화한
1935	**vigilant**	방심하지 않는, 조심성 있는
1936	**censure**	비난하다, 책망하다
1937	**endue**	(능력을) 부여하다, 주다

1938	**collude**	공모하다, 결탁하다
1939	**exchange**	교환, 언쟁, 교환하다
1940	**brittle**	깨지기 쉬운
1941	**generate**	발생시키다, 만들어 내다
1942	**procedure**	절차, 과정, 방법
1943	**occupation**	직업, 점령, 점거
1944	**validate**	유효하게 하다, 입증하다, 확인하다
1945	**imprudent**	경솔한, 조심성이 없는
1946	**alteration**	변경, 개조
1947	**embargo**	통상 금지(령), 금지, 제한, 억제
1948	**reticent**	말이 없는, 과묵한
1949	**vibrate**	흔들리다, 진동하다
1950	**dissolution**	해산, 분리, 용해

1951	**disintegration**	분해, 분열, 붕괴
1952	**disruption**	분열, 중단
1953	**timid**	소심한, 용기가 없는
1954	**adaptable**	적응할 수 있는, 융통성 있는
1955	**credible**	믿을 만한, 신뢰할 수 있는
1956	**exquisite**	매우 아름다운, 정교한
1957	**disinterested**	사심 없는, 객관적인
1958	**reciprocate**	교환하다, 보답하다
1959	**persecution**	박해, 학대, 괴롭힘
1960	**perspiration**	땀, 노력
1961	**proximate**	가장 가까운, 근사한

1962	**cordial**	따뜻한, 다정한, 마음에서 우러난
1963	**naughty**	버릇없는, 말을 듣지 않는
1964	**nomadic**	유목의, 방랑의
1965	**stained**	얼룩이 묻은, 얼룩진
1966	**suffocate**	질식시키다
1967	**benevolent**	자비로운, 인정 많은, 인자한
1968	**calmness**	침착, 냉정
1969	**premise**	전제
1970	**prohibition**	금지
1971	**partiality**	편애, 편파
1972	**transcribe**	기록하다, 옮겨쓰다, 복사하다
1973	**count in**	(어떤 활동에) ~를 포함시키다
1974	**sit in for**	~을 대신하다

1975	live up to	~에 부응하다
1976	underlying	근본적인, 기초가 되는
1977	enigma	수수께끼, 불가사의한 것
1978	venom	독, 독성
1979	trepidation	전율, 두려움, 공포
1980	attentive	주의 깊은, 조심성 있는
1981	modest	보통의, 겸손한
1982	costly	값비싼, 비용이 많이 드는
1983	abortion	낙태, 유산
1984	harassment	괴롭힘, 희롱
1985	genocide	집단[대량] 학살
1986	inverted	역의, 반대의
1987	delay	미룸, 연기, 지연, 지체, 미루다, 연기하다

1988	fluctuation	변동, 동요
1989	objective	목적, 목표, 목적의, 객관적인
1990	precocious	조숙한, 어른스러운
1991	melancholy	우울한, 서글픈
1992	replicate	복사하다, 복제하다
1993	contrive	고안하다, 설계하다
1994	fortify	강화하다
1995	universe	우주, 세계
1996	chop	(잘게) 자르다
1997	founder	창립자, 설립자, (배가) 침수하여 침몰하다
1998	damage	~을 손상하다
1999	yardstick	기준, 척도
2000	inadvertent	고의가 아닌, 우연한, 부주의한

2001	**Ministry of Economy and Finance**	기획재정부
2002	**Ministry of Foreign Affairs**	외교부
2003	**ambassador**	대사, 사절
2004	**embassy**	대사관, 사절단
2005	**diplomat**	외교관
2006	**deduct**	공제하다, 감하다
2007	**expand**	확대[확장, 팽창]하다
2008	**tax-free**	비과세의, 면세의
2009	**income**	소득, 수입
2010	**mortgage**	대출, 융자, 저당 잡히다
2011	**payment**	지불, 지급, 납입
2012	**pension**	연금, 생활 보조금, 수당

2013	**fiscal**	국가 재정의, 국고의, 재정상의
2014	**coordination**	조정, 일치, 합동, 조화, 조직(화)
2015	**duty-free**	면세의, 관세가 없는
2016	**implementation**	시행, 이행
2017	**tax revenue**	세수(입), 세입
2018	**oversee**	감독하다, 단속하다, 내려다 보다
2019	**institution**	기관, 단체, 제도
2020	**crowd funding**	크라우드 펀딩 (웹이나 모바일 네트워크 등을 통해 다수의 개인으로부터 자금을 모으는 행위)
2021	**international**	국제적인
2022	**strengthen**	강화하다, 증강하다
2023	**treaty**	조약
2024	**advanced**	선진의, 고급의

2025	**monetary**	통화의, 화폐의
2026	**negotiation**	협상, 교섭
2027	**prolong**	연장하다, 연장시키다
2028	**tariff**	관세, 세율, ~에 관세를 매기다[부과하다]
2029	**infrastructure**	사회[공공] 기반 시설
2030	**scope**	기회, 범위, 샅샅이 살피다
2031	**sovereignty**	주권, 통치권
2032	**alliance**	동맹, 연합
2033	**soft power**	소프트 파워 (정보과학이나 문화 · 예술 등이 행 사하는 영향력)
2034	**deflation**	디플레이션, 통화 수축, 물가 하락
2035	**inflation**	인플레이션, 통화 팽창, 물가 상승률
2036	**subsidy**	(국가의) 보조금, 장려금

2037	surplus	과잉, 여분, 흑자
2038	exposition	박람회, 전시회
2039	summit meeting	정상 회담
2040	peninsula	반도
2041	statement	성명, 진술, 서술
2042	Ministry of National Defense	국방부
2043	Ministry of Unification	통일부
2044	military	군사의, 군대
2045	deterrence	제지, 저지, 억제
2046	proactive	상황을 앞서서 주도하는, 주도적인
2047	network	망, 통신망, 네트워크
2048	countermeasure	대책, 보호 조치

2049	**convene**	소집하다, 회합하다
2050	**battlefield**	싸움터, 전장
2051	**surveillance**	감시, 감독
2052	**complicity**	공모, 연루, 공범
2053	**havoc**	대파괴, 큰 혼란
2054	**patrol**	순찰, 순시, 순찰[순시, 순회]하다
2055	**fidelity**	충실함, 신의
2056	**triumph**	승리, 대성공
2057	**navy**	해군
2058	**air force**	공군
2059	**army**	육군, 군대
2060	**shell**	포탄, 껍질, 껍데기

2061	**armed**	무장한, 무기[총]를 가진
2062	**invincible**	무적의, 이길 수 없는
2063	**arms**	무기
2064	**radar**	레이더, 전파 탐지기
2065	**infringe**	위반하다, 침해하다, 제한하다
2066	**salvage**	구조, 인양, 구조하다
2067	**detector**	탐지기
2068	**offset**	상쇄하다, 벌충하다
2069	**rebel**	반역자, 반란, 반항하다, 저항하다
2070	**mankind**	인류, 인간, 사람들
2071	**aerial**	공중의, 대기의, 항공기에 의한
2072	**humanitarian**	인도주의적인

2073	**deteriorate**	악화되다, 더 나빠지다
2074	**defector**	탈주자, 망명자
2075	**settlement**	정착, 합의, 해결
2076	**standardize**	표준화하다, 획일화하다
2077	**invigorate**	기운이 나게 하다, 활성화하다
2078	**tension**	긴장, 갈등, 팽팽하게 하다
2079	**normalize**	정상화하다
2080	**denuclearization**	비핵화
2081	**security**	안보, 보안
2082	**Ministry of Justice**	법무부
2083	**civil complaint**	민원
2084	**wrongdoing**	범법[부정] 행위, 비행

2085	execution	처형, 사형, 실행, 수행
2086	clause	절, 조항, 조목
2087	verdict	평결, 판결, 결정
2088	prevention	예방, 방지
2089	compliance	준수, 따름
2090	amendment	개정, 수정
2091	petition	청원(서), 탄원(서), 청원[탄원]하다
2092	defendant	피고(인)
2093	plaintiff	원고, 고소인
2094	bondage	구속, 결박
2095	prisoner	재소자, 죄수, 포로
2096	perjury	위증(죄)

2097	**juvenile**	청소년의, 청소년
2098	**probation**	보호 관찰, 집행 유예, 근신
2099	**parole**	가석방, 가석방하다
2100	**offender**	범죄자, 나쁜 짓을 하는 사람
2101	**constitution**	헌법, 체질, 구성
2102	**supervision**	관리, 감독, 감시
2103	**violate**	위반하다, 침해하다
2104	**counselor**	상담원, 조언자, 변호사
2105	**legislation**	법률의 제정, 입법 행위
2106	**confidential**	비밀의, 기밀의
2107	**unreasonable**	불합리한, 부당한, 지나친
2108	**disposal**	처리, 처분

2109	rectify	바로잡다, 수정하다
2110	appraisal	평가, 판단
2111	Ministry of the Interior and Safety	행정안전부
2112	Ministry of Trade, Industry and Energy	산업통상자원부
2113	minister	장관, 목사
2114	administration	행정(부), 관리, 집행
2115	public	대중의, 공공의, 대중, 사람들
2116	municipal	지방 자치제의, 시의
2117	mayor	시장, 단체장
2118	autonomous	자주적인, 자치의
2119	empower	권한을 주다, 자율권을 주다
2120	sustainable	지속 가능한, 유지 가능한

2121	**disadvantaged**	사회적으로 혜택을 받지 못한
2122	**policy**	정책, 방침
2123	**participation**	참여, 참가
2124	**corruption**	부패, 타락, 오염
2125	**trustworthy**	신뢰할 수 있는
2126	**bribery**	뇌물 수수
2127	**organization**	구조, 조직, 단체, 기구
2128	**accountable**	책임이 있는
2129	**initiative**	계획, 진취성, 주도권
2130	**pivotal**	중심이 되는, 중요한
2131	**industrial**	산업의, 공업의
2132	**competitiveness**	경쟁력

2133	greenhouse gas	온실 가스
2134	supply chain	공급망
2135	investment	투자(금)
2136	Gross Domestic Product (GDP)	국내총생산
2137	Free Trade Agreement (FTA)	자유무역협정
2138	Ministry of Education	교육부
2139	Ministry of Science and ICT	과학기술정보통신부
2140	consolidate	통합하다, 공고히 하다
2141	narrow down	좁히다, 줄이다
2142	regional	지방의, 지역의
2143	entrust	맡기다, 위임하다
2144	upper	위쪽의, 상부의, 상급의

2145	**intermittent**	간헐적인, 간간이 일어나는
2146	**transcript**	(학생의) 성적 증명서, 사본
2147	**bachelor**	학사 (학위), 미혼 남자
2148	**doctor**	박사 (학위), 의사
2149	**kindergarten**	유치원, 유아원
2150	**savvy**	요령[상식] 있는, 요령, 상식
2151	**prowess**	기량, 솜씨
2152	**elementary**	초급의, 초등의, 기본적인
2153	**periodical**	정기 간행물(특히 학술지), 정기 간행의
2154	**puberty**	사춘기
2155	**childhood**	어린 시절, 유년기
2156	**breakthrough**	돌파구, 획기적 발전

2157	catalyst	촉매, 기폭제
2158	courseware	(어떤 과목을 가르치기 위한) 교육용 프로그램
2159	sprout	생기다, 나타나다, 싹이 나다, 자라기 시작하다
2160	tailor	맞추다, 조정하다, 재단사
2161	statistical	통계의, 통계적인
2162	hereditary	유전적인, 세습되는
2163	metaverse	사이버 공간, 가상 공간
2164	revision	수정[정정] 사항, 검토, 변경
2165	liquid	액체의, 액상의, 액체
2166	consultative	고문[자문]의, 상담의
2167	fallacy	오류, 틀린 생각
2168	classification	분류, 유형, 범주

2169	homogeneous	동종의, 동질의
2170	mammal	포유동물
2171	amphibian	양서류
2172	reptile	파충류
2173	Artificial Intelligence (AI)	인공 지능
2174	Ministry of Land, Infrastructure, and Transport	국토교통부
2175	public institution	공공 기관
2176	innovation	혁신, 쇄신
2177	sightseeing	관광
2178	residence	주택, 거주지
2179	mobility	이동성, 기동성, 유동성
2180	convenience	편의, 편리, 편의 시설

2181	**commercialize**	상업화하다, 영리화하다
2182	**construction**	건설, 공사, 건축물
2183	**comfortable**	편안한, 쾌적한
2184	**facilitation**	편리화, 간이화, 촉진, 조장
2185	**self-sufficiency**	자급자족
2186	**grocery**	식료 잡화점
2187	**riverside**	강가, 강변
2188	**coastal**	해안의, 연안의
2189	**inland**	내륙의, 국내의, 내륙에 있는
2190	**ecosystem**	생태계
2191	**direction**	방향, 위치
2192	**architecture**	건축학[술], 건축 양식

2193	**housing**	집, 주택 (공급)
2194	**propel**	추진하다, 나아가게 하다
2195	**aviation**	항공(술), 비행
2196	**railway**	철로, 철길, 선로
2197	**trait**	특성, 특징
2198	**rejuvenate**	활기를 되찾게 하다
2199	**village**	(시골) 마을, 촌락, 마을 사람들
2200	**disseminate**	퍼뜨리다, 전파하다
2201	**green space**	녹지 공간
2202	**municipality**	지방 자치제
2203	**geared**	설계된, 구성된, 기어가 달린
2204	**eligible**	적임의, 적당한, ~할 자격이 있는

2205	rental	사용료, 임대료, 임대, 임차
2206	real estate	부동산
2207	fraudulent	사기를 치는
2208	overseas	해외의, 외국의
2209	natural resource	천연자원
2210	connectivity	연결(성)
2211	Ministry of Culture, Sports and Tourism	문화체육관광부
2212	accommodation	숙소, 거처, 숙박
2213	voucher	상품권, 할인권
2214	powerhouse	발전소, 원동력, 실세 집단
2215	feast	연회, 잔치, 축제일, 포식하다
2216	ancestor	조상, 선조

2217	descendant	자손, 후손, 후예
2218	masterpiece	걸작, 명작
2219	vacation	방학, 휴가
2220	broaden	넓히다, 넓어지다, 퍼지다
2221	penetrate	관통하다, 뚫고 들어가다, 침투하다
2222	emigrate	이민을 가다, 이주하다
2223	handicraft	수공예(품), 손재주
2224	museum	박물관, 미술관
2225	library	도서관, 서재
2226	isolation	고립, 분리, 격리
2227	inherit	상속받다, 물려받다
2228	assistance	도움, 원조, 지원

2229	on-site	현장의, 현지의
2230	preferential	우선권[특혜]을 주는
2231	humanity	인류, 인문학, 인간성
2232	fairness	공정, 공평
2233	loneliness	외로움, 고독
2234	superstition	미신
2235	preemptive	선제의, 선점적인
2236	convergence	융합, 수렴, 집중
2237	disability	(신체적·정신적) 장애
2238	attachment	애착, 믿음, 지지
2239	showcase	공개 행사, 진열장, 전시하다
2240	promotional	홍보의, 판촉의

2241	**journalist**	저널리스트, 기자
2242	**abroad**	해외에, 해외로
2243	**palace**	궁전, 왕실, 대저택
2244	**fortress**	성벽, 요새
2245	**paralympics**	패럴림픽, 장애인 올림픽
2246	**imbue**	가득 채우다, 고취하다, 불어넣다
2247	**landmark**	주요 지형지물, 역사적인 건물[장소]
2248	**Ministry of Agriculture, Food and Rural Affairs**	농림축산식품부
2249	**Ministry of Oceans and Fisheries**	해양수산부
2250	**spatial**	공간의, 공간적인
2251	**companion**	동반자, 동행, 친구
2252	**farmer**	농부, 농장주

2253	**fisherman**	어부
2254	**carbon**	탄소
2255	**emission**	배출(물), 배기가스
2256	**neutral**	중립의, 중립적인
2257	**reclaim**	매립하다, 개간하다, 되찾다
2258	**livestock**	가축
2259	**irrigate**	관개하다, 물을 대다
2260	**machinery**	기계, 조직
2261	**quarantine**	격리, 검역, 격리하다
2262	**veterinarian**	수의사
2263	**fruitful**	생산적인, 유익한, 수확이 많이 나는
2264	**productivity**	생산성

2265	**seasonal**	계절적인, 계절에 따라 다른
2266	**reservoir**	저수지, 급수장, 비축, 저장
2267	**bilateral**	쌍방의, 양쪽의
2268	**influential**	영향력 있는, 영향력이 큰
2269	**diversification**	다양성, 다각화, 변형, 분산
2270	**fertilizer**	비료
2271	**livelihood**	생계 (수단)
2272	**seafood**	해산물
2273	**radiation**	방사선, 복사
2274	**maritime**	바다의, 해양의, 해안의
2275	**vessel**	선박, 배, 그릇
2276	**compensation**	보상, 이득

2277	**eco-friendly**	친환경적인
2278	**navigation**	항해, 운항, 조종
2279	**tonnage**	(선박의) 용적 톤수, 적재량
2280	**aquaculture**	양식(업)
2281	**water temperature**	수온
2282	**fishery**	어업, 수산업
2283	**fine particle**	미립자
2284	**biodiversity**	생물의 다양성
2285	**debris**	잔해, 쓰레기
2286	**pollutant**	오염 물질, 오염원
2287	**Ministry of Environment**	환경부
2288	**Ministry of Health and Welfare**	보건복지부

2289	insurance	보험, 보험금
2290	diagnose	진단하다
2291	adoption	입양, 채택
2292	permit	허용하다, 허락하다, 가능하게 하다
2293	benchmark	기준, 지수
2294	allocation	할당, 분배, 배급
2295	adaptive	조정의, 적응할 수 있는
2296	waste	낭비하다, 낭비, 쓰레기, 폐기물
2297	hydrogen	수소
2298	pollution	오염, 공해
2299	yellow sand	황사
2300	purifier	정화 장치

2301	concentrated	농축된, 집중된
2302	incise	절개하다, 새기다, 조각하다
2303	optical	시력의, 시각적인
2304	numb	감각이 없는, 마비된
2305	deaf	귀가 먹은, 청각 장애가 있는
2306	transfusion	수혈, 주입
2307	elderly	연세가 드신, 어르신들
2308	treatment	치료, 처치, 대우, 처리
2309	rehabilitate	재활치료를 하다, 회복시키다
2310	wellness	건강
2311	subsidize	보조금을 주다, 원조하다
2312	bruise	타박상을 입히다, 타박상

2313	famine	기근
2314	lethargy	무기력
2315	infectious	전염성의, 전염되는
2316	sanitation	공중위생, 위생 시설
2317	maternal	어머니의, 모성의, 모계의
2318	paternal	아버지의, 부계의
2319	low-income	저소득의
2320	longevity	장수, 수명
2321	demographics	인구 통계 (자료)
2322	mortality	사망자 수, 사망률
2323	cancer	암
2324	cardiovascular	심혈관의

2325	**Ministry of SMEs and Startups**	중소벤처기업부
2326	**Ministry of Employment and Labor**	고용노동부
2327	**employment**	직장, 고용, 취업
2328	**manufacture**	제조하다, 생산하다, 제조, 제품
2329	**smuggle**	밀수하다, 밀반입하다
2330	**monopoly**	독점, 전매
2331	**regulation**	규정, 규제, 단속
2332	**structural**	구조상의, 구조적인
2333	**entrepreneur**	기업가, 사업가
2334	**small and medium enterprise**	중소기업
2335	**endeavor**	노력, 시도, 노력하다, 시도하다
2336	**act on**	~에 따라 행동하다, 영향을 주다

2337	**pecuniary**	금전상의, 재정상의
2338	**procurement**	조달, 입수
2339	**outsource**	외부 제작하다, 외주를 주다
2340	**formulate**	만들어 내다, 표현하다, 진술하다
2341	**solvency**	지불[상환] 능력
2342	**hallmark**	품질 보증 마크, 특징
2343	**laborious**	힘든, 곤란한
2344	**vendor**	행상인, 노점상, 판매 회사
2345	**merchandise**	상품, 물품, 판매하다
2346	**certification**	증명, 증명서 교부
2347	**overhaul**	점검하다, 정비하다, 점검, 정비
2348	**shortage**	부족, 결핍

2349	affiliated	소속된, 연계된
2350	human capital	인적 자본
2351	fare	요금, 승객
2352	laboratory	실험실, 연구소
2353	occupation	직업, 점령
2354	unemployed	실직한, 실업자인
2355	placement	직업소개, 설치, 배치
2356	job-seeker	구직자
2357	recommendation	권고, 추천, 추천장[서]
2358	vocational	직업과 관련된, 직업상의
2359	qualification	자격, 자질
2360	reinforcement	강화, 증원